文 脉 流 变 与 文 化 创 新

汉语乡土语言
英译行为批评研究

A TBC Approach to
the English Translation of
Chinese Folk Language

周领顺　等　著

社会科学文献出版社
SOCIAL SCIENCES ACADEMIC PRESS (CHINA)

国家社会科学基金重点项目
"汉语'乡土语言'英译实践批评研究"（15AYY003）
结项成果

总　序

文脉是息息相通的文化血脉，是以人的生命和灵性打造的文化命脉。在文脉流变中，只有认真总结文脉流变的规律，不断推进知识创新、理论创新、方法创新，才能引导我们全面深入研究关系国计民生的重大课题，积极探索关系人类前途命运的重大问题，准确判断中国特色社会主义发展趋势，创新继承中华优秀传统文化精华。

中国优秀传统文化的丰富哲学思想、人文精神、教化思想、道德理念等，可以为人们认识和改造世界提供有益启迪，可以为治国理政提供有益启示，也可以为道德建设提供有益启发。通过文脉流变和文化创新研究，对传统文化中适合于建构和谐社会关系、鼓励人们向上向善的内容，需要结合时代条件地加以继承和发扬，赋予其新的含义。

当代中国正经历着我国历史上最为广泛而深刻的社会变革，也正在进行着人类历史上最为宏大而独特的实践创新。这种前无古人的伟大实践，必将给理论创造、学术繁荣提供强大动力和广阔空间。这是一个需要理论而且一定能够产生理论的时代，这是一个需要思想而且一定能够产生思想的时代。通过文脉流变与文化创新研究，立时代之潮头、通古今之变化、发思想之先声，为哲学社会科学繁荣、为学科发展述学立论和建言献策，以担负起历史赋予的光荣使命。

正是立足于这一历史和现实语境，扬州大学于 2017 年启动"十三五"重点学科建设工程，设立"文脉流变与文化创新"（交叉学科）建设项目，希望通过对传统文化的挖掘和再发现，将其有价值和现实针对性的精神资源予以传承和创新。

"十二五"以来，扬州大学文科学科建设栉风沐雨，砥砺前行，取得了显著成效。2011 年中国语言文学学科获批江苏省"十二五"重点学科，

2012 年中国史学获批江苏省"十二五"重点学科，学科建设展示出新的姿态。2014 年，整合中国语言文学、中国史、法学三个一级学科的优势，其"文化传承与区域社会发展"学科被江苏省人民政府批准为"江苏高校优势学科建设工程"二期项目，标志着扬州大学学科建设进入新阶段、驶上快车道。其间，先后承担了参照"211"工程二期项目"扬泰文化与'两个率先'"及三期项目"人文传承与区域社会发展"的建设，分别以"扬泰文库""半塘文库""淮扬文化研究文库"等丛书形式出版了 150 多种图书。大型丛书的出版，有力推动了扬州大学学科建设的整体水平，优化了扬州大学的学科结构和学科生态，彰显了扬州大学的学科底蕴和学科特色。

新世纪以来，学科建设在国际格局深度调整、国际关系多元变化的新形态下更加迫切，学科建设与专业建设的关系更加融合，学科的发展与科学技术的发展更加密切，学科渗透、学科交叉的价值和意义在社会发展、科技进步、经济繁荣、国计民生的作用进一步凸显，新一轮全球竞争、人才竞争不可能不与学科发生关联。为此，党和国家提出了建设"一流大学""一流学科"的发展战略。扬州大学深感任务艰巨，使命光荣，决定设立"文脉流变与文化传承"交叉学科，进一步强化人文科学的渗透融合，促进人文学者的交流协作，打造人文研究的特色亮点。

作为"文脉流变与文化创新"交叉学科建设的标志性成果，我们精心推出这样一套丛书。丛书确立了这样几个维度：

一是优秀传统文化的维度。建立文化自信，需要对文化传统、文明历史深化理解。只有深入研究中国历史，认真梳理文脉渊源与流变，才能更好地参透经典，认识自己，以宽广的视野真实地与历代经典对话。通过文脉流变与文化创新研究，能够更好地认识过去、把握当下、面向未来，从容自信地在风潮变幻的时代中站稳脚跟，"不为一时之利而动摇，不为一时之誉而急躁"。

二是学科交叉融合的维度。在研究中，不仅运用传统的文史方法来考察这些经典，同时也结合政治学、社会学、艺术学、历史学、民俗学等多个学科背景，并引入前沿的学术视野展开跨学科研究，做到典史互证、艺文相析，开拓新的研究范式。

三是文化比较的维度。文化总是在比较中相互借鉴、在发展中兼容互补的。通过对相互影响的文化系统进行比较，从"文化共同体"视角深入思考文本接受与文化认同的路径、特点和规律。

丛书的出版，凝聚了扬州大学文科人的历史责任，蕴含了作者的学术追求，汇聚了社会科学文献出版社领导和编辑的社会使命及辛勤劳动，在此一并表示真挚的感谢。

陈亚平

2019 年 11 月

中青年专家荐语：代序[*]

专著《汉语乡土语言英译行为批评研究》是国家社科基金重点项目的结项成果。这是我国乡土语言翻译和评价领域的首部专著，其学术意义是不言而喻的。乡土语言的翻译是一个世界性难题，该专著的出版有助于推动乡土语言的翻译研究、译者研究、译者行为研究、翻译批评和译者行为批评等领域的学术研究，并进一步推动我国国际传播能力的建设。

在本书出版之际，作者特邀所涉领域部分代表性专家以"中青年专家荐语"的形式将本研究成果推荐给读者。鉴于荐语的性质，专家们褒奖有加。专家是行家，高屋建瓴，抓取亮点有道，这些亮点，正是本书作者最想与同行分享之处，至于不足，诚望同道中人批评指正。

——周领顺导语

《汉语乡土语言英译行为批评研究》是国内首部以译者行为批评理论为指导、以语料库为主要研究工具开展汉语"乡土语言"英译研究的学术专著。

作者基于自建的葛浩文中国乡土语言英译平行语料库，以独创的连续统评价模式，结合人本与文本，对汉语乡土语言英译的译者行为进行了系统而全面、科学而客观的批评研究，充分彰显了译者行为批评研究的多维取向。

作者以翻译的社会性与译者的意志性为逻辑起点，对"忠实"、"求真"和"务实"等重要译学概念间的关系进行了深刻解读。此外，对于"直译"和"意译"两种翻译方法的内涵也做出了全新诠释，尤其澄清了

<small>* 按专家姓氏音序排列。</small>

葛浩文式"直译"与"意译"与传统的"直译"与"意译"间的内涵差异。对这些译学概念传统认知的颠覆，进一步凸显了翻译活动中原作、译者与读者多元共生的特点。

作者将"人本研究"理念贯穿于汉语乡土语言英译行为批评研究的始终。首先，作者从动静两维度区分了汉语乡土语言的土味层次，即静态的语言土味层次和动态的方言使用目的层次。从"人"的视角分清乡土语言的土味层次，理清原文背后语境，有助于译评者更为科学地评价乡土语言译文质量。其次，作者基于对"忠实"概念的层次化解构，提出了"意义—功能—风格"的乡土语言翻译与评价原则。此外，作者还开创性地将编辑主体性引入译者行为批评，论证了译者主体性与编辑主体性间的关联和互动。

目前，乡土语言英译研究已逐渐从文本中心的翻译批评过渡到译者行为批评阶段，急需具有针对性的理论的指导。《汉语乡土语言英译行为批评研究》以其开创性，为汉语乡土语言英译行为研究指明了方向，也为其他语种间的乡土语言互译提供了启示。

——黄勤（华中科技大学外国语学院教授、博士生导师）

周领顺是中国翻译理论的重要构建者之一和译者行为批评理论的缔造者、检验者。他的翻译思想是逐渐形成的。2010 年他提出"译者行为"这一概念，此后以"译者行为研究"之名发表了系列论文。2010 到 2012 年期间，他发表了十篇论文，从不同角度论证译者行为研究的各个层面，从而系统构架了译者行为批评理论的研究范式。2012 年，他将"译者行为批评性研究"修订为"译者行为批评"作为理论研究的概念术语，由此初步构建了译者行为批评的基本框架。

周领顺的相关研究逐渐被认可，他的理论开始被专门研讨。2019 年，《北京第二外国语学院学报》编辑部主办了"全国首届'译者行为研究'高层论坛"；2021 年，第二届"全国'译者行为研究'高层论坛"召开。从 2019 年至今，译者行为研究在一定程度上表现出再体系化特征。有关"译者行为研究"的期刊论文和硕士、博士学位论文近几年数量剧增，研究主题也呈多元化发散模式。周领顺本人除了之前在其《译者行为批评：路径探索》专著中对于理论本身的验证外，其新著《汉语乡土语言英译行为批评研究》的出版，更是对其理论与实践结合研究的进一步验证。

《汉语乡土语言英译行为批评研究》是国家对周领顺译者行为批评理论的高度认可和热情鼓励，是周领顺理论应用的新领域。把乡土语言作为一个术语推出并以此为核心写出一本专著，这在译学界还是第一次，难能可贵。他研究的虽然是葛浩文，却能推广到其他译者；既然可以用译者行为批评理论研究葛浩文对乡土语言的翻译，就能够研究其他领域的翻译。如此看来，这一新著必定会带动多方面的研究。

周领顺点燃了一把火，这火可以形成燎原之势。但愿这火越烧越旺。

——李正栓（河北师范大学外国语学院教授、博士生导师，中国英汉语比较研究会典籍英译专业委员会会长）

翻译是一种以"主体在场"为根本特征的创造性活动，作为主体的人，即译者，在文本生成过程中居于核心地位并发挥能动作用。对译者，尤其是译者行为的考察、揭示与评价，在翻译与翻译批评研究中具有重要乃至决定性的意义。周领顺教授多年致力于译者行为批评理论的探索，从翻译活动的复杂过程及核心主体出发，富有创见性地将翻译批评聚焦译者行为，通过行为视域与文本视域的结合，"考察意志体译者的语言性和社会性角色行为之于译文质量的关系"，从而经由"过程—主体—行为—文本"的批评进路最终实现更为客观、科学的翻译批评。理论的一个重要价值在于对实践的解释力，而翻译批评理论创新不仅要为翻译实践提供有力的解释，更要促使翻译的实践开展与理论探索之间形成积极互动。在译者行为批评理论视域下，周领顺教授的新著聚焦美国翻译家、汉学家葛浩文的汉语乡土语言英译活动，针对其翻译生成过程与结果进行了深入有力的解释与评价，同时也拓展了翻译批评的视野，进一步推动了翻译与翻译批评的理论建构。

在新的历史时期，翻译在中国文学和文化"走出去"进程中发挥着独特而重要的作用，中国文学外译研究成为译学界深切关注的焦点之一。推进"中译外"研究，翻译家的主体作用是一个不容忽视的方面。许钧教授多次呼吁："加强翻译家研究，深化翻译主体性探索。"《汉语乡土语言英译行为批评研究》正着力于此，从翻译思想、乡土语言英译实践以及两者间的深刻关联等多个维度对翻译家葛浩文和他的翻译行为展开深入探究，其意义在于一方面力求呈现这个极具代表性的个案所蕴含的独特价值；另一方面也有意识地从个体经验中揭示具有参照性的普遍意义，为加强翻译家研究，进而深化中国文学外译研究开拓了新的可能。

——刘云虹（南京大学外国语学院教授、博士生导师，南京大学
翻译研究所所长）

周领顺教授是首次将"乡土语言"引入翻译学领域中的学者。有此术语的奠定，翻译研究尤其是小说翻译研究中"文化负载词""文化专有项""文化意象""成语""谚语""方言"等才能很好地得以统合，进而形成独具中国特色的翻译研究"乡土语言翻译"领域，这不仅是对中国文学、文化"走出去"的理论贡献，也对具体翻译实践行为及翻译批评具有切实的指导作用。周领顺教授的这部新著突破了以往研究的散乱性，增强了翻译学科的学术性、系统性，夯实了"乡土语言"翻译研究学术领域。该书可以说是该领域集大成之作，具有重要的学术价值，不愧是成功联结本土翻译理论、翻译实践批评和对外翻译传播三要素的范例。

——任东升（中国海洋大学外国语学院教授、博士生导师）

乡土语言承载和蕴含着民族文化意象及其异质成分，具有鲜明的文化与民族特色，是中华民族文化多样性的重要体现。从鲁迅、沈从文到莫言，乡土文学不仅是中国优秀文学的典型代表，也是世界文学领域的一颗璀璨明珠。深入研究文学作品中的乡土语言英译有利于中国乡土文学和乡土文化有效"走出去"，走进世界文学；有利于讲好中国故事，传播好中国声音，向世界展示真实、立体、全面的中国。

在乡土语言翻译研究领域，周领顺教授不仅是理论开拓者，更是践行者。他主笔的《汉语乡土语言英译行为批评研究》首次将"乡土语言"作为术语进行研究，运用"译者行为批评"理论，基于自建葛浩文乡土语言翻译语料库，对汉语乡土语言翻译展开较大规模、分层次和系统性的分析，论证了葛浩文的翻译思想及其译者行为度，在研究内容与方法以及翻译与批评原则等方面，拓展了文学翻译研究的学术认知：对汉语乡土语言翻译策略的系统研究，有利于助推中国乡土文化的全球性传播；运用译者行为批评理论进行研究，将"文本"和"人本"相结合，有助于揭示翻译过程的规约因素；提出"意义—功能—风格"的翻译与评价原则，可有效指导和评价汉语乡土语言的翻译实践。

不囿于单纯的"文本研究"，该书还探讨了译者行为的外部因素，阐释了翻译行为的复杂性和译者的主观能动性，进而对文本翻译问题进行反思。通过研究葛浩文的汉语乡土语言英译实践，作者指出，"求真为本，务实为用（上）"和"文化求真、文学务实（求用）"为译者的一般性行为原则和规律。该书注重静态与动态、翻译内与翻译外研究的有效结合，不仅纵向考察了不同时期葛浩文的翻译实践，还横向比较了葛浩文与其他译者的翻译。该著作可为学界推动中国文学英译实践及建构相关理论、深化翻译批评研究、丰富中国文学"走出去"内涵等提供有益参考。

——邵璐（中山大学外国语学院教授、博士生导师）

汉语乡土语言是最具中国地域文化特色的语言形式，如何翻译当代中国文学作品中的乡土语言、提升中国文学对外传播效果，是译者面临的重要挑战。周领顺教授在《汉语乡土语言英译行为批评研究》一书中，从译者行为批评的视角切入，全面、系统地分析了葛（浩文）译莫言小说译本中乡土语言的英译情况，并对以葛浩文为首的翻译家的"译者行为"进行了深入细致的描写与考察，研究了翻译活动中的文本、人本以及文本、人本外影响译者行为的因素，将"文本视域"和"行为视域"有机融合，揭示了文本研究内容与译者行为之间的内在关联及规律，改变了此前翻译理论与翻译批评实践割裂的状况，具有前瞻性、前沿性和创新性，为中国文学与文化的外译及其相关研究开拓了新的路径，非常具有启发意义。

——孙会军（上海外国语大学英语学院教授、博士生导师）

"乡土语言"是一个民族最朴素的缩影与符号，蕴含浓郁的乡土气息与鲜明的地域特色。在"讲好中国故事、传播好中国声音"的时代命题下，翻译乡土语言是中国向世界阐释其民族性、拓展其世界性的关键路径。而长期以来，国内外关于汉语"乡土语言"的翻译研究较为零散、不成系统，缺乏能够深入指导对外翻译研究的理论体系。周领顺教授《汉语乡土语言英译行为批评研究》的出版可谓恰逢其时，为学界甚至业界全面、科学、深入探索汉语乡土语言翻译与评价问题提供了直接与详尽的指引与参照，兼具学术意义与应用价值。

周领顺教授潜心学问、孜孜不倦，将译者行为研究系统化，提出了颇具学派意识与创新精神的译者行为批评理论框架，为中国特色译学事业发展注入了不竭的动力与活泼的新泉。《汉语乡土语言英译行为批评研究》一书正是其基于长期研究与独特思考，将译者行为批评这一创新性理论应用于乡土语言翻译实践的绝佳诠释。同时，该书对以汉学家葛浩文为首的翻译家进行描写性翻译批评研究，既系统回应了当下汉语乡土语言翻译研究的症结，也通过搭建语料库科学、客观地剖析了乡土语言翻译过程中的质量问题，理论与实践价值斐然，无论对于国内还是对于国际范围内的研究而言都具有首创性与前瞻性。希望译界与业界同人能够多加关注该著作，共同推动中国翻译事业的繁荣发展。

——吴赟（同济大学外国语学院教授、博士生导师）

周领顺教授的《汉语乡土语言英译行为批评研究》充满学术激情，既是他本人所创译者行为批评理论的应用，也是该理论的深度拓展。译者行为批评突破了既有的固化翻译观念，以"连续统"等一系列概念创建了崭新的翻译批评思维范式，有着优秀理论的形态与内涵，具有突出的深刻性、系统性和工具性，是本土原创翻译理论的典型代表。理论好不好，用用就知道。从我的研究经历来看，运用该理论可以将翻译内因素和翻译外因素有机整合到统一框架下，尽可能充分而有效地考虑翻译的复杂影响因素，避免翻译研究的单一化和片面化，"务实"地解决翻译问题，实现理论研究的"求真"。具体而言，该理论提供的思考框架可以有效分析人物形象、文学性和文化真实性在文学翻译中的再造，解决文学翻译的风格再造问题，为创新性的理论思考与构建提供样板。

周教授的这部新著紧扣译学研究前沿，首次提出乡土语言"意义—功能—风格"的翻译和评价原则，首次辩证地分析了译者的翻译思想及其译者行为度问题，首次提出了粗俗语翻译归化行为倾向的动因和乡土语言土味层次的划分，充满了问题意识与学术创新精神。该著深刻揭示了译者行为的复杂性、辩证性和规律性，提出"人本与文本""翻译内与翻译外"的结合、"翻译思想与翻译行为"的相互验证，揭示了"译者作为能动的人，在'求真'于原文意义和'务实'于读者需求、在作者和读者间维持着理想中的平衡"的不懈努力，提出了译者"文化求真、文学务实（求用）"的一般性行为原则，研究深具说服力和可参照性。

高山仰止，心向往之。周领顺教授的研究素有人性的温度与理论的高度，重情重义与慎思明辨并行不悖，为人与为学，皆为吾辈楷模。"细数落花因坐久，缓寻芳草得归迟。"周教授的这部新著，充满学术洞见与理想光辉，读来让人流连忘返。秉承周教授的学术精神，此书一如既往，激励着后辈学人，以此为鹄的，仰望星空、脚踏实地，书写自己的学术人生。

——徐德荣（中国海洋大学外国语学院教授、博士生导师）

前 言

  这是第一次把"乡土语言"作为一个术语并系统阐述汉语乡土语言翻译的专著，也是第一部在译者行为批评视域中进行汉语乡土语言翻译研究的专著。

  本著首次把"乡土语言"作为术语给予了明确界定；首次在译者行为批评理论视域中对汉语乡土语言翻译开展了描写性翻译批评研究，既关注文本，也关注人本；既关注翻译内部，也关注翻译外部；既关注静态，也关注动态；首次专题构建了葛浩文乡土语言翻译语料库，避开了传统上先入为主式、举例分析方法的不足；首次将汉语乡土语言翻译的研究层次化，提升了研究的科学性；首次提出乡土语言"意义—功能—风格"的翻译和评价原则；首次较系统地论证了葛浩文的翻译思想及其译者行为度。某些领域的研究和发现处于学界的前沿，比如所挖掘的粗俗语翻译归化行为倾向的动因和所进行的乡土语言土味层次的划分等。

  研究发现，汉语乡土语言土味具有层次性，译者作为能动的人，努力在"求真"于原文意义和"务实"于读者需求、在作者和读者间维持着理想中的平衡；讲话者使用乡土语言一般都有对风格追求的故意，因此通俗化是再现乡土语言"土"和"俗"风格的一条有效途径；再现乡土语言在语境中的功能，是实现乡土语言使用者（作者和人物角色）的目的所在。葛浩文作为一位成功的翻译家，其汉语乡土语言英译实践表明，"求真为本，务实为用（上）"以及具体化的"文化求真、文学务实（求用）"等均为译者的一般性行为原则，表现为译者的一般性行为规律，其行为均可以在译者行为批评理论的视域中得到解读。

  "汉语'乡土语言'英译实践批评研究"是一个开放性的研究课题，有很多内容值得研究。除了直接作用于翻译实践、翻译批评实践和翻译批评教学外，也可为中华文化"走出去"提供有益的指导或借鉴。当然，文学能不能"走出去"、效果怎样，从宏观上看主要在于其世界性；其世界性怎样，主要看文学家的责任落实，如"余华作品在美国等主要西方国家的顺利流通体现了其世界文学的特质"（邵璐、周以，2022：11）。翻译及其研究者仍然要尽力做好微观上的翻译实践和研究。"沈从文乡土小说跌宕起伏与远播回还的文学命运启示我们：中国文学走向世界需要关注民族性和世界性，在保留独特气质的同时探寻人类共通的文学主题，以灵活的表现形式讲好中国故事。"（汪璧辉，2016：127）其中就包括了翻译及其研究者的责任。有必要说明以下几点。

1. 社科基金项目和题解

本社科基金重点项目名为"汉语'乡土语言'英译实践批评研究"；本著名为《汉语乡土语言英译行为批评研究》。二者的不同有四。（1）前者题目中的"乡土语言"有引号，后者无引号。这是因为，项目在申报之时，"乡土语言"的称谓鲜见有人使用，并且从未有用作专门术语的。首次用作一个术语并放到引号内可给人一个整体感和用作专门术语的印象；这是一种修辞行为，可充分显现其造词之初的魅力，起到引人注目的作用。而今在经过几年的研究之后，乡土语言已经完成了习语化（idiomaticalization）或非隐喻化（demetaphorization）的过程而成了大众语的一部分。（2）本著现名明确了其归属译者行为研究的事实。（3）"译者行为研究"中的"译者行为"是研究内容，而"行为研究"也潜藏着研究的方法论。行为研究和非行为研究的不同在于，行为研究是有关人的研究，是动态研究，涉及译者的意志、身份及其角色化、行为与译文、社会等诸因素的互动关系；非行为研究只关注语言的静态研究，比如翻译技巧、翻译单位、句子结构的复杂度、词彩和词的大小等。就翻译技巧而言，静态的非行为研究可以总结出直译、意译、合并法等方法，但行为研究需要解释为什么译者在可以直译的时候却要意译或者相反等行为，涉及译者的目的性主观因素和环境性客观因素的影响。（4）把项目名称中的"实践"变为"行为"，是因为"实践"是研究的对象，但"行为"已呈现为规律性，属于发现的内容。

"乡土语言"可定义为：一切具有地方特征、口口相传、通俗精练，并流传于民间的语言表达形式，它在一定程度上反映了当地的风土人情、风俗习惯和文化传统，它是对熟语、惯用语、谚语、歇后语、俚语、成语、格言、俗语和方言等文化特色词语的高度概括。这里的方言限于地域方言，广义上的方言还包括时间方言、社会方言、技术方言和个人方言等。"土"是文化，只有充满个性的文化才值得传播。此前人们偶尔提及的"乡土语言"仅仅限于方言，且不是作为学术用语使用的，缺乏清晰的界定。

"汉语'乡土语言'英译实践"是研究的内容，是开展研究和立项的根本；"英译实践"说明是对于前人翻译事实的研究，包含研究的路径，即描写研究；"批评研究"暗含着理论的工具或批评的视域，是科学开展批评研究的保障。

2. 研究内容和研究手段

本项目是对汉语乡土语言英译实践所做的描写性批评研究，具体以考察美国汉学家葛浩文的翻译实践为主，并将其与其他汉学家以及中国译者翻译实践进行对比。为了对葛浩文的翻译实践进行全面的描写，课题组专门构建了"葛（浩文）译莫言10本小说'乡土语言'翻译语料库"（简称"葛浩文乡土语言翻译语料库"）。该语料库几乎包括葛浩文所译全部莫言作品中的乡土语言表达，为进行穷尽性考察并据此得出全面、客观和科学的结论提供了有力的支持。全书所涉莫言作品原文和葛浩文译文的用例，均来自该翻译语料库。这10本小说的原作和译作如下。

（1）《四十一炮》（北京：作家出版社，2012）/ *Pow*（York：Maple Press，2012）；（2）《檀香刑》（北京：人民文学出版社，2012）/ *Sandalwood Death*（Norman：The University of Oklahoma Press，2013）；（3）《蛙》（北京：人民文学出版社，2015）/*Frog*（Beijing：Penguin Books Ltd.，2014）；（4）《丰乳肥臀》（北京：作家出版社，2012）/ *Big Breasts & Wide Hips*（New York：Arcade Publishing，2004）；（5）《天堂蒜薹之歌》（北京：作家出版社，2012）/ *Garlic Ballads*（New York：Arcade Publishing，2011）；（6）《生死疲劳》（北京：作家出版社，2012）/ *Life and Death Are Wearing Me Out*（New York：Arcade Publishing，2008）；（7）《师傅越来越幽默》（北京：作家出版社，2012）/ *Shifu, You'll Do Anything for a Laugh*（New York：Arcade Publishing，2001）；（8）《酒国》（北京：作家出版社，2012）/ *The Republic of Wine*（New York：Arcade Publishing，2000）；（9）《红高粱家族》（北京：作家出版社，2012）/*Red Sorghum*（New York：Penguin Group Inc.，1993）；（10）《变》（北京：海豚出版社，2010）/ *Change*（Calcutta：Hyam Enterprises，2012）。

目前已经建成的葛浩文翻译语料库主要有侯羽、刘泽权和刘鼎甲的"葛浩文英译小说汉英平行语料库"①、宋庆伟的"莫言 6 本小说葛译语料库"②、黄立波和朱志瑜的"葛浩文英译小说汉英平行语料库"③ 以及张雯的"葛浩文十部译作语料库"④。

3. 理论视域和理论工具

本项目所借用的主要理论工具是被称为"中国本土理论之一"并处于"国际前沿"（许钧教授文）的"译者行为批评"理论。该理论是开展本项目研究的理论基础，而本项目是检验该理论有效性的试验田。二者相互验证：本项目提高了该理论的普适价值，该理论也在本项目的研究事实面前和研究过程中得到了提升和完善。

王菊泉教授建议用"人本研究""人本理论"⑤ 与传统的"文本研究""文本理论"相对。"从当今学术研究的大趋势看，做有关'人'（译者）的研究或具体的'以人为本'的翻译批评研究大有可为。"⑥ 该理论自诞生以来，逐渐显示了强大的解释力。

葛浩文是一位成功译者。莫言说："葛浩文教授的翻译与我的原著是一种旗鼓相当的搭配，而且我更愿意相信，他的译本为我的原著增添了光彩。"⑦ "莫言的作品首先毫无疑问是中国当代文学的精品，但是正是依赖翻译，它们才获得全世界的读者和研究者的认可，诚如莫言自己所言——'翻译家功德无量'。葛浩文作为一个'值得信托'的译者，他明显更懂得英语读者喜欢什么、拒绝什么。"⑧ 所以，按照葛浩文的话说，"莫言是根，

---

① 侯羽、刘泽权、刘鼎甲：《基于语料库的葛浩文译者风格分析——以莫言小说英译本为例》，《外语与外语教学》2014 年第 2 期。
② 宋庆伟：《莫言小说英译风格研究》，山东大学出版社，2014。
③ 黄立波、朱志瑜：《译者风格的语料库考察——以葛浩文英译现当代中国小说为例》，《外语研究》2012 年第 5 期。
④ 张雯：《基于语料库的葛浩文翻译风格研究》，博士学位论文，上海外国语大学，2015。
⑤ 周领顺：《汉语"乡土语言"英译实践批评研究前瞻》，《解放军外国语学院学报》2018 年第 3 期，第 117 页。
⑥ 周领顺：《译者行为批评：理论框架》，商务印书馆，2014，第 6 页。
⑦ 莫言：《我在美国出版的三本书》，《小说界》2000 年第 5 期，第 170 页。
⑧ 曹顺庆：《翻译的变异与世界文学的形成》，《外语与外语教学》2018 年第 1 期，第 129 页。

我是帮助莫言开花的人"①。

开展"人本研究",并不意味着忽略传统上的"文本研究",文本是发现译者行为规律的物质基础。研究译者在文本上留下的行为痕迹,借以寻找行为的规律,可给后来者以指导和启发。

4. 板块设置和术语使用

本项目属于一个开放的课题,需要设计出合理的板块,这些板块具体化为以下几个方面。(1)"译者行为批评与乡土语言译出译入研究"。专题讨论乡土语言翻译研究内容和译者行为批评视域,旨在阐述研究内容和理论视域/工具之间的关系,明确文本研究属于内部研究、人本研究属于外部研究,内外结合,译出借鉴译入,以期使相关研究和翻译实践尽可能全面、客观和有效。(2)"思想与行为"。主体讨论和考证葛浩文作为一位成功翻译家在翻译思想和实践上的相互验证,检验其是否做到了旗帜鲜明,以证明翻译活动中的译者、身份及其角色化和行为的复杂性;探索其主张与行为之间相左的根源和行为的深层规律,为未来的翻译实践和翻译批评实践提供切实的指导和启示。(3)"文本与人本"。专题讨论具体的文本研究内容和译者行为之间的关系,用大量的文本事实和专题的、深入的分析,证明翻译活动的译者不是原文的简单转换者,只有将文本上的事实挖掘和人本上的人文关怀结合起来,才能让有关事实得到合理的描写和解释,也才能挖出深层的、规律性的东西。(4)"策略与方法"。专题讨论葛浩文等译者审时度势而采取的翻译策略和方法,并通过不同译者的对比,说明译者选择策略与方法背后差异的原因。尽量避开传统上着墨过多的几种套路,紧紧围绕文本谈行为,把翻译作为一种活动和过程来看待,这是"老话新谈""老法新做"。(5)"文本人本外"。专题讨论影响译者行为的外部因素,一并说明翻译活动的复杂性和翻译活动中人的复杂性。

为了提高翻译批评的客观性,有必要提高表述的针对性。(1)事实证明,葛浩文的"术语"和学界的说法是有区别的。他所说的"成语"泛指一切被人们久用而丧失新鲜感的"陈词滥调",是套话。相对于我们说的"成语",或可称为"葛氏广义'成语'"。(2)葛浩文所说的"意译"既

---

① 曹顺庆、王苗苗:《翻译与变异——与葛浩文教授的交谈及关于翻译与变异的思考》,《清华大学学报》(哲学社会科学版)2015 年第 1 期,第 126 页。

包括译学界所说的"直译",也包括文化层面上归化的做法,是除了"死译""硬译"以外的所有的翻译形式。(3)将"归化"分为广义和狭义。广义上的"归化",是指一切朝读者靠拢的做法,狭义上的"归化",只限于指目标语言中套用的现成熟语。(4)"意译"与狭义上的"归化"不同。"意译"是语言上的解释;狭义上的"归化"是文化上的替代。

5. 其他

(1)书中所截取实例的形式标记,皆依原作和译作。(2)汉译英部分,除了特别交待的译者外,均默认为译者葛浩文。(3)因乡土语言的最大特点是"俗"或"土",所以脏字、脏话难以回避,敬请读者以批判和研究的态度看问题。(4)译学界普遍使用的"中国文化"(如"中国文化'走出去'")准确的称呼是"中华文化",本著统一称作"中华文化",但引文照旧。(5)笔者是河南人,河南省毗邻莫言的家乡山东省,方言用语比较接近,便于理解莫言作品中的方言土语,有助于把握葛浩文理解的准确性和翻译表达的得体性。

目 录
Contents

第一章
译者行为批评与乡土语言译出译入研究

第一节　译者行为批评及其工具性

1.1　译者行为批评视域[①]

　　由于 20 世纪 50 年代语言学理论的发展成熟，翻译研究开始从"经验阐述"向"理论分析"过渡，直至近二三十年的"文化转向"，翻译研究又进一步融合了文化学的研究成果。作为翻译研究的有机组成部分，翻译批评的发展也经历了语文学批评、结构主义批评和解构主义批评三大时期（王宏印，2006：33~36）。语文学批评专注于语言文字层面的是非和译文的好坏；结构主义批评主要特点是将现代语言学纳入翻译批评；解构主义批评则重点在于文化与交流。解构主义批评使翻译批评研究从文字层面转向文化层面，具有了阶段性的意义。但结构主义批评主要是借助语言科学，不足是仍停留在语言文字层面。解构主义批评重点关注文化与交流，它不再将翻译批评局限在文本层面，而是扩展到了翻译外的社会层面，彰显了译者的主体地位。然而，解构主义批评顾此失彼，专注于社会因素，却忽略了对翻译本质的探讨，也忽略了对于译者身份和角色的区分，未从"翻译外"回归到"翻译内"，即回归到翻译的本源，也就未能从译者的翻译内和翻译外行为对译文质量进行双向评价。

　　译者行为批评重新审视翻译批评研究的发展，将其梳理为三个阶段：

---

① 本部分由周领顺与赵国月合作完成。

第一阶段，翻译批评发生在翻译内，出发点是文本批评视域，发生时间在
"文化转向"前，即语文学批评和结构主义批评阶段；第二阶段，翻译批
评发生在翻译外，出发点是文化批评视域，发生时间是在"文化转向"
后，也即解构主义批评；第三阶段，翻译批评发生在翻译内和翻译外，出
发点是行为批评，发生在当下。在第三阶段，译者行为批评吸纳前两阶段
的研究成果，去伪存真，以动态的译者行为为批评视角考察译者和译文等
因素的互动关系。这样，翻译批评既避免了结构主义批评语言文字层面的
静态单一，也避免了解构主义批评的泛文化倾向，做到了动静合一，以尽
量确保翻译批评的客观和公正。

译者行为批评对翻译批评发展的"三阶段"划分，并不意味着对前人
研究成果的否定或抛弃。相反，它是在融合前人研究成果的基础上对翻译
批评发展的重新审视，这样有利于理论界更加清楚地认识翻译批评乃至翻
译理论的发展现状和态势。

自语言学和文化学先后介入翻译研究后，翻译批评要么从一个角度出
发，如语言文字之间的转换、翻译策略、美学、读者反应等；要么融合这几
个要素进行综合分析。无论如何，这种批评模式不经意间会把翻译活动等同
于译本，将翻译行为看作一个限于翻译内的静态过程，忽略了翻译行为作为
社会活动的动态多元性和译者的存在。皮姆认为，以内容为原则的人总是将
译者预设为属于某一种文化，这就完全忽略了翻译活动的特殊性，忽略了翻
译行为中的一个基本事实，即译者在翻译过程中涉及的是多种文化，他始终
居于一个跨文化空间、一个文化的交汇点（刘云虹，2013：83~88）。

基于此，译者行为批评提出，翻译批评"在追求译文对原文的求真度
兼译文对社会的务实度的同时，还必须充分考量译者行为的合理度，才可
能对翻译质量做出全面的评价"，而这一"合理度"，是静态文本的"求真
度"和动态社会的"务实度"相互作用的结果。译者行为批评认为，行为
批评视域属于语境研究，关注翻译外因素，但也不忽视翻译内因素，是基
于译者行为的合理度而在翻译内外两个层次对译文质量所做的动态评价。
文本批评视域是一种静态批评视域，行为批评则是一种动态批评视域，动
中有静，静中有动，二者既有区别，也相互补充。比如，译者行为批评的
一个核心概念是"求真-务实"连续统评价模式，它突破了一元思维模式，
并使其付诸实践；解决了翻译批评理论和翻译批评实践"两张皮"的问

题，将二者衔接了起来；打破了固有的单一静态批评思维，解决了翻译批评的单向性问题，避免了翻译批评的二元对立，即"是与非"的终极判决；顺应时代要求，覆盖了几乎所有的文本类型和所有层次的翻译；既可以有效避免传统翻译批评模式的规约性成分，也可以避免传统翻译批评模式的描述性成分。"求真"与"务实"辩证统一，"求真"是对原文求真，"务实"是对社会务实。在"求真-务实"连续统评价模式观照下，译者须遵循"求真为本，求真兼顾务实；务实为用（上），务实兼顾求真"的行为准则。虽"务实高于求真"，却不能不顾求真，否则就走向了"非译"。译者行为批评是翻译批评学的进一步细化和拓展，具有以下特点：统筹人文，兼顾科学；独具原创，自成体系；承前启后，继往开来；求真为本，务实为用（上）；等等。

另外，人文主义偏重人、主体、人生、主观、个体存在、自由意志、价值、直觉、体验、情感等；科学主义则侧重物、客体、自然、客观、普遍规律、因果决定、知识、逻辑、实证、理性等。译者行为批评聚焦翻译的主体——译者，也未忽略翻译的客体——原文和译文，将"文本视域"和"行为视域"有机地结合起来，体现了人文主义与科学主义并重的翻译批评方法论。译者行为批评在构建论述中，就是通过对文学文体和应用型文体翻译实践案例的描写性评价，检验译者行为批评理论的合理性，即译者意志性与译者身份和角色作用于"译者行为"进而作用于翻译质量之间的相互关系。

综合看来，译者行为批评开辟了翻译批评研究新途径，丰富了翻译社会学的理论建设；打破了翻译和译者规约性定义的传统，在"求真-务实"连续统评价模式下对"翻译"和"译者"进行描写，为进一步开展翻译批评理论研究奠定了坚实基础。译者行为批评关注译者的意志性、翻译的社会性和译文生存空间的复杂性，倡导批评不以主观代客观、不以创作代翻译、不以残缺掩全面等。总之，从行为批评视域出发的译者行为批评具有"人本性"的研究属性（周领顺，2022a），可有效提高翻译批评的可操作性（周领顺，2022b）。它是"内部批评和外部批评有机结合的真正翻译批评"（刘云虹，2009：64）。

1.2 译者行为批评的现实观照

任何理论的提出和发展，都是基于一定的现实基础，否则都是站不住脚的。理论源于实践，最终还要回归实践。深化翻译批评研究、推动翻译批评实践，不仅是翻译学科建设的内在需要，也是引导翻译活动进而促使翻译价值得以最大限度体现的必然诉求。翻译实践的引导、翻译现象的辨析、翻译作品的评介以及翻译人才队伍的培养都离不开翻译批评。然而，要使翻译批评摆脱长期以来"缺席"和"失语"的状态，批评者不仅要有对历史的理性反思，更要有对现实的深切关注，而无论反思还是关注，都必须依赖对翻译活动本质的深入洞察以及敏锐的理论眼光和科学的批评途径。从这个意义上讲，针对翻译批评研究与实践中的根本问题、现实状况与未来发展，译者行为批评都具有重要价值。

从最早的佛经翻译开始，我国对外国作品的译介经历了相当长的历史时期，也取得了令人瞩目的成果。在三次翻译高潮中，翻译作为重要的推动力，对中国社会的变革与发展发挥了不容忽视的积极作用。相应的，译学界对译入的关注与研究也越来越深入。但与此相对的是，翻译批评在翻译作品的评介、翻译现象的辨析与翻译质量的监督等方面都仍然亟待理性而深刻的反思；尤其是对翻译史和翻译批评史上有争议的、须进一步加以辨析或澄清的问题，应立足于翻译活动的本质，以历史的眼光，通过对有代表性的翻译与批评个案的重新审视，力求从历史发展的维度不断揭示并把握译入翻译的内涵与贡献，进而真正发挥翻译批评在理论与实践两方面的建构力量。借助译者行为批评的理论途径，翻译批评将不再扮演否定或肯定的角色，而是以历史的和发展的视角，综合考察翻译内外涵盖的语言、历史、文化、社会与意识形态等多种因素对译者选择的影响与制约，进一步揭示翻译活动的复杂性与丰富性，同时从多重维度对翻译行为及其结果进行整体性的、尽可能公允的分析与评判。由此可见，在针对外译中的批评中，译者行为批评可发挥较为积极的理论价值和分析作用。

随着中华文化"走出去"成为当前我国文化建设的重要战略，尤其是莫言获得诺贝尔文学奖以来，中国文学对外译介受到各方的普遍关注。一方面，围绕翻译的重要性、翻译与创作的关系以及翻译对中国文学、文化"走出去"的影响和作用等问题，各界进行了广泛的讨论；另一方面，针对翻译观念、翻译策略与方法、译介模式和翻译主体等涉及翻译的根本性问题，各界在关注的同时也产生了种种疑问，甚至对中国文学如何能更好地"走出去"或多或少表示怀疑与担忧，翻译的合法性与价值也因此在某种程度上受到考问。作为翻译批评新的理论模式与途径，译者行为批评正是立足翻译活动的整个过程，以翻译主体的意志行为为切入点，综合考察翻译内外的各种复杂因素，通过译者行为与译文质量的双向评价，力求在对翻译、接受与文化传播的各个环节进行多维度的整体观照，对译出翻译中的译者行为、译介模式、翻译方法、译内和译外效果等进行系统性的思考与批评。借助译者行为批评，译学界可以对目前中华文化、文学对外译介与传播背景下的译出有更深入的认识，对译出的整个过程和诸多要素以及其中凸显的一些问题和倾向进行系统的、全面的检视与批评（刘云虹，2015：70）。

理论的核心本质就是对事物普遍规律的把握和对特殊现象的预测，理论的提炼基于现实，更要致力于解决现实中的问题。译者行为批评的创建秉承这一理念，将理论框架深深扎根于翻译实践，通过具有可操作性的理论阐述，凸显了强烈的现实观照。

中华文化"走出去"战略在译学界讨论得如火如荼，但争议不断。有人主张中华文化对外传播应该掌握主动权，在翻译的策略上采用异化，尽可能减少文化传播过程中的亏损；有人主张中华文化对外传播要审时度势，顺应异域文化习俗，在翻译策略上采用归化，尽可能保障被译语读者所接受。"当前文学外译采用了不恰当的策略，终极原因，不是传统译论保守，而是中华文化的自我形象与他者形象有距离。如果要对症下药，首先要进行文化自省，认识到经济实力与文化名气的提升并不同步，不能操之过急，更不应过分强调文化输出的自主权，否则只会引起阻抗，欲速不达。"（张南峰，2015：88）这样的文化自省如果要落实到具体，便是对翻译实践的正确引导，对翻译现象的科学辨析，对翻译作品的客观评介，以及对翻译人才队伍的培养，这一切又要依赖于翻译批评来监督。但目前"我国翻译批评发展一方面理论研究尚未真正步入系统化、理论化的科学建构之途，另一方面，批评实践还未完全摆脱静态的文本、'技'的层面以及经验主义、印象主义等的制约"（刘云虹，2015：65）。在这样的大背景下，从翻译的层面认清当前中华文化"走出去"的处境和问题，迫切需要能够切实解决问题的翻译批评理论的出现。刘云虹认为译者行为批评具有很强的现实观照，主要体现在两个方面，"一是有助于把握丰富多样的译入翻译的历史贡献，进行深刻的反思与理性的评价；二是有助于深化对国家文化走出去战略下的译出翻译的认识，进行系统而全面的检视与批评"（刘云虹，2015：69）。"讲好中国故事，传播好中国声音，这是中华文化'走出去'战略的内在需求。周领顺认为，翻译是文化传播的重要桥梁，作为翻译学者，必须有所担当，而他自己的研究，正是践行这一战略的尝试。"（王广禄、吴锡平，2015）

1.3 译者行为批评概念的工具性

译者行为批评具有国际化的视野。黄勤、王琴玲（2018：107）评论道："图里在提出翻译行为规范的基础上，将翻译行为置于'充分性—可接受性'的翻译连续统上展开考察和研究，得到根茨勒等学者的肯定。'求真''务实'构成的译者行为连续统与图里的充分性和可接受性最为接近，两者具有相通之处，可以说'求真-务实'译者行为连续统评价模式将译者行为和翻译社会学相结合，拓展翻译批评的研究空间，具有国际化视野。"

"求真"和"务实"是译者行为连续统评价模式上的两个端点，连续统本为一个数学概念，指持续不断而又可分等级的连续体，因此"求真"和"务实"两者间必然存在渐变状态或阶段性特征。这是审视问题的视角，而在具体操作时，便转化为分析问题的工具。比如张虹、段彦艳（2016：157）所总结的"译者行为批评能够为分析《孝经》中评价意义的改变提供理论参照"，就是用作工具时工具性的具体体现；而赵国月（2018：84）所总结的"译者行为批评提供的'求真-务实'连续统评价模式并不是一条刚性的翻译准则，而是给译者提供了一个可以衡量的尺度，帮助译者更加清楚地认识翻译的本质属性和社会属性，方便译者做出最合理的选择"，便是基于事实分析在认识上的升华。提供认识的视角及分析问题的工具是构建包括"求真-务实"连续统评价模式等概念在内的初衷，正如杨宁伟（2016：143）所认识的，"通过周领顺教授所构建的'求真-务实'连续统评价模式可以更好地认识译者行为和译文的社会化过程，它既可作为译者自律的准则，也可作为评价翻译的有效工具"。也如马明蓉（2018：147）所认识的，"离散译者行为批评研究既是翻译学界的前沿课题，也是社会学的热点话题，将成为离散译者研究的理论增长点"。

建立在充分事实的基础上对译者行为深层规律的挖掘和结果的预测，是理论预测功能的体现。比如黄勤、余果（2017：33）所发现的"三位译者皆是在求真的基础上以务实为目标，当求真无法达到社会效果时，选择以务实为上"的结论即与译者行为准则的"求真为本，务实为用（上）"（周领顺，2014a：106）准则相吻合，也与王莹、王琰（2019：88）对《大漠祭》英译本中5类"乡土语言"求真度、务实度和合理度量化分析所得出的结论，以及与胡婷婷（2016）对洪深翻译《少奶奶的扇子》中的戏剧符号"扇子"的分析所得出的结论完全一致。杨宁伟（2018a：80）认为，"如欲获得'求真度'高的译文，最好选择翻译理念上原文本取向的译者；如欲获得'务实度'高的译文，最好选择翻译理念上译入语取向的译者，而如欲获得能够保持'求真度'和'务实度'平衡的译本，则应选择作者与读者兼顾的译者。最后，我们还需意识到，译本的'走出去'与'走进去'的效果，除了上述两方面的因素外，还与目的语的社会文化现实密切相关，绝非某个单一因素就能决定的"，他加上了目的语因素，但这与译者行为批评的目标和思路并行不悖。

译者行为批评中部分概念本来就呈现为分析问题的视角，比如对于"翻译内"和"翻译外"的分野，如吕文澎等（2018）所认为的，"翻译不仅是语言转换行为，也是受文本内部与外部诸多要素共同制约的复杂活动。根据译者行为批评理论，可将翻译因素及其研究分为'翻译内'与'翻译外'两类。'翻译内'指翻译内部因素及其研究，主要涉及语码转换问题。而'翻译外'指翻译外部因素及其研究，主要涉及各类社会问题"。但这一分析问题的视角，同样显示出一定的工具性，这是因为按照这样的视角去分析问题，仍然会出现实用的结果，具有可操作性，而可操作性便具有工具性的主要特征。

为了具体说明研究者在借用译者行为批评概念进行乡土语言翻译分析时的感受，这里主要以黄勤教授的研究团队为例。一是黄勤和王琴玲（2018：109）所作的《林太乙〈镜花缘〉方言英译探究：求真还是务实》一文。文章写道：

> 译者是意志体译者，具有语言和社会双重属性，面对原文，也面向社会，而译者行为是译者在对作者/原文求真的纯翻译行为的基础上融入务实性的目标而表现出的非纯粹翻译行为。"求真"（Truth-seeking）指译者全部或部分求取原文语言所负载意义真相并实现务实

于读者/社会的行为；"务实"（Utility-attaining）指在全部或部分求真原文意义上的基础上译者实践务实性所采取的态度和方法。求真和务实是译者行为连续统评价模式的两个端点，连续统（Continuum）本为一个数学概念，指持续不断而又分等级的连续体，因此求真和务实两者间必然存在渐变状态（周领顺，2010：95）。这两者关系主要体现在以下几方面。

第一，求真是翻译的必要条件，务实是翻译的充分条件，二者是一体，但又相互区别。

第二，求真和务实互为条件，求真是务实的基础，制约着务实，而务实又在总体上高于求真，在一定条件下，二者可以转换。

第三，务实的前提是"求真之无力"或"务实之必须"，包括翻译内部和外部原因。

第四，译者在翻译过程中难免会呈现偏重作者/原文或偏重读者/社会的倾向，但求真和务实都在一个连续统上，不可任意将其割裂开。离开对原文求真的务实是不存在的，缺乏务实的所谓求真也不能真正实现翻译的社会功能和价值。

第五，译者具有语言和社会双重属性，其中"求真"体现出其语言属性，而"务实"则是译者社会性的表现。

第六，求真-务实体现译者动态的自律过程，译者总在两者间努力保持理想中的平衡。

图里在提出翻译行为规范的基础上，将翻译行为置于"充分性—可接受性"的翻译连续统上展开考察和研究，得到茨勒等学者的肯定。求真务实构成的译者行为连续统与图里的充分性和可接受性最为接近，两者具有相通之处，可以说求真-务实译者行为连续统评价模式将译者行为和翻译社会学相结合，拓展翻译批评的研究空间，具有国际化视野……

从语言层面的求真度来看，译者尽可能传递出具有异域特质的海灌方言的语意；从社会性务实度来看，译者又考虑目的语读者的阅读习惯、审美体验和文化背景等方面的差异，适当消减意义真空所造成的陌生感，可谓求真和务实兼顾，但因翻译活动的复杂性，"求真也只能是部分求真，务实也只能是部分务实"（周领顺，2014：

92）……

　　在不违背原文基础上忠实再现原作的内涵和风貌，属于典型的"读者定位"务实之举。（周领顺，2014：78）

二是黄勤和余果（2017：39）所作的《译者行为批评视域下〈黑白李〉三个英译本中熟语翻译比较》一文。文章写道：

　　这三个译本能直观地体现不同译者对汉语熟语翻译的不同处理方式，对其熟语翻译方法的归因分析不仅要着眼于文本细读，更要结合译者行为，因为译者行为决定了译本的翻译方法选择以及译文的质量。本文拟从译者行为批评视域，对比分析《黑白李》三个英译本中熟语的翻译……

　　"求真-务实"译者行为连续统评价模式是为了对译者行为进行描写性评价而建构的。在运用该模式评价译者行为时需要考虑到"求真"和"务实"两个方面。"求真是指译者为实现务实目标而全部或部分求取原文语言所负载意义真相的行为；务实是指译者在对原文语言所负载的意义全部或部分求真的基础上为满足务实性需要所采取的态度和方法。"（周领顺，2014a：76）译者作为意志体拥有两种属性：译者翻译原文时由于原文的语言性从而也具有了语言性的属性，因此被赋予了服务原文的责任，在翻译过程中会尽量求真；同时，译者作为人具有社会性的属性，译者的翻译活动会受到赞助人、目的语读者以及自己本身的意识形态等多方面社会因素的影响，必须考虑务实性要求。运用"求真-务实"译者行为连续统评价模式，就是对译者进行翻译时寻求"求真"与"务实"间的平衡行为作出描写和解释……

　　三位译者在翻译熟语时大部分采用了意译法，即以表达出原文的大意为先，在不能兼顾译文与原文在形式上的对等时选择舍弃原文的结构或隐含文化。换言之，三位译者皆是在求真的基础上以务实为目标，当求真无法达到社会效果时，选择以务实为上。在"求真-务实"连续统一体上三位译者都偏向于务实一端……

　　译者行为通常受到目的语读者、译者的个人背景以及翻译目的等多种主客观因素的影响。短篇小说《黑白李》的三个英译本在熟语翻译方面之所以有上文所述的差异，主要是三位译者在平衡"求真"与"务实"下作出了不同的选择，而译者选择偏向"求真"或"务实"一般与译者的个人背景以及翻译目的有关……

熟语的常用翻译方法有五种，分别是直译、直译加注、意译、同义熟语套用法和省译法。受个人背景和翻译目的的影响，译者行为在"求真-务实"连续统一体中或偏向"求真"一端，或偏向"务实"一端，对同一熟语的翻译也会采取不同的翻译方法……

在翻译熟语的过程中，译者行为应该以务实为上，同时兼顾求真，即在最大限度忠实原文的基础上服务于目的语读者和社会。在进行熟语翻译时，译者应遵循这一准则，即根据具体的语境和文化信息从上述五种翻译方法中选择最合适的方法。此外，由于熟语通常有着精炼语言、展现地域特色和刻画人物形象等功能，因此，翻译中词语的选择特别重要，词义的细微差别会影响到熟语功能的再现，译者不仅要选择最合适的翻译方法，还应注意词语选择的准确性。只有这样，才能尽可能达到译本在"求真-务实"之间的最佳平衡度。

三是黄勤和刘晓黎（2019：140）所作的《译者行为批评视域下〈肥皂〉中绍兴方言英译策略对比分析》一文。文章写道：

译者行为批评视域下的"求真-务实"译者行为连续统评价模式为客观评价译者行为及译文质量提供了操作指南。该评价模式观照下的方言翻译研究摆脱了"忠实"之争和规约某一"最佳译法"的理想情况，着眼于多方因素制约下的译者在方言翻译过程中进行语言性求真与社会性务实的程度，探寻译者行为背后的动因并尽可能地对比给予合情合理的解释。这为我们深入了解方言翻译乃至于进一步认识翻译活动本身打开了一个突破口。

译者行为批评理论中的一些思想可以用来说明译者的一般性行为规律。比如，马会娟和张奂瑶（2016：8）对熊式一的翻译实践是这样概括的：

熊式一是 20 世纪上半期在国际上颇有影响的戏剧翻译家。从早期在国内翻译英国戏剧，到中期英译中国传统戏剧，以及后来自译其英文作品，在毕生的翻译事业中，他尝试过多种多样的翻译实践。他的翻译思想经历了 3 个阶段：早期翻译字字斟酌、句句落实，追求译文尽善尽美；中期意识到舞台效果在戏剧翻译中的重要性，根据不同文本的地位和翻译目的，在文学与舞台之间做出权衡；后期的自译从译文受众的角度出发，充分发挥译入语语言自身的张力，从而使文学翻译成为有独立欣赏价值的翻译文学。而熊式一翻译的《王宝川》、《西厢记》英译本在英语世界所取得的成功，向世人证明了以汉语为母语的中国人完全有能力翻译出被海外读者接受并认可的优秀译作。

这样的翻译过程所表现的译者行为阶段性特征与林丽君述说的她和葛浩文翻译时"某种程度上来说，前三稿强调忠实于原文，努力传达原作的艺术效果；第四稿则把重心转移到读者，让译文更符合英语读者的阅读习惯"（葛浩文、林丽君，2019：36）的译者行为阶段性特征是一致的，正好可以用译者行为批评理论中"求真为本，务实为用（上）""求真兼顾务实，务实高于求真"等思想来解释。

1.4 译者行为批评工具性概念的常规应用和多角度融合

第一，对于"求真 - 务实"译者行为连续统评价模式或"求真"和"务实"的常规应用。"'求真 - 务实'译者行为连续统评价模式是为了对译者行为进行描写性评价而建构的。在运用该模式评价译者行为时需要考虑到'求真'和'务实'两个方面。"（黄勤、余果，2017：31）最常见的应用是在翻译实践上验证译文和行为的阶段性、渐变性特征，如周领顺、杜玉（2017：22）"以'求真 - 务实'译者行为连续统评价模式为评价工具，将'求真度'、'务实度'分别表述为'求真'、'半求真'、'半求真半务实'、'半务实'、'务实'等"。或者如罗静、吕文澎（2020：72~75）对文化意象"天"所做的"移植/求真""半移植/半求真""半移植半置换/半求真半务实""半置换/半务实""置换/务实"等特征的描写和分析。而黄勤、刘晓黎（2019：140）批评分析后认为，"译者行为批评视域下的'求真 - 务实'译者行为连续统评价模式为客观评价译者行为及译文质量提供了操作指南。该评价模式观照下的方言翻译研究摆脱了'忠实'之争和规约某一'最佳译法'的理想情况，着眼于多方因素制约下的译者在方言翻译过程中进行语言性求真与社会性务实的程度，探寻译者行为背后的动因并尽可能地对此给予合情合理的解释。这为我们深入了解方言翻译乃至于进一步认识翻译活动本身打开了一个突破口"。

研究者将该评价模式用于指导自己领域的研究时多有发现和创新。比如，徐德荣、范雅雯（2020：98）将"求真""务实"和儿童文学中乡土语言的翻译实践相结合，提出"在儿童文学外译中处理乡土特色语言时，应在充分考虑读者阅读接受的同时，尽可能充分地再造原文的乡土特色以忠实再造原文的风格，实现在'务实'基础上尽可能地'求真'，以满足目标儿童读者的阅读期待，打造体现文化真实性的儿童文学译作"；杨宁伟（2018b：64）借助"求真-务实"译者行为连续统评价模式，对《我不是潘金莲》葛浩文译本中的惯用语、成语、谚语和歇后语等英译的译者行为度进行了考察，发现相比于务社会之"实"，译者更倾向于求原文之"真"，即多数采用"异化"翻译策略，从而分析出整个译本呈现的"杂合"特征。

第二，将"求真-务实"译者行为连续统评价模式和其他理论相结合。比如，黄勤、余果（2020：54~59）将"求真-务实"译者行为连续统评价模式和语境顺应论相结合，从语言语境和交际语境两个层面对张天翼短篇小说《老明的故事》王际真英译本中的对话英译策略进行分析。他们发现，王际真在原作语言语境中理解其中的对话时，考虑了原文作者的心理世界，顺应了原文的社交世界和物理世界，理解了原文作者的语言选择，在翻译时大多采取了直译策略，其译者行为偏向"求真"。在翻译的表达阶段，王际真根据自己的交际目的，考虑原作与译作交际语境的差异，顺应了目的语读者的心理世界，主要采取了归化策略或意译方法，译者行为倾向于"务实"，但有时也采取了直译方法，却未能使译文达到"务实"目的；在处理目的语读者所在的社交世界与源语社交世界间的差异时，为顺应语境，处理差异因素时译者主要采取了意译方法，译者行为倾向于"务实"；为顺应原文的物理世界，译者主要采取了归化策略，译者行为体现为"求真"与"务实"并重。

第三，将"求真-务实"译者行为连续统评价模式与译者行为准则相结合。比如，胡婷婷（2016：61~64）基于以往戏剧翻译研究中戏剧翻译标准争论的偏颇而借用此分析工具考察了洪深翻译的剧作《少奶奶的扇子》，并以剧中最重要的戏剧符号"扇子"为例，分析了洪深在"求真–务实"连续统上的翻译行为，得出"求真为本，务实为上"的戏剧翻译标准，为戏剧翻译实践和批评提供了有价值的参考。

第四，对于"求真度"、"务实度"和"合理度"的量化应用。比如，王莹、王琰（2019：88）对《大漠祭》英译本中 154 条成语、90 条谚语、89 条歇后语、54 条惯用语及 262 条方言，5 类"乡土语言"求真度、务实度和合理度进行量化，通过 SPSS 统计发现，译文的求真度、务实度和译者行为合理度的平均值与标准差是 4.73>2.31、4.25>3.81、4.12>3.48、4.63>2.46、4.65>2.68，结论与译者行为批评思想相符。

有研究是从"求真"到"求真度"、从"务实"到"务实度"再到"合理度"进行分析的，比如高博和陈建生（2018：110～117）对 20 世纪上半叶美国"诗人译者群体"所做的译者行为批评分析，他们发现，"'诗人译者'行为方式下的译文虽并未达到'求真度'和'务实度'之间的理想平衡，但它依然具有其自身存在的行为合理度"，"为了达到某些'务实'的目的，'诗人译者'不惜牺牲对原文的部分'求真'。这种'失真'的译文无疑会有损中国传统文化的底蕴，有时甚至会造成某些'误释'。但是，从译介效果上看，这样的译文确实为西方的普通读者打开了接近中国古诗的窗口"。译者行为批评工具帮助研究者获得了理性的分析结果。

有的研究者对该评价模式的应用进行了深化和开拓，比如徐德荣、杨硕（2017）从"翻译内"和"翻译外"视域出发，"根据现有儿童文学翻译批评框架和国际公认的'欧洲语言共同参考框架'，提出以翻译批评参数结合等级评分量表和评分观察点的'求真–务实'综合批评模式"（徐德荣、杨硕，2017：85），"将翻译外因素和翻译内因素结合起来，将定性分析和定量分析结合起来，可一定程度上解决翻译研究'主观化''印象式'的问题，使翻译批评研究更客观、更有说服力，为儿童文学译者提供自查参照，为出版社提供选择译者、评判译本的参考"（徐德荣、杨硕，2017：90）。

第五，多角度使用译者行为批评理论的多个术语进行综合考察和印证。比如，周宣丰等（2019：53）陈述道："'译者行为批评'创建者周领顺指出：'时代越特殊，人的行为也越特殊；政治对翻译的干扰越大，译者行为的差异和研究价值也越大。'"他们认为，"在'求真–务实'连续统评价模式下考察译者行为倾向的关键问题是'译者'角色和'社会人'角色何者占上风",并认为"其动态多元的'求真-务实'连续统评价批评模式,能对译者作为'语言人'与'社会人'的译内行为和译外行为做出合理的、全面的评价"(周宣丰等,2019:54)。他们还认为,"社会视域下的译者行为是一种复杂的社会行为,受意志体译者的意志性和角色身份、特定社会意识形态和自我与他者政治、经济、文化结构关系等多种因素的影响和制约","对这种权力差异下的新教传教士译者行为,我们要加以反思和批判,积极探索有利于当前中国文化'走出去'的译者模式和体系"(周宣丰等,2019:60~61)。

钱灵杰、伍健(2018:63)结合译者行为批评的"译内效果"和"译外效果"概念,发现"英国汉学家汤姆斯在翻译《花笺记》的过程中,努力求原作文体风格之'真',务译作传播效果之'实',最大限度地保证了译内与译外效果,为西方人全面了解中国文学、文化提供了重要渠道,推动了中国古典文学在西方的传播"。而唐蕾(2016)通过对华裔获得语作家身份的建构进行了译者行为批评分析,并具体通过对华裔获得语作家"求真"和"务实"行为原因的分析,探究他们的"语言人"角色和"社会人"角色,最终证明译者行为"务实"高于"求真"行为准则的合理性。

当然,还有其他多种角度,比如有借用译者行为批评的"身份"和"角色"研究译者行为的(如戴文静,2017),也有融合"求真型翻译"(周领顺,2014b:110)和"务实型翻译"(周领顺,2014b:170)而讨论译者行为准则的(如邵卫平,2017)等。

1.5 译者行为批评工具性概念的拓展与创新

除了常规性的应用和多角度、多概念融合应用研究外,研究者还不断在此基础上进行拓展与创新。温湘颖、吴立溪(2019)借译者行为批评中的"求真-务实"连续统评价模式,分析了汪榕培翻译的《临川四梦》,他们将分解的"求真""务实"和汪榕培的"传神达意"翻译思想有机地结合起来,在"汪榕培'达意'的求真行为"部分,他们将"求真"分解为"探寻原作的创作时代背景以求情境之'真'"和"考证英语词汇以求语言之'真'",有力地证明了动态性"求真"和静态性"忠实"的不同,也证明了"很大程度上融合并超越了翻译批评的忠实观,具有更强的理论解释力"（冯全功，2019：117）的合理性。在"汪榕培'传神'的务实行为"部分，他们将"务实"分为"解释文化负载词以务等效之'实'"和"传达原作意象以务神情之'实'"，文章虽短，所提供的方法论意义却具有开拓性。其在文末所总结的"文章通过借助译者行为批评理论对汪榕培先生英译的《汤显祖戏剧全集》展开研究，分析了其'传神达意'的翻译策略，是一种'求真务实'的翻译行为，达到了译内和译外效果。在积极推进中国文化'走出去'的今天，汪榕培的翻译思路将对今后典籍翻译，尤其是戏剧翻译提供更多的有效策略和途径"，该结论对于相关研究大有裨益。

王莹、王琰（2019）将译者行为研究和乡土语言翻译研究成果相结合，从译者行为批评视域出发，参照"求真-务实"连续统评价模式，自建了可模糊量化的五级参数，对《大漠祭》英译本中成语、谚语、歇后语、惯用语及方言 5 类 649 条"乡土语言"的求真度、务实度及合理度作了定性和定量分析，对分析结果进行了统计和原因分析。研究发现，"'求真-务实'连续统评价模式为译者和译评者提供了一个可以衡量的尺度"（王莹、王琰，2019：87），而求真度、务实度和译者行为合理度成为该评价模式上可以量化的渐变性、阶段性刻度。这是概念视域和理论工具的结合，也是工具和工具之间的结合。对求真度、务实度和译者行为合理度的量化，是对框架性理论概念的拓展性应用。

潘冬（2020：66~67）从译者行为批评的相关概念细化出了"译内行为的'真实性'""译外行为的'真诚性'"和"译文合理的'正当性'"，认为"'真实性'原则制约着译者忠实于原文的内容，以求真翻译体现译文对原文的忠实度，是具有语言性的译内行为；'真诚性'原则指导译者以目标读者为取向，以务实翻译体现译文的务实度，是具有社会性的译外行为；'正当性'原则要求译者顺应原文和译文所属的社会、文化和语言规范和价值标准，合乎理性的标准"（潘冬，2020：69）。蔡华（2019a：88~93）把"求真"划分为"'求真'性写实"和"'务实'性写真"以及"译者作为"（蔡华，2019b）；赵国月、高晓仙（2020：63~64）则把非虚构文学翻译中译者的行为趋向分为内容上向原文文本"求真"和语言形式上向目标语"务实"之类。

理论和实践相结合，是一条坚实的研究之路。许钧（2022）说："周领顺提出的理论对我产生了一种影响。一种理论只有在实践中才能有发展。在实践中发展，自然意味着要对实践中产生的问题给予回答。"

第二节　汉语乡土语言翻译研究的人本路径

2.1　乡土文学、乡土语言和译者行为批评

乡土文学作为文学的一种样式和种类，最早出现于 19 世纪二三十年代。意大利作家乔万尼·维尔加（Giovanni Verga，1840-1922）自 1874 年发表《奈达》伊始，陆续创作了《田野生活》《乡村故事》《马拉沃利亚一家》《堂·杰苏阿多师傅》等。他以故乡西西里岛为背景，真实地描绘了下层人民的苦难生活，从而掀起了意大利 19 世纪末乡土小说蓬勃发展的高潮。在美洲，19 世纪美国乡土小说的先驱 J. F. 库珀（J. F. Cooper，1789-1851）以自己的边疆小说饮誉文坛，W. 欧文（Washington Irving，1789-1859）和擅写西部文学的 B. 哈特（B. Harter，1836-1902）也是早期乡土小说的中坚，而一度在加利福尼亚为 B. 哈特工作的美国著名作家马克·吐温（Mark Twain，1803-1864）也采用了乡土小说的手法描绘家乡密西西比河的乡村生活。

兴起于南北战争后的乡土小说，其体裁的独特之处在于以工业文明的文化背景为参照，以地方特色、方言土语、社会风俗画面取悦读者，从而成为流行于美国的文学形式。这些作品着重描绘某一地区的特色，介绍其方言土语、社会风尚和民间传说，以及该地区的独特景色。20 世纪，以威廉·福克纳（William Faulkner，1897-1962）为代表的"南方小说"，在乡土小说的载体上进行了现代小说表现形式与风俗画面相融合的形式创造。拉丁美洲既有"土著主义"的乡土小说，也有现实主义"乡土情结"的乡土小说。在俄罗斯文学中，从高尔基的作品开始，产生了"返乡题材文学"和"迁居题材文学"，这些小说均属于世界性的乡土小说。与俄罗斯文学比肩的法国文学，运用乡土小说这一载体，创造了世界小说名著中令人瞩目的业绩，从巴尔扎克（Honoré de Balzac，1799-1850）批判现实主义的"外省风俗描写"到莫泊桑（Guy de Maupassant，1850-1893）冷峻的自然主义田园风光的描绘，甚至左拉（Emile Zola，1840-1902）的乡镇

村民风土人情的摹写，无不是充满浓郁乡土色彩的风俗画。可以说，"整个 19 世纪到 20 世纪初，乡土小说作为世界性'乡土文学'的一支，已经用'地方色彩'和'风俗画面'奠定了各国乡土小说创作的基本风格。它不能不影响着中国自'五四'新文学运动以来的 20 世纪乡土小说的理论与创作实践"（丁帆，2007：9）。在中国，周作人最早提出"乡土文学"的主张。他认为，"越是本土的和地域的文学越能走向世界——'我相信强烈的地方趣味也正是世界的文学的一个重大成分'"（丁帆，2007：12）。而茅盾早在 20 世纪 20 年代初就倡导"乡土文学"，并特别强调小说的"地方色彩"。概括地讲，无论是周作人、茅盾还是鲁迅的乡土文学思想，都基本上与世界乡土文学的理论描述相一致，"地方色彩"和"风俗画面"永远是乡土文学最基本的风格特征。

"地方色彩"指的是乡土气息较浓的文艺作品所具有的艺术特色。作品描绘某一地区所特有的社会风气、乡土人情、自然风貌，并适当运用方言土语，形成一种地方色彩，有助于真实、生动地反映某地区的社会生活，增强作品的艺术感染力；"风俗画面"指的是特定区域、特定人群沿革下来的风气、礼节、习惯等构成的风情画面。乡土文学作品中的"地方色彩"涉及方言土语的运用，而"风俗画面"的表现虽然不排除方言土语的因素，但终究不属于语言研究的基本范畴。

在中国乡土文学作品的创作历史上，20 世纪 20 年代主要作家代表作品有鲁迅的《社戏》《故乡》《祝福》《孤独者》《在酒楼上》；王鲁彦的《童年的悲哀》；许钦文的《已往的姊妹们》《这一次的离故乡》《父亲的花园》；冯文炳的《半年》《去乡》《鹧鸪》；蹇先艾的《旧侣》《到家的晚上》；潘漠华的《乡心》；台静农的《弃婴》。20 世纪 30 年代主要作家代表作品有丁玲的《水》《奔》；欧阳山的《崩决》；茅盾的《春蚕》《秋收》；叶紫的《丰收》《火》；谢冰莹的《一个乡下女人》；萧军的《八月的乡村》；萧红的《生死场》；萧乾的《篱下》《道旁》；废名的《菱荡》；芦焚的《落日光》《百顺街》；沈从文的《柏子》《边城》《萧萧》《三三》。新中国成立之后 50 年代主要作家代表作品有孙犁的《正月》《铁木前传》《吴召儿》；赵树理的《登记》《求雨》；房树民的《花花轿子房》；西戎的《纠纷》《宋老大进城》；马峰的《韩梅梅》《三年早知道》《一架弹花机》《结婚》《我的第一个上级》；韩映山的《鸭子》；从维熙的《故乡散记》；古华的《山川呼啸》《芙蓉镇》《爬满青藤的木屋》《金叶木莲》《礼俗》《姐姐寨》《浮屠岭》《贞女》。20 世纪 80 年代主要作家代表作品有莫应丰的《小兵闯大山》《风》《将军吟》《美神》《山高林密处》《驼背的竹乡》《死河的奇迹》《黑洞》《重围》《桃源梦》；孙健忠的《醉乡》《死街》《倾斜的湘西》《五台山传奇》《乡愁》《甜甜的刺莓》；郑义的《远村》《老井》；李锐的《丢失的长命锁》《红房子》《厚土》《旧址》《合坟》《五十五壮汉》；张石山的《兄弟如手足》《镢柄韩宝山》《单身汉的乐趣》《母系家谱》《神主牌楼》；路遥的《平凡的人生》；贾平凹的《废都》《白夜》《土门》《高老庄》《怀念狼》；莫言的《红高粱家族》《丰乳肥臀》《师傅越来越幽默》《酒国》《天堂蒜薹之歌》《檀香刑》《四十一炮》《生死疲劳》《戒》《蛙》；汪曾祺的《钓鱼的医生》《王大力》《陈泥鳅》《徙》《大淖记事》《受戒》；高晓声的《"漏斗户"主》《陈奂生上城》。20 世纪 90 年代主要作家代表作品有陈忠实的《白鹿原》；张炜的《家族》《古船》《九月寓言》；阎连科的《日光流年》；贾平凹的《高老庄》《土门》等。按照丁帆的说法，"从 1912 年到 1949 年，最好的乡土文学作家是鲁迅、废名、沈从文、萧红、吴组缃、台静农、卢焚、李劫人、周立波等，1949 年以后，应该是赵树理、柳青、刘绍棠、高晓声、古华、莫言、贾平凹、陈忠实、路遥、余华、阎连科"（舒晋瑜，2017）。

讨论"乡土文学"，就难以避开对它的载体"乡土语言"的讨论。在汉语研究中，"乡土语言"真正作为一个专门的术语使用，肇始于 2015 年全国社会科学基金重点课题"汉语'乡土语言'英译实践批评研究"的成功立项。在"乡土语言"成为一个专门的术语之前，有关研究散见于"汉译英/中译英""典籍英译/典籍翻译""文化负载词英译""文化意象英译""成语英译/习语英译""熟语英译""俚语英译""歇后语英译""中国（华）文化专有项英译""民俗文化词英译""谚语英译""惯用语英译""文化异质英译""俗语英译""方言英译""民俗词英译"等问题的研究中。当然，研究乡土语言中某一项具体内容（如谚语）而冠以该具体的名称是传统的做法。"乡土语言"是"乡土文学"的载体，表现乡土文学的"地方色彩"，而"乡土语言"是对熟语、惯用语、谚语、歇后语、俚语、成语、格言、俗语和方言等的高度概括。

任何研究都离不开理论的有效指导和新的研究路径的开拓。作者开展的汉语乡土语言英译实践批评研究，依据的主要理论是被译学界冠以"中国特色的翻译理论"（王峰、陈文，2017：87）和"中国学派"翻译理论"三驾马车"之一的"译者行为批评"（朱义华，2021：91）。借助我国本土理论开展研究，体现了我们正经历着"从一个理论消费（theory-consuming）的国家转向一个理论出产（theory-producing）的国家"（王宁，2014：19）的转变。

　　译者行为批评是集中于意志体译者在翻译社会化过程中的角色化及其作用于文本的一般性行为规律特征的研究。译者行为规律是通过译者作用于文本并在文本上留下的行为痕迹而显现出来的，其在译文上的表现，需要通过构建评价模式加以描写和解释。译者行为批评和文本批评密不可分，译者身份和角色决定译者行为，译者行为决定译文品质，而译文品质是与译者的身份和角色相一致的。从译者身份和角色入手进行译文质量评价，有望实现评价的全面和客观。把译者行为批评理论与汉语乡土语言英译实践批评研究相结合，借助翻译语料库的支持，有望为翻译找到深层的行为规律。严格地讲，译者行为批评是用于翻译批评的，尽管它能够对译者从事翻译实践起到启发作用。正如冯全功所言，"周领顺'译者行为理论'中提出的'求真－务实'连续统我觉得就是一个很好的翻译批评标准，而非翻译标准。用'求真－务实'来评价翻译是非常有解释力的，但以此作为翻译标准就有待商榷了。换言之，'求真'（类似于忠实、信、等值）经常被作为翻译标准在文本层面操作，但鲜有把'务实'（更多受外部因素限制）作为翻译标准的"①。

　　从译者行为批评视域研究乡土语言翻译的有：赵园园《基于译者行为批评理论的方言英译过程分析》（扬州大学硕士学位论文，2016），陈慧《译者行为批评视域下杨必译〈名利场〉中文学方言翻译研究》（扬州大学硕士学位论文，2016），杜玉《莫言〈丰乳肥臀〉乡土语言英译的译者行为批评视角》（《江苏外语教学研究》2017年第1期），陈建辉《译者行为批评视域下葛浩文谚语翻译研究》（扬州大学硕士学位论文，2017），黄勤、余果《译者行为批评视域下〈黑白李〉三个英译本中熟语翻译比较》（《北京第二外国语学院学报》2017年第4期），杨宁伟、张志强《译者行

---

① 《你真的了解翻译吗？看完这些问题再回答也不迟！》，http：//www.sohu.com/a/239851980_161093。

为批评视域下的"译内效果"和"译外效果"——以〈骆驼祥子〉伊万·金译本为例》(《翻译论坛》2017 年第 1 期),黄勤、王琴玲《林太乙〈镜花缘〉方言英译探究:求真还是务实》(《外语学刊》2018 年第 1 期),杨宁伟《译者行为批评视域下"乡土语言"英译对比研究——基于〈骆驼祥子〉四译本的考察》(《外文研究》2018 年第 4 期),杨宁伟《汉语"乡土语言"英译译者行为度》(《翻译论坛》2018 年第 3 期),黄勤、刘晓黎《译者行为批评视域下〈肥皂〉中绍兴方言英译策略对比分析》(《解放军外国语学院学报》2019 年第 4 期),曾文雄、黄嘉乐《译者行为批评视域下〈一句顶一万句〉中乡土语言的译者行为度研究》(《柳州职业技术学院学报》2020 年第 5 期),徐美娥《译者语言性"求真"与社会性"务实"的契合:以葛浩文译本为例》(《宜春学院学报》2020 年第 7 期),冯智娇、吕文澎《基于译者行为批评的少数民族文化外译——以〈裕固千秋〉为例》(《甘肃高师》2020 年第 3 期),任俊《译者行为批评视域下汉语乡土语言英译的翻译态度研究——以〈红高粱家族〉中外译本谚语翻译为例》(《英语教师》2020 年第 8 期),王莹、王琰《译者行为批评视域下〈大漠祭〉中甘肃"乡土语言"英译对比研究》(《山西能源学院学报》2019 年第 6 期),田艺《译者行为批评视域下〈边城〉中文化负载词英译对比研究——以戴乃迭和金介甫英译本为例》(北京外国语大学硕士学位论文,2019),冯正斌、林嘉新《"译者行为批评"视阈下的〈极花〉英译本述评》(《西安外国语大学学报》2020 年第 6 期),冯正斌、郭钺《译者行为批评视阈下〈倒流河〉乡土语言英译研究》(《贾平凹研究》2021 第 1 辑),钱阳《译者行为批评理论观照下的方言翻译——以〈享受合肥方言〉英译为例》(《黑河学院学报》2021 年第 2 期),郭兴莉、刘晓晖《汉学家韩南俗语英译行为研究》(《河南理工大学学报》2021 年第 3 期),郭兴莉《汉语俗语英译"求真-务实"效果探析——以韩南明清短篇小说译本为例》(大连外国语大学硕士学位论文,2021),牟盼宁《倪锦诚译者行为批评视域下〈祝福〉中乡土语言英译对比研究》(《英语广场》2021 年第 3 期),邓洁《乡土中国:从〈边城〉看乡土语言英译——基于"求真-务实"连续统评价模式》(《湖北开放职业学院学报》2021 年第 1 期),李杰《译者行为批评视域下葛浩文译者行为研究——以〈蛙〉乡土语言翻译为例》(外交学院硕士学位论文,2021),安欣《译者行为批评理论视域下的方言英译研究——以〈浮躁〉葛浩文英译本中陕西方言为例》（长安大学硕士学位论文，2021），王佩《译者行为批评视域下的〈半生缘〉熟语英译研究》（《上海理工大学学报》2021 年第 1 期），马福新《译者行为批评视阈下天水方言研究中的语言术语英译》（《天水师范学院学报》2021年第 5 期），翟文慧《译者行为批评视域下〈贵生〉乡土语言英译探究——基于戴乃迭和金介甫译本的对比考察》（《锦州医科大学学报》2022年第 3 期），朱学明《〈阿 Q 正传〉四个英译本中"乡土语言"译者行为度对比研究》（《上饶师范学院学报》2022 年第 2 期），张千千《译者行为批评视域下乡土语言及叙事的英译研究——以〈极花〉英译本为例》（四川外国语大学硕士学位论文，2022），宋航凌《译者行为批评视域下文化负载词的翻译策略研究》（北京外国语大学硕士学位论文，2022），等等。

2.2　汉语乡土语言翻译研究的定义、范围和意义

按照常理，只要有"乡土文学"的称谓，就一定会有"乡土语言"的存在。毕竟，文学是以语言为载体的。"乡土语言"一说虽有过零星使用，但基本限于"方言"或"土语"。周领顺（2016：80）是这样定义的：

> "乡土语言"是指一切具有地方特征、口口相传、通俗精练，并流传于民间的语言表达形式，它在一定程度上反映了当地的风土人情、风俗习惯和文化传统，如"嫁鸡随鸡，嫁狗随狗"。

"乡土文学"与"乡土语言"的关系，以及"乡土语言"与熟语、惯用语、谚语、歇后语、俚语、成语、格言、俗语和方言等称谓的关系可图示如下（见图 1-1）。

"乡土文学"和"乡土语言"遥相呼应。"乡土文学"是入口，是切入点；"乡土语言"是出口，是落脚点。当然，以上是从词语的角度划分的，但我们的研究范围也包括含有乡土意味而借文学作品人物之口说出来的诗歌、民谣、警句等。

我们开展的国家社科基金"汉语'乡土语言'英译实践批评研究"重点课题，专注于乡土语言的翻译和传播研究，属于中华文化"走出去"发展战略的一部分。鉴于熟语、方言等文化特色词所拥有的"土"或"俗"的特

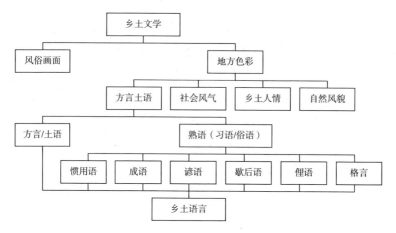

图1-1 "乡土文学"与"乡土语言"以及"乡土语言"与其他相关术语的关系

征，土味自然也就成了我们进行语料分析和研究的立足点，至于具体的语言材料是叫作熟语、惯用语，抑或其他，并不影响课题的顺利进行，因此诸如此类的语言学标签将一概弃而不用，总的以"乡土语言单位"称呼之。比如，下面所引莫言作品中的这段话，就含有6个乡土语言单位：

> 大丈夫①一言既出，驷马难追。②此处不养爷，必有养爷处。③好马不吃回头草。④饿死不低头，冻死迎风立。⑤不蒸（争）馒头争口气，咱们人穷志不穷。⑥人生自古谁无死？留取丹心照汗青。

再如下段话，含有5个乡土语言单位：

> 馋了吗？告诉你说吧，①不是冤家不碰头；②人为财死，鸟为食亡；③少年休笑白头翁，花开能有几日红；④得让人处且让人；⑤让人不算痴，过后得便宜……

我们看看有关学者对莫言使用乡土语言的评论：

> 莫言对挚爱的代表故乡符号的方言的娴熟运用有效地赋予小说浓郁的地方特色和独特的个人风格，并且使作品中的人物形象更加有血

有肉、立体丰满。由于莫言小说深厚的乡土意识和怀乡情愫，其作品被打上了鲜明的"寻根文学"烙印。方言的大量甚至肆无忌惮的铺陈演变成其作品的一道亮丽风景和不可或缺的元素和符号，方言也成了完成其寻根文学使命的一个重要手段。（宋庆伟，2015：95）

　　莫言的创作植根于乡土，浸润着独特而深厚的中国文化，特别是《红高粱家族》，极富地域风格，同时充斥着魔幻色彩，蕴涵着大量的源于历史和民间的文化负载词、成语、俗语、典故、谚语、神话和民间传说等等，因而充满了浓郁的"中国特色"。（甘露，2017：22）

　　《檀香刑》这部作品充满了民间生活气息，这种民间气息主要是通过大量民间俗语的使用来实现的。民间俗语是我国民间文化中的语言精华。民间俗语首先体现在一些方言词语的运用上，其次是土语、谚语和歇后语的使用。《檀香刑》这部作品中的方言词语运用不是很突出，但一些人物使用的日常口语、俗语、谚语和歇后语等，则赋予了作品浓郁的民间乡土色彩。（杨红梅，2015：188）

　　在进行相关文献检索、分类研究和类别之间的对比研究时，仍要以具体的语言学称谓为切入点，毕竟"乡土语言"之总称谓只限于本课题的使用。

　　汉语乡土语言，或称"民间语言""民俗语言"等，涵盖熟语、俚语、俗语和方言，而"熟语"又涵盖成语、惯用语、歇后语、谚语、格言、俗语、警句等，属于民俗语言学的研究范畴（曲彦斌，1996：148）。"尽管在汉语熟语的分类方面，目前学术界仍然存在分歧，但在范围上，汉语熟语应该包括成语、惯用语、歇后语、谚语、格言、俗语、警句等，这一点是大家都认可的。"（张丽华，2016：12）鉴于目前学界的意见不够统一，因此一并将熟语与其所涵盖的其他概念并列起来，以免内容有所遗漏，并将熟语分出一个上位概念和一个下位概念，或者说"种"概念和"属"概念。这种做法并非首创，比如英语中的 metaphor 就既是上位概念的"比喻"，也是下位概念的"隐喻""暗喻"。汉语乡土语言土味浓郁，蕴含着中华文化意象和异质成分，具有鲜明的中华文化特色和民族风格。

　　熟语是"语言中固定的词组或句子。使用时一般不能任意改变其组织，且要以其整体来理解语义"（《大辞海·语言学卷》，上海辞书出版社，2003），如"慢条斯理、不尴不尬、乱七八糟、八九不离十"。熟语也常被称为习语和俗语，其间没有本质的不同。习语"就其广义称谓包括成语、谚语、歇后语、典故、惯用语、俚俗语、成对词等等……汉语习语不仅包括四字格成语、典故，也包括三字词组居多的惯用语，还包括来自民间以短句居多的谚语、歇后语等口头俗语"（殷莉、韩晓玲，2017：21）。俗语不仅以独特的形式表现某种文化的语言特性，也在一定程度上反映当地的风土人情、风俗习惯和文化传统。曲彦斌（1996：148~149）认为，俗语一词"是汉语的固有词语，具有自己的特定含义和文化底蕴，其'俗'不仅具有通俗的、大众的、约定俗成的、俚俗的等语义，尚有民俗的意思"。熟语突出表现为"俗"，而方言也有"俗"的一面，它是"一种语言中跟标准语有区别的、只在一个地区使用的话，如汉语的粤方言、吴方言等"。方言指一种语言所有类型的变体，比如韩礼德（M. A. K. Halliday）就具体将方言分为时间方言、地域方言、社会方言和个人方言4种（Coupland，1978：35）。

就"俗"而言，俚语尤甚，《韦氏大辞典·第1版》（*Merriam-Webster Collegiate Dictionary*）甚至将俚语（slang）释义为"一种低级、庸俗、缺乏表现力的语言"。俚语一般指通俗的口头词语，常带有方言性。"俚语一般由新词或某些修辞格组成，其主要特点是追求新颖，形象生动，它的本质在于分布广泛却又处于公认的语言标准范围之外"（王旭东，2010：123），如汉语中的"哇塞""不靠谱""绝倒""纯爷们儿"。俚语主要表现为"俗"，而被称作俗语的，是"通俗并广泛流传的定型的语句，简练而形象化，大多数是劳动人民创造出来的，反映人民的生活经验和愿望……"[《现代汉语词典》（第7版）]。

惯用语是"熟语的一种，常以口语色彩较浓的固定词组表达一个完整的意思，多用其比喻意义，如'开夜车、扯后腿、卖关子'等"[《现代汉语词典》（第7版）]。黄伯荣和廖序东将惯用语表述为"口语中短小定型的习用的短语"（黄伯荣、廖序东，2007：269）。成语也是"熟语的一种。习用的固定词组。在汉语中多数由四个字组成。组织多样，来源不一。有些可从字面理解，如'万紫千红'、'乘风破浪'；有些要知道来源才懂，如'青出于蓝'出于《荀子·劝学》，'守株待兔'，出于《韩非子·五蠹》"（《辞海》，上海辞书出版社，1999）。谚语也归为熟语。它是人们日常工作经验的概括和总结，其内容精辟、寓意深邃，具有广泛的感染力，"在民间流传的固定语句，用简单通俗的话反映出深刻的道理，如'风后暖，雪后寒'，'三个臭皮匠，赛过诸葛亮'，'三百六十行，行行出状元'"〔《现代汉语词典》（第7版）〕。

歇后语是由我国劳动人民在日常生活实践中创造的一种具有鲜明的民族特色和浓郁的生活气息的特殊语言形式。它"是由两个部分组成的一句话，前一部分像谜面，后一部分像谜底，通常只说前一部分，而本意在后一部分。如'泥菩萨过江——自身难保'，'外甥点灯笼——照旧（舅）'"〔《现代汉语词典》（第7版）〕。歇后语具有独特的语言结构形式，很难在其他语言中找到与其相匹配的表达方式。

格言未必很"俗"，它往往是"含有劝诫和教育意义的话，一般较为精练，如'满招损，谦受益'，'虚心使人进步，骄傲使人落后'"〔《现代汉语词典》（第7版）〕。格言又称箴言，是聪明人的智慧、人生经验和规律的总结，具有深刻的教育意义。在语言形式上，格言是相对完整、相对独立且短小精悍的句子。格言常被人们记挂于口，用于佐证自己的观点，所以也就有了通俗的一面。

至此我们发现，熟语、惯用语、谚语、歇后语、俚语、成语、格言、俗语和方言等都具有共同的特征——"俗"或"土"：

> 这种民间话语的最大特点便落在一个"俗"字上，这个"俗"字可以同时作"通俗""低俗""粗俗"等义解。这类话语形式鲜活，语域广泛，它们往往是简洁精练又通俗易懂，长期为汉民族所喜爱。因此，如何将这种雅俗共赏的话语传译过去，是译本能否有效地感染目标语读者和观众的一项重要因素。（张旭，2015：95）①

故此将"乡土语言"译为folk language。Folk language也称为"民间语言"和"民俗语言"，确定为"乡土语言"，是为了与"乡土文学"（folk literature）的称谓保持一致。汉语"乡土语言"文化土味浓郁，具有鲜明的中华文化特色和民族风格。"'土得掉渣'的语言让中国读者印象深刻并颇为欣赏，但是经过翻译后它的'土味'荡然无存，也就不易获得在中文

---

① 作者称之为"民间话语"。我将"乡土语言"译作folk language，符合此意，且和"乡土文学"的英语表达folk literature保持一致。

语境中同样的接受效果。"（谢天振，2013：231）为顺应国家战略，我们需要专题研究"采取何种翻译手段，既能维持作品自身文学文化的民族性，又能有效获得良好的国际接受度"（陈伟，2014：72）等战术问题。

以往译学界对于汉语文化特色词语翻译的研究，并不都集中在"土"或"俗"语言特征的传译上。"土"或"俗"是借语言来表现的文化特征，也即文化特色词语。汉语文化特色词语常被称为"文化负载词"，翻译策略上的讨论主要从异化、归化等角度切入。但是，如果集中于原语文化土味或俗味的传达，在论证翻译策略时，宜集中于异化而不是归化，皆因异化的是异域的文化，归化的是自己的文化。否则，岂非认可了负载原语文化的词语可以代之以译语的文化词语吗？文化是不可以嫁接的。一旦做归化处理，那么"文化负载词"所负载的原语文化便荡然无存。至于以归化为切入点讨论交际的有效性并无不可，但那样一来，原本的文化问题就演变为对原文交际功能的讨论，涉及的问题就会是译文和原文的作用是不是相当，在应用场合里译文和原文的实用性程度是不是相等等。

对于文化负载词的翻译，有的还提出 4 种基本的"文化补偿"方法，即直译加注、行内化解、替换和省略（周领顺，2014b：109）。但除了"直译加注"和"行内化解"与"补偿"有关外，一旦用译语文化词语"替换"原语文化词语，那么原语的文化非但没有得到补偿，反而流失殆尽；当采用"省略"的方法时，严格地说既没有补偿原语的文化，也没有补偿译语的文化。"替换"和"省略"往往是译者出于其他因素而考虑的结果，比如原文的因素（如原文确实有隔）、读者和译者的因素（如为读者和译者自己省时省力）、应用环境上的因素（如为了舞台表演的要求）等，但都不是文化传译本身的问题。

迄今为止，译学界对于乡土语言翻译的关注程度还不够。"莫言在获得诺贝尔文学奖后曾表示，中国本土文学作品的翻译困难主要在于'乡土味'的准确性，而目前国内有关本土文学作品'乡土味'的翻译研究只有寥寥数篇。"（秦毅，2016）"近年来，国内一些学者开始关注中国'乡土语言'的对外翻译与传播，尝试为中国文学、文化'走出去'开辟新的疆域。"（周领顺，2016：90）

开展汉语乡土语言英译行为批评研究意义重大，而意义又可分为内部和外部两个层次。内部意义体现为对乡土文学本身及翻译批评学科的意义；外部意义体现对中国文学对外传播及汉语（乡土语言）对外传播的意义。具体地说，乡土语言是乡土文学的物质外壳，讨论乡土文学的翻译，难以避开乡土语言翻译的讨论；"土"是文化，越土越有个性，也就越能体现文化的内核，反映异质的东西，而有个性的文化才值得推广；乡土语言是汉语表达的一部分，符合汉语对外传播的需要，也是中华文化"走出去"的一部分。

习近平所倡导的"讲好中国故事"的"中国故事"和"阐释好中国特色"中的"中国特色"，必定包含了这一部分的内容。国家社科基金重点项目"汉语'乡土语言'英译实践批评研究"的获准立项，也证明了它的价值和意义所在。周作人认为："越是本土的和地域的文学越能走向世界——'我相信强烈的地方趣味也正是世界的文学的一个重大成分。'"（丁帆，2007：12）译介的作品至少要具备两个要素，除了"普世价值"外，就是"地域特色"（刘意，2012：33）。鲁迅说："现在的文学也一样，有地方色彩的，倒容易成为世界的，即为别国所注意。打出世界上去，即于中国之活动有利。可惜中国的青年艺术家，大抵不以为然。"（鲁迅，2005：81）莫言坦言："如果说我的作品在国外有一点点影响，那是因为我的小说有个性，语言上的个性使我的小说中国特色浓郁。"①

谈中华文化，谈的实际是地域性。以文学上的地域性为例，周作人认为："我相信强烈的地方趣味也正是世界的文学的一个重大成分。"（丁帆，2007：12）乡土文学作品就反映了很强的地域性。葛浩文（2014a：40）指出，"地域性本身是一个很有意思的主题，而且受到乡土作家的相当重视；他们利用某一地方的特点，如地方方言等，来强调和形容某一个地方的独特性"，"几乎在所有我们讨论过的作品中，最初吸引读者共鸣的不外是民族主义的主题，但是构成其长久吸引力的却是它们的乡土色彩"。在实践上，"将那些带有地方风味的表达方式努力移植过去，由此给目标语读者一种陌生化（defamiliarization）感觉。而这种陌生化效果在艺术欣赏的过程

① 《莫言：土，是我走向世界的原因》，http：//www. china. com. cn/news/zhuanti/shenzhou/2010-02/12/content_19418264. htm。他在另一处讲了类似的话："如果说我的作品在国外有一点点影响，那是因为我的小说有个性，语言上的个性使我的小说中国特色浓郁。我的小说人物确实是在中国这片土地上土生土长起来的。土是我走向世界的一个重要原因。"（管遵华：《跟莫言学写作》，机械工业出版社，2013，第158页）

中又是如此重要"（张旭，2015：95）；乡土语言整体上属于风格、审美、艺术范畴的问题。正如许钧所言，"跨国的文学交流当然有增进认知的功能，但更重要的是审美期待的互换。剥离了文学性，实际上就等于背离了文学作品的根本价值。中国文学走出去，应当让海外读者在了解中国社会的同时，也学会欣赏中国文学的审美"（钱好，2018）。沙博理也表达过这样的观点，他说："我们既要翻译文字，也要表达风格。""不但要让外国人看得懂，而且要让外国人感觉到中国文学的高水平。"（洪捷，2012：63）至于翻译上有怎样的难度，是另外的问题。对此，除了翻译家的论述（如葛浩文所说的"中国当代小说乡土味重——翻译成了难点"①）外，作家（如韩少功）也有论述（高方、韩少功，2016：70~73）。

研究乡土语言的翻译，归根结底是研究文化信息（交际用）的保留和土味（风格上）再现问题的。而研究文学作品中乡土语言的翻译，归根结底是研究译者的行为的，比如其目的的实现和追求的语境效果，也包括被动的一些因素，如书厚必须变薄。从意义解读得"准不准"到语境使用得"好不好"，在译者行为批评视域中，我们都能看得比较清楚。

汉语乡土语言土味具有层次性，译者作为能动的人，努力在"求真"于原文意义和"务实"于读者需求、在作者和读者间维持着理想中的平衡；讲话者使用乡土语言一般都有对风格追求的故意，因此通俗化是再现乡土语言"土"和"俗"风格的一条有效途径；再现乡土语言在语境中的功能，是实现乡土语言使用者（作者和人物角色）的目的所在。葛浩文作为一位成功的翻译家，其汉语乡土语言英译实践表明，"求真为本，务实为用（上）"以及具体化的"文化求真、文学务实（求用）"均为译者的一般性行为原则，表现为译者的一般性行为规律，其行为均可以在译者行为批评理论的视域中得到解读。

2.3　汉语乡土语言英译实践批评研究现状

除了特定文本（如《道德经》《红楼梦》）英译传播研究外，以往中译外（包括汉语乡土语言的中译外）的研究总体上表现为：（1）对乡土语

---

① 《美国汉学家葛浩文：中国作家为何无缘诺贝尔》，http：//www.china.com.cn/book/txt/2008-03/19/content_13026393.htm。

言翻译策略及方法的研究居多，即把翻译看作语言静态转换的多；（2）或在宏观上存在文化泛论现象，或在微观上聚焦个别文化热词的翻译；（3）对乡土语言可译和不可译的讨论；（4）从文化交流的角度分析乡土语言的翻译，但泛论的多，即作为翻译文化谈论得多，作为语言科学谈论得少；（5）对误译讨论较多，只限于讨论对原文理解得"准不准"，罕见讨论表达得"好不好"；（6）对文化负载词和方言讨论较多，但缺乏创新思维，而且对于人所共知的翻译事实屡有重复；（7）系统性讨论比较鲜见，而零星讨论又以基于二元对立立场做"正误"判断者居多；（8）部分研究出于对汉语事实难以穷尽或翻译局限性的顾虑，常常做翻译形式（如"音译""意译""音译+意译"）的简单归纳。

葛浩文翻译了萧红、白先勇、杨绛、冯骥才、贾平凹、苏童、王朔、莫言等20多位中国当代文学家的50多部作品，无疑是成功译者，但他对汉语乡土语言文化土味的传达是否"成功"？作家"追求真实，大量使用原生态、具有浓郁乡土气息的语言"（陈伟，2014：70），而他也在"有意识、艰难地保留莫言作品中那种独特的'民间性'或'乡土气味'"（陈伟，2014：70），但也为某些作品"过多令人伤脑筋的方言土语"（Goldblatt，2006：517）而犯难。"'土得掉渣'的语言让中国读者印象深刻并颇为欣赏，但是经过翻译后它的'土味'荡然无存，也就不易获得在中文语境中同样的接受效果。"（谢天振，2014：231）兹举例说明葛浩文译莫言作品的乡土语言（乡土语言葛译见表1-1）。

表 1-1　乡土语言葛译

《酒国》	*The Wine Republic*
我是王八吃秤砣铁了心。	My mind is made up.
太岁头上动土。	How dare they touch a single hair on the head of the mighty Jupiter.
是可忍，孰不可忍！	If that's tolerated, nothing is safe.
《丰乳肥臀》	*Big Breasts and Wide Hips*
俺的亲亲疼疼的肉儿疙瘩啊。	My adorable little ones, the fruit of my loins...
花生花生花花生，有男有女阴阳平。	Peanuts, peanuts, peanuts, boys and girls, the balance of yin and yang.
他姥姥的腿	legs of a whore

《中国文化报》是这样报道的：

> 莫言在获得诺贝尔文学奖后曾表示，中国本土文学作品的翻译困难主要在于"乡土味"的准确性，而目前国内有关本土文学作品"乡土味"的翻译研究只有寥寥数篇，如《谈〈红高粱〉乡土文化及其英译本的翻译策略》《论乡土小说翻译的难点——以葛浩文英译的〈生死疲劳〉为例》等。本土文学作品的翻译还应传递出民俗和方言特色，这对不少译者又构成了挑战。（秦毅，2016）

专项开展以葛浩文英译莫言作品为主体的汉语乡土语言翻译研究，在译学界还比较鲜见，多数讨论散见于葛浩文翻译研究中。在研究方法上，以挑错式、印象式的讨论为主，以先入为主式的讨论为主，寻找有利于自己立论的事实，也或者为了寻找"有利"的事实而忽略原文中的更大语境甚至语境外的版本差异、文本类型等，结果难免给人留下任意的印象，比如所得出的"葛浩文英译莫言的最大特点是删节和改写"（蒋骁华，2015：3）。就以文本类型方面的删节和改写为例，同样是葛浩文的翻译，他翻译的小说和他翻译的散文（如《荷塘月色》）就不一样，小说逃脱不了以故事情节取悦人的总特点，所以删节和改写的成分会大一些，而散文首先以美文行世，字斟句酌自然是常规的做法。

再以所谓葛浩文"连译带改"与翻译批评的关系为例。一提到葛浩文的删节和改写，中国译学界便显得愤愤不平，以维护原文和自己文化的为多，挞伐一片，公正之心昭昭，但有感性超越理性之嫌，更不用说作者莫言承认"他们在翻译过程中，经常与我交流，有一些技术调整，都是与我反复磋商过的"（许钧、莫言，2015：614）。也就是说在大局上，葛浩文是尊重作者的，一切改动都是和作者商谈的结果，而细节上的改动，作者全听凭译者处理。葛浩文说莫言总是说，"外文我不懂，我把书交给你翻译，这就是你的书了，你做主吧，想怎么弄就怎么弄"①。葛浩文的做法虽然强调读者至上，但也充分尊重作者，符合许钧（2000：61）说的"若真考虑到读者需要，原作者也理解，当然可以增删"的思想。我国译学界在

---

① 《葛浩文谈中国文学》，http://www.infzm.com/content/6903。

批评葛浩文时理直气壮，可曾想过中国翻译者对莎士比亚等西方作家的作品有过多少"简写本""简译本""改编本"吗？可曾听闻有西方人对我们的所谓"翻译"有过什么责怪吗？如果不从学理上论，这些都是市场经济的产物，市场就意味着百花齐放、按需选择，而作为译者的葛浩文也一直试图在向原文"求真"和对市场"务实"间不断进行各种平衡①，更莫说还有一个译者文化身份的问题。所以，开展翻译批评，要分清哪些是学术上的问题、哪些是非学术上的问题，即要具有"翻译内"和"翻译外"（周领顺，2014a：12）的意识。我们维护的是学术真性，无须迎合世俗，而当学术上的译评者意欲对市场规约时，反而会使翻译界译评者怀疑自己作为翻译市场"统帅"的能力。周领顺（2014a：127）对学术和市场的关系评述道：

> 翻译界翻译译评者的参与对翻译市场产生的影响微乎其微。这里包含几个原因。
>
> 第一，翻译界翻译译评者意在规范市场，但市场的因素是复杂的（比如利益因素），市场在多大程度上会受到翻译界翻译批评言论的左右呢？纵观翻译的历史，可以说这种影响力微乎其微。想做翻译"计划经济"的主宰者，就等于忽略了翻译市场的复杂性，忽略了"市场经济"的运行规律。
>
> 第二，翻译批评重在描写，任何规约的企图都可能是不现实的。翻译界翻译译评者的声音只能代表学者的声音，属于学术批评，在翻译内，只可能是翻译批评中的一股力量，学者的声音。典型的如公示语翻译的讨论，翻译内说了翻译外的事，管不了翻译外，因为那是管理者的问题。
>
> 第三，市场因素复杂多变，当翻译好坏的标准不能被大家认定时，所谓翻译质量就变成了动态。

在葛浩文英译研究中，我们以莫言作品乡土语言翻译的研究为主。为

---

① 当然，删改的发生有多方面的原因，有作者在不同版本间的改动，有译者各种考虑后的改动，也有的是译者根据台湾删改版本翻译的结果等。（见安芳《论莫言小说英译研究中的误读与误释》，《当代外语研究》2016 年第 4 期）

更全面、更客观、更系统地开展本课题的研究，我们自建了一个基于葛浩文英译莫言 10 本小说乡土语言的语料库。从研究的角度看，"现有的葛浩文翻译研究基本上是定性研究，大多首先提出假设，然后选取数量有限的典型案例来加以佐证，研究结论往往不够客观、全面。为此，未来葛浩文翻译研究应适当运用语料库方法，将定性研究和定量研究结合起来，开展基于语料的葛浩文翻译风格、基于语料库的葛浩文翻译策略和方法等领域的研究，以确保葛浩文翻译研究的客观性和科学性。葛浩文翻译思想研究虽然应以定性研究为主，但该领域的研究同样可以辅之以语料库方法。通常，翻译家思想的研究均以文本分析为基础，而语料库方法的应用在文本分析方面具有不可多得的优势"（谢丽欣，2015：20）。利用语料库，将有效解决众说纷纭的一些问题，比如：葛浩文的翻译是他自己所宣扬的意译为主吗？葛浩文的翻译是"连译带改"吗？葛浩文的文化身份怎样？诸如此类，我们将依据事实出现的比例，做出客观的评价。

2.4 汉语乡土语言英译实践批评研究路径和研究方法的科学性

"汉语'乡土语言'英译实践批评研究"是一个比较开放的课题，是一个可以长期讨论并付诸实践的课题，不管是具体的翻译实践还是具体的翻译批评实践，莫不如此。该课题涉及研究板块、研究路径和研究方法三个方面的内容。

研究板块包括文本研究、译者研究、应用研究等三个方面。文本研究是基于文本（包括原文和译文）的研究，涉及语言转换和意义再现等翻译内部的东西，是翻译学视野中的研究对象；译者研究是基于译者或者针对译者的研究，包括译者个性、翻译思想及其印证、策略选取、译者之间对比和译者行为的研究等，是社会学视野中的研究对象；应用研究既包括具体的翻译实践，也包括翻译批评实践，是在翻译评价模式升华后与实践相结合的研究。对已有翻译实践的批评研究，可以升华理论认识，用于指导和评价新的实践；切实开展翻译实践，可以充实汉语乡土语言知识库，既用于研究，也用于文化的直接传播。比如，在《北京第二外国语学院学报》（2017 年第 4 期）开设的专栏中，周领顺和丁雯的《汉语"乡土语言"英译的译者模式——葛浩文与中国译者对比视角》属于译者研究板块，任东升和闫莉平的《审美视阈下乡土语言英译探究》属于文本研究板块，黄勤和余果的《译者行为批评视域下〈黑白李〉三个英译本中熟语翻译比较》属于译者研究和文本研究相结合的板块。这三大块的研究，都贯穿着一条主线：乡土语言的翻译及其批评研究。

　　研究路径包括纵向考察、横向考察、评价模式升华后的应用等三个方面。纵向考察即历时研究，将不同时期葛浩文的翻译实践做对比，专注于异同，借以寻找葛浩文的心路历程和行为痕迹，发现译者的行为规律。横向考察即共时研究，将葛浩文与其他人的翻译做对比。与其他中国现当代作家作品的英译本进行乡土语言翻译策略对比，将有效增强研究成果的适用性。这些英译本比如"诺奖"呼声较高的余华、阎连科作品的英译［有《兄弟》之罗鹏（Carlos Rojas）和周成荫译本、《在细雨中呼喊》之白亚仁（Allan Barr）译本、《许三观卖血记》之安德鲁·琼斯（Andrew Jones）译本、《活着》之白睿文（Michael Berry）译本、《受活》之罗鹏译本、《丁庄梦》之辛迪·卡特（Cindy Carter）译本等］。作为文化内核的乡土语言翻译，在乡土文学作品中无疑发挥了特别的作用。对比后，规律的发现将升华为科学的评价模式。模式升华后的应用研究用于评价和改良葛浩文的既有译文、其他汉学家的译文，特别是中国人的译文（比如《中华汉英大词典》的译文），并进一步将评价模式用于指导新的、未经翻译的大量汉语乡土语言语料的翻译，从而为更加有效地实现中华文化"走出去"的宏伟目标而在实践上和理论上做出贡献。

　　纵向考察和横向考察容易发现译者的意志和意志影响下的行为。只有对翻译和译者行为的深层规律进行挖掘，才能真正有效地指导翻译实践和批评实践。目前横向考察不足，纵向考察也较为稀缺，应用研究的效果不能完全令人信服。比如方言翻译策略研究，争论焦点主要停留在"方言对译"与否及其合理性上，但翻译家在形象思维的过程中会各显神通。比如，当译语能够做到词彩对等时，翻译家以对等为上（如葛浩文把口语词的"腚"等化译为口语词 backside、ass、buttocks、rump、arse 等）；当只能通过阐释才能把原文的意思说清楚时，翻译家剑走偏锋（如葛浩文根据语境把"腚"译为 the birth canal 或省略不译），诸如此类。在实践中，只有客观条件是不是允许以及翻译目的、译者主观介入的强弱之别，若"有一款适合你"，便是可以接受的市场生态。所以，按照方言使用者（如作者、角色等讲话者）使用的目的进行层次性分析和实践，可能会成为研究和实践的突破口。

研究路径要有甄别。比如习近平对《人民日报·海外版》所提的希望"用海外读者乐于接受的方式、易于理解的语言，讲述好中国故事，传播好中国声音"①，并不都是翻译上的问题，所以还要将翻译学上的传播效果与新闻出版领域、外宣领域传播学上的传播效果区别对待或有机结合，毕竟研究的路径有所不同，使用的概念也有区别。"海外读者乐于接受的方式、易于理解的语言"与保持文化个性之间在实践上会有妥协的地方，不应一股脑地将功过都加在翻译的头上而迷失学理上的思考。

在具体方法的使用上，可以借助三大研究方法。其一是文本细读法。细读文本需要从译者行为痕迹入手，有人就"译者痕迹"（translator's imprints）进行过成功尝试（董娜，2010）。翻译中，译者必然会留下个人的痕迹，"为什么翻译、翻译什么、怎样翻译等这一系列问题都不是译者任意的选择。虽然我们不能排除某些译者的偶发行为，但在不同译者的行为中我们仍能找到很显著的规律性"（章艳，2011：31）。其二是田野调查法。运用田野调查法，可以追踪译者行为痕迹，有助于获得第一手鲜活的数据，从而有效反哺理论，并使之在新的理论和实践中得到升华。其三是综合对比分析法。面向文本和译者要素做内部研究，面向环境要素做外部研究，以既有翻译事实做描写研究，以未来翻译行为做规约和预测研究等，共同构成纵横交织的综合对比分析网络。

在整个研究过程中，理论、实践与效果考察并重，凸显研究过程的科学性和方法的应用性，使研究板块、研究路径和研究思路三个方面表现出清晰的系统性。

研究方法的科学性大致可以从两个方面来讨论：一是手段决定意识和结果；二是意识决定手段和结果。为了从方法上加以说明，这里借用两个例子。

（1）葛浩文乡土语言翻译语料库的鉴别作用

借助语料库开展研究，无疑是现阶段最科学的做法之一。穷尽性统计是语料库的最大优势，也正因为能够做到穷尽，所以才能够使分析到位、

---

① 《用海外读者乐于接受的方式、易于理解的语言，讲述好中国故事，传播好中国声音》，http://news.163.com/15/0522/05/AQ6OPV1M00014AED.html。

说理到位，也才能够有助于提高翻译批评的全面性、客观性和科学性。"现有的葛浩文翻译研究基本上是定性研究，大多首先提出假设，然后选取数量有限的典型案例来加以佐证，研究结论往往不够客观、全面。为此，未来葛浩文翻译研究应适当运用语料库方法，将定性研究和定量研究结合起来。"（谢丽欣，2015：20）

借助葛浩文乡土语言翻译语料库，我们能够获得一些比较客观的数据，能够回答一些有争议的问题，并能够有效指出目前相关研究中存在的问题。比如，利用语料库对译者采取的异化和归化翻译策略进行频率统计，我们可以大致说明译者的文化身份和行为倾向（如葛浩文的文化身份是什么？在多大程度上代表译语文化，在多大程度上代表原语文化？在多大程度上是译者，在多大程度上是作者？）而不至于对葛浩文的行为做单纯的辩护或攻讦。当然，从某个角度，也能得出大致的印象，比如通过浏览葛浩文翻译语料库，我们可以获得的粗略印象是求文化、求风格时倾向于异化，求交际效果时倾向于归化。

任何一篇论文的结论都显得很有道理，这是因为每篇论文本身既有立论，也有足够的事实加以佐证，但面对语料库丰富的语料，结论便显得有些武断了。比如葛浩文"善于使用意思相近的英语表达法来替换原作中的本土说法，以增强译作的可读性"（胡安江，2010：13），观点正确，论据充分。但检测葛浩文乡土语言翻译语料库时我们发现他在绝大多数时候是忠实于原文的，或者说是向原文靠拢的。他甚至能忠实到连他自己都反对的"直译"的地步，如他把"吃香的喝辣的"翻译为 eat sweets and drink spicy drinks，让读者不知所云，更不要说能让读者联想到"生活奢侈"和"享福"的深层意义了。他甚至为了表达的生动而努力寻找原语文化中那些本土的说法。比如他把原文中人物模仿英语的 like mushrooms after a rain 所说的"雨后蘑菇"译为 like spring bamboo after a rain 而还原了汉语本土的"雨后春笋"；把"这会儿你早见到了阎王爷啦"译为"You'd be off meeting with Karl Marx right about now"而还原了汉语本土的"去见马克思"等。或许多数文章采取的是"首先提出假设，然后选取数量有限的典型案例来加以佐证"（谢丽欣，2015：20）的做法吧。借助于语料库，我们还可以有效解释葛浩文貌似矛盾说法背后的原因。以上这些是手段决定意识和结果的例子。

（2）葛浩文的"意译"和译学界的误读

尽管语料库研究方法能够表现出研究过程的科学性，但如果一开始意识出了问题，即使过程再科学，也难以给出令人信服的结论。比如，葛浩文声称他的翻译是以"意译"为主的。如果死板地翻译，甚至过不了编辑关，因为译者和编辑都是主张意译的。葛浩文（2014a：199）说：

> "意译"派在出版方面更胜一筹，因为无论是商业出版社还是大学出版社都推崇意译派的译著。对此无论我们是庆幸也好，悲伤也罢，事实依旧是，在那些"可译的"小说里，"可读性好"的译作才能出版。

但为什么葛浩文乡土语言翻译语料库显示他是以"直译"为主呢？原来是概念不同，理解有出入。葛浩文的"意译"就包括了翻译界通常说的"直译"，只要不生硬，有创造性，便符合他的"意译"标准。或者说，葛浩文的"意译"是除了"逐字直译"之外的所有的翻译形式。他和出版社反对的"逐字直译"，也即我们反对的"硬译""死译"，都属于"直译"的极端形式。但葛浩文"意译"的边界无疑扩大了，它包括了译学界通常说的忠实于原文而又传神的"直译"。比如，葛浩文把"嫁鸡随鸡，嫁狗随狗""意译"为"Marry a chicken and share the coop, marry a dog and share the kennel"，在译学界看来，这是"直译"，因为原文的主要意象"鸡"和"狗"都出现了，和陆谷孙主编的《中华汉英大词典》所谓的"直译"（If you marry a chicken, follow the chicken; if you marry a dog, follow the dog）不分高下。《中华汉英大词典》的"意译"文是：a woman should mould her lifestyle after that of her husband's，与葛浩文的"意译"相差天地，主要意象"鸡"和"狗"消失得无影无踪。按照译学界通常的说法和葛浩文的实践，一个"直译""意译"连续统大致可以如图1-2所示。

图1-2　葛浩文"直译""意译"连续统

葛浩文乡土语言翻译语料库证明，他更多的时候采取的是中间的做法（"直译"、"半直译半意译"和"解释性意译"），结论和林丽君说的"体现了我们的翻译原则，即译出原作的意思，而不是逐字翻译"（葛浩文、林丽君，2019：37）的思想是一致的；两个极端的做法（"逐字直译"和"归化式意译"）所占比例不大。这符合翻译的常态，说明翻译是平衡之学。所以，如果不弄清楚概念上的差异，就不能断言译学界所说的"直译""意译"在葛浩文的翻译实践中所占的比例，有关的争论就只能沦落为译学界内部的概念之争。我们通过考察语料库得出葛浩文是以"直译"为主的结论，与葛浩文声称的"意译"并不矛盾。① 以上这些是意识影响结果的例子。

我们开展的汉语乡土语言翻译批评研究，虽然以葛浩文英译莫言为主体，但也要与莫言作品其他语种译者的做法进行比较，还需要与其他汉学家对汉语乡土语言的翻译进行比较，这样才可能得出更全面的结论。比如，日本的莫言译者吉田富夫和葛浩文的一些做法就很不相同，是怎样的译者心理、民族阅读心理和环境因素让两位译者产生了不同的行为？这些都需要对比后才能明晰起来。另如朱振武和罗丹（2015：62）在分析汉学家白亚仁的"嫁鸡随鸡嫁狗随狗"的译文"You just have to be prepared to make adjustments when you're married"时，认为好就好在其没有把西方褒义的 dog 翻译出来，否则担心"会为读者所误解"。但同样是西方汉学家的葛浩文，不是把 dog 翻译出来了吗？作者调查了几位美籍教师，并没有对葛浩文的译文"Marry a chicken and share the coop，marry a dog and share the kennel"有什么误解，也没有感觉到这里的 dog 有什么褒贬色彩。

2.5 汉语乡土语言翻译研究课题

"汉语'乡土语言'英译实践批评研究"有很多课题可做，还以以上三大板块的研究为例。

第一，文本研究课题。比如，葛浩文面对不同作家作品中种类繁多的汉语乡土语言表达，都做了怎样的处理？背后有什么样的动因？他的处理方式与其他译者对余华、阎连科等当代文学家作品中乡土语言的处理方式

---

① 有关"意译"的进一步讨论，详见下文"葛浩文式意译"一节。

有什么不同？中外译者之间的处理方式有什么不同？有哪些行为是有意识的，哪些是潜意识的？哪些呈现出规律性？

第二，译者研究课题。有关"人"的研究，即对于帮助中华文化"走出去"的译者及其群体的研究。传播中华文化的译者群有这样几类：中国译者群（如杨宪益、初大告、方重、许君远、孙大雨、叶君健、王佐良、沈苏儒、许渊冲、张培基、丁祖馨、刘士聪、汪榕培、宋德利）；国外汉学家译者群（如霍克斯/D. Hawkes、理雅各/J. Legge、葛浩文、罗鹏/C. Rojas、白亚仁/A. H. Barr、安德鲁·琼斯/A. Jones、白睿文/M. Berry、辛迪·卡特/C. Carter）；旅居海外的华裔译者群（如王际真、辜鸿铭、林语堂、赵元任、姚克、刘若愚、柳无忌、乔志高、思果、施颖洲、叶嘉莹、叶维廉、余国藩、孙康宜）；加入中国籍的外籍译者群（如爱泼斯坦/I. Epstein、陈必娣/B. Chandler、西德尼·沙博理/S. Shapiro、路易·艾黎/R. Alley）；中外合作译者群（如杨宪益和戴乃迭/G. Yang）。还有直接用外语讲述中国故事的华裔作家群（如严歌苓、裘小龙、闵安琪、哈金、李翊云）。他们的经验和行为规律怎样？影响效果如何？他们的文化身份对行为的影响如何？

第三，应用研究课题。汉语乡土语言作为中华文化"走出去"的一部分，其研究所得要能有效指导翻译实践，以利于构建出广大国际读者所共享的中国"乡土语言"知识库；要能有效指导翻译批评实践，以利于翻译实践者和翻译批评者提高理论认识水平。基于事实而探寻翻译和译者行为的规律，才最具有说服力和推广应用价值。借助语料库是目前最好的办法，能够对事实进行充分的、穷尽性的挖掘；它不以先入为主的态度得出片面的结论，可以使研究更加全面、客观和科学。

汉语乡土语言翻译研究需要在文本研究和译者研究两个板块的基础上，逐步转入第三板块的研究，即在实践中升华评价模式后用于具体的批评实践，继而在评价的基础上实践翻译。翻译实践上可以证明有的乡土语言单位不可译，但研究无禁区，可以提高理论认识，发现背后复杂的原因，给后来者以启发。总之，从文本到译者，从语言到文化，从语言内部到语言外部，从已有翻译实践到理论的再升华并付诸新的实践，从描写到新的规约，等等。

利用莫言 10 本小说乡土语言葛译语料库，既可以与其他汉学家的乡土语言译文进行对比，也可以在经过大量的对比而升华有效的评价模式后运用于具体的实践，而实践包括两层：提高理论认识水平的批评实践和具体的翻译实践。

第三节　汉语乡土语言译出与译者行为批评视野[①]

3.1　"译出"、译出态度与译者行为

一般来讲，在中国本土，国外作品的译入要多于本土作品的译出。关于这一点，许钧（2015：111）检视中国翻译史，发现中国文化的译出与异域文化的译入在数量和质量上均存在较大的反差，"虽然也有 16 世纪到 18 世纪的中学西传，但从整体上来说，对中国作品译出的关注与重视均远远落后于对外国作品译入的关注与重视"。许多和许钧（2019：131）进一步指出，"在改革开放之前，中国翻译学界主要聚焦外译中实践与理论探索，在一定程度上忽视了中译外活动及其研究对于中华民族文化生命力持存的重要价值"。

近年来，翻译活动的对象、工具和手段等都发生着巨大的变化，"而对中国翻译实践而言，最大的变化就是翻译方向的变化，中译外已经超越外译中"（马冬梅、周领顺，2020：63～64）。针对这种变化，谢天振（2012：14）指出，"建立在千百年来以引进、译入外来文化为目的的'译入翻译'（in-coming translation）基础上的译学理念却很难有效地指导今天的'译出翻译'（out-going translation）的行为和实践"。迄今为止，译出研究似乎还未见有分量的研究成果（彭红艳、廖七一，2020：109），这在一定程度上是因为"我们留下的学术遗产主要是'外译中'，中国学术界的翻译实践并未留下多少'中译外'的经验"（张西平，2016：199）。

讨论"译出"，首先要从定义谈起。"译出"和"译入"经常并行而论，但国内译介尚未对此二者形成统一的定义。梁红涛（2018：131）做过这样的总结："第一类学者许钧、胡德香、潘文国等认为，'译出'是将中国文学译至他国，'译入'反之，这种界定涉及'译至他国的中国文学

---

① 本部分由周领顺与任俊合作完成。

文本'和'译到中国的他国文学文本'两类被译源文本，不区分翻译行为者。第二类学者李越、王颖冲等认为，中国文学若由源语国（中国）主导译介，可定义为'译出'；若由译语国（他国）主导翻译，可界定为'译入'，这种界定把中国文学文本作为唯一被译源文本，以'谁'主导翻译进行划分，和翻译行为者紧密相关。"

关于"译出"，确实有过一些貌似定义的表述。比如谢天振（2014：7）将"译出"视为"一个国家、一个民族一厢情愿地向异族他国译介自己的文学和文化"（对方不一定有强烈的需求）；若作为定义，严谨性尚不足。李越、王克非（2012：84）认为，"译出"指的是"文学作品的选材、文本翻译、出版均由源语国发起实施，而作品的接受、传播发生于目标语国"的间接的传播方式。其虽具备了定义的基本特征，但仍有完善的余地。这是因为，"译出"只是原文方译者所主导的文化逆向翻译活动，选材、出版、接受、传播等外围的活动不是"译出"场景中必有的核心元素，在定义中可不涉及。翻译活动中，译者介入的行动者网络其每个阶段的侧重是不一样的，而研究者的关注也有一个倾向问题。我们借助 Schank 和 Abelson（1977：42-43）著名的"餐馆脚本"（restaurant script）对核心和非核心元素做出说明。在餐馆脚本中，"参与者"（participants）有顾客、招待员、厨师、收银员和餐馆主人，"道具"（items）有餐桌、菜单、食品、支票和现金，它们可分别跟动词核心构成"进入""叫餐""用餐""离去"四个彼此相关的分场景。在不同的分场景中，参与者和道具发挥着各自不同的作用，它们的核心化程度也有种种的变化。比如在"离去"分场景中，"餐桌"是非核心元素，但在"就餐"分场景中，"餐桌"是核心元素。

"译出"即 Lonsdale（1998：64）所谓的"逆向翻译"（inverse translation），与"正向翻译"（direct translation）相对。周领顺（2020a）指出，文化译出场景"涉及目的、形式和特定读者等核心元素，三个条件皆齐备者，方为典型"，并基于此尝试将"译出"定义为"由原文所属地且译入语为非母语的译者为主导，以保真传播原文文化为目的，以求真翻译为形式，以目的语读者为受众的文化逆向翻译活动"。其中，"求真翻译"或"求真型翻译"（周领顺，2014a：110）是向原文靠拢的翻译行为，倾向于译文连续统上的"作者/原文"一端。在此类翻译实践中，译者应秉持"保真传播"的态度，优先采用全译的翻译策略和方法，要求自己在译出中做到"不增不减"。

　　造成我国译出实践和研究都比较少的原因有多个，其中一个重要原因正如 Graham（1965：37）所说："……在翻译上我们几乎不能放手给中国人，因为按照一般规律，翻译都是从外语译成母语，而不是从母语译成外语的，这一规律很少例外。"但我国有特殊的国情，特别在新时代，我们有众多的文献需要"走出去"，仅靠为数不多的国外汉学家去翻译是不现实的。可以说，译出实践和研究是新时代赋予我们的使命。我们不仅需要身体力行地去进行翻译实践，而且需要"对中国的译出行为产生的深层原因、译出文本生产机制、译出行为面临的质疑与障碍、译出主体、译出合作模式、译出文本的传播渠道、传播效果等涉及译出行为各个重要方面的问题，展开系统研究，进行理论探讨与构建"（许多、许钧，2019：137）。为此，很多学问需要细化。这里讨论的译者在译出时的态度和行为之间的关系，就是一个看似平常而实际深有学问的话题。

　　以往谈到译者的态度和行为时，常常会大而化之地将中国本土译者简单化一，似乎本土译者的译出态度和译者行为是铁板一块，是一个整体，岂不知，同样是进行中国文化的译出实践，不同的译者态度可能会造成迥异的译者行为。比如，有的实践虽然从表面上看是由原文所属地且译入语为非母语的译者主导、以目的语读者为受众的文化逆向翻译活动，但并不以保真传播原文文化为目的，也并非以求真翻译为翻译形式，实为一种译入活动，或者说是非典型的译出。一个基本的道理是，译出传达原汁原味的文化内涵，传播原文文化的个性特征，而译入是选择性进口，以方便读者、满足读者的某些特定需要为主要目的。这样看来，中国本土译者将中国文化转变为外语并非一定是典型的译出，因此有必要进行条分缕析。"保真传播"是态度方面的问题，而"求真翻译"是相应的方式，即策略和行为。为了说明态度和行为之间的关系，我们将以文化信息浓厚的乡土语言翻译为研究对象，在初步梳理乡土语言翻译事实的基础上，对比分析本土译者的译出态度和行为，分析差异产生的原因，给中国文学作品译出提供些许参考，也借此丰富译者行为研究的有关内容。

3.2　译出态度、译者行为与中国本土译者乡土语言译出研究

　　在国内，与译出相关的研究目前主要有如下几类：一是概论译入与译

出的关系（如潘文国，2004；胡德香，2006；王颖冲、王克非，2014；谢天振，2014；许钧，2015）；二是针对某一作家探讨其作品的译入与译出（如李越、王克非，2012；王瑞、黄立波，2015）；三是聚焦某一具体文本对比其译入与译出活动（如黄立波，2011；赵征军，2019）；四是选择某一译者分析其译出实践（如吴赟，2016；许多、许钧，2019）；五是探讨某一行业领域的译出现象（如王晓东、邓煜，2016）。

在国外，有关态度和行为的研究主要有两类：一类探讨态度与行为的关系（如 Wicker，1969；Howard，1972；Ajzen & Fishbein，1977；Shrigley，1990；Seubert, et al.，2007；Ajzen & Fishbein，2000）；另一类探讨不同态度影响下的行为表现（如 Snyder & Kendzierski，1982；Fazio & Williams，1986；Olson，1993；Guagnano, et al.，1995；Bohner & Wänke，2002；Holland, et al.，2002；Jaccard, J., & Blanton, H.，2007）。但以上的部分研究并不针对翻译，不针对译出态度和译者行为，主要面对的也不是本土译者。

中国文化译出效果不够理想，"与我们看不到译入（in-coming translation）与译出（out-going translation）这两种翻译行为之间的区别（尤其是翻译策略的区别）有关"（谢天振，2014：6）；同时也与研究投入不多、成果较少有关，毕竟我国译学界把更多的精力投入译入研究上，此与"正向翻译"活动一致，国际上皆然。

乡土语言是中华优秀传统文化的重要标志和典型个性体现之一，本土文学特别是乡土文学作品译出时往往会面临乡土语言的译出问题。本部分将在译者行为批评理论的视域内对比分析中国不同本土译者的译出态度与行为，以期为深入开展文化译出研究提供思路。

"'译者行为'指的是社会视域下译者的语言性翻译行为、社会性翻译行为和社会化非译行为的总和。"（周领顺，2020b：52）译者行为批评理论中有不少概念可转化为审视问题的视角和分析问题的工具（周领顺，2020b）。例如，"求真"和"务实"是译者行为连续统评价模式上的两个端点。当"求真"和"务实"分开时便可用于事前（翻译实践）的指导，译者"既可以根据文本类型和翻译目的而偏于'求真'或偏于'务实'"，也可能"呈现其他的行为倾向而在二者之间实现认知的平衡"（周领顺，2019：16）。

黄勤、刘晓黎（2019：140）在经过充分的事实分析后认为，"求真-务实"译者行为连续统评价模式为我们进一步认识翻译活动本身打开了一个突破口，可作为客观评价译者行为及译文质量的指南。该评价模式使方言翻译研究摆脱了"忠实"之争，不再迷信理想情况下的"最佳译法"，而是"着眼于多方因素制约下的译者在方言翻译过程中进行语言性求真与社会性务实的程度，探寻译者行为背后的动因并尽可能地对此给予合情合理的解释"。方言翻译是乡土语言翻译的重要内容。"求真-务实"译者行为连续统评价模式，可以充分描写译者的行为倾向，是分析中国本土译者乡土语言译出态度和行为的重要工具。

3.3 本土译者乡土语言译出态度与行为倾向

译者行为批评中的"求真"和"务实"概念既是态度，也是行为。简单地说，"求真"是面对原文的，"务实"是面对社会的，为求真而直译、异化和为务实而意译、归化等，表面上看来是不同译者的偏好使然，有一定的随意性，实际反映的是译者的态度和相应的行为，只是其或显或隐的程度不同罢了。态度属于主观范畴，但主观的态度也会受到客观条件的影响。影响译者行为的环境因素中，态度只是主观因素，翻译过程中的噪声、时代、审美、读者人群等则属于客观因素。或者可以说，在态度上以传播原文的意义和文化为目的，就会在行为上求真，坚持自己；在态度上以快速拉近和读者的距离、减少阅读障碍为目的，就会在行为上务实，与人方便。例如：

［1］要是你三天两头跑，咱们是掉到黄河也洗不清了。（丁玲，2012）

杨宪益、戴乃迭译文：If you keep coming over every day or so, even if we fall into the Yellow River we shan't be able to wash ourselves clean.（Yang & Yang，1984）

［2］父亲听到奶奶说："买卖不成仁义在，这不是动刀动枪的地方，有本事对着日本人使去。"（莫言，2017）

邓世午、于大波译文：Father heard my grandma saying："Friendship still exists after the failure of business deals. Here is not a place to fight. Go fight against the Japanese if you want to show your gallantry. "（陆文虎，1989）

[3] 奶奶说："……后日一起把鬼子汽车打了，然后你们就鸡走鸡道，狗走狗道，井水不犯河水。"（莫言，2017）

邓世午、于大波译文："...and ambush the Japanese trucks the day after tomorrow. After that, you two just mind your business. "（陆文虎，1989）

[1] 中的"掉到黄河也洗不清"常指难以摆脱关系，需要洗清嫌疑。杨宪益、戴乃迭两位译者将其处理为"even if we fall into the Yellow River we shan't be able to wash ourselves clean"，以直译坚持文化求真，给目的语读者带来语言上的新鲜感。

[2] 和 [3] 选自莫言作品《红高粱家族》。《红高粱家族》英译本以汉学家葛浩文译本最为众人所知，但其首译本早在 20 世纪 80 年代便已出现，收录在《中国当代军事文学作品选》（陆文虎，1989）中，译者为时任新华社记者的邓世午和于大波。由于当时的社会背景和条件，首译本并未引起国内外的关注。[2] 中邓世午和于大波将"买卖不成仁义在"翻译为"Friendship still exists after the failure of business deals"，虽然基本意思和原文保持一致，但相对于"仁义"这种文化信息较为浓厚的表达，译者为了便于目的语读者的理解选用了较为归化的"friendship"一词。[3] 中两位译者将"井水不犯河水"处理为"you two just mind your business"，更是直接引用目的语中固定的表达进行套译，降低了原文的文化陌生感。

本土译者处理中国特色表达时，或紧扣原文，传递文化信息，或考虑到在目的语中的接受效果，更多地采用务实策略，总体上表现出"求真为本，务实为用（上）"的态度和行为原则。这一点在成语和俗语中也有明显的表现。

[4] 八仙过海，各显其能吧。（老舍，1999）

英若诚译文：Let's both try our best, and see what happens. （老舍，1999）

陆谷孙译文：（eight immortals crossing the sea, each one showing his or her own forte）each individual in a group has his or her special talent of dealing with things.（陆谷孙，2011）

许孟雄译文：Each of us shows what stuff he's made of — like the Eight Fairies when they cross the sea.（尹邦彦，2015）

［5］那薛老大也是"吃着碗里看着锅里的"。（曹雪芹、高鹗，1979）

杨宪益译文：Hsueh Pan is another of those greedy-guts who keep "one eye on the bowl and the other on the pan".（Cao，2012）

杜瑞清译文：keep one eye on the bowl and the other on the pan — be insatiably greedy；never feel content with what one has.（杜瑞清，2016）

陆谷孙译文：（to look at what is in the pot while eating what is in one's bowl）to be insatiably greedy；to be never satiated；to openly pursue other options.（陆谷孙，2011）

［4］中的"八仙过海，各显其能"来自神话典故，英若诚译为"Let's both try our best, and see what happens"，采用归化手法，避开了文化负载词"八仙"。而词条的翻译不受限于写作风格和前后文语境，陆谷孙先给出原文对照翻译，随之附上延伸含义，也方便了读者的理解；许孟雄则颠倒语序，先根据后半句做出释义，再引入前半句中的文化负载词"八仙"。［5］中"吃着碗里看着锅里的"指人贪得无厌，杨宪益翻译为"keep'one eye on the bowl and the other on the pan'"，完整再现了原文的文化含义并展现了原文风貌。而在词典中，杜瑞清和陆谷孙均先做出直译而后再加以解释，都尽可能全面地提供多种译文，做到了既"求真"也"务实"。

通过行为对比发现，本土译者大体上是以坚持中国文化传真和文化自信为主的，对具有中国文化特色的语言表达多采取求真的方法。译出务实的，多是把目标读者和社会需求放在第一位，或是为了求得文学的语境效果而在行为上求取相当的功能，淡化了原文的文化信息，这也是情有可原的。特别是进行戏剧翻译时，舞台表演的即时性强调和观众的互动，为尽量避免文化障碍，经常采取归化等务实的做法。

译出态度和译者行为之间关系的研究，对于文化"走出去"有着积极的意义，对于翻译批评的操作和译者行为理论的丰富亦然。

3.4　效果上的内外之别与译者行为批评视野

翻译上谈"内"与"外"，但不是平时说的"对内"和"对外"，也不是翻译的内与外。"内"主要指的是翻译内部的，主要围绕原文转换及其意义再现的行为表现，并主要表现在语言层面。"外"主要指的是翻译外的行为、效果等，是超越原文转换及其意义再现的，是超越语言层面的一切，比如社会效益、经济效益、改革社会等。我要说的是，树立翻译内外分野的意识对于分析问题是非常必要的，而且对于我们这些翻译批评者来说，剖析自己的潜意识身份和立场尤其重要。将翻译上的"内"与"外"结合起来讨论，并非二元对立，而是层次分析法的具体运用。这是批评范式的变革。

看待"译入"和"译出"，常规上要谈二者的定义和翻译方向。但这里从文化传播的角度，简单谈谈两种潜在的评价心态和做法，这样可能是批评者习焉不察的。

看待"译入"时，我们是"赏"的心态；看待"译出"时，我们是"鉴"的心态。会"赏"的，是接受者层次，愿意接受就意味着喜欢（如看戏）；能"鉴"的，是专家层次，能判断正误，讲出道理（如中央电视台的鉴宝节目中专家的"鉴"）。会"赏"的，态度和方法多主观；能"鉴"的，态度和方法上多客观。

译学界鉴定葛浩文、杨宪益等译者所进行的"汉译英"时，潜意识里采取的是"鉴"者的心态和做法，客观且有能力评判正误，因为我们都在潜意识中认为我们是母语为汉语的专家，但做不了"赏"者，因为我们不是译文语言英语的目标读者，这点我们是心知肚明的。而译学界对待"英译汉"就不一样了。我们首先是"赏"者，喜欢就好，比如说朱生豪翻译的莎士比亚作品，不管他怎样改动，我们都喜欢。网上围观的那些所谓优美的译文更是这样。一是我们不懂原文，不是经过对比、知道真相后才有了喜欢的态度。二是即使懂原文、经过对比发现译文有所偏离，也仍然会喜欢译文。比如钱锺书的感受："我不但把它看完，并且连二连三，重温了大部分的林译，发现许多都值得重读，尽管翻译误译随处都是。我试找同一作品的后出的——无疑也是比较'忠实'的——译本来读，譬如孟德斯鸠和迭更司的小说，就觉得宁可读原文。这是一个颇耐玩味的事实。"

（罗新璋，1984：700～701）所以作为"赏"者，我们是主观的，因为有主观感受的流露。从一定程度上说，我们欣赏的所谓译文不过是译者的文笔。译者对自己文笔的自信，也是一种"赏"者的心态。归根结底，这种心态作为译者的"我"喜欢，而"我"也是读者，读者也就一定会喜欢，所以也就有了钱锺书一边批评林纾，一边自己也会"手痒"的这种情况。

莎士比亚说的"一千个观众眼中有一千个哈姆雷特"，也是视角的产物，不可以作为回避科学翻译批评的遁词。莎士比亚是从观众角度出发的，也就是从审美消费者"赏"者的角度出发的，观众看了一场戏可以哈哈大笑，哈哈大笑后可能说不出任何有说服力的理由，但对待科学却不能这样，科学的探索是一定要有科学的根据、科学的方法和科学的结论的。翻译批评要有客观事实和批评理论的规约。

一般而言，母语者"译出"时以"鉴"为主，译文呈现为"真"，像杨宪益、刘若愚。批评者的心态是"我们的文化，就是要真"；我们普遍的立场是"你不懂你可以来查"，当年我们对待翻译"龙凤""阴阳""道"都是这样。当然，有的时候连我们自己也说不清，因为意义纷繁，这时候我们偏向用汉语拼音，认为这就是文化自信。这就带偏了节奏：你自己都说不清而用了汉语拼音（就是个不传意的符号），何来文化自信呢？

"译内接受"是指语言内部被接受，"译外接受"是指在社会上被接受，但能够作为一个语言单位被接受，并不说明在社会上是被接受的。比如有的评论以"忠实"为标准，就得出结论，某某译文忠实于原文，所以笼统地说收到了很好的接受效果等。但"接受效果"是什么呢？翻译得好就一定会卖得好？其间有联系，但不形成必然的因果关系。因此，有必要区分哪些是可读性方面的语言内效果，哪些是促成社会和经济效益最大化的语言外效果。

一方面，英美出版社、批评家与读者评判译作的主流标准是"可接受"性，译作要像原作一样"读起来流畅"，这是"译内接受"的问题。但另一方面，如葛浩文所言，西方国家的读者不愿意读翻译文学，特别是不愿意读他们并不熟悉的作者的作品。中国文学英译的阅读主体局限在大学教授、相关专业学生或研究者等，受到大众热读的作品较少，这是"译外接受"方面的问题。"译外接受"的作品一定是翻译得好吗？所以，还有区分"译内效果"和"译外效果"的必要。

总之，具备翻译内外分野，具备了译者行为批评的意识，如此，才可能深入了解翻译活动的运行机理，从而采取有针对性的措施，使翻译和传播达到比较理想的效果，使翻译批评尽可能做到全面、客观和科学。

第四节　英语乡土语言译入及其启示①

4.1　译者群和苏籍译者群

自 20 世纪 90 年代翻译研究上发生"文化转向"以来，译者研究得到了加强。在译者研究中，译者作为个体所受到的关注要多于译者作为群体所受到的关注。而在译者群研究中，群体之间个性所受到的关注要多于一个群体内部共性所受到的关注。译者群研究是译者研究中的一个新的维度。

"译者群是以人群类型为单位而划分的。"（周领顺，2014b：165）比如，从译者气质上分，有的是学者型译者，有的是作者型译者；从参与度上分，有的是职业译者，有的是业余译者；从领域上分，有的是儿童文学作品译者，有的是成人文学作品译者，有的是文学作品译者，有的是科技作品译者；从理论素养分，有的是翻译界内的译者，有的是翻译界外的译者；从国别上分，有的是国内译者，有的是国外译者；等等。在历史上，我国著名的译者群就有唐朝的佛经翻译译者群、明末清初的科技翻译译者群、晚清时期的"豪杰译"译者群、新中国成立以来的政论文献翻译译者群等等。

译者作为一个群体，总会有这样或那样的共性特征。比如针对英美汉学家译者群，张艳、朱晓玲（2019：119）进行了研究：

> 本文的研究对象是英美汉学家译者群，我们通过自建汉语方言英译小说语料库，通过对四位汉学家的方言词汇翻译方法进行统计，总结其翻译策略和翻译规范的总体特点，旨在揭示汉学家英译中国乡土小说的行为规律，摸索中国文化"走出去"的有效途径。虽然目前汉

① 本部分由周领顺与陈慧合作完成。

学家们仍然主要遵循英美主流的翻译操作规范，但翻译规范也是多元且不断变化的，译者个体对翻译规范有意识的顺从或偏离，就说明了目标语文化需求的多样性。随着中国政治经济文化实力的增强，我们相信，会有越来越多英美读者对中国乡土文化产生兴趣，也会有越来越多像罗鹏这样注重保持中国文化异质性的译者出现，中国小说译介里的乡土味也一定会越来越浓。

《毛泽东选集》英译译者群，就包括了钱锺书、章汉夫、浦寿昌、程镇球、于宝榘、李赋宁、陈琳等著名译者。《毛泽东选集》是一部政治性很强的著作，意识形态是影响翻译过程的必然要素，译者们的个人意识形态需要与国家意识形态保持高度一致。因此，译者在翻译《毛泽东选集》的过程中须刻意将自己隐藏于译作背后，避免个性的张扬。另外，《毛泽东选集》这样一部政治性很强的著作，其翻译工作要求在文字和精神上完全忠实于原文，保持与原文思想内容的高度一致，所以偏于直译也就不足为怪了。这里所讨论的译者群是以译者出生地为依据划分群体特征的，集中讨论的是译者语言与译文语言的地缘关系。准确地说，研究集中于江苏籍（苏籍）译者群，主要对其吴语在译文中的运用进行地缘关系分析。

针对译者群和地域之间的关系研究，方梦之（2010：1）指出："就译家的群体研究和地域特色似见不足。我国幅员辽阔，地域特色和人文资源各不相同，翻译事业的兴起、演变和发展各地区很不平衡，且各有特点。为了充分了解一方译家的共同的社会境遇和时代背景，了解他们的共性和个性，在区域文化研究日益受到重视的今天，集中研究某一地区译者的翻译行为和译事贡献是必要的。"近年来，以地域划分译者群而进行的研究主要有陈秀等编著的《浙江省译家研究》（浙江大学出版社，2007）、温中兰等编著的《浙江翻译家研究》（上海交通大学出版社，2010）、张旭著的《湘籍近现代文化名人·翻译家卷》（湖南师范大学出版社，2011）、林本椿主编的《福建翻译家研究》（福建教育出版社，2012）、李同良著的《嘉兴翻译家研究》（九州出版社，2013）等成果。就江苏这样一个文化大省而言，译者名家辈出，如鸦片战争时期的马相伯、曾朴、徐念慈，"五四"时期的刘半农、瞿秋白、方重，新中国成立后的钱锺书、赵元任、吕叔湘、戈宝权、卞之琳、杨宪益、杨绛、屠岸，改革开放后的祝庆英、吕同

六、梅绍武等，足有近百位之众，但至今未见对苏籍译者群系统而深入的研究，而针对译者语言和译文语言的地缘关系的研究更是少之又少，不能不说是一件憾事。事实上，译者们在翻译时会或多或少地表现出一些语言的地缘特征，比如杨绛译《堂吉诃德》所用的"脑经""新簇簇""瘪三""老面皮""贼皮贼骨""花妙""盘牙""讲讲明白""心不在肝上"，吕叔湘在《吕叔湘译文集》中所用的"乖乖龙底东！""一程子""完结""我不则声就是了""希罕儿""明儿个早上""跳跳蹦蹦""抽抽噎噎""到末末儿了儿"，祝庆英译《简·爱》所用的"那忽儿""奶孩子""闹不清""不很好""不很一样""阔肩膀"，杨必译《名利场》所用的"甜醇醇""别别跳""做活""勒措""相与""坐监牢""做张做致""赌神罚誓""老实不客气""跳将起来""满台照雪亮""娶她不娶""很对她不起"等吴语表达。

苏籍译者群是由一个强大的译者队伍构成的。据我们统计，这一群体包括曾朴、刘半农、赵元任、曾虚白、潘家洵、陈西滢、宗白华、瞿秋白、吴文藻、方重、鲍文蔚、陆小曼、方于、徐仲年、吕叔湘、章汉夫、柳无忌、糜文开、陈瘦石、陈瘦竹、卞之琳、钱锺书、马清槐、于宝榘、柳无非、杨绛、姜椿芳、王辛笛、劳陇、乔志高、庄寿慈、戴镏龄、丁祖荫、柳无垢、杨宪益、杨周翰、汝龙、李赋宁、思果、孙家晋、程镇球、杨乐云、杨苡、王楫、巫宁坤、钱春绮、杨必、浦寿昌、屠岸、赵少伟、管震湖、沈国芬、汤永宽、马祖毅、王金陵、梅绍武、陈琳、祝庆英、臧仲伦、黄志良、王槐挺、许庆道、屠珍、吴青、吕同六、王焕生、张子清、张柏然、刘须明、朱建迅、袁晓宁等译者。当然，该群体还可以按翻译题材、译者性别、翻译形式、翻译内容、家族血缘等分出针对性更强的分群体来。比如，其中的文学翻译译者群就包括了曾朴、赵元任、陈西滢、方重、吕叔湘、徐仲年、卞之琳、乔志高、杨绛、杨宪益、汝龙、杨周翰、孙家晋、王楫、杨必、梅绍武、祝庆英、吕同六等译者。

4.2　译者的语言地缘和吴语方言

"地缘"是指"因地理位置上的联系而形成的关系"[《现代汉语词典》（第7版）]，如地缘经济（Geo-Economics）。语言的使用具有地缘性，具体表现为方言、俗语等。探索译者语言与译文语言的地缘关系，可为翻译批评实现尽可能的全面和客观提供佐证。这是一个新的研究视点。本部分将对译者方言之于译者群里译者的语言与译文语言的地缘关系做些分析。

"方言"是指"一种语言中跟标准语有区别的、只在一个地区使用的话，如汉语的粤方言、吴方言等"〔《现代汉语词典》（第7版）〕。在文学创作方面，作家为了营造地域文化特色、探索鲜明的个人语言风格，经常借用方言以赋予作品特殊的表现力，如唐代就有文白夹杂的小说底本，以杭州话为主；明清之后，《三言》《二拍》《红楼梦》《金瓶梅》都受到了吴语的影响。郭绍虞（1937：17）说："雅文学是雅的成分胜于真的成分，应该改其道而行之，使真的成分胜于雅的成分，那就要提倡方言文学。"

在翻译上以方言转换方言并不鲜见，张谷若翻译哈代的三部小说（《德伯家的苔丝》、《还乡》和《无名的裘德》）中，原文里乡村人物的对话多用的是威塞克斯方言，而张谷若则以山东方言代之。郭著章（1999：244）认为，"张谷若创造性地用山东方言和一些通俗的口语体词组来译乡民的对话，不失为一种'功能对等'"。孙迎春（2004：4）认为，"这在人物刻画上起到了很重要的作用，在译法上起到了一种开拓性的作用"。以吴语的使用为例，杨绛在《堂吉诃德》译文中就频频使用"脑经""新簇簇""瘪三""老面皮""贼皮贼骨""花妙""盘牙""讲讲明白""心不在肝上"等吴语词；邵洵美使用苏白翻译《绅士爱美人》，如将第一章的回目 *Paris Is Divine*! 译成《巴黎是好得来!》，"读者都为之拍案叫绝也，也足见译者的灵机巧思了"（林以亮，1984：220）。

吴语是方言的一种，使用人口约占汉族总人口的8%，是汉语的第二大方言，通行于江苏南部、上海、浙江大部分地区、安徽南部的部分地区、江西东北部、福建西北角，香港、美国旧金山等地也有讲吴语的移民。[①]吴语特点明显，在语音、词汇和语法等诸多方面均有系统体现。因语音在译文中的表现不够明显，这里仅从词汇、词法、句法的角度做些简要介绍。

吴语方言词产生、通行于吴语区，我们将普通话与吴语方言做一比较（见表1-2）。

---

① http://baike.haosou.com/doc/3753725-3943418.html。

表1-2 普通话与吴语方言比较

普通话	吴语
我/你/他	吾/俫/俚
儿媳	新妇
继母	晚娘
晚上	黄昏
时候	辰光
工作、劳作、活计	生活
东西	物事

从词法上讲，词缀在吴语中的使用相当频繁。赵元任认为，由于出现的频率高，词缀在吴语和其他方言的对比中相当突出。（赵元任，1967：847~858）吴语中有跟官话中的名词后缀"子"相当的后缀，也有名词物化的作用。例如官话有"帽子""袜子"，但是"鞋"没有词缀，而吴语除了发音的区别外，则说"帽子""袜子""鞋子"，如杨必《名利场》译本中就把 slack-rope 译为"索子"、把 saucepan 译为"平底锅子"、把 bell 译为"铃子"；普通话用"子"尾的词，吴语有时用"头"尾，如"鼻头""被头"；还有许多没有"头"尾的词，吴语也用"头"尾，如"泥头""名头""喇叭头"等。

吴语中的形容词一般有表示程度差别的细微变化，这些变化通过在单音节形容词（"大、小、多、高、老、新、满、全、红、长、早、快、白、响、紧、少、深、慢"等）前边或后边加上重叠成分来表示。"大部分形容词还能扩展成为一个固定词组，这个词组的含义和用法都跟原来的形容词基本一样，也只是程度表示有差别而已。"（叶祥苓，1982：183）叶祥苓用"级"（Degree）的概念将吴语形容词分为四个等级：（1）原级，通常是单音节形容词（"绿、黑、新、直"等）；（2）弱化级，通常在单音节形容词后边加上重叠成分，能使词义变弱（"黑黝黝、绿横横、新簌簌、方笃笃"等）；（3）强化级，通常在单音节形容词前边加上重叠成分，以使词义得到加强（"碧碧绿、绯绯红、簌簌新、沸沸烫"等）；（4）最高级，通常将单音节形容词扩展成为一个词组，以使词义变为最强（"夹酿司白、生青碧绿、的角司方、的立滚圆、沸滚发烫、簌崭全新"等）。（叶

祥芩，1983：183~189）

从句法上论，常见的是将直接宾语放在间接宾语之前（赵元任，1967：847~858），如普通话里的"奶奶给我们粥吃"常说成"奶奶给粥我们吃"。此外还有可能是补语后置句，如普通话里的"打不过他"常说成"打他不过"；状语后置句，如普通话里的"快点吃饭"常说成"饭吃快"等。总体上，吴语以"绵软"著称，说吴语的人即使在使用普通话时，语气和语调也透着吴语的"绵软"底色。

4.3　译者行为与杨必译《名利场》吴语运用个案

小说《名利场》是英国 19 世纪批判现实主义巨匠萨克雷（William Makepeace Thackeray）的成名作。在中国，译者对《名利场》的翻译始于 20 世纪 30 年代。译本虽然众多，但杨必的译本普遍被认为是"我国最优秀的长篇小说译作之一"（孙致礼，1996：153）。截至 2015 年 4 月，以"《名利场》中译本"为主题，在中国知网上搜索到 351 篇相关研究文献，研究视角有：（1）女性主义翻译；（2）文化差异；（3）翻译技巧和策略；（4）语用学；（5）英汉语言对比；等等，然而从方言角度论述的文章竟告阙如。

吴语是译者杨必的母语，它承载了杨必从儿时积累起来的对世界的认知和情感的体验。在《记杨必》一文中，杨绛（1991：111~112）回忆道："阿必有个特殊的本领：她善摹（模）仿。……我们叫她学个什么，她都能，也都像。……她能摹（模）仿方言、声调、腔吻、神情。她讲一件事，只需几句叙述，加上摹（模）仿，便有声有色，传神逼真。"因此，吴语的词汇、语气、语调会有意无意地流露在她的译文中，并体现在词汇、词法和句法三个方面。

吴语词在《名利场》译本中频频出现，如把 sister 译为"姊姊"、把 sister-in-law 译为"弟妇"、把 his bride 译为"新妇"、把 bridegroom's relatives 译为"男家人"、把 housekeeper 译为"管家娘子"等。译者使用这类词一般没有特定的意图，在很大程度上是受地域方言的影响或潜意识下的流露，这对读者的理解不会产生障碍。但称译者是有意识地使用，也并非没有道理，毕竟使用方言土语能表现出推心置腹、家常亲切、不装腔作势的语言风格。不过，有些方言词语虽然与普通话共享，但在所指意义上还存在些许出入，如普通话的"晚"表示天黑，而吴语则用"黄昏"表示。杨必就多次将 evening 译为"黄昏"，难免会对吴语方言区外的读者造成理解的错位。

此外，除了在译文中直接体现吴语特征外，杨必还创造性地将吴语词与普通话用词相结合，如把 resume her work 译成"继续做活"。"做活"一词是将吴语"做生活"与普通话"干活"拼缀结合而成的，这一做法虽没有完全与吴语对应，却避免了生僻吴语词"做生活"对读者造成的理解障碍。

从词法上讲，因吴语在句子结构上与其他方言差不多，"所以讲中国方言的文法差不多就是讲语助词"（赵元任，2011：196）。同样的话语内容用不同的语气表达，就会产生不同的语用意义和不同的交际效果，而语气在书面汉语中通常是借助语气助词得以实现的。以下英语原文均来自：Makepeace William Thackeray, *Vanity Fair*（Oxford：Oxford University Press, 1983），汉语译文均出自杨必译萨克雷《名利场》（人民文学出版社，1957年第1版），不再一一注明具体出处。例如：

[1] How are you, Sedley?
赛特笠，你好哇？

这是奥斯本与乔瑟夫见面时的一句问候，实际是对乔瑟夫的嘲讽。"你好哇"中的一个"哇"字，足以让读者感受到奥斯本话语中调侃与讥讽的意味。

除了语气助词的使用，译文中还经常出现形容词的重叠式，多用于对环境的色彩明暗、人物情貌动作的描写，如"红喷喷、软糜糜、甜蜜蜜、阴森森、恶狠狠、气鼓鼓、阴惨惨、急煎煎、死沉沉、油腻腻、甜醇醇、虚瑟瑟、热辣辣、别别跳、索索抖、绯绯红"等。例如：

[2] The famous little Becky Puppet has been pronounced to be uncommonly flexible in the joints, and lively on the wire.
那个叫蓓基的木偶人儿非常有名，大家一致称赞她的骨节特别地灵活，线一牵就活泼泼地手舞足蹈。

[3]"For Becky Sharp,"answered Jemima, trembling very much.

"给蓓基·夏泼,"吉米玛一面说,一面吓得索索抖。

例[2]中的"lively"在原文中是副词,杨必在翻译时注意到与原文的词性保持一致,将形容词"活泼泼"置于动词前,变成副词,凸显了人物神态与动作的生动性。例[3]中杨必没有将"trembling"简单地译为"吓得发抖",而是采用了吴语形容词强化级的"索索抖",最大限度地表现了人物的紧张感和恐惧感。

英语方言经常体现在语音和词法层面,如在英国英语的某些方言中常见"ain't"这种否定缩略形式,可以发成/eint/、/εn/或/int/等音,相当于标准英语的aren't、isn't或am not(查培德,1990:5)。然而英汉方言由于在语音、词汇等方面的差别,在传达原文意义或形式上无法做到完全对等。

[4]It's only a morning visit, Tucker, you fool. Lor', what cracks that off hoss has in his heels! Ain't there no one at the King's Head to rub'em a little? How do, Pitt? How do, my dear? Come to see the old man, hay? Gad you've a pretty face, too. You ain't like that old horse-godmother, your mother. Come and give old Pitt a kiss, like a good little gal.

脱格,你这糊涂东西,他们不过来看看我,就要走的。哎哟!右边那匹马的蹄子裂了好几个口子,怎么国王的脑袋酒店里也没人给它擦一擦?毕脱,好哇?亲爱的,好哇?来看看老头儿,是不是?天哪,你长得真好看。你妈绷着一张长脸,跟你一点儿不像。好孩子,乖乖地过来亲亲毕脱老头儿。

原文中毕脱爵士的这一段话极尽展示了英国方言用词,尤其体现在缩略词的使用上,如Lor'、ain't、rub'em、hay、hoss、gal、Gad。杨必在译文中使用"哎哟""好哇""看看""老头儿""天哪""乖乖地""亲亲""好孩子"这些具有吴语特征的词和语气的叠加使整段话的节奏、韵律、语调和语气跃然纸上,尽现了原文的情感色彩,再现了毕脱爵士对儿媳妇的巧言令色。

英汉两种语言在句法结构上存在巨大差别，译者出于需要，有时会按照汉语的习惯重新组织译文。杨必在译文中很自然地使用中文句式，有些地方遵循吴语句法习惯，比如将可能补语后置。例如：

[5] and in vain did battle against her, and tried to overawe her.
每次交锋的时候不但打她不赢，而且吓她不倒。

这一段描写的是夏泼小姐与平克顿小姐激烈对峙的场面。平克顿小姐作为校长，没人敢轻易挑战她的权威，只有胆大的夏泼小姐敢与她正面交锋。为了凸显平克顿小姐的落败，原文将介词短语 in vain 提前，借倒装句式表现平克顿小姐对夏泼小姐无计可施的窘境。在译文中，杨必同样调整了句式，"打她不赢""吓她不倒"更加强调补语"不赢"和"不倒"的结果，不仅在表现手法上与作者如出一辙，更在译文效果上将原作的艺术意境传译了出来。

然而，吴语毕竟是方言，吴语的使用是否会对吴语通行地区外的读者造成理解障碍？杨必在译文中刻意使用吴语代替原文的标准语是否合理？用"求真-务实"译者行为连续统模式对杨必的译者行为进行合理性分析，得出杨必在译文中引用吴语多是求原文之真、务读者需求之实之举。其一，在词法和句式表达上，杨必尽可能地忠实于原作风格，传达原文效果，是对作者/原文"求真"的表现。其二，在词汇方面，杨必选取的并不是生僻的吴语词，她创造性地结合吴语与普通话，尽力减少方言在跨地区交际上的不利影响，以使译文的地缘特征在语言上具有可接受性，是对译文读者/市场"务实"的表现。其三，整个译文以普通话用词为主，吴语用词和表达只是点缀性使用，不会大范围造成读者的阅读障碍，这是杨必在"求真"和"务实"间求取平衡的行为。在"求真度"和"务实度"达到理想平衡的基础上，才有能证明译者行为的"合理度"。

4.4　英汉方言对译的可能性

对于采用方言进行翻译，研究者们褒贬不一。刘重德（1991：44）认为吕叔湘在翻译 *Mother and Her Boarders* 时使用苏北方言把"the great jumping grasshopper!"译为"乖乖龙底东！"是极好的做法，使译文风格与原文接近，不仅符合原文人物的身份地位和对话场景，而且淋漓尽致地展现了丈夫听到好消息时的欣喜若狂。而韩子满（2002：86）则认为，张谷若的方言对译存在局限性，"张先生在译文中使用了山东方言的成分。这些成分虽然在某种程度上传达出了原文中的乡土气息，但却表现不出方言成分的其他主要功能，扭曲了原文的文体特色，增加了读者的理解难度"。但语言对接层面上的错位，说不定就是译者的良苦用心之处，一切取决于译者的翻译目的和受动等译外因素。张谷若就译文与原文的关系为译者的自由性做了注脚，"原文某一段或词是俚语，译时不一定也非把它译成俚语不可。而另外原非俚语的，译成俚语也无不可"（张谷若，1980：22）。总之，译文以与全文气氛味道协调为要。

方言有"确立地理背景、表明人物身份、反映地方民俗、产生幽默效果、使语言简洁、使人物生动等几种作用"（李颖玉等，2008：64）。正如作家胡万春（1991：112）所说，"我都是在句子的节骨眼（句眼）上运用了方言词语，以展现人物的性格特征。这就是方言词语的显要性"。由此看来，方言有其独特的优势。《名利场》原文并非全用方言写就，但萨克雷幽默风趣、挖苦讽刺的语言风格在杨必地道的语言表达下展露无遗，尤其是杨必有意无意地巧用吴语点缀，充分发挥了方言对译本风格传译的优势，再现了作者幽默诙谐的笔风，还原了原文的乡土风情。因此，译者适当引入方言，发挥方言的优势，不失为一种再现原文特色的有效途径。

虽然运用方言进行翻译在各个译者群里都是共性的存在，但对于苏籍译者群的多数译者来说，运用吴语和相关各片的方言，又是比较个性的、独特的存在。本部分着力寻求的是地域与译者语言对译文语言选择的影响，可看作区域语言地理和译者行为研究的一部分。至于庞大的苏籍译者群里有多少生于江苏、长于江苏，又有多少祖居江苏而后又远离江苏，地域的烙印在多大程度上留在他们的身上并进而流露于他们的翻译之中，都将是进一步研究的课题。

本章小结

"汉语'乡土语言'英译实践批评研究"课题，专注于汉语乡土语言翻译的研究。本部分主要介绍了译者行为批评及其工具性，汉语"乡土语言"翻译研究的定义、范围、意义,阐释了葛浩文的"乡土语言"翻译思想;从手段和意识两个方面,讨论了研究方法的科学性;指出了目前研究中存在的问题和取得的成就等;讨论了汉语乡土语言翻译研究的人本路径以及汉语乡土语言译出与译者行为研究和英语乡土语言译入及其启示等,明确了研究板块、研究路径和研究课题;预测了未来的发展趋势和需要强化之处。借助自建的莫言 10 本小说葛浩文乡土语言翻译语料库,可以解决一些久未解决的问题。在恰当的理论指导下对汉语乡土语言翻译开展系统化的研究,将有助于探索译者行为的深层规律,有助于提升中华文化、汉语乡土语言和中国乡土文学的国际传播力。

态度决定行为。当译者本着鲜明的翻译目的、以某种方式进行翻译时,其态度和行为都是显性的;但当译者受到潜意识的影响,其态度则是隐性的,需要通过基于事实的对比分析加以探寻。我们看到,即使文化背景相似,本土译者之间的行为也存在显著差异,因此不宜笼统地将其看成一个以传播文化为真的群体。

总之,材料还是老材料,但换个角度看问题,就会有新的发现。以译者行为批评视域看待汉语乡土语言翻译的研究,便是如此。

第二章
思想与行为

第一节　葛浩文翻译本质之论

美国汉学家、"中国现当代文学首席翻译家"葛浩文因译莫言而名声大噪，其对中华文化"走出去"，功莫大焉。葛浩文通过自己的实践，阐发了他的有关翻译思想，而对于翻译本质或性质的论述就是其中的一项重要内容。

翻译家葛浩文是实践家，他借自己的实践对于翻译本质所做的论述与理论家从理论角度所做的论述并无根本的不同。但葛浩文所论翻译本质的东西，实际是他在翻译实践中遇到的一些具体问题，以及他在应对这些问题时所生发的种种感悟和基于此采取的应对策略。归根结底，这些问题源于翻译实践，并归于翻译技巧讨论的范畴。而且，葛浩文的论述时有相互抵牾之处。那么，该怎样给葛浩文矛盾的论述以合理的解释？又该怎样认识翻译本质的东西呢？

对于翻译的本质，译学界早已有过很多的论述，迄今尚无定论。葛浩文的翻译本质观散见于网络、书籍、报刊、谈话、访谈之中，时间跨度大，概括起来主要有翻译是"重写"或"改写"、翻译是"背叛"也是"救赎"、翻译是"补充"也是"折中"等几点。为了研究的深入和清晰，本部分将基于翻译家葛浩文的有关论述，提出进行"翻译内"和"翻译外"以及"翻译"（原型）和"翻译活动"（社会活动）区别性研究的新路径。

1.1 翻译是"重写"或"改写"：主观和客观

葛浩文说："重写显然是翻译的本质"，"大多数作家至少应该宽容那些被赋予了将他们的作品用其他语言重写任务的男男女女们，因为翻译的性质就是重写。"（魏旭良，2014：62）"根据我个人的经验，大多数的作家都能容忍自己的作品在翻译时被改写——因为显然改写是翻译的本质。"（Goldblatt，2002）

重写或改写更多的时候是基于一般人所能理解的语言、文化差异等客观因素，对于富于创造性的文学翻译来说尤其如此。重写或改写就是一定程度上的创作，或者说是"二度创作"。葛浩文说："译者需要同时做三项不同的工作：阅读、阐释（或批评）与创作。"（孟祥春，2014：74）客观上讲，"一部作品一旦进入另一种语言，就一定会有所改变"（孟祥春，2014：31）。所以，葛浩文认为："理想的翻译在理论上是存在的，但在实践中又无定论。"（孟祥春，2014：39）或者如葛浩文认可的美国学者弗伦兹（Horst Frenz）所言，理想的翻译是"运用现代语汇与词序的当代作品，出之以我们这个时代的表现法，看上去不应当像是翻译"（葛浩文，1980：106）。这实际是对现实中翻译"理想"的虚无、对现实翻译的无奈和对翻译活动复杂性的充分认识而生发的感慨，如同理论上有"千足金"而在现实中又难以寻觅一样。葛浩文认可的理想翻译，与钱锺书所期盼的"化境"或傅雷崇尚的"神似"异曲同工，不管在现实中能不能实现，作为追求的目标都无可厚非。

翻译毕竟是翻译，无原文可依的"翻译"当然不是翻译，这也是洪堡特（Wilhelm von Humboldt）在 1816 年就说的"真正的精神只存在于原作中"（Lefevere，1977：45）的意思。有原文可依，既让译者有规可循，又限制了译者的行为。也就是说，译者的自由是有限的，译学界常说的"戴着镣铐跳舞"就形象地说明了这一点，所以也就有了当年鲁迅原本认为翻译要比创作容易而事实证明并非如此之悟。翻译即重写或改写之说，表明译者拥有的权利只是部分意义上的，是相对的。而且，葛浩文也认可"有人说翻译家是失意的作家"① 之论。虽然葛浩文承认在翻译的实践过程中

---

① 《葛浩文：那个翻译莫言的犹太人》，http://men.sohu.com/20121219/n360785803.shtml。

可以证明翻译是重写或改写之实，但一听到人们将他的翻译称为 creative translation（创造性翻译），仍不免觉得"刺耳"①。在中国译学界，"创造性翻译"是褒奖之语，但"创造"虽然是褒义词，可也意味着"无中生有"，意味着译文对原文的偏离，有突破翻译"忠实"伦理底线之嫌。对于译者，褒贬共存，所以葛浩文有这样的感觉也就不难理解了。事实上，他的翻译并不乏创造的痕迹，这倒有些"做得说不得"的雅趣。

从原文的角度讲，"重写"是积极的，主要是原作的问题才使译者主动介入重写中的。朱芬（2021：138～139）称之为"积极重写"。她归纳为三个方面的原因：一是长篇小说太长；二是长篇小说写成了纪实；三是长篇小说缺乏自觉的结构艺术。

从翻译的角度讲，重写或改写的发生主要有这样几个原因。一是读者对象不同，为适应不同的读者译者需要重写或改写。葛浩文说："作者是为中国人写作，而我是为外国人翻译。翻译是个重新写作的过程。"② 二是翻译要面对很多不确定的因素，所以需要重写或改写。葛浩文说："翻译是一个重新写作的过程，我热爱这个事业的挑战性、模棱两可性和不确定性。我热爱创造性和忠实于原著之间的冲突，以及最终难免的妥协。"（刘爱兰，2015：87）三是译者要再现作者创造的陌生内容和风格，所以需要重写或改写。葛浩文（2014b：38）说："严格来说，译者的任务要比作者更棘手，因为他不仅要'写作'那些域外的陌生的东西（与作家不同，作家专门写他最熟悉的），他还要以不同的风格写作。""作者总是在写他熟悉的东西，而译者不同，他写的是他不怎么熟悉的东西，要读它、理解它，然后再创造性地改写。"③ 四是译者要满足目标语读者的一些需求，所以需要重写或改写。葛浩文说："大多数的中国作家写的故事都不够完美，因此译者必须承担起编辑的责任去把译文变得更加有可读性。"（肖丽，2009：122）在充当编辑的过程中，重写或改写成为核心的内容。

---

① 《葛浩文：中国文学如何走出去》，http：//history. sina. com. cn/cul/zl/2014-07-07/1130 94803. shtml。
② 《译者葛浩文》，http：//finance. sina. com. cn/roll/20090322/09456008034. shtml。
③ 《"连译代改"风格遭质疑 莫言作品英译者选择"妥协"》，http：//www. ilf. cn/News/ 111832_2. html。

1.2 翻译是"背叛"也是"救赎"：翻译内和翻译外

葛浩文说："翻译即背叛。"（段雷宇，2013：8）他甚至认为"所有的翻译都是一种背叛"（Goldblatt，2002）。矛盾的是，他也说过"翻译不是背叛，而是救赎（salvation）"（孟祥春，2014：72）。

声称翻译即背叛，是基于翻译不可能实现完全对等这一逻辑。把翻译称为"背叛"（"背离，叛变"之义），与把翻译称为"重写"或"改写"，面对的事实相同或相似，只是表达的语气有所差异罢了，尽管在词汇意义上，"重写"或"改写"是在原有基础上进行的，而"背叛"完全走向了反面。当然，程度有高有低，比如葛浩文说的"阅读（英译的）莫言就是在阅读我"（叶子，2013：178）和"翻译的小说里所用的语言——优美的也好，粗俗的也好——是译者使用的语言，不是原著作者的语言"（周晓梅，2015：79），就该是达到了他所说的"背叛"的程度了，这是因为主体发生了改变，即"原著作者的语言"变成了"译者使用的语言"。当然，这是夸张的说法，若此，便算不得翻译；如果译者完全成了作者，"译者使用的语言，不是原著作者的语言"，则译者行为超出了翻译的范畴，译作甚至沦为无原文可依的"伪译"。

但葛浩文"翻译不是背叛，而是救赎"又是怎样来的呢？这是从民族文学与文化传播的角度出发的。为了认清这一点，我们需要从"翻译内"和"翻译外"两个层次上看问题。

所谓"翻译内"，涉及语言文字的转换和意义的再现等翻译本身的因素，包括微观上的风格、语气、情态、词彩、词性、标点、句法结构、语篇、词语及其联想意义、韵律和意象等从内容到形式的再现，以及翻译策略和方法、翻译标准、翻译单位和意群的具体运用，等等。而翻译外部的因素，则是一些关涉翻译活动但又超出翻译本身的因素，比如宏观上有关翻译史、翻译性质、翻译标准、翻译单位和意群的划分、文本选择、个人译风、接受人群和环境、翻译效果、历史和时代、审美以及个人和团体目标等因素。换句话说，"翻译内"指的是翻译实践本身的事，或者说针对的是翻译实践；"翻译外"指的是一切关涉翻译活动的事，既关涉翻译的外部条件，也关涉评价的角度。

从翻译内讲，有些是不可译的，但从翻译外讲，我们从来没有停止过翻译的努力，所以才使民族之间的交际得以维系。因此，翻译又是"救赎"，如果民族间没有翻译的存在，世界的历史便少了很多精彩，所以葛浩文（2014b：39）说道：

> （在翻译过程中）有没有（信息）丢失呢？丢失自然是有的。但这又怎么样？因此就不译了吗？理想的翻译在理论上是存在的，但在实践中又无定论，大概正是这徒劳的寻找，才使翻译从"技巧"变成"艺术"。语言不同，其局限性和可能性也有所不同，因此，老老实实的翻译能以作者无法想象的方式提高原作的水平。

在翻译内，翻译行为在一定程度上能反映原文真的一面。比如，从翻译内讲不可译的（如 R. Frost 说的 Poetry is what gets lost in translation[①]），在翻译外作为一项社会活动却又是可为的（如 M. Dorent 说的 The literature of the world has exerted its power by being translated）。从翻译外着眼，翻译行为功莫大焉，比如葛浩文所说的，"译者是人类精神的信使。翻译是不同文化的融合，是创造性的价值生成。虽然翻译中对原著而言会失去一些东西，但这不是译者的错，是翻译必需的"[②]。他说："尽管翻译不是一种走近带有异域文化背景作品的十全十美的方式，但它确实是一种方式，而且几乎总是一种能够让作者获得国际声誉的方式。"[③] 他还举例阐述了这一点：

> 但是他们担当着文化沟通桥梁的重任。在世界历史上文学翻译家不同凡响的影响力有例为证：英国翻译家亚瑟·韦烈（Arthur Waley）

---

① 关于这句话出处的争议，参看杨全红《"诗乃翻译中失去的东西"探源及相关二三事》（《解放军外国语学院学报》2008 年第 4 期）、曹明伦《关于弗罗斯特若干书名、篇名和一句名言的翻译》（《中国翻译》2002 年第 4 期）和《翻译中失去的到底是什么？——Poetry is what gets lost in translation 出处之考辨及其语境分析》（《解放军外国语学院学报》2009 年第 5 期）。持诗不可译观的还有："Nothing which is harmonized by the bond of the Muse can be changed from its own to another language without destroying its sweetness."（Dante Alighieri）"Poetry cannot be translation."（S. Johnson）"A translation in verse...seems to me something absurd, impossible."（V. Hugo）等。

② 《莫言作品译者葛浩文：我只译我喜欢的小说》，http：//www.chinadaily.cn/hqgj/jryw/2013-12-10/content_10778739.html。

③ 《葛浩文》，http：//money.163.com/13/1016/10/9BA4JNE300253B0H.html。

成功英译日本作家紫式部的《源氏物语》，使得这部作品赢得了广泛的世界声誉；韦烈的弟子霍克思（David Hawkes），中国翻译家杨宪益、戴乃迭夫妇的《红楼梦》全译本也将中国的经典文学引入了世界文坛。（何琳，2011：165）

按照葛浩文的话说，译者"不论别人认为他的工作是一种技巧也好，或者是一种艺术也好——或两者兼而有之；他是一位传播人，一位解释人，在国际了解的链条上，他是主要的一环"（葛浩文，2014b：15），但因纠结于翻译内不可译的因素，所以他有时又无可奈何。

1.3 翻译是"补充"也是"折中"：从文本到可见性译者

葛浩文（2014b：30）说："翻译只能是对原作的补充，而非复制。"他又说："翻译是原作的补充，不是取代，对此他们也能理解。翻译能延长原作的生命，能揭示原文隐藏的信息。"（葛浩文，2014b：46）

翻译不是复制，也不可能替代原文。但是，既然不能复制和替代，为什么葛浩文还说"中英文并不存在完全类似的说法，或者说他们的意思完全相异，我的目标就是要复制出原文的语气"（金艳、张艳，2014：83）呢？

翻译时，客观上的困难虽然很多，但译者的主观努力是不能放松的。这里所说的要"复制出原文的语气"，只是他努力的目标；这里的"复制"是通过创造性劳动而努力再现的问题，甚至和"创造"无异。译文不可能毕肖原文，反映了翻译过程中的客观局限以及译者的主观故意，因此作者对译者也就多了一分理解。所以，他在谈到作者的配合时说："他（莫言）会很体贴、和善地给我解释作品中一些晦涩的文化和历史背景，他明白翻译是对原文的补充而非替代。"①

翻译是补充甚至是任何改动后的折中。或者说，翻译是译者根据翻译活动中出现的一切情况而调适的结果。译者毕竟是翻译活动的操纵者，甚至扮演"成也萧何，败也萧何"的角色。所以，葛浩文说："翻译家看走了眼、翻译家有意为之、原作语言暧昧而翻译家缺乏想象力……译文的矫

---

① 《莫言作品译者葛浩文：我只译我喜欢的小说》，http：//www.chinadaily.com.cn/hqgj/jryw/2013-12-10/content_10778739.html。

揉造作。而翻译的本质是一种折中。"（何琳，2011：165）"折中"就是妥协，就是译者的无奈之为。

"翻译永远意味着'未完成'"①，有遗憾，就有了葛浩文"译本中唯一可见的（visible）就是译者"（孟祥春，2014：76）的评论。葛浩文解释道："现在用的就是拼音。这个词用声音念出来，才更有意义，很难找到合适的英文，也不能直译。"② 因客观上"很难找到合适的英文"，那就不得不去努力创造以传意了。翻译遗憾成就了译者创造者的地位。葛浩文说：

> 有人说，他就是一个中间人物嘛，他就是桥梁。我觉得一个翻译也是一个创造者，是有创作的责任和本分的。虽然也要听原作者的，要把原作忠实地表现出来，不能把它加得变样子，也不能减得变样子。有人曾经问翻译中的改动的问题。翻译都是要改动的。这就要看改动的方式。我懂中文，我又能用英文，可是中文跟英文之间是存在创造性的，这是我们要抓住的，也是最难抓住的。我们歪曲原文，那是不对的；在表达英文的时候超过原文，也是不对的。现在我们常说的翻译标准"信、达、雅"，我倒认为"雅"比"信"和"达"重要。（闫怡恂，2014：202）

他还满腹怨言地说：

> 我觉得，大多数没有做过翻译的人并不重视译者的作用，认为译者就应该是无形的，凡是译著中美的地方要归功于作者本人，而不好的地方则要找译者算账。但是，事实有时并非如此。西班牙语和葡萄牙语文学领域有一位著名的翻译家格雷戈里·拉博萨，曾得到加西亚·马尔克斯本人的赞赏。据说，马尔克斯认为《百年孤独》的英文版本比他的原著还要好。也不知道这一启示会不会让译者感到高兴。③

———————————

① 《葛浩文：首席且惟一的"接生婆"》，http：//www.infzm.com/content/1175。
② 《葛浩文：我译故我在》，http：//blog.sina.com.cn/s/blog_517d4f5e01010dtq.html。
③ 《葛浩文：作者与译者之间是一种不安、互惠互利的关系》，http：//culture.ifeng.com/wenxue/detail_2014_01/08/32824108_0.shtml。

创造的往往是超越"翻译"（more than just translation①）之处。遗憾、偏离中饱含着创造，这也是埃斯卡皮（Robert Escarpit）所谓的"创造性叛逆"（creative treason）的真意所在吧。

1.4 译学界"翻译本质"之争和研究的新路径

译学界对于翻译本质或性质的论述汗牛充栋，但理论家和实践家的感受并没有本质的不同。理论家不是实践家，却扮演着实践家代言人的角色。理论家对于翻译本质的描述不仅在葛浩文的叙述中全能找到，而葛浩文作为真正的翻译实践家，感受也更多、更全面。他的一些貌似矛盾的言论，是翻译活动复杂性在其认识上的集中投射。翻译实践家葛浩文是"翻译活动"的体验者。为了认清翻译本质的东西，有必要区分作为名物的原型"翻译"和作为活动的翻译（翻译活动）之间的异同。

"翻译"是被叫作"翻译"的原型。原型不需要读者的参与，也不受意志和环境的影响，原文永远是唯一客观的存在，译文和原文之间永远是"如影随形"的关系。原型是本，本不会随环境的变化而变化，这倒有点像"语义学"和"语用学"的关系，也有点像索绪尔"语言"和"言语"的关系。原型终究是原型，是最经典的，也是最原型的，是最本质的。哲学界认为，"本质"这一概念是亚里士多德第一个明确使用的，他认为，"事物的本质就是它的第一本体"（杨晓荣，2008：41）。比如，"猫捉老鼠"是原型，至于新的时代出现了新的现象（如捉老鼠不用猫了，有的猫不捉老鼠了，有的老鼠捉猫了等现象），都不会影响原型的纯洁性和唯一性。即使一个词有多个义项，也会有一个是原型义项。比如，"跑"的原型义项是"两只脚或四条腿迅速前进"，而另外的"物体离开了应该在的位置"和"液体因挥发而损耗"等则属于衍生的义项［《现代汉语词典》（第7版）］，更不用说更多的和不断更新的比喻用法了。而"翻译活动"是包括交际过程、翻译过程和翻译环境等一切因素在内的社会活动，充满了复杂性。葛浩文围绕翻译性质所展开的讨论，全是翻译

---

① "We're Creative Translation. We translate brands Globally"，http：//creativetranslation.com/.

活动中遇到的问题，既有客观的，也有主观的，而主观的，又主要来自译者的意志性。

在翻译上，当一般说翻译不仅仅是语言文字符号的转换而应该是文化的交流、移植云云，就等于把翻译看作一项活动，在本质上应反映翻译在交际环境、动态环境中的语用意义，这是"翻译活动"的本质特征。但作为名物的"翻译"是翻译符号本身所固有的、独立存在的符号意义。符号意义也是一种意义形态。比如，认为甲文字中的 A 等于乙文字中的 B 并进行转换时，翻译的符号意义便发生了。或者如英语中的 ABCD 等于汉语中的"甲乙丙丁"，转换后可用于目标语言之中，这样翻译的符号意义也发生了。这是翻译的本体。本体上的翻译既不需要读者参与，也不受过程和环境因素的干扰，而如孙致礼（2003：6）把"翻译"定义为："翻译是把一种语言表达的意义用另一种语言表达出来，以达到沟通思想情感、传播文化知识、促进社会文明，特别是推动译语文化兴旺昌盛的目的"，述说的实际是"翻译活动"的特征，他人为地给"翻译"增加了感性化的色彩。许钧（2007：50）说的"翻译的社会价值，是由翻译活动的社会性所决定的"，就是把翻译作为社会活动看待的"翻译活动"。从"翻译"原型上讲，葛浩文所说的"翻译只能是对原作的补充，而非复制"（葛浩文，2014b：30），反映的是"翻译活动"中的实际情况，而按照原型而言，"翻译"恰恰是"复制"。以往译学界讨论的"翻译"本质实际是"翻译活动"的本质，也即"对翻译本质的认识，集中起来有两点：一是关于翻译是一种怎样的活动，一是关于翻译是一种什么性质的活动；前一点讨论翻译的定义，后一点涉及翻译的概念和分类"（王克非，1997：47）。

葛浩文在翻译活动中对翻译本质的认识，归根结底源于翻译活动的复杂性，其中也包括矛盾体译者的复杂性。讨论"翻译活动"，不可能忽略译者意志性的存在。比如，有意志，就会有创造。翻译不是传统上认为的把原文"拿来"那么简单，翻译者的创造性应该得到承认。译者是创造者，包括改编者，在翻译过程中所展现的意志性和创造性是不容忽视的。但译者的意志性和创造性也是有碍认清翻译性质的两个干扰源，因为此"二性"所影响的是翻译过程中的事，并进而影响翻译的产品。翻译的过程，证明翻译是一项社会活动。讨论"翻译活动"，不可能忽略译者的存在。只要有译者存在，就有译者的意志性和创造性的存在。有创造，就会有偏离原文的现象发生。葛浩文承认，"前一阵子，有人问我，翻译莫言的最新小说时是否还是会跟以前一样那么 Creative，意思是'有创造性'。我开玩笑说，既然莫言得了诺奖，我的翻译要更接近原文"①。可见，作为翻译操纵者的译者，其作用无处不在，将译者称为创造者，一点儿都不过分。他变相证明了人们将他的翻译称为 creative translation 的客观存在。

"翻译"的原型意义永远是要拿原文说事的，所以批评者也以原文为标准。葛浩文说："英文和中文可以说是天壤之别的两种语言，真要逐字翻译，不但让人读不下去，而且更会对不起原著和作者。可是，不管我怎么说，批评我翻译的人常指责我没有逐字翻译。"② 但作为"翻译活动"很少这样，不管是客观上的还是主观上的。所以，如马悦然所说的"我已经表明我认为译者应该像个奴隶，不刻意对原文或加或减"（马悦然，2006：13），只能作为"翻译"的理想状态。翻译活动展现为一个过程，正如交际过程一样，"噪声"是客观存在的，所以偏离原文总是难免的。人们（也包括译者）期待译文朝原型靠拢是正常的心理状态，但把本应该有噪声的"翻译活动"纯净化，无疑把问题简单化、理想化了。

作为名物的"翻译"有两个基本条件，一个是语码转换，另一个是意义再现。除此之外，便是作为"翻译活动"的其他因素了，比如目标、效果、历史、环境、过程、审美、人（译者、受众等）、翻译形式等因素。重新定义和定位翻译的呼声，正是基于"翻译"核心外围的、主要来自"翻译活动"的翻译形式变化的考虑。可以看出，作为名物的原型"翻译"和作为活动的翻译（翻译活动）之间是有区别的。不变的是原型，变化的是外围。

具体而言，原型"翻译"的定义不会随环境的变化而变化，变化的是作为"翻译活动"的翻译。翻译活动是社会活动的一部分，社会活动是人

---

① 《葛浩文：中国文学如何走出去》，http：//history. sina. com. cn/cul/zl/2014-07-07/113094803. shtml。

② 《葛浩文讲真话：中国小说在西方不特别受欢迎》，http：//history. sina. com. cn/cul/zl/2014-04-23/105389105. shtml。

类活动的一部分，而人类的活动都是有目的性的，所以追求方式的更新、内容的多元和效果的实用，自然是情有可原的。我们来看看屡遭攻讦的"翻译"定义：

> 《现代汉语词典》（第 7 版）：一种语言文字的意义用另一种语言文字表达出来（也指方言与民族共同语、方言与方言、古代语与现代语之间一种用另一种表达）；把代表语言文字的符号或数码用语言文字表达出来。
>
> 《辞海》（1999 年版普及本）：把一种语言文字的意义用另一种语言文字表达出来。
>
> 《中国大百科全书·语言文字卷》：把已说出或写出的话的意思用另一种语言表达出来的活动。
>
> 《牛津英语词典》：（a）The action or process of turning from one language into another；also，the product of this；a version in a different language.（b）to turn from one language into another；to change into another language retaining the sense…

这样的定义或许不够全面，但一定是最接近原型"翻译"的翻译定义。这些定义都不涉及读者等外围因素，也就不是社会活动意义上的"翻译活动"，这和攻讦者的立足点是不同的。

"翻译"定义要不要重新审视呢？要审视，也只能基于"翻译活动"意义的视角。译学界以前没有进行过这样的区分。"翻译"需要重新定位吗？从活动的实用性（包括方式、内容、效果、目的等）角度，继续深化和细密化当然是可以的，所谓"重新"，更多表现的是时代的特征，但因此否定原型意义上的"翻译"定义，似有些越俎代庖。翻译活动作为一项人类的社会活动，其方式、内容、效果和开展活动者的目的等，永远处于被不断地认识和更新之中，这也是由翻译活动的复杂性所预设的。翻译活动是目的性活动，强调的是"译以致用"。但虽然强调"译以致用"，也必须有学理上翻译之本的规约。比如，如果笃信翻译之本是"改写"，你且给国家领导人当回翻译试一试，能由着译者的性子而随意改动原文吗？你如此笃信，能申请到严肃性很高的国家社科基金

"中华学术外译"项目吗？

翻译的原型要求向原文靠拢，是本；翻译在此基础上纳入"活动"过程中的因素而发生一些偏离，是情理之中的事，在向原文靠拢的过程中"走样"（钱锺书语）和完全面向市场接受靠拢时走样，表面相同，却是性质不同的两种做法。前者固本，是翻译之为翻译的根本；后者在"明知故犯"，有可能超越翻译的疆界。现实中的翻译出现"连译带改"是符合情理的，这是译者把翻译作为一项社会活动时受其目的因素控制的结果。就拿"信达雅"和严复的行为来说，"信"是固本行为，"达"和"雅"是目标行为，译者努力在追求单纯的原型"翻译"和追求实用性的"翻译活动"间平衡着，也说明现实中的翻译是平衡之学，译者具有语言性和社会性的双重属性，扮演着多面的角色。

第二节　葛浩文翻译思想与乡土风格
翻译再现的关系

2.1　"忠实"的内涵及其细化

"忠实"一般是面对原文而言的，将"忠实"摆放在首要的位置，是译者对于自己和人们对于译者的本能要求，但何谓"忠实"，古今中外并没有一个一致的定义。葛浩文也有过迷茫，他质疑道："我的责任是翻译要忠实，但忠实什么？问题在这里。是忠实于一字一句吗？"[①] 关于"忠实"或曰"信"，葛浩文（2014b：13）说：

> 翻译家时常误用了"信"这个词儿（信于什么？词汇吗？形式吗？意义吗？文体吗？影响吗？），原作中一些词汇和习语，在外国读者来说了无意义，会对作家以及文学作品所代表的文化，导向完全歪曲的观点。

---

① 《葛浩文：下一步翻译刘震云贾平凹》，http：//book.sina.com.cn/news/c/2013-10-16/0945550075.shtml。

态度决定过程。他说："对待翻译我有一个基本的态度，有一个目标。我怀着虔诚、敬畏、兴奋，但又有点不安的心态接近文本。"[①] 原文是译者行动的"指南针"，葛浩文说：

> 我总是带着尊重、敬畏、激动之情以及欣赏之心走入原著。……我问自己：我能让译作读者对译作的欣赏如同原作读者欣赏原作一样吗？我能把作者的声音传递给新的读者群，而且把他们的快乐、敬畏或愤怒传递出去吗？这就是我的目标。（吴赟，2013：95）

"忠实"虽然没有一个一致的定义，但不偏离原文是人们本能的期待。所以，葛浩文说："超过原著的地方我没有这么大的才气，我还是尊重原著的。"[②] 他虽然作如此声明，但因为翻译活动复杂，涉及因素众多，特别在遇到读者需求因素时，即使偏离原文，也在情理之中。他举例说："我现在用的就是拼音。这个词用声音念出来，才更有意义，很难找到合适的英文，也不能直译。"[③] 从语言系统上讲，"有些语言会抗拒充分翻译，不是无对应表达，就是词不达意，而其他语言可能提供更为丰富的选择"（邵璐，2014：50）。翻译实践证明，完全"忠实"的翻译只是一种理想的状态，而"理想的翻译在理论上是存在的，但在实践中又无定论"（葛浩文，2014b：39）。

"忠实"是翻译和评价的标准，是译者的态度，也是翻译的方法。对于"忠实"虽然没有一个一致的定义，但它不是空中楼阁，而是可以不断细化的实体，比如葛浩文说：

> 翻译要忠实，但忠实的是什么？莫言的《蛙》我刚翻译完，我们讨论很久是 Frog 还是 Frogs，最后决定用复数。他小说里的人名都是类似王胆、王肝这种……翻译时是用 li hand，还是 li

---

① 《葛浩文：莫言不会外语　不利于宣传》，http：//culture. ifeng. com/event/detail_2013_10/15/30331214_0. shtml。

② 《英文版〈狼图腾〉110 个国家和地区同步发行》，http：//blog. sina. com. cn/s/blog_4ba3dcef01008r83. html。

③ 《葛浩文：我译故我在》，http：//blog. sina. com. cn/s/blog_517d4f5e01010dtq. html。

shou？我最后还是用了直接的音译，但是挪威版就是直接翻译成器官的名字。①

"忠实"表现在方方面面，比如葛浩文以上所说的词汇、形式、意义、文体、影响等方面，表明他对于"忠实"是有自己答案的。朱振武、朱砂（2021：71~77）甚至细化出了"意义忠实""语气忠实""效果忠实""审美忠实"等几种类型。②

"语气"或"风格"是他"忠实"的一个重点。他说："忠于什么呢？文字，意义，还是文章的语气？那是当然的了。"（闫怡恂，2014：202）他要求"译者应尽力使译文保持原文的语言风格，实现翻译的文化交流目的"（杨军梅，2010：39）。既然忠实的是文章的语气或风格，在具体翻译时，"忠实"就不能成为"死板"（或者翻译学上常说的"硬译""死译"）的代名词和实现通顺的绊脚石。要忠实再现原文的语气或风格，避免葛浩文所说的"矫揉造作、古古怪怪，有时甚至是佶屈聱牙的译文，而原作中丝毫没有这种瑕疵"（胡安江，2010：13）的弊端，是最基本的要求。而要实现这一目标，避免逐字翻译或曰直译而采取意译的做法，便成了制胜的一个法宝。正如葛浩文所说的，"英文和中文可以说是天壤之别的两种语言，真要逐字翻译，不但让人读不下去，而且更会对不起原著和作者"③。况且，作家们"清楚地知道英汉语言不是一对一的关系，他们的作品译成其他语言也是如此；翻译是原作的补充，不是取代，对此他们也能理解。翻译能延长原作的生命，能揭示原文隐藏的信息"（葛浩文，2014b：46）。意译可以译出表面文字底下的潜在义。

直译有直译的不足。葛浩文说："英汉两种语言不同，如果直译的话，译文会官腔很重，毫无意义。所以我必须使原文的某些东西内化，然后使

---

① 《葛浩文：莫言不会外语　不利于宣传》，http：//media. china. com. cn/cmrw/2013 - 10 - 15/47722_2. html。

② 朱振武和朱砂文章题目是《从单一走向多维的忠实理念——以葛浩文对萧红作品的改译为中心》［《燕山大学学报》（哲学社会科学版）2021 年第 3 期］，鉴于译学界对"忠实"从来没有一个定论，所以不存在"从单一走向多维"的问题，但根据事实如此细化并没有问题。

③ 《葛浩文：滥用成语导致中国小说无法进步》，http：//szsb. sznews. com/html/2014-04/24/content_2851905. htm。

译文达到与原文一样的效果和影响力。"（王玉娜，2014：65）意译充分调动了人们的主观能动性，跨越了机械的逻辑思维，实现了灵活的形象思维。意译从某种意义上说也是忠实的表现，只是忠实的不是字词，而是原文的原意罢了。

"逐字翻译"或曰直译，一是向左"对不起原著和作者"，二是向右对不起读者，"让人读不下去"，还会有"官腔"，所以招致作者的不满和出版后滞销都是情理之中的事。葛浩文说："如果真的逐字翻译，我翻译的小说没有一本是可以出版的。"①

那么，怎样实现意译呢？他坚持"只要字词句译得没问题，我在行文上就要忠实地再现作家要表达的内容——也就是他要说什么——而不必要在形式上再现他是怎么写的"（葛浩文，2014b：45），并具体要求"翻出作者想说的，而不是一定要一个字一个字地翻译作者说的"②。他在 *The Republic of Wine*（《酒国》）的译者注里说："虽然文字上并不完全一致，但我已经尽可能忠实于莫言的原著。"（Goldblatt，2012）可见，忠实于原文的语气或风格，是"忠实"的一个具体体现，逐字而亦步亦趋的"忠实"是表现不出原文的语气或风格的，而将作者的意思通过意译的方式淋漓尽致地表现出来，是忠实再现原文"语气"或"风格"的一个有效途径。葛浩文说：

> 一个成熟的译本，必然是个转换的过程。我做得足够好。我的态度是，只要我在翻译词语、短语或更长的东西上没有犯错，我的责任在于忠实地再现作者的意思，而不一定是他写出来的词句。这两者之间有细微差别，但也许是一个重要的区别。③

葛浩文和编辑都倾向于意译，这也是葛浩文坚持的"尊重原著，但不必畏惧原著"④ 的道理所在。因此，在具体的翻译过程中，需要"让母语

---

① 《葛浩文：滥用成语导致中国小说无法进步》，http：//culture. ifeng. com/wenxue/detail_2014_04/22/35943426_0. shtml。
② 《葛浩文：滥用成语导致中国小说无法进步》，http：//www. 360doc. com/content/14/0422/10/8768559_371055103. shtml。
③ 《只译喜欢的小说》，http：//fanyi. baike. com/article-1332759. html。
④ 《葛浩文：首席且惟一的"接生婆"》，http：//www. infzm. com/content/1175。

是汉语的人为你的译文把关"①，即使葛浩文自己单独署名的翻译，"每次
也必定要请丽君（葛浩文夫人）先帮我看过之后，才会交给编辑。在认识
她之前，我会找一些母语是汉语的人帮我看译文，以确保不会有所失误"
（许诗焱、许多，2014：11）。葛浩文与其夫人林丽君的翻译合作是"外+
中"合作模式，是公认的最佳"译者模式"。他说：

> 林丽君先粗略地打个样，然后我接手对照原作开始翻译。译完之
> 后，我定稿，她检查。时间允许的话，我们会把译稿放一边做点别的
> 事，她做教学和科研，我去翻译另外一本书。之后我们再回来用全新
> 的眼光读译稿。总是需要重译一遍，然后交稿。（吴赟，2013：94）

表面上看来，葛浩文是要在"直译"和"意译"间拼杀出个优劣或胜
负来，而潜在的道理是，各种翻译方法都有其存在的道理和使用的范围。
不论直译还是意译，关键是要译出原文的神韵（比如语气、风格等），做
到活脱而不死板。不是说直译就一定不能实现这样的目标（特别在一个短
句内），葛浩文在翻译《狼图腾》时，就用直译的方式再现了大量带有特
殊时代、地域特色的语言表达和文化习俗，让读者在阅读的过程中，既不
会因为过多的陌生文化和语言表达而觉得文章晦涩难懂，又不会因为过于
浓重的"翻译腔"而失去兴趣。直译也是使语言变得比较洋气的一种手段，
少量使用，必然会增添新鲜、异化的效果，尽管葛浩文本身并不这么认为。
他说："基本看来，丽君比较倾向减弱这种'异国情调'（exoticism），而我
则不觉得强调中国文化或语言特质就一定是在传达异国风情。"（李文静，
2012：58）但在使用直译方法时，他在夫人的影响下，"现在会越来越不
那么直译了"（李文静，2012：58）。

意译在翻译一个语篇内在含义和再现原文神韵方面的优势更加明显。
比如，翻译一个语篇的内在含义：

> 像《生死疲劳》，中文里面是佛说，中国人都知道它的来源，但
> 美国没这种背景，必须找个有意思的话，后来我想出了"生命和死亡

---

① 《葛浩文：首席且惟一的"接生婆"》，http：//www.infzm.com/content/trs/raw/41155。

让我精疲力竭"这样的话，生死疲劳就是这个意思，但我故意拉得很长，就显得很有意思了。（葛浩文，2014b：31）

在再现原文神韵方面，采取意译便于译者跳出短语、小句或单句句子结构和行文顺序的约束而在宏观上和整体上更好地加以把握，这对于充满神韵并需要"二度创作"的文学翻译尤甚，译者为此拥有了更大的自由度和展示才能的空间。从这个角度讲，文学翻译的译者已经算不得葛浩文所说的"失意的作家"① 了。葛浩文就是要当译文的"作家"，他除了要受到向原文靠拢这样的约束外，他也说过"翻译的小说里所用的语言——优美的也好，粗俗的也好——是译者使用的语言，不是原著作者的语言"（周晓梅，2015：79）这样的话。葛浩文说，"对译者来说，可能最重要的是捕捉原文的风格、节奏和意象。这才是译者面临的实质任务和挑战。"（邵璐，2013：63）无疑，"意译"提供了这样一个渠道和实现目标的可能性。

意译是提高可读性的一种有效手段。葛浩文把语言的可读性分为两派，他说：

> 第一派，我称为纳博科夫派，他认为翻译的作品读起来就该让读者觉得是从外文翻译过来的，不能让读者感觉好像是用他的语言写的。第二派是帕斯派，即墨西哥的诺贝尔文学奖得主，奥克塔维奥·帕斯所代表的一派。他的主张刚好相反。近年来翻译小说出版情况如此不乐观，我看只有勇气超人的翻译才敢遵循纳博科夫的原则，刻意尽量接近原文，让译本读起来生硬像外文。②

意译在形式上是阐释，目标却是传神，提高译文可读性，进而吸引读者，赢得市场。归根结底，意译算是一种市场务实策略；直译形式上死板，除了在文学翻译中偶尔能够达到"洋气"外，主要在于直观再现原文组织形式的面貌，比如从事英汉对比研究，只能使用直译还原原文的结构

---

① 《葛浩文：莫言的犹太翻译》，http://book.hexun.com/2012-12-13/148992028.html。
② 《葛浩文：中国文学如何走出去》，http://history.sina.com.cn/cul/zl/2014-07-07/113094803.shtml。另见《文学报》2014 年 7 月 3 日，第 18 版。

面貌，所以这是面向原文的文本传真策略。在这种情况下，微观的方法实际服务的是宏观的导向策略。因为方向不同，也就是目标不同，所以赢得的读者各有不同。因为文学作品面向的是普通大众，是以陶冶大众的性情为主要目的的，所以传神的意译当然更占上风。

2.2　在忠实于原文/作者和忠实于读者之间

葛浩文总的翻译原则追求的是"准确性"、"可读性"和"可接受性"，这表面上看只限于语言表达层面，但实际已经把读者因素考虑在内了，因为以上"三性"也是读者的期待。所以，"忠实"或"信"不仅是面对原文和作者的，也是面对读者的。

他表面上朝左面对原文，其最终目标却是向右面对读者的。而"原文/作者"和"读者/市场"两个因素在译者的心理天平上，常常并最终倾向于读者。而为了读者的喜好，甚至不惜改变原文。葛浩文说："中国读者和英语读者不一样，（我）为了迎合英语读者的口味会有删改，改了，但没有改书的骨子。"① 他还说：

> 编辑部说读者要看的是小说内容，这些社科方面的文献就不用译了。我征求了作者的同意，就这样删了。文字上应该不算增加，中国三个字可能英文变成了一句话，但内容没有增加。②

"没有改书的骨子"和"内容没有增加"如出一辙，大的改动是在作者和编辑"共谋"的前提下完成的，这也是对于原文和作者的"忠实"。因为只要译者和作者、编辑共谋，就不可能不出现"改书的骨子"和增删内容的情况。正如葛浩文所言，"如果作家和我是认识很久的老朋友，我就会试图跟他沟通，商量好到底改还是不改"（侯羽、朱虹，2013：94）。在两方或三方"在场"的情况下，任何改动都可能发生。

人们对译者的基本道德期待是译者不要加入自己的东西，对此葛浩文

---

① 《葛浩文英译〈废都〉澄清未修改莫言小说结局》，http://cul.sohu.com/20131017/n388
　　351495.shtml。
② 《〈狼图腾〉英文版首发：让世界感受狼的精神（3）》，http://baike.baidu.com/item/狼
　　图腾英文版/8629029? fr＝aladdin。

心知肚明。或者说，这就是翻译的道德伦理。葛浩文更愿意承认的改动"大部分都只是一些很简单的修饰或修正作者的错误或马虎的地方"①。葛浩文坚持的是既要忠实于原文和作者，又要忠实于读者，他努力在原文和作者与读者之间进行平衡。他说："我认为一个做翻译的，责任可大了，要对得起作者，对得起文本，对得起读者……我觉得最重要的是要对得起读者，而不是作者。"（季进，2009：46）我们看到了译者葛浩文的矛盾之处。在面对文本时，他坚持的是原文和作者第一，以免"对不起原著和作者"②；在面对读者时，他坚持的是读者为要，作者次之。

传统上"忠实"只是面对原文而言的，原文怎样写就，译文就应该怎样"拿来"。但事实总有出入，无论是译者的主观诉求——目标因素使然，还是客观诉求——语言文化之间的差异等因素造成。译者努力求取的是各方因素的平衡以及平衡难以实现之后的妥协。妥协往往是在特定读者的需求难以满足之时发生的。正如他所说的，"因为翻译不是给作者看，也不是给译者看，而是给读者看，即读者的需要才是最重要的"（侯羽、朱虹，2013：94）以莫言小说《酒国》中大量的隐喻性表达的翻译为例，葛浩文坚持"在翻译时尽可能忠于原文，但求译文有助读者领略和享受小说的好处，远胜于其所流失的"（金艳、张艳，2014：85）。他在作者和读者间总体上是偏向读者的。他说："作者不懂作品要译成的外语，我们要不要让他高兴，尽可能地靠近原作，哪怕牺牲译文的通顺呢？答案当然是否定的。"（葛浩文，2014b：45）为了读者的需求有牺牲作者的必要，所以改动作者的成果（原文）、偏离原文也就在所难免了。至于究竟是偏向作者/原文，还是偏向读者/市场，要看作者的目的、文本的类型、读者的需求等各种各样的因素，但终究是译者的目标因素在起作用。一旦译者的目标因素占了上风，葛浩文所声称的同时"对得起作者，对得起文本"（季进，2009：46）怕只能部分停留在口头上了。

为了准确起见，将"作者"的"忠实"换为"忠诚"为妥。只有"忠诚"于人（作者），才能传达作者的原文之神和作者的真意，才能做到

---

① 《葛浩文：中国文学如何走出去》，http：//history. sina. com. cn/cul/zl/2014－07－07/1130 94803. shtml。

② 《葛浩文讲真话：中国小说在西方不特别受欢迎》，http：//history. sina. com. cn/cul/zl/ 2014－04－23/105389105. shtml。

方法上灵活而不死板，才能让作者和读者甚至作者的文本都能够接受，才能尽可能落实"对得起作者，对得起文本"（季进，2009：6）的目标。而许钧所说的"在后现代语境下，与其说忠实是一种翻译标准，不如说是一种伦理诉求，作为翻译工作者，至少要有一种以诚事译的态度"（冯全功、许钧，2018：105），表达的也是"忠诚"的意思。那么，"忠实"和"忠诚"该怎样区分呢？

"忠诚"对人，"忠实"对物，而作为人的译者，是整个翻译活动的主要操纵者。译者不仅要尽量做到对原文忠实，做到本分老实，还要透过原文准确传达作者的真意，与作者一起用力，实现理想的、务实的效果，甚至还要在无原文可依的情况下，能够适时补出作者（讲话者）遗漏的内容。比如，电影《叶问》中译者李钊在叶问和日本鬼子间的机智应变给人留下了深刻印象。译者虽未对语言内原文"忠实"，却做到了对语言外讲话者的"忠诚"。译者避免了当面的冲突。当然，译者的角色也发生了变化，即变成了调解人的角色（周领顺，2014a：99）。将"忠诚"和"忠实"分开述说，有它的必要性，上文所说的"要不要让他（作者）高兴"，就不宜把"他"改为"原文"。在葛浩文的心目中，"作者"和"原文"既一致，又不同，"读者"和"市场"也是如此。读者是市场需求的第一要素，比如葛浩文所说的"我的目标是让目标语读者与市场能够更好地接受译本"（曹顺庆、王苗苗，2015：128），也是将"读者"和"市场"分别对待的，但因为首先面对读者，所以常以"读者"之说为要。

葛浩文服务于作者和读者两个主人。但是，归根结底，作者写作是为了读者，尽管原本是为了原语的读者群体；译者翻译是为了读者，即目标语读者。"读者至上"使作者和译者都能充分地展现自我。对于作者，"如果想着翻译家，那势必使自己的艺术风格大打折扣，势必为了翻译的容易而降低自己作品的高度和难度"[①]；对于译者，涉及"翻译内"灵活使用翻译方法以及"翻译外"说服作者迁就新的读者群体而调整原文等，译者在编辑和作者等多方的配合下，最终赢取目标语市场。

---

① 《莫言：好的文学应该让人读出自己》，http://news.sina.com.cn/pl/2013-01-24/0339 26108077. shtml。

2.3 翻译的过程和翻译的要素

2.3.1 翻译的过程

葛浩文一边赞成"意译",一边又说翻译的过程是"凭灵感"。可见,他的"意译"和"凭灵感"一脉相承。葛浩文说:

> 我跟很多翻译都不一样,我是凭灵感,我越想那些理论,(越对)那些具体的问题(越)没把握,越觉得慌。我差不多看一句、看一段是什么意思,然后就直接翻,再回头对一下。如果太离谱了,那要去修正,太硬的话就把它松一点。我本人的问题就是越看越糊涂,越觉得有问题。我翻译了30多年了,按说该越来越有把握,可是自信反而不如从前,唯一的办法就是不去想这些。包括书评我也不太在意。有人会说这个翻译很棒或者很差,其实他连中文都不懂,怎么能知道翻译的好坏呢?经常有一些人得奖,说他们翻译得如何好,可那是从西班牙文翻译过去的,英文和西班牙文本来就有相似的地方,而且同是西方(语言),因此美国人对小说里写的生活也比较熟悉。但如果你是从阿拉伯文、中文或者日文去翻译,情况就不一样了。[1]

在这段话里,一个重点是在翻译过程中译者是"凭灵感"做事的;另一个重点是译者在面对西方语言和东方语言之间的差异时应该采取怎样的措施。

所谓"凭灵感",就是说对于翻译实践者而言,翻译的过程就是一个形象思维的过程。前人的翻译方法只表明翻译实施的合法性和可操作性。翻译方法是逻辑思维的结晶,而翻译过程是形象思维的过程,形象思维的过程是"跟着感觉走"的过程,译者释放的译文,一定是综合考虑了各种因素(目的因素、读者对象、赞助人的要求、社会的接受度等)的结果,因此任何方法都不可能事先预定,更不能死记硬背和机械套用,那样不仅不能加快翻译的速度,也难以提高翻译的质量和人们对于译文之"好"的

---

[1] 《葛浩文》,http://blog.sina.com.cn/s/blog_4388ff7b0101ajuf.html。

认可。"跟着感觉走"的实质是"在心理上跟着原文意义和社会需求走",是对文本和周围一切因素在心理上的把握。对于一个靠形象思维取胜的真正翻译者而言,方法不是刻意追求的,也不是事先设定的,大多是自然天成的。

翻译实践者都有这样的体验。英国汉学家闵福德以《〈红楼梦〉如何译成英文?》为题接受了专访。他说:

> 我不觉得翻译有任何技巧,或者我没有感觉到。我的翻译经验是:译者要对翻译的文稿有感觉,喜欢这些文稿,能够全身心地投入。我不认同一些翻译理论,实际上,我反对它们,因为它们并不适合具体的情况。翻译是一种非常特殊的、具有创作性的写作,在这种写作中,译者要忠实(于)原文,也要投入自己的创造性,发挥想象力,而且译者的感觉和想象力要和原作者的不矛盾。总之,译者要完全向翻译的文稿"投降"。
>
> 在翻译《红楼梦》和《易经》的过程中,我完全沉浸于作品,这种投入帮助你找到合适的翻译方式。如同你在恋爱,只要你足够喜欢对方,即使出现问题,最终也可以找到解决方式。这种解决方式不是哪本书能够告诉你的,而是来自你的内心。①

闵福德的翻译体验和葛浩文的体验异曲同工。对于翻译实践家来说,几乎都不承认有任何翻译理论的指导。现成的翻译技巧,不适合解决翻译过程中遇到的"具体的情况",解决问题的方式来自"内心"。在形象思维操控的翻译过程中,"心诚"("全身心地投入"),方法"则灵"("找到合适的翻译方式")。翻译是"创造性的写作",译者注定要"全身心地投入",融自己的创造性劳动于其中。

为了佐证这一点,闵福德说霍克斯翻译的《红楼梦》版本好,就是因为"霍克斯的译文充满了感情,他总是会在文中解释很多细节;遇到这种情况,宪益和格莱迪丝(戴乃迭)可能只会加个脚注",而杨宪益夫妇的"译本算是准确的翻译,用的英文也很好,但是文字中不带有感情。宪益

---

① 《〈红楼梦〉如何译成英文?》,http://cul.qq.com/a/20150715/008369.htm。

和格莱迪丝并不喜欢翻译《红楼梦》，只是不得不翻译"。

我们可以将教学上的说法——"教学有法，教无定法，贵在得法"套用在翻译上，改为"翻译有法，译无定法，贵在得法"。所谓"翻译有法"，是说翻译有定型的方法，但这些定型的翻译方法都是逻辑思维的结晶，是理论家对于前人经验的总结；所谓"译无定法"，是说翻译的过程是形象思维的过程，不能用固定的方法和套路应对错综复杂的翻译过程；所谓"贵在得法"，是说要做到随机应变，将各种方法烂熟于心，在翻译时做到游刃有余。

不管形象思维的过程怎样，在译者心中总有一些只可意会不可言传的东西。作为实践者的译者虽不能言传，但作为理论家，必须能够描写。指导译者进行形象思维的，既有原文因素（语言特点、风格特点等），也有读者因素（提高可读性、读者需求等），还有文本因素（文体类型等）等。对于以取悦读者为目的的文学作品而言，最终控制翻译形象思维过程的，却是潜在的目标读者因素。这些因素直接影响翻译的过程和翻译的方法，比如葛浩文所说的"如果太离谱了，那要去修正，太硬的话就把它松一点"①。所谓"太离谱"，就是针对原文而言的，而"太硬的话就把它松一点"，就是面向读者而言的。这和翻译学所说的"该直译时直译，该意译时意译"是一致的，该与不该，是由以上诸多因素，特别是原文因素和目标语读者因素共同作用的。

2.3.2　原文的语言

语言转换是翻译首先要面对的。葛浩文（2014b：38）说：

> 译者要面对的问题，先是语言。他至少要能驾驭两种语言——大多数人称之为源语或原文文本和目标语，后者最好是译者的母语。再说这两种语言技能，译者既要熟练地翻译源语及其文化，又（要）能以各种方式在目标语里予以再现。因为译者要完成三项任务：阅读、批评（或阐释）及创造性的写作。

一般来讲，内容要异化，语言要归化。内容要异化，毕竟翻译的是异

---

① 《美国著名翻译家葛浩文》，http：//www.xinyifanyi.com/news.asp？id＝462。

域文化；语言要归化，毕竟要让目标语的读者易于接受。但语言上的问题总是那么容易解决的，在这方面，葛浩文矛盾之处频出。我们应该分为三个方面来看问题，即把语言作为风格，或者把语言作为一般表达，抑或把语言作为文化本身来讨论，它牵涉翻译的宏观策略、具体的翻译方法和译者的态度。

其一，把语言作为风格。这样译者就会努力坚守，即葛浩文所说的"译者应尽力使译文保持原文的语言风格，实现翻译的文化交流目的"（杨军梅，2010：39），这就是以异化为主。所以，当被母语同胞指责时，他总是拿原文回击：

> 我葛浩文做翻译一点也不马虎。我不马虎的……可他（厄普代克）连翻译都要批评，他不懂中文，凭什么批评翻得好不好？……对他而言，这在英文里是陈腔滥调，但中文原文就是这么写的，他无法对照苏童原文，以为我用了什么滥套把苏童小说译坏了。其实，我并不觉得这是什么滥套，他不过是吹毛求疵。（于科先，2012：140）

这里，他为了尽力保持"原文的语言风格"而以英语里的"陈腔滥调"取代，但英语读者并不喜欢。译者的坚持是，原文如此，译文也应当如此，这是译者向作者靠近或者说异化导致译文归化过头的现象。但他也承认，"最大的特点是语言，但翻译后这个特点就取消了"①。

虽然用英语里的"陈腔滥调"代换原文里滥用的成语等熟语在效果上和做法上没怎么受到目标语读者的欢迎，但译者的初衷是应尽力使译文保持原文的语言风格，实现翻译的文化交流目的。葛浩文说："我认为我和我的同行普遍更重视原文的表达，而非打动人的雅致效果。"②

各种语言都带有风格。葛浩文注意到了转化过程中为照顾原文的风格所必须面临的风险。所以他说：

---

① 《〈狼图腾〉英文版首发：让世界感受狼的精神（3）》，http：//book.sina.com.cn/1081912348_wolves/author/subject/2008-03-14/1030231543.shtml。

② 《翻译家葛浩文：莫言对译者很体贴》，http：//www.shzgh.org/renda/node5600/node5611/u1a5992936.html。

当然希望能做到既保留文化特色又保持译文的流畅。但很多时候不能两者兼得，所以必须做出选择。一些中国的成语和俗语，如"偷鸡摸狗"，按照字面翻译会让中国人听起来愚蠢可笑，像小孩子说话。（李文静，2012：58）

其二，把语言作为表达。这样译者就会从目标语读者接受的角度，以归化为主。葛浩文说，"绝不可破坏读者易接受的词句。"（胡安江，2010：13）他把原文的语言看成了要归化的东西，所以他反对滥用汉语成语等熟语，认为"中文作品里有许多陈词滥调的成语……成语的滥用是中国小说书写无法进步的原因之一"①。他同时认为，"如果作者是为了表达特定的意义，就需要仔细考察了。总而言之，要看中文读者从中读到了什么。是我们日常使用的套语？还是只有在这个语境中才使用的？如果是后者，译者就需要多花心思找到最合适的表达方式"（赵枰，2013：115）。也就是说，有关内容的表达，有虚实的问题。对于语言西化，葛浩文说："语言西化，缺乏创新。中国传统的诗词歌赋，意象优美，以精粹独特的语言表现，当代作品这方面落后许多。"②

对于原文方言土语的风格而言，归化过头反倒是异化走向极端的表现。那么，在什么情况下才可以把原文方言土语的风格看作语言的表达呢？除非"原作中一些词和习语，对外国读者来说了无意义，会对作家以及文学作品所代表的文化，导向完全歪曲的观点"（葛浩文，2014b：13）。在这种情况下，它已经成为读者理解的绊脚石，必须加以清除。

"把语言作为风格也罢，作为表达也罢，译者都不是被动的，这是由翻译本身的复杂性决定了的：翻译不是'拿来主义'，译者自然就当不得'拿来主义者'。"（周领顺，2019：79）所以葛浩文有时在强调译者的创造性时，难免流露出译者在语言方面的创造性。比如他坚持的翻译的作用之一，是要通过外来文化引进新的想法，而新的想法必须靠新的语言来表达，如果一味用熟悉的语句替换陌生概念，则将永远在旧思维里打转。因

---

① 《葛浩文：滥用成语导致中国小说无法进步》，http：//culture. ifeng. com/wenxue/detail_2014_04/22/35943426_0. shtml）。葛浩文的所谓"成语"，是广义上的熟语类的套话，是"陈词滥调"。

② 《葛浩文与性描写》，http：//www. xinyifanyi. com/news. asp？id＝3902。

此，他又不承认，"翻译的小说里所用的语言——优美的也好，粗俗的也好——是译者使用的语言，不是原著作者的语言"（周晓梅，2015：79）。如果"是译者使用的语言，不是原著作者的语言"，那么厄普代克的批评就不是捕风捉影了，不管是以原文/作者为中心，还是以读者/市场为中心，免不得在事实上演变为以译者为中心，而在译者的内心深处，这样做的最终动力主要只有一个，那就是读者的需求。他强调，"译者隐形不可能，我有我喜欢用的词语和句法，如果把这些全放弃，转而接受作者的用词，我翻译不出任何书。我一定要用我能把握的、我习惯的、我欣赏的东西去翻译。有人认为，我的翻译太葛浩文化了，那我只能说声对不起。"（孟祥春，2014：75）也许到此才触及了问题的根本：译者是翻译过程的操作者，无论出于什么原因，译者都有足够的理由和权利来处置和创造属于译者自己或者译者自我欣赏的东西，这也是译者行为批评要关注意志体译者意志性的原因。

为了目标语读者在语言上易于接受，译者一般会偏于归化，但也不排除异化，因为异化能带来语言的陌生感和新鲜感，或者如鲁迅所说的"洋气"。"洋气"的语言要点到为止，用多了，就会流于俗气和阴阳怪气。所以，如果普遍异化，"洋气"的程度就要大打折扣。但语言毕竟是形式方面的东西，内容则大于形式。所以，葛浩文说："我要翻译的还是偏重语言。但不一定能因为语言美而向国外推荐翻译小说。国外读者爱看故事。譬如刘震云的《我不是潘金莲》故事写得真好。"① 在另外的场合，他几乎说了同样的话。他说："能朗诵的，语言美的，我非翻译不可，但不一定能因为语言美而向国外推荐翻译小说。国外读者爱看故事，所以我现在翻译刘震云的小说。英语世界看他的小说没有问题。"②

其三，把语言作为文化本身来传播。这方面最典型的要数鲁迅。比如，鲁迅（2009：354）说："中国的文或话，法子实在太不精密了……译本不但要输入新的内容，而且还要输入新的表现法。"鲁迅采取了直译，为的是诊治汉语"语法的不精密"，"要医这个病，我以为只好陆续的吃一

---

① 《"诺奖推手"开始翻译毕飞宇〈推拿〉》，http：//www.translators.com.cn/archives/2013/10/7669。

② 《贾平凹〈秦腔〉难翻译 莫言不会英语难出国》，http：//sn.ifeng.com/wenhua/detail_2013_10/16/1337767_0.shtml。

点苦，装进异样的句法，古的，外省外府的，外国的，后来便可以据为己有"（鲁迅，2009：354），而需要采取直译这样的务实之法才能把外国表现方法作为异域独有的文化来"输入"，也才能产生理想的效果，实现理想的目标，这是鲁迅作为一名译者的个人希望。直译的结果是失去了读者，也有违原文的风格。准确地说，鲁迅引进的只是外国语言的句法结构。

葛浩文没有这方面明确的主张，但是在对语言做异化处理时，除了为了偶尔增添语言的新鲜感之外，也有通过语言表达而反映思维的考虑。葛浩文认为，"是语言上的优越感吧。世界上很多国家的人都要学英文，说英文，美国人不用，因此对外文不重视"①。美国人感兴趣的是其他民族独有的文化和故事，借翻译改造语言的意愿没有那么强烈。当然，这属于强势文化和弱势文化之间的问题了。

2.4　原文的风格和乡土风格

风格是文学的生命，纽马克所谓文学文本属于"表达型"（expressive）文本并要求译者朝原文靠拢之说，归根结底是出于对原文风格的尊重。

奈达等人给"翻译"定义了两个层次，即"在译语中用最切近的自然对等语再现原语的信息，先求意义，再求风格"②。内容是开展翻译活动的基本目标，追求风格并非次要的而是更高层次的目标。葛浩文也认为，

---

① 《我译故我在——葛浩文访谈录》，http：//www. literature. org. cn/Article. aspx？id＝46356。

② E. A. Nida & C. R. Taber 的 *The Theory and Practice of Translation*（Leiden：E. J. Brill，1982. P. 12）的原文是：Translating consists in reproducing in the receptor language the closest natural equivalent of the source language message，first in terms of meaning and secondly in terms of style. 奈达等人"翻译"定义中的 meaning 是"意义"，但从语义学上讲，style 属于风格意义，风格意义归属形式意义，也是"意义"的一种，而将 meaning 和 style 对立是不够严谨的。后来，奈达在给谭载喜《新编奈达论翻译》（中国对外翻译出版公司，1999，第Ⅶ页）作的"序"中写道：As proficient multilinguals they have simply used their innate capacities for effective verbal communication to transfer both the content and the stylistic aesthetics of a text from one language to another. 其中的 content 应等同于"翻译"定义中的 meaning，stylistic aesthetics 应等同于"翻译"定义中的 style。因此，将原来的 meaning 改为 content 就顺理成章了。翻译首取 content，是顾翻译旨在交际之本；翻译更求 style，是顾翻译重在交际效果之实。First 和 secondly 是翻译程序，但 secondly 并非"次要"末节，而是更上层楼、更加难得之事，二者与"求真"和"求美"之间的关系相似。翻译时，可仍然顾及 meaning 的字面意义而翻译为"意义"，只是要做到心中有数。也最好不要把 secondly 翻译为"其次""次之""次要"，避免因用了"次"而留下降低其重要性的印象。

"我看一部捷克文本翻译，虽然我不懂捷克文，但是如果我能认为这是一部很通顺的作品，让外国读者能够看懂，但还保有具有人文素养的、原来地方的口味的话，说不定就是好的。如果两个缺一个那就不怎么好，如果两个缺两个的话，那么就更不好。"（曹顺庆、王苗苗，2015：128）"让外国读者能够看懂"，就是要确保交际信息的通达，而"还保有具有人文素养的、原来地方的口味"，就是更高层次上风格的再现问题了。

每一个作者都具有不同于其他作者的个人风格，即所谓"风格即人"。葛浩文说："所有著名的当代作家都具有独特的个人风格，若非如此，文坛就不健康了。"[1] 比如，鲁迅善用比喻、巧于双关、好用反语、爱用仿词、常用引语；赵树理惯用富有地方色彩的词语、爱用短句、常用绰号、善用比喻；毛泽东爱用群众语言、常用成语、善用比喻、巧用排比、妙用语气；等等。作家秦牧在《花城》后记中说："我在这些文章中从来不回避流露自己的个性，总是酣畅淋漓地保持自己在生活中形成的语言习惯。"因此，作者个人的语言风格是一个人爱用的、惯用的、独特的遣词择语方式和表达手段。刘重德引用 Liche 和 Moore 的话阐释了风格问题。他说，假设我们成功地翻译了一页拉斯金写的、有其风格特色的文字，然后交给两个受过优良教育的法国朋友，让他们评论。一位朋友对英语不甚了解，另一个则是英语通。如果第一个人问："描述得真好。作者是谁？"另一位回答"当然是拉斯金，虽然我并不记得这篇文章"，那么我们可以说，这篇译文就其风格来说翻得是比较理想的（刘重德，1991：104）。

每个作家都有自己的写作风格。"所有著名的当代作家都具有独特的个人风格，若非如此，文坛就不健康了。"[2] 这是个人风格，个人风格就是要译出与众不同的个性来。葛浩文说：

> 我翻译每一部作品的方式方法都不一样，而且我是个翻译家，不是作者。原著本身就是我的"指南针"，我只能跟着它去走，不能用固定的方式来翻译那么多部不同的作品，否则《河岸》里面的人物说

---

① 《莫言作品研究专家：莫言，富有历史感的中国作家》，http：//www.china.com.cn/international/txt/2012-10/11/content_26756689.htm。

② 《莫言作品研究专家：莫言，富有历史感的中国作家》，http：//www.china.com.cn/international/txt/2012-10/11/content_26756689.htm。

的话翻译出来，就跟《狼图腾》里面的主人公说话一样了，那是要不得的！①

但有的是大众风格，或者说是带有普遍性的风格，比如葛浩文说：

> 中文小说很难找到这么脍炙人口的第一句，相反的，中国的小说一开始就是长篇大论介绍一个地方，可以吸引国内的读者，但对英文读者来说，可能会造成一个隔阂，让他们立即失去继续读下去的兴趣。②

关于风格及其在翻译时的再现，他提醒作家：

> 作为一个作家在写作的时候如果想着翻译家，那势必使自己的艺术风格大打折扣，势必为了翻译的容易而降低自己的写作难度，所以我上一次坚决地说什么人都可以想，千万别想翻译家。什么人都不能忘，但是一定要忘记翻译家。只有如此，才能写出具有自己风格、具有中国风格的小说来。③

不管是哪种风格，译者都要尽力再现，这也是忠实。葛浩文说：

> 其实，在不同文化的人民间，有大量相类似的思想与感情，大致上只是表达的方式相异。那么，翻译家的本分——在任何情形下都是件艰巨的工作——便是把相似思想、感情的相异表达译了出来，译文中"相似"与"相异"都要看得出。这也就是说，因为事实上文化各不相同，翻译家不能牺牲原著独到的文体，但也一定要竭尽全力，显示出作品后面的差异是在表达方式上，而不是在思想上。（何琳，2011：165）

---

① 《葛浩文"没有翻译我就不能生活"》，《文汇报》2011 年 6 月 14 日。
② 《葛浩文：滥用成语导致中国小说无法进步》，http://culture.ifeng.com/wenxue/detail_2014_04/22/35943426_0.shtml。
③ 《莫言北师大演讲：做教授怕被轰下台 几年内不敢讲课》，http://culture.ifeng.com/event/detail_2013_01/23/21504080_1.shtml。

译者执行的风格要随着不同作品风格的变化而变化。有时，即使葛浩文在讲话中不出现具体的有关风格的字眼，实际指的仍是风格方面的内容，比如他所说的"确保自己尽可能地忠实于原文的语气、语域、微妙的差别以及更多的东西"（张艳，2013：81）、"译者的英语'既要地道又要现代，还不能艳俗（flashy）"①、"把现代作品作古文的、字典式的翻译；或者作俚俗的、极其近代的移译，这两者都应该避免"（何琳、赵新宇，2005），以及"翻译家希望自己的译作品质上能耐久，就一定要避免使用太过古旧或太过现代的语句"（胡安江，2010：13）。有些问题即使有时是专就语言而言的，也仍然是风格方面的。比如葛浩文说：

> 翻译家的作品既要为当代的大多数人所理解，文字又不能过于超前，因为过于现代的语句是不能耐久的。因此，翻译家以本国语文写出外国人的交谈，以建立起幻想时，决不可破坏读者容易接受的词句，毁掉了这些想象。（何琳，2011：165）

讲到风格的再现，需要重点提及的是葛浩文翻译的乡土文学作品中的乡土风格。葛浩文（2014a：40）称，"乡土"（乡土味/土味/乡土气息/乡土色彩）是莫言小说的灵魂，"几乎在所有我们讨论过的作品中，最初吸引读者共鸣的不外是民族主义的主题，但是构成其长久吸引力的却是它们的乡土色彩"。关于"乡土文学"，葛浩文（2014a：36）说：

> 我们对乡土文学定义的大前提也适用于东北作家的小说，纵使非全部，至少对绝大多数是讲得通的。不过他们的作品与台湾乡土作家小说之间有两个基本的不同，而二者互为关联：东北作家笔下的故乡家园沦陷在列强统治之下，迫使他们流亡他乡，而表现在文字上的也就是夹杂着思乡与爱国两种心绪的情感，我们不妨将他们的作品归于"民族乡土主义"。

---

① 《史国强：葛浩文文学翻译年谱》，http://www.360doc.com/content/15/0328/17/2369606_458748606.shtml。

"乡土色彩"是乡土文学作品的立身之本，更是乡土语言的基本特征。该怎样进行有效的翻译，确实需要进行认真的研究。正如谢天振（2014：231）所言，"'土得掉渣'的语言让中国读者印象深刻并颇为欣赏，但是经过翻译后它的'土味'荡然无存，也就不易获得在中文语境中同样的接受效果。"葛浩文虽然承认构成作品长久吸引力的是"乡土色彩"，但他又怯于翻译，认为"中国当代小说乡土味重——翻译成了难点"①。不过，难归难，但并非不可逾越。对于莫言小说乡土味的翻译，他还不无骄傲地说道：

> 莫言的我翻译了6本，他会用很多土话，不太难翻译。苏童的也不难翻译，他写得细腻，但译文和原文很不一样。王朔的也不难翻译，他的北京话其实很好翻。毕飞宇的作品最难翻了，薄薄的一本书，里面（的）都是很微妙、很谨慎的用词。姜戎比较像哲学学者，他的作品也比较好译。②

不是说葛浩文的讲话一定是矛盾的，而是说方言的土味程度是不一样的。所以，他还针对贾平凹作品中的家乡话说道：

> 《秦腔》是贾平凹很重要的作品，但我看了一部分，觉得无法翻译，因为里面有太多家乡话，在美国不一定有市场，而且，这些家乡话要翻译也要花很多时间。会不会有人对那个题材感兴趣？我确实很怀疑。在美国，我一年最多出两本中文翻译，所以一定要小心挑选，考虑哪一个会进入主流。如果光凭喜欢什么就翻译什么，我的时间和精力一定不够。他的《废都》也是被翻译坏的。（于科先，2012：138）

他坦承，"家乡话太多"，"故事哀婉，文字细腻，如果要我译，可能就译坏了"③。方言有的"不可译"是客观存在的。葛浩文说：

---

① 《美国汉学家葛浩文：中国作家为何无缘诺贝尔》，http://www.china.com.cn/book/txt/2008-03/19/content_13026393.htm。
② 《葛浩文：其实我在美国默默无闻》，http://book.hexun.com/2008-03-21/104656590.html。
③ 《中国好作家很多，但行销太可怜》，http://news.sina.com.cn/c/2008-03-27/140215238116.shtml。

　　有些人让我译，但我怕译不出原作的味道，对不起文本。我的译本不能为原著增添光彩，但至少也要是旗鼓相当的搭配。比如李锐的《无风之树》，我只译了三分之一没有完成。他在书中创造了一种新的语法，有地区特色的方言，"到哪里去呀你""干啥啊你！"这种特殊句式的感觉，我无法译出，只能放弃。①

　　表现乡土风格，靠的是地方风物，但在形式上都绕不开乡土语言这一载体。家乡话或方言的翻译是难点，也是文化传播的重点，具有重要的意义。不仅对于乡土文学作品本身如此，而且对于文化也是如此。毕竟，文化传播的就是个性，而土味就是文化个性的主要表现之一。他认为：

　　　　我看一部捷克文本翻译，虽然我不懂捷克文，但是如果我能认为这是一部很通顺的作品，让外国读者能够看懂，同时还保有具有人文素养的、原来地方的口味的话，说不定就是好的。如果两个缺一个那就不怎么好，如果两个缺两个的话，那么就更不好。（曹顺庆、王苗苗，2015：128）

　　对于家乡话，可以讨论的内容很多，虽然有的在实践上"不可译"，但无疑对它的翻译研究是有意义的。那么，方言怎样翻译才能达到预期的接受效果呢？当然，采取"厚译"（Thick translation）的做法也是有效的途径之一，只不过对于旨在供人们娱乐的小说而言，译者一般反对在小说翻译中无端插入注释，认为最好将注释置于译序或文末尾注里，或者将其融入故事中，切不可让注释影响小说的可读性。葛浩文（2014b：37）质疑有人要求译者"什么都译出来，碰上语言的、语义的、文化的沟沟坎坎，要用注释填平才行，但艾柯将此视为失败的行为"。话虽如此，他自己也做过这样的事，他说是"为了使西方的读者能够了解历史上的中国，对小说内容增加部分说明文字"②。"译者在对待方言、俗语、民谚等富含中国文化特色的词语时，

---

① 《中国好作家很多，但行销太可怜》，http：//news. sina. com. cn/c/2008-03-27/140215238 116. shtml。

② 《葛浩文：中国小说一天比一天好》，http：//www. chinawriter. com. cn/2008/2008-03-26/ 27299. html，也见于刘蓓蓓《葛浩文：中国小说一天比一天好》（《中国新闻出版报》 2008 年 3 月 26 日）。

更经常的策略是用直译、直译加意译的方式予以保留。"（安芳，2016：84）

在翻译实践上，文本类型、读者接受以及译者的文化身份、异化和归化的度等都需要考虑在内。研究没有禁区，在理论上帮助译者和读者认清哪些是暂时性的"不可译"，哪些是根本上的"不可译"，本身便是贡献。有的方言难以翻译，但在实践上也不宜完全淡化处理。淡化就是过滤，如果把"土"的表达都"过滤"掉了，土味就会缺失，而对于乡土文学作品而言，这可能就是致命的，动摇了"乡土文学"作品的根本，如同把香烟里的焦油、酒里面的酒精过滤掉是一个道理，失去的是香烟之为香烟和酒之为酒的根本。

"虽然乡土语言的翻译研究是近两年出现的研究课题，但其实质工作早已有之，比如方言翻译、成语翻译、谚语翻译、格言翻译和俚语翻译等。但因这种研究的划分无法明确确定各类别的范畴边界，甚至有相互重合的情况，故而在'乡土语言'翻译研究中主要以语言的'土味'为立足点。"（高晓仙、赵国月，2019：125）但用乡土语言表现的乡土文学作品向来是翻译的难点。葛浩文提及一些作家"洋化"的语言，因为与英语接轨，所以翻译就容易得多。他说：

> 老舍、巴金那代人，受过西方教育，经历过辛亥革命、白话文运动，放弃了早先的文言文传统，学的是欧美、日本文学。因此他们的作品文字，多少都有点"洋化"，不是纯正的中文，甚至在遣词造句方面，是用英文句式套中文。这样的文字，翻译起来反而更容易。①

但"洋化"的语言表达，是"欧化"的结果，虽然有其特有的效果和应用的范围，但乡土语言表达毕竟是乡土文学作品的主要特征之一，偏于西方目标语读者而"洋化"（这里实则应称为"归化"），虽然方便了阅读和接受，但毕竟与原文语言所要努力表现的文化渐行渐远。葛浩文对于中国乡土文学作品中"洋化"（西化）语言的使用并不苟同。他说："语言西化，缺乏创新。中国传统的诗词歌赋，意象优美，以精粹独特的语言表现，当代作品这方面落后许多。"②

----

① 《葛浩文："没有翻译我就不能生活"》，http：//blog. sina. com. cn/s/blog_4388ff7b0101ajv7. html。

② 《葛浩文与性描写》，http：//www. xinyifanyi. com/news. asp? id＝3902。

2.5　葛译乡土风格的基本层和高级层

风格翻译是译学界一个老生常谈的话题，但对于汉语乡土文学作品来说乡土风格翻译的讨论还比较鲜见。美国汉学家葛浩文是一位公认的成功翻译家，其对于汉语乡土风格的翻译有过不少论述，因此有必要条分缕析并在其实践上进行验证，这样做无疑会为未来的有关翻译实践找到规律性的东西，也让有关研究做到有的放矢。研究发现，奈达等人有关"翻译"的两个层次，同样适用于描写葛浩文的汉语乡土文学翻译实践，而葛浩文在确保交际信息通达和乡土风格再现之间，呈现为选择性的翻译行为。

奈达等人从两个层次描写是可行的，即在第一层次确保交际信息的通达，在第二层次追求风格的再现。第一层次是基本层，第二层次属高级层，高级层是在基本层的基础上进一步实现的；如果因为追求高级层而牺牲了基本层，就丢失了翻译的基本功能。

第一，基本层：追求交际信息通达。

如果原文不构成交际的障碍，忠实于原文是译者本能的选择。比如，葛浩文把"君子报仇，十年不晚"译为"For a gentleman to see revenge, even ten years is not too long"即如此。

如果原文构成交际的障碍，就不得不舍弃原文的形象。比如，葛浩文把"摔了个狗抢（吃）屎"译为"stumbled"，而不是像姚小平主编的《汉英词典》译成"dog eating dung"后还必须意译出深意"a fall flat on one's face"，否则便不传意。再如，葛浩文把"不知天高地厚"译为"thinking too highly of yourself"，而不是像有些汉英词典按字面所处理的"not know the height of the heavens or the depth of the earth"。

有的表达因为含有一些文化信息，中国译者担心会产生交际障碍，所以做了淡化处理，如"躲得过初一，躲不过十五"的"初一"和"十五"：

[1] One may avoid it today, but not tomorrow; One has to face the facts sooner or later. [姚小平主编《汉英词典》（第 3 版），外语教学与研究出版社，2009]

[2] One may get off today, but not necessarily tomorrow——you have to face it sooner or later. [潘绍中主编《新时代汉英大词典》（第 2 版），

商务印书馆，2017］

　　［3］ You can run，but you cannot hide forever；you may get away from it today，but not tomorrow—you will have to face the music sooner or later；you have to face up sooner or later.［惠宇主编《新世纪汉英大词典》（第 2 版），外语教学与研究出版社，2016］

检索葛浩文乡土语言翻译语料库发现，他有过三个译文：

　　［1］ You might stay hidden past the first of the month，but you'll never make it through the fifteenth.

　　［2］ You may be able to make it past the first of the month，as they say，but you will not make it past the fifteenth.

　　［3］ You might make it past the first of the month，but never past the fifteenth.

　　三个译文都照直译出，说明我们的担心是多余的。葛浩文在输入文学之时反而尽可能输入文化，但至于能在多大程度上传真，那是另外的问题，比如俄语译文中有人只译为一般意义上的"初一"和"十五"，被人认为文化内涵不够。① 让读者理解正确，不会产生交际障碍，才是翻译的底线。
　　追求交际信息通达的另一个做法是借用英语中现成的归化说法来代换原文，使译文获得与原文相似的功能。比如，葛浩文就将同一个归化的说法 "laying all your cards on the table" 配给了 "竹筒倒豆子"，把类似的 "put all one's cards on the table" 配给了 "打开窗户说亮话"。所以，严格地讲，狭义的归化算不得翻译。为了使交际信息通达，葛浩文还将 "打开窗户说亮话" 直接意译为 "have a heart-to-heart talk"，使内涵尽出。
　　第二，高级层：追求风格再现。

_____

① "按照汉民族文化约定俗成的规矩，农历初一必须清还年前所欠的所有债务，而正月十五则是最后期限；引申义为'能够躲避一时，但终究不能根本逃避'。而此处俄语译文'一号躲过去了，十五号逃脱不了'是对汉语俗语内涵的缩小。"（李喜长：《〈丰乳肥臀〉中俗语谚语德俄语翻译研究：功能翻译理论视角》，《西安外国语大学学报》2018 年第 2 期，第 105 页）。

直接套用现成的归化说法是译者最省心、最本能的做法。"维奈和达贝尔内使用这一术语（指'对等'——笔者注）来指下列情形，即不同的语言采用不同的风格和结构手法来描述相同情景。在翻译习语和格言时，对等法尤其有用：'就像一条狗窜入九柱游戏场'，根据这句话所表达的意思而非所产生的视觉形象，可以翻译成'就像一头公牛闯进了瓷器店'。"（杰里米·芒迪，2014：82）这里的"对等"指的是功能相当，和一些学者主张的拿目标语中的现成说法"直接套用"（张顺生、杨婳，2016：13；葛陈蓉、张顺生，2017：68～71）或"仿译"（宋洪达、张顺生，2021）的做法如出一辙。"直接套用"就是"套译法"（sets translation）（张丽华，2016：157）或"仿译"（imitative translation）（朱洪达、张顺生，2021）。"套译"（corresponding translation）就是"用相对应的句型互译；同义习语的互译"（方梦之，2011：116）。

但葛浩文并不轻易拿英语中现成的归化说法求取相当的功能，而是忠实于原文，尽量不舍弃原文的形象，也说明译者在确信原文的交际信息不会在目标语环境中构成交际障碍的基础上，会进一步追求风格。套译是为了交际的顺畅才使用的。（见表 2-1）

表 2-1　葛浩文异化译法与英语中的传统说法对照

原文	葛浩文异化译法	英语传统说法
病笃乱投医	When a patient is dying, find doctors where you can.	A drowning man will catch at a straw.
不入虎穴，焉得虎子	No one can catch a cub without entering the tiger's lair.	Nothing venture, nothing gain.
狗改不了吃屎（江山易改，禀性难移）	A dog that can't stop eating shit	The leopard can't change its spots.
好马不吃回头草	A good horse doesn't turn and eat the grass it's trampled on. / a good horse doesn't graze the grass behind it. / a good horse doesn't graze the land behind it.	A true man never backtracks.
九牛一毛	One hair from nine cowhides/A single hair on nine oxen	A drop in the ocean
龙生龙，凤生凤	Dragons beget dragons, and phoenixes beget their kind.	Like father, like son.

续表

原文	葛浩文异化译法	英语传统说法
没有不透风的墙	All walls have holes.	Walls have ears.
人靠衣裳马靠鞍（人配衣服马配鞍）	A man's known by his clothes, a horse by its saddle. / People are known by their clothes, horses by their saddles.	Fine feathers make fine birds.
肉包子打狗，有去无还	Throw a meaty bun at a dog and it'll never come back.	Kiss one's money good-bye.
山中无老虎，猴子称大王	When there is no tiger on the mountain, the chimp is king.	When the cat's away, the mice will play.
心急吃不了热豆腐	You can't eat steaming bean curd if you hurry it.	Haste makes waste. / A watched kettle never boils.
一山不容二虎	There can only be one tiger on a mountain. / You can't have two tigers on a mountain.	When Greek meets Greek, then comes the tug of war.
嫁鸡随鸡，嫁狗随狗	Marry a chicken and share the coop, marry a dog and share the kennel.	Once the wife of a parson, always the wife of a parson.
一朝被蛇咬，十年怕井（草）绳	Get snake bit once, and you'll fear ropes for three years.	A burnt child dreads the fire. / Once bitten, twice shy.
有钱能使鬼推磨	Money can make the devil turn a millstone.	Money makes the mare go. / Money talks.
智者千虑，必有一失	Even the wisest man occasionally falls prey.	Even Homer sometimes nods.
好马不吃回头草	A good horse doesn't turn and eat the grass it's trampled on. / A good horse doesn't graze the grass behind it. / A good horse doesn't graze the land behind it.	A true man never backtracks.
情人眼里出西施	In elegant terms, it could be a case of a lover seeing in her the classical beauty Xi Shi.	Love is blind.
螳臂当车	The mantis that tried to stop the oncoming wagon, a tragic overrating of one's abilities.	Try to empty the ocean with a teaspoon.
兔子不吃窝边草	A rabbit doesn't eat the grass around its burrow.	A villain doesn't harm his next-door neighbours.

　　我国学者编写的汉英词典更喜欢套用，比如吴光华主编的《汉英综合大辞典》（大连理工大学出版社，2004）：

破釜沉舟/To cross the Bubicon

朋比为奸/Scratch my back and I'll scratch yours

乳臭未干/Wet behind the ears

天网恢恢，疏而不漏/The mills of god grind slowly，but the grind exceedingly small

黔驴技穷/Show the feet of clay

无事生非/Make much ado about nothing

欲加之罪/Give a dog a bad name

爱屋及乌/Love me love my dog

同舟共济/Be in the same boat

智穷才竭/At the end of one's tether

骨鲠在喉/Having a fish bone caught in one's throat

同床异梦/Strange bed fellows

理想的状态有二，其一是碰巧在异化的过程中也实现了归化，实现原文和译文耦合，异化和归化合一。比如，葛浩文把"出血"同等代换为"bleed me"，把"不是冤家不聚头"异化并归化为"Old foes are fated to meet"，把"人山人海"碰巧替换为英语中的现成说法"a sea of people"，等等。异化也是归化，这在以前还没人说过。其二是如果英语中没有现成的归化说法，但忠实于原文又不构成交际障碍的，尽量向原文靠拢，既追求了交际信息的通达，又再现了原文的风格。（见表2-2）

表2-2 葛浩文异化译法

原文	葛浩文异化译法
车到山前必有路	When the cart reaches the mountain，there'll be a road.
丑媳妇总要见公婆（丑媳妇脱不了见公婆/丑媳妇免不了见公婆）	The ugly bride has to meet her in-laws sooner or later. /The ugly bride has to face her in-laws sooner or later.
大鱼吃小鱼，小鱼吃小虾，小虾吃泥沙	Big fish eat little fish，little fish eat shrimps，shrimps eat silt.
好汉不吃眼前亏	The smart man avoids dangers ahead.
嫁出去的女儿，泼出去的水	A married daughter is like water splashed on the ground. /A married daughter is like spilled water.
瞎子点灯——白费蜡	A blind man lighting a candle，just wasting wax.

　　归化法的使用主要是为了求取和原文信息相当的功能，在文化上属于配对行为，是译者在原文可能构成交际障碍的前提下的正常行为倾向。从葛浩文大量的翻译事实看，在不影响交际信息通达的前提下，他倾向于再现原文的乡土风格，即以异化为主。

第三节　葛浩文"忠实"原则下的
"直译"和"意译"①

3.1　葛浩文的翻译方法和做法

　　一说到翻译，自然会涉及翻译的指导原则和具体的翻译方法，而"忠实"、"直译"和"意译"就是老生常谈的话题。这些字眼在葛浩文的言谈里也经常出现。葛浩文并非翻译理论家，他使用的这些概念和译学界通常使用的概念一致吗？如果不一致，那么研究者针对葛浩文的有关讨论，特别在使用这些概念时，就会因所使用的概念在内涵上的差异而造成"名不副实"甚至"鸡同鸭讲"的尴尬，难以做到准确描述，所得出的葛浩文翻译的有关结论，也难以令人信服。这不仅不利于理论探讨的深入，而且不利于从这位成功的翻译家身上了解其思想的精髓和成功的实践原则。

　　根据对葛浩文翻译思想和葛浩文乡土语言翻译语料库的考察，我们发现其"忠实"、"直译"和"意译"与译学界的概念皆有出入：他的"忠实"不仅面向原文，也面向读者，这和译学界传统上只面向原文意义解读的做法是不同的；他的"直译"主要指的是"硬译"和"死译"，即"直译"的极端形式；他把一部分可读性较强且被译学界认可的"直译"归为"意译"，也即"葛浩文式意译"（周领顺，2018）的一部分。例如：

　　　　[1]"嫁鸡随鸡，嫁狗随狗。"

　　　　葛浩文"意译"文：Marry a chicken and share the coop, marry a dog and share the kennel.

　　　　《中华汉英大词典》"直译"文：If you marry a chicken, follow the

---

　　① 本部分由周领顺与周怡珂合作完成。

chicken; if you marry a dog, follow the dog.

　　《中华汉英大词典》"意译"文：a woman should mould her lifestyle after that of her husband's.

　　在译学界看来，葛浩文这里的"意译"是译学界认可的"直译"，因为原文的主要意象"鸡"和"狗"都被保留了下来，而"意译"是"不保留原文的词语和形象"（庄绎传，2015：322）的。葛浩文的"意译"和《中华汉英大词典》给出的直译文（保留原文意象"鸡"和"狗"）不分高下。《中华汉英大词典》的"意译"文与葛浩文的"意译"文相差甚远，只因主要意象"鸡"和"狗"消失得无影无踪。也就是说，"葛浩文式意译"既包括译学界所说的"直译"，也包括文化层面上归化的做法，是除了"死译""硬译"以外的所有的翻译形式。

　　需要说明的是，这里涉及的"忠实"、"直译"和"意译"概念，均为译学界传统译学之所指，而葛浩文口中的这些概念，或者明确为葛浩文意义上的这些概念，均为葛浩文赋予的含义，是"葛浩文式直译"和"葛浩文式意译"。

　　葛浩文更多的时候采取的是中间的做法（"直译"、"半直译半意译"和"〈解释性〉意译"）；两个极端的做法（"逐字直译"和"〈归化式〉意译"）并非不存在，只是所占比例不大①差异不明显。这符合翻译的常态。所以，如果不弄清楚概念上的差异，就不能断言译学界所说的"直译""意译"在葛浩文的翻译实践中所占的比例，有关的争论就只能沦落为译学的概念之争。厘清概念之后发现，考察语料库得出葛浩文是以"直译"为主的结论与葛浩文声称的是以"意译"为主的主张，实际并不矛盾。以下拟就葛浩文的有关思想及其动因进行层次性的分析。

3.2　传统译学上的"忠实"

　　"'忠实'是翻译研究的根本问题之一，也是翻译活动的基本原则之一，从伦理的角度来看甚至是保证翻译自身存在的内在需要。"（刘云虹、

---

　　①　葛译《大漠祭》方言翻译中，（归化式）意译的比例更高一些。见王莹《〈大漠祭〉甘肃方言英译策略探析》，《遵义师范学院学报》2021年第5期，第50页。

许钧，2014：12）不管在译学界，还是在翻译实践领域，大家对其内涵似乎都心照不宣，但迄今没有一个明确的答案，不能不说是对"翻译学"的揶揄。方梦之主编的《中国译学大辞典》（上海外语教育出版社，2011）中并没有"忠实"词条，倒是有个"忠实性翻译"，貌似翻译上的"忠实"：

> 作为一种翻译方法，其特点在于力求在目的语语法结构允许的范围内忠实地再现原作的语境意义，倾向于将原作中带有特殊文化色彩的词语"转化"为目的语中易于理解、具有普遍文化内涵的词语；对于原作中语法和词汇方面的特别之处，则在译作中适当保留，试图以此准确地再现原作作者的意图与原作的内涵。

但这里的"忠实性翻译"只是被作为一种"翻译方法"对待的。该辞典中另一个与"忠实"相关的词条是"'忠实'观的解构"，所"解构"的"忠实"却不是"忠实性翻译"词条所显示的内容，因为该词条的首句便写道："翻译的'忠实'观向来被认为是翻译的一个最基本的原则，是衡量译本是否合格的一个基本标准。"其中并没有提及"忠实性翻译"中所说的"方法"。"解构"了"忠实"，却不设"忠实"词条，使之变成了无的之矢，或许是因为人们对"忠实"的内涵莫衷一是，如该词条所说的，"即使是对这个近乎'常识'或'公理'的'忠实'观，质疑的声音也一直存在于译界，在近些年更是出现了对'忠实'观的解构"。"忠实"是译者眼里的方法、原则、主张，也是研究者眼里的效果、态度、标准，这些角度并没有全部包容在"'忠实'观的解构"词条中。

该词条还解释道，"有多位学者指出'忠实'观含义模糊，可以指向翻译中的任何层面，因此应被舍弃，需要有概念更为清晰的术语来代替它。""'忠实'到底是什么？或者，当人们在谈论翻译的忠实性时，翻译到底应该忠实的是原文的什么？是文字忠实、意义忠实、审美忠实、效果忠实抑或其他？"（刘云虹、许钧，2014：12）。朱志瑜（2009：6）说："中国传统学者一般只说'翻译以忠实为标准'，但忠实是什么、翻译具体要在哪些方面忠实（形式、内容、功能、作者意图、效果等），却没有一定的说法（各时期有不同的重点），但是基本上是以'内容'忠实为主，就是不顾形式（这一点与西方正相反，西方 faithful translation 几乎就是形式上或句子结构上的忠实）。"孙致礼认为，"忠实"作为译文的评价标准，曾经"一统天下"（孙致礼，2007：14），而在谭载喜看来，"忠实"问题自古以来就是中西译论的核心议题（谭载喜，1999：27）。

虽然，当"忠实"缺少一个一致的定义时，讨论它的概念局限性有虚妄之嫌。比如，吕世生把忠实概念的局限性限定于两个方面，"一是忽略了社会现实对翻译行为，包括目标语文本接受的制约"，"二是对译出，尤其是当下中国文化走出去的翻译实践解释能力不足"（吕世生，2017：90）。吕教授是在讨论文化的"译出"和"译入"话题时涉及忠实概念的，但对于实践家而言，并非不可以把忠实原文的意义作基而在翻译过程中根据翻译目的进行能动的调整。况且，按照葛浩文的身份，我们很难肯定他是"译出"或"译入"。即是说，涉及汉学家身份时，我们不宜草率判定其所进行的汉译外是"译出"还是"译入"①。这是翻译上的"中间状态"，会引出翻译策略和方法等各种中间状态的讨论。

对于翻译实践者而言，忠实（于原文的意义）仍是其基底，并且需要在翻译过程中根据翻译目的进行能动的调整。翻译家葛浩文质疑过："我的责任是翻译要忠实，但忠实于什么？问题在这里。是忠实于一字一句吗？"②这表明，翻译家在实践中需要使忠实这一原则具体化。"忠实"虽然呈现为多维性，但并非没有一个默认的内核。孙致礼（2003：9）把"忠实"限定于两个方面：一是要"忠实于原作的思想内容"；二是要"保存原作的风格"。这和奈达等人给"翻译"定义的"在译语中用最切近的自然对等语再现原语的信息，先求意义，再求风格"（Nida, et al., 1982：12）异曲同工。不管是内容上的，还是形式上的，两个方面的意义归根结底都是原文的意义，因此翻译要面对原文，不偏离原文，这是作者、译者和读者的本能期待，即如奈达所说的在翻译活动涉及的诸多要素中只有原文才是客观的存在（Nida, 1993：314），也如洪堡特所说的"真

---

① 比如"与许多汉学家相比，葛浩文似乎更不愿意失去中国和美国两种身份中的任何一种身份，所以，在他身上表现出一种复杂的身份认同矛盾：欲求'中国身份'而不得，同时固持着'美国身份'而无法自拔"（孙宜学：《从葛浩文看汉学家中华文化观的矛盾性》，《同济大学学报》（社会科学版）2015 年第 2 期）。其他有关翻译与文化身份的讨论见刘芳《翻译与文化身份——美国华裔文学翻译研究》，上海交通大学出版社，2010。

② 《葛浩文：下一步翻译刘震云贾平凹》，http://book.sina.com.cn/news/c/2013 - 10 - 16/0945550075. shtml。

正的精神只存在于原作中"（Lefevere，1977：45）。所以，当有人称赞葛浩文的翻译为 creative translation（创造性翻译）时，他听着却有"刺耳"的感觉①。"褒词"之所以变成了"贬语"，是因为对于葛浩文这样的翻译家而言，"创造"这个词语在某种意义上似乎是对原文的偏离乃至背叛。

原文的意义一般分为语义意义和语用意义。有时，由于主观或客观上的原因，译者有所侧重地忠实于原文意义，这使翻译成为一种目的性、选择性的活动。

3.3 葛浩文的原则、方法对"翻译"和"翻译活动"

"忠实"只面向原文，与奈达和洪堡特等所代表的翻译语言学派的观点，如等值、等效、神似、化境、美人论、地毯论、"戴着镣铐跳舞"等表述，一脉相承。傅雷提出了"神似"，"所喻之'临画'。'临'即'照着字画模仿'，'字画'即母本，如翻译上的原文一样"（周领顺，2014a：241）。面向原文进行意义解读是翻译的根本伦理。但葛浩文的"忠实"不仅面向原文，也面向读者。他说："知道自己忠实服务于两方的满足感使我愉快地将好的、不好的、无关紧要的中文翻译成可读性强、易于接受甚至畅销的英文书籍。"（Goldblatt，2002）也即是说，他不再是对原文意义单纯解读，而是把自己看作翻译活动中的一个能动的执行者，或关照作者、读者、社会等各方利益的服务者，其行为能够在译者行为批评理论"求真－务实"译者行为连续统评价模式上得到合理的解释。那么，"翻译"和"翻译活动"有着怎样的区别呢？

"简单地说，'翻译'是被叫作'翻译'的那种事物，不涉及读者；'翻译活动'是作为社会活动而被叫作'翻译'的那种活动和行为，涉及活动中的任何相关因素。"（周领顺，2014a：70）前者指向原文意义的静态解读，后者指向翻译这一动态的活动。也就是说，译学界作为术语的"忠实"，忠实的是原文的意义。其中又分为译者和翻译结果两个层面。说译者"忠实"时，指的是态度和行为；说译文"忠实"时，指的是译文对原文的忠实度，也就是"忠实"、"不够忠实"、"不忠实"甚至"伪忠实"

---

① 《葛浩文：中国文学如何走出去》，http://history.sina.com.cn/cul/zl/2014-07-07/113094803.shtml。

所呈现的各种状态。在翻译活动中，作为活动主体和意志体的译者是能动的人，是能够根据环境、目标等因素审时度势的执行者，因此译者在活动中会更多地顾及读者的感受，这是译者行为的基本原则。译者为了一定的目的，甚至会故意偏离原文或者改动原文，故意造成不"忠实"原文意义的译文，这是"翻译活动"中观照各方利益的结果，这是既面向原文又面向读者的"忠实"，与仅面向原文意义解读的"忠实"不同。下面就葛浩文的翻译观做具体的分析。

第一，"翻译"层面上面向原文意义的"忠实"。葛浩文说："超过原著的地方我没有这么大的才气，我还是尊重原著的。"① "忠实"虽然没有一个一致的定义，但它是可以不断细化的实体，比如葛浩文说："翻译要忠实，但忠实的是什么？莫言的《蛙》我刚翻译完，我们讨论很久是 *Frog* 还是 *Frogs*，最后决定用复数。"② 在涉及原文语气的解读时他说："忠于什么呢？文字，意义，还是文章的语气？那是当然的了。"（闫怡恂，2014：202）而涉及原文风格的解读时他说："译者应尽力使译文保持原文的语言风格，实现翻译的文化交流目的。"（杨军梅，2010：39）

第二，"翻译活动"层面上面向读者的动态"忠实"。葛浩文说，"我认为一个做翻译的，责任可大了，要对得起作者，对得起文本，对得起读者……我觉得最重要的是要对得起读者，而不是作者。"（季进，2009：46）。

面向原文是"忠实"的本意，也是翻译的道德自律。但一名译者，既要对原文和作者忠实，也要对读者忠实，将译者服务于各方利益看作"忠实"的内涵无疑是"忠实"的泛化，也难以做到严谨。译者要顾及各方面的利益和感受，这种意识和行为准确地说是"忠诚"。潘文国将"诚"解释为"对事业的忠诚和全身心投入"（赵国月等，2017：6）。只有"忠诚"于人（作者），才能传达作者的原文之神和作者的真意，才能做到方法上的灵活变通，也才能真正实现"对得起作者，对得起文本"的目标。

"忠实"是葛浩文坚持的总的翻译原则，而"直译"和"意译"是执行这一总原则的两条路径，哪一条路径既能"对得起"原文和作者并同时或特

---

① 《英文版〈狼图腾〉110 个国家和地区同步发行》，http：//blog. sina. com. cn/s/blog_4ba3dcef01008r83. html。

② 《葛浩文：莫言不会外语不利于宣传》，http：//media. china. com. cn/cmrw/2013 - 10 - 15/47722_2. html。

别"对得起"读者，它就是译者乐意选择的一条路径，这是译者"求真为本，务实为用（上）"的表现。从这层意义上说，"直译"和"意译"都有可能达到此目标，比如葛浩文在翻译《狼图腾》时，就用直译的方式再现了大量带有时代、地域特色的语言表达和文化习俗，让读者在阅读的过程中，既不会因为过多的陌生文化和语言表达而觉得晦涩难懂，又不会因为"翻译腔"而失去兴趣。再如，"韦利汉诗英译的成功……体现在其采用的直译方法"，"韦利的直译努力最后并没有隐没于传统的意译大潮之中，反而勇立潮头，（他）获得了巨大的成功与令人瞩目的成就"（张保红，2018：117）。

对于"直译"，葛浩文论述道："英文和中文可以说是天壤之别的两种语言，真要逐字翻译，不但让人读不下去，而且更会对不起原著和作者。"[①]"如果真的逐字翻译，我翻译的小说没有一本是可以出版的。"[②] 他坚持"只要字词句译得没问题，我在行文上就要忠实地再现作家要表达的内容——也就是他要说什么——而不必要在形式上再现他是怎么写的"（葛浩文，2014b：45），并具体要求"翻出作者想说的，而不是一定要一个字一个字地翻译作者说的"[③]。他在 The Republic of Wine（《酒国》）的译者注里说："虽然文字上并不完全一致，但我已经尽可能忠实于莫言的原著。"（Goldblatt，2012）可以看出，葛浩文的"意译"是可以和"可读性好"画等号的。巴尔胡达罗夫就将逐词直译看作"层次偏低的翻译"，而把意译看作"层次偏高的翻译"（巴尔胡达罗夫，1985：145～160），与葛浩文不谋而合。

采取"意译"方法，便于译者跳出短语、小句或句子结构的约束而在宏观上更好地加以把握，对于充满神韵并需要"二度创作"的文学翻译尤甚，在这种情况下，译者便拥有了更大的自由和展示才能的空间，也便有了确保译文具有"可读性"的更大可能。

葛浩文排斥的"直译"和译学界反对的"硬译""死译"并没有实质性的区别，如果能够较好地执行译学界的"直译"，既确保可读性，又执行了他所崇尚的"忠实"原文的总原则，这当然是他求之不得的。所以，为了执

---

① 《葛浩文：好作品不是逐字翻译成的》，http://new.qq.com/cmsn/20140424/20140424008011。

② 《葛浩文：滥用成语导致中国小说无法进步》，http://culture.ifeng.com/wenxue/detail_2014_04/22/35943426_0.shtml。

③ 《葛浩文：滥用成语导致中国小说无法进步》，http://culture.ifeng.com/wenxue/detail_2014_04/22/35943426_0.shtml。

行他的"忠实"原则,他的译文中甚至会偶尔出现他自己所排斥的"直译"。"当深层的文化意义不能通过字面的语言翻译全部或部分再现时,那么以有效交际为首要目标的翻译活动便失去了应有的意义"(周领顺、周怡珂,2017:107),这也是"忠实"原文意义的、学术上的"求真"性"翻译"经常要向普通意义上的"务实"性"翻译活动"转化的主要原因。

3.4 "忠实""直译""意译"和实践上的"忠实度"

"直译"(包括"硬译"和"死译")和"意译"归根结底都是面向原文意义的翻译解释策略,都是服务于"忠实"总原则的,要么忠实于字面意义,要么忠实于深层的交际意义。如果能忠实于前者,且能让读者领悟到深层的交际意义,当然是理想的,这也是译学界所认可的通顺的"直译",是"忠实"原则最直观的表现;如果做不到前者,就要尽可能求取与原文相当的功能,确保交际顺畅进行。如前文所说,葛浩文主张的意译实则包括了可读性较强的直译,这反映了忠实于原文意义在其心目中的重要性,同时他也强调为读者负责,这是一个翻译家对接受效果的重视。

既面向原文又面向读者的翻译追求使他在翻译中十分强调翻译家的灵感。他说:"我跟很多翻译者都不一样,我是凭灵感,我越想那些理论,(越对)那些具体的问题(越)没把握,越觉得慌。我差不多看一句、看一段是什么意思,然后就直接翻,再回头对一下。如果太离谱了,那要去修正,太硬的话就把它松一点。"[1] 对于翻译者而言,翻译的过程就是一个形象思维的过程,方法不是事先设定的,前人的翻译方法只表明翻译实施的合法性和可操作性。葛浩文坚持"忠实",最直观的表现就是紧扣原文并尽量使译文具有可读性。所以,他在翻译方法的选取上也尽量如此,其他处理方式多出于各种无奈。例如:

忠实于原文而直译,保留原文形象

[1] 炒熟黄豆大家吃,炸破铁锅自倒霉。

When the beans are fried, everyone eats; but if the pot is broken, you suffer the consequences alone.

---

[1] http://blog.sina.com.cn/s/blog_4388ff7b0101ajuf.html。

［2］嫁出去的女儿泼出去的水。

A married daughter is like spilled water. / A married daughter is like water splashed on the ground

不能直译的通过意译来解释

［3］你可真是石头蛋子腌咸菜，油盐不进啊。

You really are stubborn.

［4］我是王八吃秤砣铁了心。

My mind is made up.

有的通过直译加意译的做法使原文的深层文化意义得到部分再现

［5］鲁班面前抡大斧

Like someone wielding an ax at the door of the master carpenter Lu Ban①

［6］说文雅点，这叫情人眼里出西施；说粗俗点，这叫王八瞅绿豆，看对了眼。

In elegant terms, it could be a case of a lover seeing in her the classical beauty Xi Shi; less elegantly, it could be seeing a green bean through the eyes of a turtle-the size and color make a perfect match.

有的舍弃原文字面的意义和形象而意译出深意

［7］他和你奶奶**不大清白**咧。

Arhat, your family's foreman...something *fishy* between him and your grandma.

［8］**道高一尺，魔高一丈。**

When virtue rises one foot, vice rises ten.

如果不好直译，也不易意译，则归化为英语中现成的说法

［9］**竹筒倒豆子**，是我党的光荣传统之一。

Laying all your cards on the table is one of our party's great traditions.

---

① 文内将"鲁班"同位阐释为 the master carpenter，与钱锺书给"三个臭皮匠，合成一个诸葛亮"（Three cobblers with their wits combined equal Zhuge Liang the master mind）的"诸葛亮"增添同位语 the master mind 的做法一样，许渊冲赞其登上了中国译坛的顶峰（见杨全红《走近翻译大家》，吉林人民出版社，2004，第 279 页）。笔者认为，兼顾文化信息的做法值得推崇，但只是得到了"部分再现"，所提供的"鲁班"的历史信息很少，只是交代了鲁班作为木匠祖师爷的身份信息，可以和斧头（ax）构成一个联想链罢了。

[10] 老娘准备豁出破头撞金钟。

I will do what I must *in the name of justice.*

汉英完全吻合的也有，只不过这样的巧合不多罢了。例如：

[11] 不要担心账单，今天我"出血"。

And don't worry about the bill. Today you can *bleed* me.

遍查葛浩文乡土语言翻译语料库发现，他对同样的原文，有的时候直译，有的时候意译，表现了他的灵活性。例如：

[12] **没有金刚钻，硬要揽瓷器活。**

Without a diamond, one cannot create porcelain beauty. （直译文）

Their spirit was willing but their flesh was weak. （意译文）

　　因为翻译过程是复杂的，在翻译实践中，"忠实"实际反映为"忠实度"（周领顺，2014a：124~125），即在一个含有"翻译"成分的限度内所表现的自由度，自由度的大小说明含有"翻译"成分的多少。"翻译"成分多，则离原文近；"翻译"成分少，则离原文远，距离原文的远近，受制于译者类型、文本类型、翻译和译者的目标、翻译过程和内外环境等因素。葛浩文的翻译实践诠释了"翻译内"和"翻译外"行为协调一致的重要性。

　　我们借用译者行为批评理论中的"求真-务实"译者行为连续统评价模式，全面统计了葛浩文的译者行为"度"。借用这一模式比使用"直译""意译"等以静态意义解读的方法更能体现译者行为的合理性，描写也更精确。考察结果发现，除去"半求真半务实"中间状态的行为特征，译者求真性行为特征（"求真""半求真"）比例从大到小依次是《酒国》（50.2%）、《四十一炮》（48.4%）、《生死疲劳》（44.1%）、《蛙》（44.6%）、《天堂蒜薹之歌》（43.0%）、《檀香刑》（41.2%）、《变》（40.0%）、《红高粱家族》（37.5%）、《师傅越来越幽默》（36.2%）、《丰乳肥臀》（34.5%）。译者务实性行为特征（"半务实"和"务实"）比例从大到小依次是《丰乳肥臀》（63.0%）、《变》（59.3%）、《师傅越来越幽默》（56.3%）、《生死疲劳》（52.8%）、《红高粱家族》（51.3%）、《蛙》（47.9%）、《檀香刑》（47.4%）、《天堂蒜薹之歌》（46.2%）、《酒国》（44.1%）、《四十一炮》（42.4%）（周领顺、杜玉，2017：24）。这些数据说明，译者葛浩文努力在"求真"和"务实"之间保持着一种平衡，既要保持翻译作为翻译的根本（原文语言转换及其意义的再现），又要努力实现翻译的社会功能（包括译者在内的社会人借翻译意欲达到的社会目标）。

第四节　葛浩文式意译

4.1 "直译"与"意译"连续统

"直译"与"意译"相对，人们对此一般没有异议，但从命名上说，"直"与"曲"相对，说明"直译"或"意译"的称谓有不完美之处。表面上看，"直译"重形式轻意义，"意译"重意义轻形式。虽然意义有多种，但因为翻译重视跨文化交际的畅达，所以默认的意义是讲话的内容。实际上，"直译"并非不重视意义，只是偏于形式意义罢了。

翻译贵在平衡，不走极端是翻译界的一贯追求。直译时不要太"死"（"死译""硬译"），意译时不要太自由放荡（"胡译""乱译"），以免游离于原文意义之外。对翻译家而言，何时直译、何时意译，是由多种因素决定的，既有译者的主观故意，也有客观上的种种限制。但译者是翻译的执行者，因此也可以说直译、意译等方法的选用，包括混用或弃用，是译者意识和翻译复杂性在翻译过程中的反映。翻译过程是形象思维的过程，在这一过程中，使用什么方法，译者是没有先知先觉的。葛浩文说："我跟很多翻译者都不一样，我是凭灵感，我越想那些理论，（越对）那些具体的问题没把握，越觉得慌。我差不多看一句、看一段是什么意思，然后就直接翻，再回头对一下。如果太离谱了，那要去修正，太硬的话就把它松一点。"①

在翻译单位和评价单位尚未达成完全一致的情况下，直译、意译交混状态是正常的状态，所以在巴金看来，"翻译的方法其实只有一种，并没有'直译'和'意译'的分别。好的翻译应该都是'直译'，也都是'意译'"（巴金，2009：615）。但译者葛浩文貌似一个绝对的"意译派"，因为他明确反对直译，崇尚意译。那么，是什么主客观原因使他拥有如此的主张呢？他的翻译实践能够印证他的主张吗？他对"直译"和"意译"

---

① http://blog.sina.com.cn/s/blog_4388ff7b0101ajuf.html。

的理解与译学界理论家的理解有出入吗？在"直译"和"意译"的连续统上，他的意译是偏于原文还是偏于读者？诸如此类的问题，均指向一个假设存在的"葛浩文式意译"。

"直译"和"意译"是简单化的说法，以辩证的观点看，在一个以"直译"和"意译"为两个端点的连续统上，必然存在一些过渡状态，表现为阶段性的特征，比如以句子为单位进行翻译时，有的偏于"直译"一端，有的偏于"意译"一端，有的处于中间阶段，表现为"半直译半意译"的中间状态，而有的甚至还呈现为"非直译非意译"的状态。根据我们课题组对自建的葛浩文乡土语言翻译语料库的分析，"葛浩文式意译"是客观存在。要明确这一现象，就要弄明白葛浩文翻译思想中"忠实""直译""意译"等概念之间的关系，并在其实践上加以检验。

研究葛浩文的翻译实践（包括"葛浩文式意译"）的意义在于：第一，在理论上，明确翻译家心中的翻译概念，有助于译学界在进行相关理论讨论时做到有的放矢，从而提升理论家在实践分析时的针对性，这对于翻译批评者尤其重要；第二，在实践上，葛浩文是进行中华文化外译的成功者，而葛浩文和西方出版机构极力推崇的"意译"，无疑是"海外乐于接受方式"和"易于理解语言"①的表达形式，所以本部分对葛浩文式意译开展认真的研究，将有利于中华文化更好地"走出去"。

葛浩文经常提及的翻译理念有"忠实"、"直译"和"意译"。谈翻译，一般是绕不开这三个基本概念的。"忠实"是翻译原则，也是目标和效果，有时还是态度甚或做事的方法；"直译"和"意译"是两个具体的翻译方法。或者说，"忠实"是总目标，"直译"和"意译"是通向这一总目标的两条途径，哪个方法能更有效地实现"忠实"，哪个方法便是好的方法。葛浩文"一边倒"地崇尚"意译"而贬抑"直译"，可见他认为只有"意译"才堪此任。

4.2 面对原文的"忠实"

翻译上的"忠实"，几乎包括了翻译的全部，是翻译学最基本的概念。"中国传统学者一般只说'翻译以忠实为标准'，但忠实是什么、翻译具体

---

① 《习近平就人民日报海外版创刊 30 周年作出重要批示》，新华网，2015 年 5 月 21 日。

要在哪些方面忠实（形式、内容、功能、作者意图、效果等），却没有一定的说法（各时期有不同的重点），但是基本上是以'内容'忠实为主，而不顾形式（这一点与西方正相反，西方 faithful translation 几乎就是形式上或句子结构上的忠实）。"（朱志瑜，2009：6）"忠实"问题自古以来都是中西译论的核心议题（谭载喜，1999：27）。翻译家葛浩文就反问自己："我的责任是翻译要忠实，但忠实什么？问题在这里。是忠实于一字一句吗？"[1]"忠实"也是常说的"信"。他说：

> 翻译家时常误用了"信"这个词儿（信于什么？词汇吗？形式吗？意义吗？文体吗？影响吗？）原作中一些词语和习语，对外国读者来说了无意义，会对作家以及文学作品所代表的文化，导向完全歪曲的观点。（葛浩文，2014b：13）

原文的意义是多元的，所以翻译是一种选择性的行为，怎样选择是由翻译目的和主客观因素决定的。比如，葛浩文就特别重视文学翻译中风格意义的再现，这是因为文学内容属于表达型文本，风格是文学的生命。他说："忠于什么呢？文字，意义，还是文章的语气？那是当然的了。"（闫怡恂，2014：202）他要求"译者应尽力使译文保持原文的语言风格，实现翻译的文化交流目的"（杨军梅，2010：39）。他举过这样一个例子：

> 翻译要忠实，但忠实的是什么？莫言的《蛙》我刚翻译完，我们讨论很久是 *Frog* 还是 *Frogs*，最后决定用复数。他小说里的人名都是类似王胆、王肝这种……翻译时是用 li hand，还是 li shou？我最后还是用了直接的音译，但是挪威版就是直接翻译成器官的名字。[2]

"忠实"是面对原文的，对此大家有着基本的共识。葛浩文说："对待翻译我有一个基本的态度，有一个目标。我怀着虔诚、敬畏、兴奋，但又

---

① 《葛浩文英译〈废都〉 澄清未修改莫言小说结局》，http：//cul. sohu. com/20131017/n388 351495. shtml。

② 《葛浩文：莫言不会外语 不利于宣传》，http：//media. china. com. cn/cmrw/2013－10－15/ 47722_2. html。

有点不安的心态接近文本。"① 他解释道："我总是带着尊重、敬畏、激动之情以及欣赏之心走入原著。……我问自己：我能让译作读者对译作的欣赏如同原作读者欣赏原作一样吗？我能把作者的声音传递给新的读者群，而且把他们的快乐、敬畏或愤怒传递出去吗？这就是我的目标。"（吴赟，2013：95）"忠实"面对原文，是单向的，但对于希望了解原文真实意义的读者来说，需求同时得到了满足，因此"忠实"又是双向的。

不偏离原文就是"忠实"，这是译者和读者对于翻译本能的期待。所以，葛浩文说："超过原著的地方我没有这么大的才气，我还是尊重原著的。"② 他的"尊重"，就是他的"忠实"态度和翻译原则。张春柏（2015：12）说："诚然，葛译中也有不少归化的东西，但是我们不难看出，相较霍译《红楼梦》，葛译莫言小说的异化程度无疑要高出许多。"他忠实于原作，但翻译活动的复杂性在客观上造成偏离总是难免的，这与钱锺书（2009：775）所说的"译文总有失真和走样的地方，在意义或口吻上违背或不尽贴合原文"如出一辙。比如，葛浩文从语言系统上讲的"有些语言会抗拒充分翻译，不是无对应表达，就是词不达意，而其他语言可能提供更为丰富的选择"（邵璐，2014：50）。他还说："英汉两种语言不同，如果直译的话，译文会官腔很重，毫无意义。所以我必须使原文的某些东西内化，然后使译文达到与原文一样的效果和影响力。"（王玉娜，2014：65）所以，完全"忠实"的翻译只是一种理想状态，而"理想的翻译在理论上是存在的，但在实践中又无定论"（葛浩文，2014b：39）。

4.3 "直译"、"意译"与"忠实"

"直译"和"意译"是实现"忠实"的两条途径。按理说，"直译"是最直接的做法，但因为"直译"容易造成呆板、传神不够、可读性较差的印象，会出现如葛浩文所说的"矫揉造作、古古怪怪，有时甚至是佶屈聱牙的译文，而原作中丝毫没有这种瑕疵"（胡安江，2010：13）的情况。这样的"忠实"效果，并不是译者和读者期望的理想状态，对于以欣赏为

---

① 《莫言译者葛浩文：莫言的问题是不会外语不利于宣传》，http://culture.ifeng.com/event/detail_2013_10/15/30331214_0.shtml。

② 《英文版〈狼图腾〉110个国家和地区同步发行》，http://blog.sina.com.cn/s/blog_4ba3dcef01008r83.html。

主的文学文本尤甚。

从客观上讲，葛浩文说："英文和中文可以说是天壤之别的两种语言，真要逐字翻译，不但让人读不下去，而且更会对不起原著和作者。"① 况且，作家们"清楚地知道英汉语言不是一对一的关系，他们的作品译成其他语言也是如此；翻译是原作的补充，不是取代，对此他们也能理解。翻译能延长原作的生命，能揭示原文隐藏的信息"（葛浩文，2014b：46）。他甚至说："如果真的逐字翻译，我翻译的小说没有一本是可以出版的。"② 鉴于"直译"之短，"意译"便有了施展长处的天地，其最大长处是在尊重原文意义的前提下，达到传神和提高可读性的效果。

关于传神。意译可以译出文字表面下的潜在义，获得传神的效果。葛浩文（2014b：45）说："只要字词句译得没问题，我在行文上就要忠实地再现作家要表达的内容——也就是他要说什么——而不必要在形式上再现他是怎么写的。""翻出作者想说的，而不是一定要一个字一个字地翻译作者说的"③。他在 *The Republic of Wine*（《酒国》）的"译者注"里写道："虽然文字上并不完全一致，但我已经尽可能忠实于莫言的原著。"他再次强调，"一个成熟的译本，必然是个转换的过程。我做得足够好。我的态度是，只要我在翻译词语、短语或更长的东西上没有犯错，我的责任在于忠实地再现作者的意思，而不一定是他写出来的词句。这两者之间有细微差别，但也许是一个重要的区别"④。这也是他"尊重原著，但不必畏惧原著"⑤ 的道理所在。"忠实"不是奴隶式的。葛浩文（2014b：31）说："像《生死疲劳》，中文里面是佛说，中国人都知道它的来源，但美国没这种背景，必须找个有意思的话，后来我想出了'生命和死亡让我精疲力竭'这样的话，生死疲劳就是这个意思，但我故意拉得很长，就显得很有意思了。"

---

① 《葛浩文：滥用成语导致中国小说无法进步》，http：//culture.ifeng.com/wenxue/detail_2014_04/22/35943426_0.shtml。

② 《葛浩文：滥用成语导致中国小说无法进步》，http：//culture.ifeng.com/wenxue/detail_2014_04/22/35943426_0.shtml。

③ 《葛浩文：滥用成语导致中国小说无法进步》，http：//www.360doc.com/content/14/0422/10/8768559_371055103.shtml。

④ 《只译喜欢的小说》，http：//fanyi.baike.com/article-1332759.html。

⑤ 《葛浩文：首席且惟一的"接生婆"》，http：//www.infzm.com/content/1175。

采取意译，便于译者跳出短语、小句或单句句子结构和行文顺序的约束而在宏观上更好地加以把握，对于充满神韵并需要"二度创作"的文学翻译尤甚。无疑，"意译"提供了这样一个渠道和实现目标的可能性。

关于可读性。意译是提高可读性的一种有效手段。葛浩文把语言的可读性分为两派，他说：

> 第一派，我称为纳博科夫派，他认为翻译的作品读起来就该让读者觉得是从外文翻译过来的，不能让读者感觉好像是用他的语言写的。第二派是帕斯派，即墨西哥的诺贝尔文学奖得主，奥克塔维奥·帕斯所代表的一派。他的主张刚好相反。近年来翻译小说出版情况如此不乐观，我看只有勇气超人的翻译才敢遵循纳博科夫的原则，刻意接近原文，让译本读起来生硬像外文。①

意译在形式上是阐释，目标却是传神，提高可读性，进而吸引读者，赢得市场。而且，意译还有出版的优势。不过，各种方法都有存在的合理性，直译也是如此。葛浩文在翻译《狼图腾》时，就用直译的方式再现了大量带有特殊时代、地域特色的语言表达和文化习俗，让读者在阅读的过程中，既不会因为过多的陌生文化和语言表达而觉得文章晦涩难懂，又不会因为过于浓重的"翻译腔"而失去兴趣。直译也是使语言变得比较"洋气"的一种手段，少量使用，必然会增添新鲜、异化的效果，只是后来他在夫人的影响下，"现在会越来越不那么直译了"（李文静，2012：58）。遍查葛浩文乡土语言翻译语料库我们发现，同一个原文，既有直译文，也有意译文，全是他审时度势的结果。例如：

[1] 没有金刚钻，硬要揽瓷器活。

直译文：Without a diamond, one cannot create porcelain beauty.

意译文：Their spirit was willing but their flesh was weak.

---

① 《葛浩文：中国文学如何走出去》，http://history.sina.com.cn/cul/zl/2014-07-07/11309 4803.shtml。另见《文学报》2014 年 7 月 3 日，第 18 版。

［2］ 不是一盏省油的灯

直译文：no economy lantern

意译文：not someone you want to provoke

从历时的角度看，葛浩文在 20 世纪七八十年代标榜的 "好的译作" 是学术翻译模式，但他在 20 世纪 90 年代以后的翻译又几乎全无注释，这是因为进入 90 年代，受到商业出版模式的制约，其翻译风格和场域发生了大的转变。但 2012 年之后，随着拥有的社会资本和文化资本越来越多，他又回归先前的学术翻译模式，坚定了中国文学对外翻译和传播的原汁原味（张丹丹，2018）。这种回归，不妨说仍然是对其 "忠实" 翻译总原则的回归。

4.4 "葛浩文式意译" 和译学界的 "意译"

葛浩文和出版社均推崇 "意译"，但综观葛浩文乡土语言翻译语料库，我们却发现他以 "直译" 为主。为什么会有这样的出入呢？

原来是概念不同。葛浩文的 "意译" 是除了 "逐字直译" "一个字一个字地翻译" 之外的所有的翻译形式，包括了译学界通常所说的非极端直译的形式，这样的直译是忠实而传神的。例如：

［1］ "嫁鸡随鸡，嫁狗随狗"。

葛浩文意译文：Marry a *chicken* and share the coop, marry a *dog* and share the kennel.

陆谷孙直译文：If you marry a *chicken*, follow the *chicken*; if you marry a *dog*, follow the *dog*.

在译学界看来，葛浩文的 "意译" 是译学界认可的 "直译"，因为原文的主要意象 "鸡" 和 "狗" 都保留了下来，庄绎传在论述 "意译" 的特征时就说 "也就是不保留原文的词语和形象"（庄绎传，2015：322）。葛浩文的 "意译" 和陆谷孙主编的《中华汉英大词典》给出的直译文（保留原文意象 "鸡" 和 "狗"）不分高下。

《中华汉英大词典》的意译文是：A woman should mould her lifestyle

after that of her husband's，与葛浩文的"意译"天差地别，因为主要意象"鸡"和"狗"消失得无影无踪。

如果说上面葛浩文的意译文还对原文有稍微改造（"意译""直译"结合体或中间状态）的话，将更多的译文称为"直译"实在是名实相符的。例如：

[2] 狗坐轿子不识抬举。

Like a goddamn dog who doesn't know how lucky he is to be carried in a sedan chair.

[3] 好事成双。

Happy events call for double.

[4] 人为财死，鸟为食亡。

Birds die in pursuit of food, man dies chasing wealth.

[5] 落难凤凰不如鸡，虎落平川遭犬欺。

On the ground a phoenix is worse off than a chicken, and a tiger on the open plain is at the mercy of dogs!

[6] 不入虎穴焉得虎子。

No one can catch a cub without entering the tiger's lair.

译学界经常说的翻译方法是"直译"、"意译"和"直译+意译"，如余世洋和尹富林统计的葛浩文翻译方法就只有这三种，而受人追捧的"直译"是首先排除了"逐字直译"（"死译""硬译"）的（余世洋、尹富林，2015）；"意译"也即这里的"解释性意译"，之所以增加"解释性"一词，是因为他把文化上归化的做法也看作"意译"的一种，尽管"归化"只是文化层面的事，译学界一般不称其为意译；"半直译半意译"即"直译+意译"的状态，只是这样的状态可以有不断细分的空间，远非"直译+意译"概括的。

"逐字直译"是最靠近原文的做法，只是过于偏重形式意义，导致译文缺乏可读性而受到译者和读者的排斥。实际上，偏离"逐字直译"而"美化"的过程，大约可算作偏离原文的过程，而偏离原文的过程，也大约等于译学界所说的葛浩文式翻译展现的过程。葛浩文式翻译（有人斥之为"连译带改")在"直译""意译"连续统上虽然没办法表现出来，但每次偏离都意味着不同程度的连译带改，这是每位翻译家都有过的经历。增添和省略都属于改写的范畴，只是语言转换的背后展示的是"译者"超语言的、超译者身份的社会行为。

鉴于在葛浩文提及的翻译概念中未涉及"归化"，因此可以将"归化"一并看作对于原文意义的解释策略，看作"葛浩文式意译"的一部分，毕竟这一策略是借助译语的文化表达而把原文的作用表达清楚了。这便是"归化式意译"。"意译"是针对原文意义的解释策略；"归化"是放弃原文，求取与原文意义功能相等的文化配对策略，也是变相以方言代替方言的做法。我们来看看葛浩文"意译"和"归化"（即"解释性意译"和"归化式意译"）合一的例子。

[7] 罗汉，你们家那个老长工……他和你奶奶**不大清白**咧，人家都这么说……呵呀呀，你奶奶年轻时**花花事儿**多着咧。

葛浩文译文：Arhat, your family's foreman...something *fishy* between him and your grandma, so everyone said...Aiyaya, when your grandma was young she *sowed plenty of wild oats*....

[8] 人吃猪狗牛羊的肉，跳蚤臭虫就吃人的肉，这就叫**一物降一物**，或者叫作**冤冤相报**。

葛浩文译文：People eat the flesh of pigs, dogs, cows and sheep; fleas and bedbugs eat the flesh of humans. This is known as *the subjugation of one species by another* or, simply, *tit for tat*.

例 [7] 把"不太清白"意译为 fishy，解释了原文的意思；把"花花事儿"处理为 sowed plenty of wild oats，是用西方文化中现成的套话，归化式地对换了原文。"不太清白"和"花花事儿"意思基本相同，前者意译，解释的是"不太清白"的男女关系，后者归化，用这类英语中现成的熟语替代了"花花事儿"对男女关系的表达，所以是狭义上的"归化"。例 [8] 把"一物降一物"意译为 the subjugation of one species by another，把"冤冤相报"归化处理为 tit for tat，或出于花样表达的需要，也或是因为原语文化中没有现成的表达等，但更常见的还是偏于原文形式的表达。

关于误译，有的是看错了原文或者是笔下误，比如把"不到长城非好汉"译为"Never call himself a man till he reaches the Yangtze"，对于这样的误译，我们没有理由看作"葛浩文式意译"的一部分。当然，有意而为的"误译"除外。

对于"直译""意译"，如果不弄清楚译学界与翻译实践家葛浩文在理解上的出入，就不能断言译学界所说的"直译""意译"在葛浩文的翻译实践中所占的比例，有关的争论就只能沦为译学界内部的概念之争。我们通过考察语料库得出葛浩文是以"直译"并"忠实"为主的结论，与葛浩文声称的采取"意译"并"忠实"的策略并不矛盾。

4.5 "葛浩文式意译"：在作者和读者间平衡

"葛浩文式意译"是以原文为中心的，也是以作者为中心的，在再现原文语言风格的过程中，增强了可读性和创造性。这一过程的终极目标是赢得读者。"葛浩文式意译"的底层，就是求取作者和读者之间的平衡。许钧（2000：61）对这一平衡论述道：

> 翻译考虑读者的需要而对原作有所删增，也许有一定的道理。但是，一味地强调读者需要而忽视或不尊重作者，是否就应鼓励呢？译者负责任，首先要向原作者负责任。因为原作是作者的财产，属作者所有。人家的东西，得尊重才行，不能随便处置。若真考虑到读者需要，原作者也理解，当然可以增删。可若原作者不同意怎么办？原作者的意愿也得尊重……看来，唯读者论、唯目的论也有偏差。

许钧（2002：87）说："翻译是一种'平衡'的艺术，好的翻译家，就像是'踩钢丝'的行家，善于保持平衡，而不轻易偏向一方，失去重心。"沙博理说："翻译像走钢丝，倒向这边不行，倒向那边也不行。能够表达风格，而且外国人可以接受，那就可以了。"（洪捷，2012：63）葛浩文夫妇（Goldblatt & Lin，2019：8）说："也许，至少值得一试的中庸之道是既保留一定程度的外国味，又不失却可读性。"

总体而论，葛浩文算是平衡的高手，他表面上向左面对原文，其最终目标却是向右迎合读者的。而作者和读者两个因素在译者的心理天平上，最终是要译以致用的，也即"求真兼顾务实，务实兼顾求真，并高于求真"或"求真为本，务实为用（上）"，所以为了读者的喜好，译者甚至不惜改变原文。葛浩文说："中国读者和英语读者不一样，（我）为了迎合英语读者的口味会有删改，改了，但没有改书的骨子。"① 所以，此时他并非从根本上背离了对原文"忠实"的翻译原则。

传统上"忠实"只是面对原文而言的，原文怎样写就，就应该怎样"拿来"，但事实总有出入，无论是译者的主观诉求和目标因素使然，还是客观上语言、文化之间的差异等因素造成的。译者努力求取的是各方因素的平衡以及难以实现平衡之后的妥协。妥协往往是在特定读者的需求难以满足之时发生的。"忠实"就是不背离原文，所以当有人赞扬他的翻译是多么具有创造性时，他会感觉很"刺耳"，"译文中的改动绝大多数是美国或英国出版社的编辑所做的，但中国读者，尤其是媒体，总指认我为罪魁祸首"。② 葛浩文坚持的是在忠实于原文的前提下服务好读者。他说："我认为一个做翻译的，责任可大了，要对得起作者，对得起文本，对得起读者……我觉得最重要的是要对得起读者，而不是作者。"（季进，2009：46）按照译学界的说法，"对得起作者，对得起文本"就是忠实于原文的态度，并主要通过"直译"来实现；"对得起读者"就是对读者负责，并主要通过"意译"来实现，以传达原文背后的文化真意，只是有时难免会有不易兼顾、不易平衡之处。

我们看到了译者葛浩文的矛盾之处。在面对文本时，他坚持的是原文和作者第一，以免"对不起原著和作者"③；在面对读者时，他坚持"因为翻译不是给作者看，也不是给译者看，而是给读者看，即读者的需要才是最重要的"（侯羽、朱虹，2013：94）。以莫言小说《酒国》中大量隐喻性表达的翻译为例，葛浩文坚持"在翻译时尽可能忠于原文，但求译文有助读者领略和享受小说的好处，远胜于其所流失的"（金艳、

---

① 《葛浩文英译〈废都〉澄清未修改莫言小说结局》，http：//cul.sohu.com/20131017/n388 351495.shtml。

② 《葛浩文讲真话：中国小说在西方不特别受欢迎》，http：//history.sina.com.cn/cul/zl/ 2014-04-23/105389105.shtml。

③ 《葛浩文讲真话：中国小说在西方不特别受欢迎》，http：//history.sina.com.cn/cul/zl/ 2014-04-23/105389105.shtml。

张艳，2014：85）。他说："作者不懂作品要译成的外语，我们要不要让他高兴，尽可能地靠近原作呢，哪怕牺牲译文的通顺？答案当然是否定的。"（葛浩文，2014b：45）如果为了读者的需求有牺牲作者的必要，那么改动原文、偏离原文也就在所难免了，而葛浩文声称的同时"对得起作者，对得起文本"（季进，2009：46）怕只能部分停留在口头上了。正是因为要平衡，才出现了矛盾的言辞。他要服务于双方，他是一个平衡者，又最终稍微偏向读者，他是使作品最终进入流通市场、服务于市场的务实者。

归根结底，作者写作是为了读者，尽管原本是为了原语读者群体；译者翻译也是为了读者，是译语读者群体。对于作者，"如果想着翻译家，那势必使自己的艺术风格大打折扣，势必为了翻译的容易而降低自己作品的高度和难度"①；对于译者，涉及翻译内翻译方法的灵活使用以及翻译外说服作者迁就新的读者群体而调整原文，等等；编辑和作者、译者等多方"共谋"（collusion）（Bassnett，2001：26），直至最终合力赢取译语市场。

4.6　讨论"葛浩文式意译"的意义

葛浩文反对的"直译"是"逐字翻译"，是"直译"的极端形式。这也是译学界所反对的，和林语堂"忠实"、"通顺"和"美"的主张大同小异，在这一点上，葛浩文除了称谓、概念和译学界的说法稍有出入外，其实质是相同的。直译而不要太"直"，就是葛浩文所说的"意译"，尽管在译学界仍然称为直译。在理论上，"硬译"或"死译"也属于"直译"的范畴，"胡译""乱译"又一般会超越"意译"的范畴，但在实践上，却是根据效果、目标等择善而从的。否则，既对不起原文和作者，也对不起读者和任何使用者。如果对不起读者，即使不懂原文的编辑也能看得出来，比如佶屈聱牙的"翻译腔"，编辑一般不会放任不管。

不管是在理论上还是实践上，"直译"和"意译"都有不断细分的空间，都可以不断地进行层次性的划分并得到事实的支持。葛浩文的忠

---

① 《莫言北师大即兴演讲：好的文学应该让人读出自己》，http://culture.people.com.cn/n/2013/0124/c87423-20307968.html。

实加传神才是他"忠实"的精髓。葛浩文以原文为中心，对原文"忠实"的同时提高译文的可读性，也就能够赢得市场，符合"求真兼顾务实，务实高于求真"或"求真为本，务实为用（上）"这一译者总的行为原则。

"葛浩文式意译"的核心与习近平倡导的"海外乐于接受方式"和"易于理解语言"是一致的。"葛浩文式意译"和译学界的概念是有出入的，他的"归化"实际成了他"意译"的一种方法，甚至他的"连译带改"也算作"意译"的一种，这样的行为不同的译者都有过，尽管程度上不尽相同。

翻译都是在对原文求真和对读者务实间平衡的；葛浩文和其他译者一样，遵从了译者行为的一般准则，即：求真为本、求真兼顾务实；务实为用（上）、务实兼顾求真。对应的翻译目标是：原文求真（求真），译文求用（务实）。务实、求用是译者目的性行为的主要用意之所在，也是人类行为目的性的主要体现之一。因此，务实兼顾求真。译文求用，又主要表现在务实高于求真上。李景端（2016：40）讨论过"葛浩文式翻译"也即"连译带改"的代名词。他认为，"从市场翻译传播来看，那样译，有时又是成功的"，他把翻译分为"学术与商品两种属性"来看问题，并认为"在市场经济条件下，当学术与市场两者要求出现矛盾时，似不宜以各自的标准和规则，来评判和要求对方"。实际上，葛浩文求真、务实行为的统一，正是这样两种属性的反映，用译者行为批评"翻译内"和"翻译外"两种分野的观点来看问题，就能使之得到合理的解释。他的求真、务实行为的平衡也是孟祥春所说的"葛浩文既是在翻译作者，也是在呈现自己，是'我译'与'译我'的统一，前者指向'忠实'，后者通向'创造'"（孟祥春，2015：78）。

"求真"大致同于"忠实"，是面对原文的；"务实"是面向市场的，众多翻译策略和翻译方法的采用，证明的是"总有一款适合你"的翻译生态。因之，对于中华文化"走出去"的具体翻译实践而言，不因循某一些既定的策略和方法，才能实现中华文化外译的理想效果，而在进行翻译批评时，更不宜先入为主或作"二元对立"式的、印象式的评判，需要结合语境、翻译目的、文本类型等，利用翻译语料库，在穷尽性查证事实的基础上，进行理性的、综合的分析。

葛浩文是翻译实践家，不是理论家，他的一些表述和译学界理论家的有关表述有些许出入，只有结合他的翻译思想和翻译实践进行讨论，才有利于翻译批评学科的健康发展，而且在充分认清其实践的基础上，为中华文化"走出去"提供借鉴和指导。

第五节 "滥用成语导致中国小说无法进步"？①

5.1 狭义和广义的"成语"

"成语"是什么？按照《现代汉语词典》（第7版）的解释，"成语"是"人们长期以来习用的、简洁精辟的定型词组或短句。汉语的成语大多由四个字组成，一般都有出处。有些成语从字面上不难理解，如'小题大做、后来居上'等。有些成语必须知道来源或典故才能懂得意思，如'朝三暮四、杯弓蛇影'等。"这里的"成语"有一定的形式标记，可看作狭义上的。"360百科"把汉语"成语"等同于英语、法语和德语中的idiom、意大利语中的idioma，世界语的idiotismo，韩语中的관용구和日语中的イディオム等，② 总的属于约定俗成的一类说法，形式标记并不明显。"360百科"上有一句很简洁的概括，就是"成语，众人皆说，成之于语，故成语"，也就是"一种现成的话"，这足可以说明所有语种中成语的情况，或可以说是广义上的"成语"。

"360百科"把成语和习用语、谚语、专名、科学术语、歇后语、引语等做了一些细微的区分，能区分开来又有明确形式标记的成语是狭义上的，而与英语中idiom等同的成语可算作广义上的。经过考察发现，汉学家葛浩文说的"成语"是广义上的，与我们心中默认的狭义上的"成语"是有出入的。我们心中默认的"成语"只是广义"成语"中的一个部分。换句话说，葛浩文的"成语"甚至包括了乡土语言中的所有语言单位。为便于叙述，我们有时把广义上的"成语"称为"熟语"，暂时把乡土语言单位中的"熟语"作为一个上位的种概念来看待，但这里仍多以狭义上的"成语"为例。

---

① 本部分主体由周怡珂完成。
② https://baike.so.com/doc/5390240-5626870.html。

关于"成语"的狭义和广义在以前还没有人谈到过。区别"成语"的狭义和广义有助于我们对有关议题进行有针对性的讨论，免得因为术语的边界不同而造成"鸡同鸭讲"的尴尬，导致无的放矢。特别是葛浩文公开表示过"滥用成语导致中国小说无法进步"，因此更需要我们明白其所指。这对于中华文化"走出去"无疑会有一些借鉴的意义。葛浩文意义上的"成语"可被称为"葛氏广义'成语'"。

为清楚起见，我们采用了倒叙的方式，但要首先从葛浩文的有关讲话谈起。葛浩文的有关讲话兹录于下：

葛浩文：滥用成语导致中国小说无法进步

翻译中国当代文学作品数量最多的美国汉学家葛浩文很清楚自己面对的诸多争议。昨天他在"镜中之镜"研讨会上的主旨发言，主题虽然是"中国文学如何走出去"，但很多时候也为自己的工作和海外中国文学翻译作辩护。

在葛浩文看来，虽然中国现在是世界瞩目的焦点，但"绝不可因此就断定外国读者必然会喜欢中国文学"。现实是"近十多年来，中国小说在英语世界不是特别受欢迎，出版社不太愿意出版中文小说的翻译，即使出版了也甚少做促销活动"。这也是与会作家王安忆、毕飞宇和阎连科知道的现实。

中国文学为何在西方不受欢迎？葛浩文表示，"可能与中国小说人物缺少深度有关。当然，有不少女作家的人物写得就很好。但大体来说，中国小说还是有着明显的倾向，即叙述以故事和行动来推动，对人物心灵的探索少之又少。"其实葛浩文更直接的结论是，中国的小说不好看，"小说要好看，才有人买！造成这个现象的原因很多，可能因为中国作家一般必须借助翻译来阅读其他国家文学，也可能是传统的文以载道思想作祟。"

德国汉学家顾彬曾批评中国作家几乎没人能看懂外文，莫言可能是近年来唯一一个不懂任何外语的诺贝尔文学奖得主。"顾彬认为这个缺失导致中国小说视野过于狭隘，我同意他的说法。"葛浩文昨天说，"中国作家到国外旅行演讲，必须完全仰赖口译，因此自行到处走动与当地人接触的机会少之又少，通常就和中国同胞在一起，等于人的身体出了国，但其他种种还留在中国。难怪不少人认为中国当代文学缺少国际性，没有宏伟的世界观。"

葛浩文不仅批评中国作家外语能力欠缺以及在写作上过于仰仗叙事，还批评中国许多作家写得太快太长，"常给人粗制滥造的印象，出版后评论家和读者照单全收，不太会批评作品的缺失。还有一个大毛病，就是过于冗长，似乎不知见好就收的道理。为什么中国作家那么爱写那么长的小说？为什么要加入那么多描述，甚至是芝麻小事的细节，把小说变成文学百科全书？是因为稿费是按字计酬吗？还是因为缺少能力判断什么需要舍去？"

葛浩文之所以毫不客气地批评中国作家，用他自己的话说并不是要以西方的标准评价中国小说，"西方小说经过长时期的演变到了二十世纪基本定型，怎么写才算是好作品，大多都有不成文的约定，市场也会决定一部小说该怎么写，这是很现实的，尤其在世界各地阅读大众日益减少的现在。""中文小说很难找到这么脍炙人口的第一句，相反的，中国的小说一开始就是长篇大论介绍一个地方，可以吸引国内的读者，但对英文读者来说，可能会造成一个隔阂，让他们立即失去继续读下去的兴趣。"

美国已故著名作家厄普代克当年在看了由葛浩文翻译的苏童的《我的帝王生涯》和莫言的《丰乳肥臀》后，在《纽约客》上写了4页评论，推测译者"是一个字一个字地翻译中文原文"，最后批评"英文翻译的陈词滥调十分乏味"。葛浩文对此表示，"如果真的逐字翻译，我翻译的小说没有一本是可以出版的。"至于"陈词滥调"，葛浩文则认为，中文作品里有许多陈词滥调的成语，"我个人的经验是，成语的滥用是中国小说无法进步的原因之一。"

而在中国，对葛浩文的非议反而在于他没有逐字逐句地翻译，葛浩文说："英文和中文可以说是天壤之别的两种语言，真要逐字翻译，不但让人读不下去，而且更会对不起原著和作者。"他还是会"翻出作者想说的，而不是一定要一个字一个字地翻译作者说的"。①

---

① 《葛浩文：滥用成语导致中国小说无法进步》，http：//culture. ifeng. com/wenxue/detail_2014_04/22/35943426_0. shtml。

既然葛浩文认为，"滥用成语导致中国小说无法进步"。那么，他是怎样处理原文里的成语的呢？

5.2 葛浩文的狭义"成语"行为方式，兼语内省译和语外省译行为

（1）能直译则直译的

[1] **瓜熟自落**。/*A melon falls to the ground when it's time.*

[2] **八仙过海，各显其能**。/*Eight immortals cross the sea, each demonstrating his own skills.*

[3] 常说**救人一命胜造七级浮屠**。/Everyone says that *saving a life is better than building a seven-story pagoda.*

[4] 上官吕氏**怒气冲冲**地站起来。/*Enraged*, Shangguan Lü stood up.

[5] 别站在这**碍手碍脚**。/You are just *underfoot.*

[6] 你**癞蛤蟆想吃天鹅肉**。/Sha, like *the toad who wants to feast on a swan.*

[7] 犹如**锦上添花，火上浇油**。/increasing *the happy clamor and adding fuel to the joyous fire.*

[8] **人过留名，雁过留声**。/*A man leaves behind his good name, a wild goose leaves behind its call.*

[9] 常言道"**有钱能使鬼推磨**"。/They say *money can make the devil turn a millstone.*

[10] **项庄舞剑，意在沛公**。/*Xiangzhuang performing a sword dance to cover his attempt on Liubang's life.*

（2）因难以直译而意译的

[1] 咱娘俩**打开窗户说亮话**吧。/It's time for mother and daughter *to have a heart-to-heart talk.*

[2] 今晚上先给你个**下马威**。/Tonight has just been *a warning.*

[3] **死生有命，富贵在天**。/*If luck is with him, he is bound to live.*

［4］ 您是大城市来的，**走南闯北**，经得多见得广。/come from the big city, *have traveled widely*

［5］ **贼眉鼠眼**/*looks like a bad piece of goods*

［6］ 杨七**獐头鼠目**/*a repulsively ugly man with shifty eyes*

［7］ 说得**有鼻子有眼**哩。/The details were *lurid.*

［8］ 谈论起酒来更是**头头是道**。/*if anything, even greater*

［9］ 一下子说不出个**子丑寅卯**来。/*simply doesn't know what to say*

（3） 根据语境译意而求取功能相当的

［1］ 上官吕氏用**恨铁不成钢**的目光直盯着儿子。/Shangguan Lü stared at her son *with a look that said, why can't you be a man?*

［2］ 我就杀他家个**鸡犬不留**！/I will personally *wipe his family off the face of the earth!*

［3］ ……几乎与我是**心有灵犀一点通**了。/...and I were *on the same wavelength.*

［4］ **日月如梭，光阴似箭**。/*Time flies.*

［5］ 自毁了**锦绣前程**。/ruined what could have been *a fine military career.*

［6］ 你简直是**胡说八道，满嘴放炮**……/You *just think what you're saying...*

能直译则直译，即侯羽等（2022：99）分析的，"通过分析葛浩文夫妇合译两位作家小说中的意象话语，可以发现一些个性较强的意象话语都得到了保留"。

直接套用现成的归化说法是译者最省心、最本能的做法，这里不再举例。但葛浩文并不轻易拿英语中现成的归化说法而求取相当的功能，而是尽量求风格之真。这也就是侯羽等（2022：100）分析的，葛浩文夫妇"采用英文中固定表达方式有利于增强译文的地道性和可读性，然而这样的固定方式使用得不多"。

上列第（3）种和第（2）种，虽然都表现为意译，但潜在的道理是有区别的。第（2）种的"意译"和第（1）种的"直译"，都是面对原文意义的解释策略，而第（3）种是根据语境译意而求取功能相当的，是面对语境效果和读者需求而做出的选择，有的并非不能直译。有的属于冯全功（2017：73）所分析的原文意象不便再现和含有文化典故的意象很难再现等情况。

我们发现，虽然葛浩文说过"滥用成语导致中国小说无法进步"的话，但真正面对狭义上的"成语"时，他确实翻译了，虽然有不同的处理方法，但大致是忠实于原文的意义或者原文在语境中的作用而直译或者意译的。葛浩文的做法主要有五种：一是能直译则直译；二是因难以直译而意译；三是按照语境而意译；四是直接套用目标语中的现成说法（只是他有意控制比例①，不让这样的情况出现过多，毕竟他是以"忠实"为指导原则的）；五是省略不译（删除）。我们检索葛浩文乡土语言翻译语料库发现，他在绝大多数情况下是忠实于成语原文的。前两种方法使用得最多，说明他忠实于原文原意的翻译方法，与他所说的"滥用成语导致中国小说无法进步"的话并不一致。使用最少的是直接套用（归化），省略不译又具体分为语内省译和语外省译。

"语内省译"也是"译内省译"，发生在语言内部、翻译内部。发生在语言内部的，都是有关语言转换方面的问题。从内部讲，有的成语在一个句子中会连续出现前后意思差不多的几处表达，译者葛浩文为了语言的简洁和达到作者希望达到的表达、传播效果而省译其中的某处乡土语言单位，那么他就临时扮演了第二作者和编辑的角色，这些是能够通过实例看得比较清楚的。之所以把它们看作翻译内部的问题，是因为它们直接关涉的是语言转换方面的事，比如双关语等基本属于"不可译"的语言形式，译者就通过省略不译而回避。例如：

---

① "葛浩文的翻译是紧扣原文的。所谓归化的译法，在他那里不过是不得已而为之，而且用得极少。"（史国强：《葛浩文的"隐"与"不隐"：读英译〈丰乳肥臀〉》，《当代作家评论》2013年第1期）朱振武说："像葛浩文，他能成功的一个原因是什么？就是非常忠实原文，他越忠实原文，美国人越看到一些原汁原味的东西。所以我们不要求一定要让目标语读者都懂，有的时候留点陌生化效果反而是好的。"（朱振武、高静：《新时代外语人的文化担当和家国情怀——朱振武教授访谈录》，《山东外语教学》2018年第4期）。

[1] 爷爷他们又意气风发地吵嚷一阵：二老爷，不是为那几个钱！人活一世，**不蒸馒头争口气**！不要让他们小瞧我们，不要让他们认为高密东北乡无能人！

"Second Master, it's not for the money!" Granddad and the others argued. "A man only lives once. Don't let the world look down on the people of Northeast Gaomi Township!"

再如意思相同或相近的前后两个或几个熟语：

[2] 咱去弄个叫花子来当替死鬼，来它个偷梁换柱**李代桃僵**。

We'll find a beggar to take your place, what they call stealing beams and changing pillars, to manage a bit of trickery.

[3] 俗话说"病笃乱投医，**有奶便是娘**"。

When a patient is dying, find doctors where you can.

[4] 不看僧面看佛面，**不看鱼面看水面**。

If not for the sake of the monk, stay for the Buddha.

[5] 这种敲山震虎**敲竹杠**吃白食的把戏。

You can beat the mountain to frighten tigers all you want.

例［2］中的"偷梁换柱"和"李代桃僵"同义，且在语境中的作用相同，所以译者有意删除了其中的"李代桃僵"而不译。这明显是语言内部涉及语言转换方面的问题，不是译者会不会转换的问题。例［3］中的"有奶便是娘"和"病笃乱投医"、例［4］中的"不看鱼面看水面"和"不看僧面看佛面"、例［5］中的"敲竹杠"和"敲山震虎"皆同义，删除其中之一而不译，收获了和原文一样的语境效果。

葛浩文对狭义上的成语是这样处理的，对广义上的成语（熟语/习语）也是如此，此不多叙。

"语外省译"，也是"译外省译"，发生在语言外部、翻译外部。至于哪些段落和句子他整体省略不译，从语言外部讲，只是他整个删除计划的一部分，或是因为"过于冗长，似乎不知见好就收的道理"，或是因为小说太厚、"太长"，"常给人粗制滥造的印象"，或者如此而不利于销售等，跟其中是不是有成语或者有没有某些特定的成语没有任何直接的关系。姜智芹（2011：282）是这样分析的："就葛浩文本人来说，他对小说进行删改的原因，一是很多历史、文化典故难以用英语表达，二是认为美国读者未必会对被删改的部分感兴趣……他说美国读者喜欢篇幅短小的故事，越短越好，上下两册的小说，在美国基本上没人会看。"例如：

[1] 她把那杆大枪放在"材天"上，说："娘活了半辈子，琢磨出几个道理：天堂再好，比不上家中的三间破屋；孤魂野鬼，怕的是正直的人。"

[2] 上官公子啊，上官大侠，您老人家大人不记小人的过，宰相肚子里跑轮船，不是一般的轮船，是万吨巨轮，乘长风，破巨流，直驶太平洋，您的胸怀，比太平洋还广。

[3] 有妈的孩子是个宝。我现在还是宝。活宝，现世宝。到塔前去，与母亲相伴，捡酒瓶卖，粗茶淡饭，自食其力。

[4] 羊委员放下趾高气扬的架子，阴沉地说："大娘，您可别敬酒不吃吃罚酒！"

[5] 我奶奶一生"大行不拘细谨，大礼不辞小让"，心比天高，命如纸薄，敢于反抗，敢于斗争，原是一以贯之。所谓人的性格发展，毫无疑问需要客观条件促成，但如果没有内在条件，任何客观条件也是白搭。正像毛泽东主席说的：温度可以使鸡蛋变成鸡子，但不能使石头变成鸡子。孔夫子说："朽木不可雕也，粪土之墙不可圬也。"我想都是一个道理。

这些句子和段落都没有翻译。其中的成语不是"会不会"和"能不能"翻译的问题，因为他完全跳出了语言转换的窠臼。

语外省译的因素数不胜数，比如阿瑟·韦利删除了《西游记》中的部分诗词，"这是译者在当时历史语境下做出的自觉文化选择。一方面，对原著诗词的选择性翻译折射出译者的中国诗歌翻译观；另一方面，这与韦利在二战语境下刻意塑造孙悟空英雄形象的目的有着直接的关系"（王文强、李彦，2018：156）。

但不管是语内省译还是语外省译，都是为了读者。戴若愚和陈林是这样分析郝玉青（A. Holmwood）的删减策略的："郝玉青大量删减的策略，表面上有悖于忠实原文的传统翻译观，实质上赢得了读者，取得广泛影响。这种翻译策略降低了历史文化意象形成的门槛，减小了英译本中的中国文化密度，舒缓了对阅读的阻滞，满足了西方读者的审美期待。"（戴若愚、陈林，2019：122）

5.3 葛浩文语内处理广义"成语"的能动行为

能动的译者都有过对原文不同程度改写的经历，其中既有客观的原因，也有主观的故意。客观的原因如汉英两种语言和文化差异巨大，译者很难保持原文风格的高度再现并引发预期的读者反应，所以改写在所难免。主观的故意如为了提高阅读效果、宣传效果、销售效果等。当然，有的时候译者是因为难以抑制自己创作的冲动而改写，比如在韵律节奏的再现上所花费的工夫。我们以下仅对葛浩文的行为做一些分析。例如：

[1] 他们既然开着那么个铺子，就应该善待每一个投稿者，俗话说得好，"**三十年河东，三十年河西**"，"**天转地旋，你上来我下去**"，人无千日好，花无百日红"，"**两座山碰面难，两个人碰面易**"，保不准哪一天，周宝和李小宝这两个小子会撞到我的枪口上呢！

Since they have opened shop, they have an obligation to treat anyone who submits a manuscript with dignity and respect. As saying goes, "Heaven turns and the earth spins; you go up, and I go down," or "For two mountains to meet is unlikely, but for two people it is common occurrence." Who knows, Zhou Bao and Li Xiaobao might find themselves in front of the business end of my rifle one day.

[2] 常言道："**螃蟹过河随大溜**""**识时务者为俊杰**"，不要顽固不化，不要充当挡路的石头，不要充硬汉子，比你本事大的人成千上万，都被我们修理得服服帖帖。

Stop being headstrong, an obstructionist. We have brought over thousands of people with more talent than you.

[3] 你乖乖地还给我，儿子，这种敲山震虎**敲竹杠**吃白食的把

戏，老娘我见得多了！

I asked you nicely to give it to me, son. You can beat the mountain to frighten tigers all you want. I've seen this sort of daylight robbery plenty of times. People who live off of others are nothing new to me.

[4] 今晚咱两个见个高低，不是鱼死就是网破，不是你死就是我活！两军相逢勇者胜。**砍掉了脑袋碗大的疤。**

Tonight you and I are going to have it out once and for all. Either the fish dies or the net breaks. Only one will be left standing. When two armies clash, victory goes to the most heroic!

[5] **咱们骑驴看唱本，走着瞧！** 三十年河东，三十年河西！阳光轮着转，不会永远照着你的窝！

The river flows east for thirty years and west for thirty years! The sun's rays are on the move. They won't always shine down on your nest!

[6] 咱去弄个叫花子来当替死鬼，来它个偷梁换柱**李代桃僵**。

We'll find a beggar to take your place, what they call stealing beams and changing pillars, to manage a bit of trickery.

例 [1] 中的"三十年河东，三十年河西"，例 [2] 中的"螃蟹过河随大溜""识时务者为俊杰"，例 [3] 中的"敲竹杠"，例 [4] 中的"砍掉了脑袋碗大的疤"，例 [5] 中的"咱们骑驴看唱本，走着瞧！"例 [6] 中的"李代桃僵"均未译。那么，是不是原文不可译或者译者难以翻译呢？非也。比如例 [1] 中未译的"三十年河东，三十年河西"，在例 [5] 中就做了翻译，而例 [5] 中的"咱们骑驴看唱本，走着瞧！"有的地方也翻译了，如"耿莲莲笑嘻嘻地说：'老东西，**咱们骑驴看唱本，走着瞧。**'"英文为：Lianlian giggled at the news, "That old fart. *We'll keep riding the donkey and singing our song*, and see what happens."所以，仅从语言内分析译者能力、翻译伦理等问题是不够的。而实际是因为原文语言过于烦琐，前后两处及其以上的语言单位表达的意思相同或相似，在不影响意思完整的前提下葛浩文进行了改写，表现为省译。

关于中国作家用语的烦琐，英国翻译家蓝诗玲（J. Lovell）说道："《檀香刑》更加野心勃勃，发人深省。主题富有想象力……但是，如果斟词酌句，其语言还是粗枝大叶，套话连篇。"（卢巧丹，2015：54）汉语中不少这类"不言自明"的信息，"英文忌讳冗余，较少强调'不言自明'的信息"（戴若愚、陈林，2019：121）。如果在译文中完全忠实于原文，势必难以在译文读者中达到作者希望达到的表达效果。有的话语更是过于烦琐，只能让译者退避三舍，甚至表现为"不可译"。例如：

[1] 有朝一日我碰上他，一定要和他展开一场血腥大辩论，我要驳得他哑口无言噤若寒蝉，然后还要揍他一顿，让这个小子七窍流血鼻青脸肿魂飞魄散一佛出世二佛涅槃。

If I ever meet him, I tell you, he's in for the verbal fight of his life.

这么多意思重复的话，无非是为了加重语气，所以葛浩文就大大地简化了，只是根据语境表现了句子的作用。他甚至有时用归化的说法，通过套译表达原文前后意思重复的熟语，只是所占的比例不大罢了，毕竟这有违他"忠实"的原则。例如：

[2]"彻底的唯物主义者是无所畏惧的"，老师不必**怜香惜玉进退维谷**，更不必**投鼠忌器左顾右盼**，有什么看法直说不要吞吞吐吐，**竹筒倒豆子**，是我党的光荣传统之一。

"A true materialist fears nothing." So please, don't feel you need to *pussy-foot around it*. Just say what's on your mind and don't *beat around the bush. Laying all your cards on the table* is one of our party's great traditions.

当然，也有表达非常烦琐的熟语堆叠葛浩文却未省译，比如他将"人们会骂你**痴心妄想，猴子捞月，竹篮打水，癫蛤蟆想吃天鹅肉**"烦琐地译为"They will fling abuse at you for your *fanciful thoughts*, *for acting like a monkey trying to scoop the moon out of the lake*, *for drawing water with a bamboo basket*, *for being the warty toad that wants to feast on a swan*"，除了有尽量忠实于原文形式考量外，译者主要是把语言作为文化来传播的（见林丽君的解释）。

译者有时会巧用标点符号或连接词语，以表现语句之间的逻辑关系：

[1] **树怕屎尿浇根，人怕酒肉灌心。**

Human waste spoils a tree's roots; spirits and good food intoxicate a man's heart.

[2] 这下好了，让人家**枪打了出头鸟**，让人家**擒贼先擒了王**。

This is what it has come to: the bird in front gets the buckshot; the king of thieves is first to fall.

[3] 刮磨檀木橛子这活儿耗去了咱家整整半天的工夫，**磨刀不误砍柴工，"工欲善其事，必先利其器"**。

That sanding alone took me half the day—a sharp ax makes the best kindling, or, as the adage goes, "The best work requires the finest tools."

译者在例 [1] 和例 [2] 中改用分号表示并列关系。在例 [3] 中因为"磨刀不误砍柴工"和"工欲善其事，必先利其器"前后意思一样，所以只翻译了一半，但增加一个 or，除了说明二者的逻辑关系外，也说明译者要表明原文是两个这样的乡土语言单位，在语言表达的烦琐程度可以容忍的情况下，尽量尊重原文的语言形式。但有时葛浩文为了表现一种逻辑关系，反而弄错了，比如他把"赵大嫂子，**肥猪碰门，骡马成群**。大喜大喜！"（Good Mrs. Zhao, a nice big porker has landed at your door, while your stable is crowded with horses and mules. You are blessed, truly blessed!"）中表示并列关系的"肥猪碰门"和"骡马成群"看成了对比关系。

5.4 "葛氏广义'成语'"与"陈腔滥调"

葛浩文是出于对厄普代克的反击而提及成语的。因为葛浩文坚持的总的翻译原则是"忠实"，所以他被母语同胞指责时，总是拿原文回击：

> 我葛浩文做翻译一点也不马虎。我不马虎的……可他（厄普代克）连翻译都要批评，他不懂中文，凭什么批评翻得好不好？……对他而言，这在英文里是陈腔滥调，但中文原文就是这么写的，他无法对照苏童原文，以为我用了什么滥套把苏童小说译坏了。其实，我并不觉得这是什么滥套，他不过是吹毛求疵。（于科先，2012：140）

这里，他为了尽力保持"原文的语言风格"，采用了英语里的"陈腔滥调"，但英语读者并不喜欢。用英语里的"陈腔滥调"代换原文里滥用的熟语未受到目标语读者的欢迎，但译者的初衷是尽力使译文保持原文的语言风格，实现翻译的文化交流目的。葛浩文说："我认为我和我的同行普遍更重视原文的表达，而非打动人的雅致效果。"① 但是否真的如此并如他所言"中文原文就是这么写的"所以他就如此忠实地翻译呢？因为翻译过程的复杂性，所以他又不得不承认，"翻译的小说里所用的语言——优美的也好，粗俗的也好——是译者使用的语言，不是原著作者的语言"（周晓梅，2015：79）。如果是"译者使用的语言，不是原著作者的语言"，那么厄普代克的批评就不是捕风捉影，不管是以原文/作者为中心，还是以读者/市场为中心，免不得在事实上演变为以译者为中心，而在译者的内心深处，这样做的最终动力是读者的需求。葛浩文（2014b：37）说过：

> 译者有时会面临看起来不可能的选择。我还要提到厄普代克。他对翻译本身仅有的批评是"葛浩文的陈词滥调失败了"。他只引用了一个例证，即 He licked his wounds。对此，我感到不可思议，因为我知道避免陈词滥调是何等重要。于是我核对了原文，而原文正是"他舔吮他的伤口"！②

从这段话我们看到，葛浩文的意思是，原文是陈词滥调，他也必须跟着原文用陈词滥调，即使英语读者不喜欢，那也是没办法的事。

实际应该这样看问题。第一，从大量事实看，他在翻译的过程中确实能动地充当了"二度创造者"。他自己也讲过，"最大的特点是语言，但翻

---

① 《翻译家葛浩文：莫言对译者很体贴》，http：//www.shzgh.org/renda/node5600/node5611/u1a5992936.html。

② 葛浩文也在别的场合说过，"厄普代克对这两部小说评价不高，而且仅凭我的一句 He licked his wounds. 译文就断定我的翻译属于'陈词滥调'。这让我非常难过。我又查了原文，就是'舔吮他的伤口'。这是完美的翻译啊！我本想给编辑写封信，但朋友告诫我不要这么做，或许有很多人去买书，就是想看看为什么厄普代克不喜欢（笑）。大家或许知道，厄普代克早年作品卖得不好。他是一个牢骚满腹的老头子，知道自己活不了太久了，而他还没得到诺贝尔奖"（孟祥春：《"我只能是我自己"——葛浩文访谈》，《东方翻译》2014 年第 3 期）。

译后这个特点就取消了"①，所以这样回击厄普代克是无力的。第二，从另外一个角度讲，并非说汉语中的陈词滥调英语读者就一定不喜欢，这要看对英语的读者来讲是不是也是陈词滥调，只是厄普代克所举的例子，碰巧也是英语中的陈词滥调罢了。刘若愚（1990：141）讲过这样一段耐人寻味的话：

> 令人啼笑皆非的是，一个陈腐的意象在译文中看来就并非如此：恰恰相反，在那些对汉语一窍不通的读者看来，它们或许是既新颖又感人的。"秋波"是形容女子眼睛的一个陈腐意象，但如果直译成英语，即使是说不上造语惊人，至少也是有趣的创新。这个意象最初见于《楚辞》，它当时感人之深是可想而知的。因之，我们现在就面临着这样的抉择：是把那些陈腐的意象照原样译出，或者在译文中予以改造使其仍具固有的感染力。就我个人来说，我认为作为一个译诗的人可能会庆幸自己有机会赋予一个已经陈腐了的意象以最初使用时所具有的使人耳目为之一新的力量，但既然是一个要把中国诗歌介绍给西方读者的文人及批评家，那就应该在对一首诗进行批评性的分析和鉴赏时毫不迟疑地指出那些陈腐的意象。

刘若愚的话或可为译者借鉴，除了在目标语中"它们或许是既新颖又感人的"情况外，要么创新，"赋予一个已经陈腐了的意象以最初使用时所具有的使人耳目为之一新的力量"；要么"毫不迟疑地指出那些陈腐的意象"，告诉读者，以求理解并鉴赏。葛浩文也经常能这样化腐朽为神奇。例如：

> 你别跟他们纠缠，那些人一个个鬼精蛤蟆眼的，你斗不过。
> Don't mess with that slippery toad. He's too much for you.

实际这里和蛤蟆没有关系，但葛浩文所翻译的 slippery toad，即借原文之一点而创新了表达，也通过 slippery 的使用把"鬼精"的意思表达出来

---

① 《〈狼图腾〉英文版首发：让世界感受狼的精神（3）》，http://book.sina.com.cn/1081912348_wolves/author/subject/2008-03-14/1030231543.shtml。

了。在现实世界中，没有事实证明蛤蟆是鬼精的。所以，如果把各类变成了陈词滥调的熟语类套话都称为"成语"，显然是对"成语"的扩大化。"套话"（滥套）是陈词滥调（陈腔滥调），但陈词滥调并不限于成语，它是指整个"熟语"（含成语）中变成了套话的部分。所以，是不是陈词滥调才是问题的关键。

总之，一个译者在面对原文时甚至会出现矛盾的言辞，也会出现矛盾的行为。比如，不忠实于原文，会受到专业批评者的批评；忠实于原文，又会遇到目标读者的抵触，所以译者只要心中有读者和市场，那么在事实上充当"二度创造者"就一定会是一个能动的译者在翻译实践上的必然表现。

葛浩文的所谓成语，是广义上的熟语类的套话，是"陈词滥调"，厄普代克在《纽约客》批评其为"英文翻译的陈词滥调十分乏味"。或者可以说，葛浩文所说的成语是广义上的"众人皆说，成之于语"的"成语"，等同于英语中的 idiom（熟语），与词典上定义的、有形式标记的"成语"是有出入的。而且，即使熟语，也只是成为套话的那部分。对翻译来讲，更准确地说，只有当这些成了汉语套话的熟语正巧与目标语中成了套话的熟语相吻合并且不被目标语中的读者所欣赏时才是真正的套话和陈词滥调，也才是葛氏意义上的成语。最后，只有将葛浩文表述的"成语的滥用是中国小说无法进步的原因之一"改为"汉语陈词滥调（熟语类套话）并且英译后也是陈词滥调，其滥用才是中国小说无法进步的原因之一"，才不至于产生误解。所以，有人做的"成语在文中随处可见，数量多达 1274 个，在文章中起到了重要的作用"的统计和"对于成语，葛浩文在翻译时，采用的是以归化为主、异化为辅的原则"的结论，就难以令人信服（李美娴，2017：131）。葛浩文（2014b：13）还说过"原作中一些词语和习语，对外国读者来说了无意义，会对作家以及文学作品所代表的文化，导向完全歪曲的观点"的话，这里虽然没有出现"成语"，只说了"词语和习语"，实际和他的"成语"所指也是一致的。

但为什么他认为"成语的滥用是中国小说无法进步的原因之一"？为什么又尽可能地靠近包括了这些广义成语（熟语/习语）的原文呢？除了他遵循了"忠实"的原则外，葛浩文的夫人林丽君说出了另外的原因：

　　我来举个例子，中文中习语"一朝被蛇咬，十年怕井绳"，字面意思就是你一旦被蛇咬一次，你就会在十年间都害怕长得像蛇的绳子。作为译者，你可以这样翻译。或者寻找英文中的等价物，如"一次被咬，下次胆小"（Once bitten, twice shy），我想听听大家的观点。你们是喜欢英文中对应的习语还是喜欢带有中国特色的字面翻译？我自己也很模棱两可，因为我觉得通过字面直译，英语读者能了解到中国人的思维方式。也许可以让英语读者了解中国人的思维方式。在这个例子中，我们把"蛇"与"绳子"通过形状联系在一起。这样翻译的话，英语读者就可以了解，中国的语言如何创造一个意象来表达思想。如果你直接借用英语中对应的习语"Once bitten, twice shy."当然会更容易被英语读者理解，但其中会缺失一些东西，也就是在翻译中缺失的中国特色。[①]

葛浩文夫妇还说道：

　　多年来，我经常听到出版社的编辑说"我们的读者不会明白"或者"这样的意象英语读者会感觉太奇怪"这样的话。比如，"井底之蛙"是一个表现短视的生动意象，在语境中，不仅能够让人理解，而且透露了它所来自的文化王国。但是，编辑经常让删除这类表达，代之以索然无味、缺乏激情的西方表达。可作为译者，我们并没有把我们的观点强加给文学编辑的奢望，而是通过哄骗、恳求、恐吓的办法争取在译文中保留更多的中国味，激发读者的好奇心，这实在是出于无奈。这一问题经常被说成是异化和归化之争。……也许，至少值得一试的中庸之道是既保留一定程度的外国味，又不失却可读性。（笔者译）（Goldblatt & Lin, 2019：8）

　　说到底，这是让英语读者通过原文字面了解中国人的思维方式。作为语言，有可能成为陈词滥调，而作为文化，则显示了思维等的个性。通俗

---

① 《让中国文学走进世界的艺术》，https：//m.youku.com/video/id_XMzg1MjU0NTgxMg==.html? sharefrom=iphone&sharekey=ac3a468080157b8cf9ea332810cf7f4d0&source=&ishttps=1&sharetype=2&from=singlemessage&isappinstalled=0。

地讲，文化不真而不读（文化求真），文学不好而不看（文学务实）。文化翻译整体是要"求真"的，文学翻译整体是要"务实"的（周领顺、周怡珂，2020：114）。葛浩文及其夫人面对的虽然是旨在求取语境务实效果的文学作品，但他们仍然尽可能朝原文靠拢，以直译和异化为主，即把异域的文学整体作为文化来对待。"把语言或作为风格，或作为表达，或作为文化本身，译者都不是被动的，这是由翻译的复杂性决定的：翻译不是'拿来主义'，译者自然就当不得'拿来主义者'。"（周领顺，2019：79）这样的观点可以看作他们不愿轻易去套用的原因之一。

考察结束后，适逢 YOUKU 在 2018 年 10 月 7 日上传了 2014 年 5 月 8~10 日在美国洛杉矶召开的全美中文大会（National Chinese Language Conference）的视频。该视频题目为"让中国文学走进世界的艺术"，由石江山（J. Stalling）主持，石江山与葛浩文及其夫人林丽君三位教授参加对谈，正巧谈到了考察的有关内容。葛浩文说道：

> 习语是很大的问题。首先，它们很难翻得好；第二，它们总是被出版社、评论家认为是译者在偷懒。也许在座的一些观众读过约翰·厄普代克发表在《纽约客》上的关于我所翻译的两部小说的评论。我起先非常兴奋，《纽约客》上整整四页的内容，都是关于我的，直到厄普代克说："他的陈词滥调——（也就是我的陈词滥调）——完全失败了"，然后我就赶紧去看，他说的到底是什么陈词滥调？他说的是"He licked his wounds."这的确是陈词滥调，的确不好。我说糟了，我怎么会用这样的陈词滥调呢？我去查原文，想看看作者苏童是怎么写的，我怎么会这样翻译的。他写的是，"他舔舐了他的伤口。""He licked his wounds."我知道他为什么这样写，他可能在什么地方读到过这种说法，他觉得不错，他不知道这是陈词滥调，他就写了，然后我就很忠实地翻译了，然后约翰·厄普代克决定在《纽约客》上发表评论时，我就成了他批评的对象。[①]

---

① 《让中国文学走进世界的艺术》，https：//m. youku. com/video/id_XMzg1MjU0NTgxMg = =.html？sharefrom = iphone&sharekey = ac3a468080157b8cf9ea332810cf7f4d0&source = &ishttps =1&sharetype = 2&from = singlemessage&isappinstalled = 0。

虽然他们的英语对谈中没有提到"成语"的汉字表达,但上文提到的是 idiom 的翻译,和我们考察的"成语"为 idiom 的结果完全一致。该视频虽于考察期间"缺席",但此时提供的实证结果,证明了这一求证过程的可靠性。

本章小结

本章重点讨论了译者葛浩文的思想与行为,从主观与客观的角度,分析了他的翻译思想是"重写"或"改写"的思想;从翻译内与翻译外的角度,分析了他的翻译思想是"背叛"也是"救赎"的思想;从文本到可见性译者的角度,分析了他的翻译思想是"补充"也是"折中"的思想等。论述了葛浩文翻译思想与乡土风格翻译再现的关系,特别讨论了"忠实"的内涵,翻译的过程和翻译的要素,原文的风格和乡土风格,以及葛译中国乡土文学作品的乡土风格;讨论了葛浩文"忠实"原则下的"直译"和"意译",传统译学上的"忠实",葛浩文的"忠实"原则与"直译""意译"方法之间的关系,"忠实""直译""意译"和实践上的"忠实度"以及"葛浩文式意译"与译学界的"意译"的关系,"葛氏广义'成语'"和我们默认的"成语"的关系等,并明确了"语内省译"和"语外省译"的说法。

"成语的滥用是中国小说无法进步的原因之一"是葛浩文一句名言,在我国译学界已被广泛接受。但葛浩文乡土语言翻译语料库显示,他的所谓"成语",是广义上的熟语类套话,和词典上定义的、有形式标记的成语是有出入的。对翻译来讲,只有当这些成了套话的熟语正巧与目标语中成了套话的熟语相吻合并且不被目标语中的读者所欣赏时才是真正的陈词滥调,才不至于造成误解。其翻译实践证明,葛浩文夫妇尽可能地靠近原文,除了与他们遵循的"忠实"原则有关外,也与他们坚持的通过熟语字面直译而让英语读者了解中国人思维方式的观念有关。葛浩文在一定程度上是把文学作为文化传播的。

翻译活动中的译者葛浩文所表现的各种矛盾,都真实地反映了翻译活动中的人所应有的矛盾。矛盾的葛浩文,让作为理论者的我们悟出了理论和实践、"翻译"和"翻译活动"、文化求真与文学务实(求用)、"原文/

作者"和"读者/市场"等诸多元素之间的关系；翻译实践家葛浩文看似矛盾的叙述，让我们这些理论者对翻译性质又多了更深层次的领悟。

为了排除来自评论界的干扰，作为实践家的葛浩文说："不管！我翻译，他评论！"（曹顺庆、王苗苗，2015：128）至于中华文化"走出去"了多少和翻译的其他效果评价的问题，却是相关而又独立的话题。

开展翻译批评，不仅要做到概念清晰，还要在实践上找到根据；不仅要把翻译作为"翻译"看待，还要把翻译作为"翻译活动"看待；不仅要考虑翻译内部问题，还要考虑翻译外部问题。对于翻译实践而言，"直译"和"意译"都是执行"忠实"原则的路径。范武邱和白丹妮在讨论"叛逆"与"忠实"的关系时说："对译者来说，没有必要将自己完全禁锢在'忠实'的枷锁中，更无须追寻极端的叛逆，忠实与叛逆适度地结合，才能将翻译的作用发挥到极致"（范武邱、白丹妮，2017：75），而"直译"和"意译"之与"忠实"亦然，对此翻译家葛浩文的实践也给予了充分的证明。

第三章
文本与人本

第一节　葛浩文译"狗"①

1.1　中西方的"狗"

在跨文化交际和翻译研究论文以及相关的教学中，一提起"狗"在中西方文化背景中的不同，人们默认的都是它在西方文化背景中多用于褒义，而在中华文化背景中多用于贬义。在翻译上表现得十分明显，即使在汉学家葛浩文的翻译实践中也不例外。译学界所默认有关"狗"的中西方文化差异，总是在褒贬之间，而所谓褒贬，又源于这种动物本身在现实中西方世界承宠的程度和在语言上的相应投射。

人们用词虽然有异，但观点大体一致，有关观念早已深入人心。翻译上的事实果真完全如此吗？

朱振武、罗丹（2015）在分析汉学家白亚仁的"嫁鸡随鸡嫁狗随狗"的译文"You just have to be prepared to make adjustments when you're married"时，认为好就好在没有把西方褒义的 dog 翻译出来，否则担心"会为读者所误解"。但同样是西方汉学家的葛浩文，不是把 dog 翻译出来了吗？我调查了几位美籍教师，并没有对葛浩文的译文"Marry a chicken and share the coop, marry a dog and share the

---

①　本部分由周领顺与周怡珂合作完成。

kennel"有什么误解，也没有感觉到这里的 dog 有什么褒贬色彩。（周领顺，2016：94）

传统上的有关讨论多有偏颇，是因为研究者几乎都以先入为主的印象，抓住一两个例子，便做有利于自己观点的辩护，或正面，或负面，或异化，或归化，或褒，或贬，总能找到存在的理由。从孤立的例子看似有理，实则片面。若综观整个葛浩文乡土语言翻译语料库，我们便会发现这些批评有多么的无力。也就是说，有关讨论都是举例式的，不是穷尽性的。因此，有必要对译者葛浩文对"狗"的翻译进行穷尽性统计，并在此基础上进行深入的分析，毕竟它关涉翻译批评的公正性以及跨文化交际和中华文化"走出去"等的效果。葛浩文是一个成功的翻译者，对于葛浩文翻译实践的考察和研究，对于中华文化"走出去"有着直接的指导意义和借鉴意义。为此，本部分以葛浩文乡土语言翻译语料库为考察工具，尽可能穷尽不同语境下涉"狗"的表达和翻译，"小题大做"，使研究尽可能走向深入。

一个词既有静态的词汇意义，也有动态的语境意义，"狗"也不例外。例如：

[1] 在人民大道这边，我就看到了她，也看到了蹲在她身后的**狗**，你这个**狗杂种**！

I spotted her on People's Avenue, her and *the dog* besides her, *the son of bitch.*

在这一句话里，第一个"狗"是实的，是因为它是现实中的狗，而"狗杂种"是虚的，是因为它是比喻说法，是粗俗语，跟现实中的狗无关。所以，葛浩文将第一个"狗"对译为 dog，而将"狗杂种"译为 the son of bitch，虽然偏离了原文的字面表达，但用归化法实现了相当的功能。

结合语境考察其实际意义，才能得出翻译妥帖与否的结论，而译者也正是根据语境译意的。翻译是否妥帖，要看译者对原文语境的理解是不是到位，这直接影响着翻译的得体度。语言里的"狗"，起码有生物学上的写实（比如狗的本能"狗吃屎"），也有比喻时的写意（比如粗俗语的

"狗娘养的"）之分，在汉译英的表现上变化不一，有照直翻译的，也有变通处理的，有求取相当功能的，也有再现深刻意蕴的等，决不可一说到"狗"的汉英互译，就不假思索地以那些跨文化交际的老常识作答，那样未免显得武断和简单划一了。令人信服的结论需要靠充分的事实和分析才能得来，而穷尽性挖掘的事实才最具说服力。

　　语料库是进行穷尽性考察最好的方法。我们自建的翻译语料库限于葛浩文所译的乡土语言，因此与乡土语言关联不大的涉"狗"语料，有的不会出现在本语料库中。但因为本语料库的规模较大，且"狗"作为乡土生活的一部分，时常会出现在人物的乡土语言表达中，所以足可说明问题。

　　我们的考察对象包括"狗"（"犬"）及其衍生物（如用作粗俗语的"狗娘养的""狗屎"）等（以下提及"狗"时，也包括其衍生物）。在考察语料库之前，有必要对以往有关葛浩文译"狗"成败得失的讨论进行分类分析，以确保语料库考察更加有的放矢。

1.2　传统涉"狗"翻译批评及其反批评

　　在译学界，还没有对译"狗"专题讨论。随着近几年对葛浩文翻译研究的深入，有关"狗"的翻译的讨论时不时会进入人们的视野，这不仅是因为译者的名气大、研究的文献多，还因为葛浩文所翻译的作品差不多都是乡土文学作品，而"狗"是与乡土生活、乡土语言密不可分的一部分。因此，研究者顺势讨论了涉"狗"乡土语言的翻译。传统涉"狗"翻译批评分为四类：第一类认为葛浩文故意异化，用 dog 对译；第二类认为葛浩文故意归化，偏离原文"狗"的用词；第三类是原文作为粗俗语时葛浩文归化或异化；第四类是原文作为熟语时葛浩文对原文的偏离。

　　第一类：认为葛浩文故意异化，用 dog 对译。原文是"狗"，葛浩文便对译为 dog，译者"没有迎合英语读者的认知习惯"（刘庚、卢卫中，2006：93）。或者说，译者为了向原文求真，即使令西方读者出现认知错误，也在所不惜。例如刘庚、卢卫中（2006：93）：

　　　　[1]"正所谓'猫改不了捕鼠，**狗**改不了**吃屎**'！"鬼卒乙嘲讽地说。（莫言《生死疲劳》）

　　　　"As they say, you can't keep a cat from chasing mice or *a dog* from eating shit," Attendant Two mocked.

"狗"在西方国家有着积极的意义，而在中华文化和许多汉语表达中，"狗"常常充当不好的角色，如汉语中的"狗仗人势""狗腿子"等。葛氏在这一句的处理上，没有迎合英语读者的认知习惯，将其译为"The wolf may lose his teeth, but never his nature"（狼性难移），而是依然保留熟语的来源义，即源语中采用的转喻喻体，从而还原了这一汉语表达。

但是，葛浩文说过，"我认为一个做翻译的，责任可大了，要对得起作者，对得起文本，对得起读者……我觉得最重要的是要对得起读者，而不是作者。"（季进，2009：46）他怎么会甘愿冒着让读者误解的风险而如此翻译吗？实际情况是，葛浩文充分考虑了目标语读者的认知，原因是原文"狗改不了吃屎"所描述的是现实中狗的本能，中西方皆然。尽管这句话用作比喻，但其中的事实却是客观存在的。

第二类：葛浩文故意归化，偏离原文"狗"的用词。同样是葛浩文，却在努力"迎合英语读者的认知习惯"，为避免西方读者出现认知上的错误，故意避开原文贬义的"狗"。例如侯羽、朱虹（2013：95）：

[1]"这么着吧，伙计，我给三十五块钱吧；我要说这不是个便宜，我是**小狗子**；我要是能再多拿一块，也是个**小狗子**！"（老舍《骆驼祥子》）

"How about this, young man—I'll give you thirty five *yuan*. I'd be *a liar* if I said I wasn't getting them cheap, but I'd also be *a liar* if I said I could give you even one *yuan* more."

这里描写的是一位养骆驼的老者与祥子就三匹骆驼讨价还价的一幕。老者为表示他的坦诚与直率，两次使用"小狗子"一词，这体现了中华文化中"狗"一词卑劣性的一面。在汉语中，很多词都被用来形容对狗的贬低。正是由于"狗"在中西方文化中内涵的差异，葛氏采用了归化译法，将其译为"liar"，以避免给读者造成理解上的障碍。

这是在打赌，"小狗子"在原文中贬义色彩的浓淡情况怎样？实际情况是，"小狗子"在原文中贬义的色彩并不浓。正如我们打赌时自嘲的

"小狗"一样。把自己比作异类，高雅是谈不上的，但严肃程度并没那么高，带有戏谑、自嘲、自怜的味道，以此避免争吵，化解紧张的气氛。从这点讲，译者并非不可以相应地翻译为 puppy，讲话者打比方，是为了强调、生动和真实，在确保不会产生误解的情况下，还是以能够保留或者部分保留原文的形象为上。翻译成 liar，内涵译得到位，相当于我们常说的"我要是撒谎就是小狗"，求取的是功能相当罢了。

第三类：原文作为粗俗语时葛浩文归化或异化。例如翟卫国（2014：138）：

[1] 爷爷厉声呵斥道，"你竟为这个**狗杂种**流泪？……"① （莫言《红高粱家族》）

祖父和父亲抓到了一个日本士兵，日本士兵看着自己家人的照片哭泣，这个场景感染了父亲，父亲也跟着哭了。父亲的哭让祖父很生气，就骂他"狗杂种"。其实，含有"狗"的骂词贯穿于整本小说中。

在华夏文化中，狗是一种卑微的动物，大多与狗有关的词都是骂词。但是，在西方文化中，狗却是人忠诚、友好的朋友。译者更多考虑的是读者对于异域差异文化的接受，避免了读者的误读。

但是，用作粗俗语的"狗"跟现实中的狗有关系吗？要将粗俗语的处理说得透彻，有必要对葛浩文乡土语言翻译语料库中其他粗俗语的处理情况进行考察。在整个葛浩文乡土语言翻译语料库中，译者并非只是在见到了"狗"才偏离原文的，而是将原文绝大部分五花八门的粗俗语归化为英语中的粗俗语，如以 bastard 对译原文的粗俗语为例（见表3-1）。

表 3-1　bastard 对译

原文	译文	原文	译文
混账王八羔子	lousy bastards	老混蛋	you old bastard
	scruffy bastards	老畜生	
	bastards	畜牲	goddamn bastard

---

① 葛浩文译为 "Or maybe it's for this no-good son of a bitch!"

续表

原文	译文	原文	译文
王八羔子	bastard/bastards	忘恩负义吃里扒外的混账东西	evil, ungrateful, parasitic bastard
混账东西		狗娘养的王八蛋	bitch-fucking bastard
王八蛋		这孙子	the insolent bastard
杂种		狗崽子	the bastard offspring
孙子们		狗杂种	little mongrel bastard
混蛋	bastard	丧了良心的王八蛋	you heartless bastard
	stupid bastard	狼心狗肺的畜生	
你浑蛋，你太浑蛋了	you bastard, you stupid bastard		

葛浩文对粗俗语的"狗"做了归化处理，但有时他又做异化处理，和原文保持一致，是否说明他故意不"迎合英语读者的认知习惯"呢？如果在西方"狗"确为褒义词，那么把汉语原文骂对方的"狗"对译为 dog 时，岂不是会让人误解为在赞美对方吗？例如张娟（2014：14）：

[1] 爷爷咬牙切齿地骂道："老狗！你给我滚下来！"（莫言《红高粱家族》）

"You old dog！" Granddad growled through clenched teeth. "Get the hell out of here！"

人物关系和气氛比较紧张，语言激烈的情况下说出的粗俗语，葛浩文套用目标语的粗俗语进行译介，所达到的效果与原文本所差无几。

除了有的粗俗语汉英吻合（如"老狗"/old dog）外，也说明 dog 的劣根性在英语国家中也是客观存在的，正如"Love me, love my dog."中的 dog 一样，并不会在英语读者中产生误解。例如：

[1] 日本**狗**！/Jap *dogs*！

[2] 你这**狗日的**！/You *fucking dog*！

　　［3］这些**狗差役**！/This pair of *nasty dogs*!

　　［4］**狗眼看人低的东西**！/*Like any dog*, *the bitch sees people like us as her inferior*.

　　［5］**狗屁**！/*Dog fart*!

　　［6］你这个**狗特务**！/You *dog of a spy*!

　　［7］把你的**狗爪子**剁了去！/Rip those *dog fingers* right off your hands.

　　［8］你这条摇尾巴舔腚沟子的**狗**！/An ass-licking, tail-wagging *dog* is what you are.

　　［9］你他妈的**狗**改不了吃屎，范朝霞嘟哝着，抱着娇娇往后退去。/ "You're like *a dog* that can't stop eating shit," she grumbles as she backs away with the girl.

　　［10］老兰还说，"**狗**走遍天下吃屎，狼走遍天下吃肉"，种性，是顽固不化的，是难以改变的。/He also said, "*Dogs* walk the earth eating shit, wolves travel the world eating meat." "Character qualities stubbornly resist change."

译者为保持异化而增添同位语解释的如：

　　这条公路是日本人和他们的**走狗**用皮鞭和刺刀催逼着老百姓修成的。

　　［1］Japanese and their *running dogs*, Chinese collaborators, had built the highway with the forced labor of local conscripts.

　　"狗"这一动物形象在中华文化背景下常含有蔑视和贬低意味，如"狗眼看人低"和"痛打落水狗"等，但西方文化背景下对狗更多的是尊重和赞赏……所以译文里，葛浩文在"running dogs"后增补了解释内容"Chinese collaborators"，这样就既保留了文化意象，体现了乡土气息，又不会引起读者的误解。（沈菲、顿祖纯，2016：74）

　　但是，就 running dog[①] 而言，在整个葛浩文乡土语言翻译语料库中，

---

① 关于 running dog，有一种说法是 1937 年从汉语传入英语的（https：//wenda. so. com/q/1377257272066876）。

是不是都是靠增添同位语而避免西方目标语读者"误解"呢？实际情况是，译者把用作粗俗语的"狗"，归化为目标语中粗俗语的 son of bitch，显然是比喻用法，是虚用，跟现实中的"狗"没有必然的联系。

有人认为如果保持异域的文化，要靠增添同位语加以解释，否则会为西方目标语读者所误解。当然，增添同位语解释原文是一个有效的做法，但上述对 running dog 的解释也是出于如此的考虑吗？翻译语料库中其他几例含有 running dog 的句子是：

[1] 洪泰岳的**狗腿子**、娶了地主小老婆的黄瞳

Hong's *running dog*, Huang Tong, who had married the concubine of a landlord

[2] 姑姑是共产党的忠实"**走狗**"。

She's a loyal *running dog* of the Communist Party

[3] 这维持会长是日本人的**狗**，是游击队的驴。

The head of the Peace Preservation Corps is *a running dog* of the Japanese, a donkey belonging to the guerrilla forces.

[4] 你们这些反革命，地主阶级的孝子贤孙，**狗腿子**、猫爪子，我永远不屈服！

You're a bunch of loyal sons and grandsons of counterrevolutionaries and members of the landlord class, *running dogs* and spitting cats, and I'll never knuckle under to you!

在这些表达中，均未出现解释 running dog 的同位语，可见上述有关评论认为只有增添同位语才能让读者明白 running dogs 之所指，是站不住脚的。上文为 running dogs 增加的同位语 Chinese collaborators，倒不如说是为 collaborators（running dogs）的 Chinese 身份做的注解，因为被日本人占领的菲律宾、韩国、中国等各个地区均有"走狗"，所以并非读者不懂 running dogs 的真正含义。即使不要这个同位语，写成 Chinese running dogs，也是一样的。

第四类：原文作为熟语时葛浩文对原文的偏离。像"耍死狗"这样表面上带有贬义的熟语译者是怎样对待的呢？例如王明峰、贤晓彤（2013：129）：

［1］"当然不是真让您去自焚，"吕小胡笑着说，"您去吓唬他们一下，他们最爱面子。"

"你这算什么主意？"他说，"你这是让师傅去**耍死狗**！"

"I'm not saying that you should set yourself on fire," Lü Xiaohu said with a smile. "Just give them a scare. They care about face more than anything."

"What kind of idea is that？" Ding said. "Are you asking me to go *put on an act*?"

（莫言《师傅越来越幽默》）

关于"狗"，中西方文化中分别赋予其不同的内涵，甚至是截然不同的含义。在西方国家，"狗"往往被视为忠诚的象征，甚至会被当成朋友或家人……原文中"耍死狗"是带有贬义的方言，指的是耍赖。汉译英时若直译此词，不仅无法体现出原文的含义，而且不能原汁原味地体现原文的语言风格，甚至造成相反的结果，令人不知所云。因此译者舍弃了"狗"这一动物意象，采用异化的方法直接将其深层意义表达出来。

朱振武、杨世祥（2015：79）分析道：

"耍死狗"是极具地域特色的山东方言，表示无赖行为。英汉两种语言对于"狗"的比喻意义和联想意义不尽相同，中文中与"狗"相关的词语多有贬义，通常与卑劣行径相联系，如"狼心狗肺""鸡鸣狗盗""狐朋狗党""走狗""狗眼看人低"等。英语中与"狗"相关的成语或俗语多含褒义，"狗"通常是积极形象的代表，狗善良友好，真诚聪明，勤劳肯干。人们通常视狗为最好的伙伴。"Love me, love my dog."（爱我就爱我的一切）、"work like a dog"（卖命地工作）可以充分表达狗在西方人心目中不可取代的地位。所以，如果将"耍死狗"译为"act like a dog"，西方读者可能会理解成狗一般友好，那么与原文的意思就大相径庭，而且原文所要表达的"耍无赖"的意思也就消失殆尽。"Put on an act"表示装模作样，虽然无法传达出"耍死狗"的夸张程度和意象效果，也没能传达出原文的乡土特色，但却行之有效地避免了由于中英传统思维习惯的不同而产生的文化冲突。①

译者需要计较熟语组合表面的贬字吗?

　　熟语有浓有淡,这是静态地就熟语本身意义而论的。熟语文化信息色彩的浓、淡是不言而喻的。一般来讲,有典故的必然会浓一些(如"此地无银三百两"),但虽然含有典故表面意义却比较透明的一些熟语文化信息,色彩就会稍淡一些(如"莫须有")。有些熟语早已完成了习语化过程,成了大众语的一部分,其中的文化信息所营造的文化氛围更淡,在翻译时常作虚化处理,比如"刻骨铭心""拂袖而去""罄竹难书"。还有一些熟语连典故也谈不上,只是出现在古代某一作品中罢了,比如出自《左传·僖公二十八年》的"险阻艰难"(艰难险阻)、出自《左传·昭公十二年》的"惟命是从",其他如"三三两两""事半功倍""分秒必争"等等。(周领顺,2014b:68~69)

词语在完成熟语化(idiomaticalization)之后,若在翻译时针对无关"狗"的语境再强调它的历史原因和褒贬色彩,就不免显得迂腐了,应以求取功能相当为上,所以译者意译出了熟语"耍死狗"的内涵。其他如"狐朋狗友"(knucklehead friends/no-account friends),甚至还有"劁猪阉狗"(castrate animals)这样临时组合的类固定短语皆如此。

1.3　传统涉"狗"翻译批评的弊病

传统上以先入为主的观念入手分析语料,弊病很多。由于以往的研究者首先将西方文化语境中的狗建立在褒义的基础之上,所以就会一边倒地朝自己的理解上靠拢。比如有人认为:"关于打狗吃狗的描写过于细致,在西方读者眼里是非常残忍、无法接受的事情。因此,对此部分信息省译出去。"例如:

----

① 另外,莫言作品《蛙》中"田桂花,别耍死狗了"句,葛浩文译为"Tian Guihua, stop the phoney act"也同此理。

[1] 他确实是饿极了，顾不上细细品味，吞了**狗眼**，吸了**狗脑**，嚼了**狗舌**，啃了**狗腮**，把一碗酒喝得罄尽。（莫言《红高粱家族》）

It was delicious. And he was ravenously hungry, so he dug in, eating quickly until the head and the wine were gone. （张娟，2014：28）

有人评论道："读之令人触目惊心，不寒而栗，而译者却用'eating quickly'将其一笔带过，轻描淡写，目的是照顾目标语读者的心理接受度。狗这种动物在西方文化中是忠诚的象征，同时也被视作人类的朋友，对于西方读者来说，以残忍的方式虐杀并吃狗肉，这种描写是不忍卒读的。深知西方读者接受心态的葛浩文看似对原文进行了背叛，实则是为译作在异域的接受埋下了伏笔。正如葛浩文所说，'我喜欢既要创造又要忠实——甚至两者之间免不了的折中——那股费琢磨劲儿'。"（甘露，2017：26）

如果吃狗肉都要忌讳，那么像莫言作品中的"老狗煮不烂"（The old dog's too tough）岂不也要忌讳吗？正如有人喜欢吃蛇，他可以把制作过程说得绘声绘色，但不愿意吃蛇的人在向别人转述时，省去细节并不说明是出于对蛇的喜爱。译者也同此理。再说，下面这段与狗肉相关的描写也并非不够细致和恐怖：

[1] "小甲，你这个黑了心肝的，昨天卖给俺的狗肉冻里，吃出了一个圆溜溜的指甲盖儿！你该不是把人肉当成**狗肉**卖吧？"

"Xiaojia, you heartless fiend. I found a fingernail when I bit into the dog meat jelly you sold me yesterday. Are you selling human flesh and calling it *dog meat*?"

如果说是"以残忍的方式虐杀"，大概都不会比莫言《檀香刑》对人的凌迟更残忍，而葛浩文也悉数译出。葛浩文出于各种原因而改写原文，但并不限于涉"狗"的描写，因此孤立地认为偏偏对"狗"的翻译如此，是不足考的。说西方文化背景中有 lucky dog、old dog 等说法，但它们并非真正的褒义词，而是含有戏谑、自嘲、自怜的感情色彩，不然葛浩文把"这条老狗，作恶到了头"翻译为"The old dog was an evil bastard."、把

"日本狗"翻译为"Jap dogs"等免不了会受到目标语读者的误解。如"Love me, love my dog."这一谚语，按照《新牛津英语词典》的解释："If you love someone, you must accept everything about them, even their faults or weaknesses."实际上，仅看 dog 一词的表面，是看不出缺点和不足的。狗因为与人类关系亲近，虽然可以隐喻为一切的代表，但也暗示了狗作为动物是有毛病和缺点的，并非都可以褒义一概而论。至于英语中说"work like a dog"，中国人也说"累成狗""累得像条狗"，与狗伸着舌头呼哧呼哧喘气作比，虽然有爱怜的成分，但总体偏中性、偏于对事实的描写。有人就基于语料库对英汉"狗"的概念隐喻进行了实事求是的分析。在英语中，"狗"的贬义用法也层出不穷，如"a sly dog"（狡猾的人）、"yellow dog"（卑劣、胆怯的人）、"to keep a dog and bark oneself"（越俎代庖）、"a dirty dog"（坏蛋）、"dog-eat-dog"（残酷的竞争）等。汉英语言中共享的"狗"隐喻就有：1）喻行为卑劣、道德低下的人；2）喻能力弱的人；3）喻拙劣的文学作品；4）喻咒骂的脏话。（张玮，2017：14）把人类比作异类，是说不上有多么高雅的，即使在西方，称赞有社会地位的人为"狗"，对方也不会感觉真的受到了抬举。中西方的狗与人类的生活关系密切，以它打比方或作代表，手到擒来，司空见惯。在翻译时，不管它在中西方的差异如何，有一点可以确信：以读者为主要考虑对象的译者葛浩文，是不可能甘愿冒着在西方读者中产生误解的风险而如此照直译出的。这说明我们的传统分析潜存着偏颇。

通过举例式的翻译批评，我们不可能综观事实的全貌。葛浩文乡土语言翻译语料库显示，在非比喻的语境中"狗"和 dog 的对应度几乎百分之百，仅仅以葛浩文是"忠实"原文才如此是讲不通的，仅以几个短语（汉语多贬义，英语多褒义）就概括和肯定一切或者否定一切是不科学的，我们改变的不是常识，而是认识事物的方式。贬义的"狗"和"dog"只限于比喻的语境中，中西方皆然。

综观全部葛浩文乡土语言翻译语料库发现，汉语骂人为"狗"的频率明显要高。所以，原文有"狗"的可以选择不译，但原文没有"狗"而译文使用的，只限于目标语中几个常见的归化表达：

[1] Granddad strode forward before anyone else moved and said

loudly, "Second Master Cao, working for someone as stupid as you is goddamned suffocating! *A dogshit* soldier is one thing, but *a dogshit* general is another! I quit!" (原文：爷爷向前跨一步，率先喊叫："曹二老爷，跟着你这样的窝囊班主干活，真他妈的憋气，兵**熊**熊一个，将**熊**熊一窝！老子不干啦！")

［2］ "Get up, both of you," she said. "What will the neighbors think if they see you fighting like cats and *dogs*?" (原文："都给我起来，你们这些冤家……又哭又嚷的，让邻亲百家听着像什么事……")

［3］ Fourth Aunt cut him off. "Your father worked like *a dog* all his life, and now that he's dead is he to be denied the comfort of a warm *kang*? That would be more than I could stand." (原文：四婶说："你爹**辛辛苦苦**一辈子，死了，连个热炕头也挣不上，我心里不过意啊……")

在真正用作粗俗语的语境中，却要采取归化的做法，以期引起听话人的注意。

葛浩文以 dog 译"狗"的，既包括现实语境中的"狗"（如"只有鸡**狗**避汽车，哪有汽车避鸡狗！"/Chickens and *dogs* avoid trucks, not the other way around.）也包括比喻用法中可以触摸到的实物"狗"及其衍生物（如"**狗**走遍天下吃屎，狼走遍天下吃肉"/*Dogs* walk the earth eating shit, wolves travel the world eating meat.）而避开使用 dog 的，几乎全是粗俗语（如"狗杂种，狗娘养的，走狗"/Bastard），此时采取归化，求取的是粗俗语强调话语的功能。

至于将原文的粗俗语归化为目标语中哪一个粗俗语表达，并没有一定的标准。比如"狗娘养的"，既有 son of bitch，也有 bastard 等，对于译者而言，认为起到强调口气的作用和变换表达就可以了。例如：

［1］"你怕了吗？**畜生**！你的威风呢？**畜生**！你这个忘恩负义吃里扒外的**混账东西**！你这个里通外国的**狗杂种**！"

"Scared? *You damned beast*! Where's your arrogance now? You evil, ungrateful, parasitic *bastard*! You ass-kissing, treacherous *son of a bitch*!"

即使把粗俗语"bastard"和"son of a bitch"调换个位置，意义和作用也是一样的。

粗俗语尽管都出现在虚语境里，但粗俗语所在的虚语境又可分为两类：一类是用于打比方的比喻语境，另一类是直骂时用作呼语的语境。例如：

[1] 这条**老狗**，作恶到了头。

The *old dog* was an evil bastard.

[2] 爷爷咬牙切齿地骂道："**老狗**！你给我滚下来！"

"You *old dog*!" Granddad growled through clenched teeth. "Get the hell out of here!"

例[1]属于打比方的比喻语境，例[2]属于直骂时用作呼语的语境。由于用作打比方的粗俗语所指代的具体内容是与现实中的情况一样的，所以译者一概予以保留，令人称奇的是，这些文化上的表达并没有造成异域读者文化上理解的障碍。

对于粗俗语较真的，在莫言的作品和葛浩文的译文中仅限于需要对原文意义解释的情况。例如：

[1] 我感到母亲对我的詈骂毫无意义，如果我是个"**狗杂种**"，那么谁跟狗进行了杂交？如果我是个"**鳖羔子**"，那么是谁把我生养出来？如果我是个"**兔崽子**"，那么谁是母兔子？

First, I was disappointed by the curses hurled at me. If I was a "*mongrel*", then which illicit canine affair produced me? If I was a "bastard turtle", then where did I come from? And if I was a "rabbit runt", who was the mamma bunny?

这段话属于对原文意义的解释，这是出于孩子对母亲詈骂的较真，讲话者有意为之，译者也就做了相应处理。

用于直骂、做呼语使用时，因为詈骂不用较真的意义和强调口气，译者在绝大多数情况下做了归化处理，归化处理后，能马上在译语读者的心中产生立竿见影的强调效果。不管原文粗俗语怎样变化，葛浩文一般采用英语中最常用的那些詈辞（以英语常用的 "fuck、bastard、damn、prick、son of bitch、beast、animal" 做根词）取而代之。人们对粗俗语的意义一般是不用较真的，它们甚至也经不起深究。使用粗俗语，主要是为了强调说话人的口气。

个别表面上看似异化的，多是归化表达和异化表达接轨的情况（如 "老狗" 和 "old dog" 的使用）。而真正异化的极少，译者只是偶尔为之，可能主要是为了表达的新奇。例如：

[1] "呸！"他说，"**去你妈的蛋！** 毛主席说：'人贵有自知之明'，你少跟我来这一套。滚吧。"

"Pah!" he blurts out. "*Up your old lady's you-know-what*! Chairman Mao said, 'It's critical to recognize one's own limitations. '"

粗俗语都是放在训斥、攻击、讥讽、打赌等常见的粗俗语语境中使用的。但需要阐释文化的个性时，特别对于打比方的比喻语境，译者是非常忠于原文的。例如：

[1] 汉人有几十种骂狗的话："狼心狗肺，猪狗不如，狗屁不通，狗娘养的，狗仗人势，狗急跳墙，鸡狗升天，狗眼看人低，狗腿子，痛打落水狗，狗坐轿子不识抬举，狗嘴里吐不出象牙，狗拿耗子多管闲事，肉包子打狗有去无回……"（姜戎《狼图腾》）

We have dozens of curses based on dogs："rapacious as a wolf and savage as a dog"；"A dog in a sedan chair does not appreciate kindness"；"You can't get ivory from a dog's mouth"；"Only busybody dogs catch rats"；"Throw a meaty bun at a dog, and it won't come back".

但有趣的是，这些粗俗语在直骂用作呼语的语境里时，全都做了归化处理，即多用英语中的常见粗俗语取而代之，以期收到强调和警示的效果。无独有偶，汉学家白睿文将王安忆作品中 "这想象力是龙门能跳狗洞能钻的，一无清规戒律" 句中的 "狗洞" 译为 the dog's den。传统认为，

"在西方人眼中,'狗'不仅是值得信赖的朋友,还因其忠诚勇敢而备受宠爱,但中国传统文化中有关'狗'的词语显然多具贬义色彩,一如'狗洞'便是卑微低贱的代名词,译者并未将其加以粉饰,而是忠实地在译文中还原了这一文化差异"(吴赟,2012:100)。我们不妨换换视角将"译者"前加上"来自目标语市场、了解读者接受的"这类限定,做些跨越传统的思考。

刘国辉(2019:16)通过对"狗"类成语的仔细考察得出了这样的结论:"(汉语)贬义为主主要出现在最近一个世纪。其根本原因在于狗的自身价值和生存的社会文化环境,因为它们会改变我们的价值取向与选择,凸显事物的特性侧面(好的和不好的)……此外,英语中有关'狗'的习语也并非都是褒义,同样有贬义,只不过褒义的使用频次与汉语刚好相反而已。"根据以上事实,所谓"狗"在西方多用于褒义,在中国多用于贬义,主要反映的是比喻语境中的情况。虽然在中国乡土语言中,"狗"的出现频率高,但在现实语境(也包括比喻语境中的写实描写)中,中西方出现的频率相当,且不会引起歧义。所以,译者葛浩文将实语境中的"狗"几乎全部照直译出,未译出的,也只是他对原文所做的全部删减的一部分,与"狗"的所谓褒贬义与感情色彩没有必然的关系。意义只有在语境中才变得具体和真实,所以通过翻译传达的意义,应根据具体语境而定。

第二节　葛浩文的粗俗语翻译行为

2.1　粗俗语的研究范围及其英译研究

"粗俗语"即粗野庸俗的话,也即平时所谓的"脏话""粗话""下流话""性话语""粗言秽语",在汉语乡土语言翻译研究中,这是一块必不可少的研究内容,在文本类型上属于"应用文学"。乡土语言包括熟语、惯用语、谚语、歇后语、俚语、成语、格言、俗语和方言等,其中的"俗语"自然包括了"粗俗语",符合李零所说的"雅言,古语是根;俗语,脏话是本"① 的表述。"粗俗语一般是指侮辱性的、不堪入耳的粗俗词语"

---

① 《李零:天下脏话是一家》,http://cul.qq.com/a/20160210/010751.htm。

（冯庆华，2002：148），但粗俗语也是雅文学的一部分，"由于粗俗语的敏感性，国内对于粗俗语乃至粗俗语的翻译研究并不多"（韩江洪、李靓，2017：69）。

汉语粗俗语的翻译研究，经常包容在"詈言（语）""禁忌语""委婉语""俚语""文化负载词""文化专有项"等内容的研究中。事实上，除了"粗俗语"之外，其他称谓的外延都比较大，比如《现代汉语词典》（第7版）对"俚语"的定义是："粗俗的或通行面极窄的方言词，如北京话里的'撒丫子'（放开步子跑）、'开瓢儿'（打破头）。"尽管它们有粗俗的一面，但"撒丫子"和"开瓢儿"显然并不"粗野庸俗"，因此不属于粗俗语的范畴。冯庆华（2002）只是将粗俗语归为俚语的三类内容（其他两类是委婉语和赌咒语）之一。粗俗语是民间话语或乡土语言的一个分类，以粗俗见长。粗俗语不仅是语言，也是文化，在中华文化，特别是中国文学"走出去"的过程中，"粗俗语作为俚语的比较重要部分，我们不能避开不谈"（冯庆华，2002：149）。

关于汉语粗俗语英译的研究逐渐呈现上升的趋势，但尚缺乏对于译者总的行为倾向及其背后动因的考察和分析，特别是对于汉学家葛浩文译者行为的考察更是如此。比如，就异化和归化而言，译者总体上是偏于再现原文的语言特点并有意传播原文的民族文化而异化，还是为了方便读者理解、实现顺畅交际、求取与原文相当的功能而归化呢？特别是在"忠实"翻译原则下该怎样看待译者的行为倾向呢？译者总的行为规律需要在穷尽有关语料的前提下，才能被真正地挖掘出来。

粗俗语是民间文化、地方文化的一部分，"脏话扎根于生活，渗透于生活，两者水乳交融，于此可见一斑。他们对脏话的运用太熟练，人人都是张口即来，而且自然天成，行云流水一般"①。各个民族的粗俗语虽然有所区别，但共性是显而易见的，根据李零的归纳，汉英粗俗语主要包括以下三类话题：

（1）做爱、生殖、排泄类。如汉语中的"傻 bī"②和英语中的

---

① 《李零：天下脏话是一家》，http://cul.qq.com/a/20160210/010751.htm。
② 用拼音表示，并非因为没有这样的汉字，而是因为作者事先就做了交代："下文是我的读书笔记，凡临文不讳，儿童不宜，均用拼音表示，请读者原谅。"

stupid cunt。

　　（2）动物、畜生类。如汉语中的"狗娘养的"和英语中的 son of bitch。

　　（3）出身、辈分类。如汉语中的"王八羔子"和英语中的 bastard。①

　　"像 piss，shit，fart，fuck，cock，cunt，hell，damn，就是对应于尿、屎、屁、cào、qiú、bī、该死，作用非常活跃。"② 莫言的乡土文学作品充斥着大量的、花样繁多的粗俗语，"一是与贬称有关的脏话；二是与性有关的脏话；三是与不端行为有关的脏话；四是与生理排泄、污秽有关的脏话；五是与威胁、诅咒有关的脏话"（张国省，2013：Ⅰ）。美国汉学家和中国文学翻译家葛浩文又是怎样处理的呢？

2.2　葛浩文的粗俗语翻译实践及其归化行为倾向

　　在借助语料库对葛浩文的翻译实践进行考察之前，我们的预期是葛浩文对于粗俗语的翻译，也必定和对于其他内容的翻译一样，以异化为主，以直译方法为基本的做法，这是他"忠实"原则指导的必然结果。但是，穷尽葛浩文乡土语言翻译语料库我们发现，他竟然在绝大多数情况下采取归化翻译策略，多用英语中最常用的"国骂"粗俗语"fuck、bastard、damn、prick、son of bitch、beast、animal"等进行替代，如用"fuck you"对应和替代"操你亲娘""我肏你老姥姥""我日你祖宗"等。稍微异化的，也是以这些词为根词，加上原文的部分具体意义而进行变通处理，如把"我操你活娘"译为"I'll fuck your living mother"。我们仅以英语中常用的"国骂"粗俗语为考察对象，穷尽统计它们在翻译语料库中的对应和替代，见表 3-2。

---

① 《李零：天下脏话是一家》，http://cul.qq.com/a/20160210/010751.htm。韩江洪、李靓（2017）发现《中国文学》（1951~1966）小说粗俗语共有 121 种，分出与动物或令人生厌的物品相关的、与死亡和疾病相关的、与辈分和出生相关的、与性相关的、与排泄物相关的、与低阶层和道德败坏行为相关的等几类。

② 《李零：天下脏话是一家》，http://cul.qq.com/a/20160210/010751.htm。用拼音表示的三个字分别是："肏"（常写作白字"操"）、"毬"、"屄"（常写作白字"逼"）。

表 3-2 粗俗语汉英对照

	原文	译文
Fuck	真他娘的邪了门了	Fucking bizarre!
	你娘个蛋	You dumb fuck!
	狗日的	Fuckers!
	操你亲娘	Fuck you!
	滚你娘的	Get the fuck out of here.
	都他娘的不敢下去	Not a fucking one of you?
	我操你活娘	I'll fuck your living mother!
	你他妈的扎我的眼眶子	You're a fucking thorn in my eye!
	他娘的，你装什么慫	Stop acting like a fucking idiot!
	我他妈的吻吻你!	I want to fucking kiss you.
	操你妈! 杀人犯!	You fucking murderer!
	我看你个狗日的是感冒了。	It looks like you've got a fucking cold.
	放你妈的臭狗屁	Bull-fucking-shit!
	我衾你姥姥	Fuck you!
	妈拉个巴子的，你以为老子真傻吗?	How fucking stupid do you think I am?
	你奶奶个熊	You motherfucker!
	堂堂你个鸡巴	Eminence be fucked!
	我日你祖宗!	Fuck you!
	这么冷的天，只有傻 B 才出来!	Who but a fucking idiot would be out on a cold night like this!
	衾你的妈! 你这个王八蛋!	You simple, motherfucking bastard!
	你他妈的真是个狠孙!	You're a fucking avenger!
	你这狗日的	You fucking dog!
	我操你祖宗!	Your fucking ancestors!
	日你们的亲妈	Your mother be fucked!
	妈了个巴子的	You old fuckhead!
Bastard	混账王八羔子	Lousy bastards! /Scruffy bastards! /Bastards!
	王八羔子/混账东西/王八蛋/杂种/孙子/灰孙子	Bastard!
	混蛋	Bastard/Stupid bastard!

续表

	原文	译文
Bastard	老混蛋/老畜生	you old bastard
	畜牲	goddamn bastard
	忘恩负义吃里扒外的混账东西	evil, ungrateful, parasitic bastard
	狗娘养的王八蛋	bitch-fucking bastard
	这孙子	The insolent bastard
	狗崽子	the bastard offspring
	狗杂种	little mongrel bastard
	杂种	bastard
	舀你的妈！你这个王八蛋！	You simple, motherfucking bastard!
	你浑蛋，你太浑蛋了	you bastard, you stupid bastard
	丧了良心的王八蛋/狼心狗肺的畜生	you heartless bastard
	你这个忘恩负义吃里扒外的混账东西！	You evil, ungrateful, parasitic bastard!
	狗娘养的王八蛋	you bitch-fucking bastard, you!
	吃里爬外的混账东西	parasitic bastard
Son of (a) bitch 或 bitch	日本狗！狗娘养的日本！	Jap sons of bitches!
	你这个里通外国的狗杂种！	You ass-kissing, treacherous son of a bitch!
	妈的，这个臭娘们儿	Damn that bitch
	婊子/母狗	bitch
	你们这两个混账王八羔子	you two sons of bitches
	母狗眼	bitchy dog's eyes
	这个罪行累累的坏种	that cruel son of a bitch
	这个拔屌无情的狗东西	that pitiless son of a bitch
	那鬼崽子	That son of a bitch
	老混蛋	old son of a bitch
Prick	那小子	that little prick
	小舅子	the prick/little prick
	舅子	you prick
	屌孩子	little prick
	混蛋	little pricks
	狗日的	the little prick
	孙子	The prick
	胡扯鸡巴蛋	You dumb prick
	鸡巴子	prick

从译文的对应和替代情况看，似乎汉民族的粗俗语花样更多一些，常常是一个英语词对应汉语的几个粗俗语（如 bastard 和 prick）。偶尔也有用英语的多个粗俗语替代原文一个粗俗语的，比如用"You're an ungrateful bastard，an unconscious son of bitch!"（包含了 bastard 和 son of bitch 两个粗俗语）对应和替代"你这个丧尽天良的王八羔子"。但这样做并不表明英语的"国骂"原本如此，这是译者根据原文语气的强弱程度适时把握的结果。

在英语的粗俗语中，damn 的出现频率最高，且有别于其他粗俗语的使用，可以分出汉语原文有粗俗语的和无粗俗语两种情况，见表 3-3。

表 3-3　Damn 对译

	原文	译文
	我日它姥姥	That no-good dick head!
	畜生！	You damned beast!
	滚你娘的，一个学生娃娃，也想管辖老子！	No damned schoolboy is going to tell me what to do!
	我不要你他娘的来发慈悲	I don't need your damned pity!
	它是头畜生，用不着你下这样的黑手！	There is no need for you to be so damned vicious with an animal!
	他奶奶的	damn it/damn
	妈的	Damn/Damn you!
原文有粗俗语	妈的，这猪，成了精啦！	That's one demonic damned pig!
	你他妈的	I'll be damned!
	他妈的	Damn it! /Damn it to hell! /Damn you!
	放屁造谣	a barefaced lie
	真他娘的会找地方！	Damn, you sure know how to find a spot.
	死（某人）	Damn you!
	要是我，就打断你的狗腿	I'd have broken your damned legs!
	真他妈的管用！	Damned good stuff!
	这个臭娘们儿	Damn that bitch!
	王八羔子	a damned idiot
	鳖种	You damned turtle spawn!

续表

	原文	译文
原文有粗俗语	你个毬	I'll be damned!
	王八戏子鳖待诏	He's a damned actor acting like a turtle awaiting an Imperial Edict.
	真他娘的有两下子！	damned if you don't have a couple of tricks up your sleeve!
	王八蛋	no damned good
	还在乎王大爪子那个驴日的！	I don't give a damn about that fucking Big Claw Wang!
	呜呼，这孙子真死啦。	Damn, the little bastard really was dead.
	恨莫言那小子	I hated that damned Mo Yan!
原文无粗俗语	你看我，转眼就快三十岁了。	Look at me, I'm damn near thirty.
	我的亲姥姥！	Well, I'll be damned!
	像牲口贩子一样	You're like a damned livestock auctioneer.
	钻心拱肺地痒	Even our damned insides itched!
	哎呦——天哪——	Ouch! Damn it!
	哎呦，俺的娘咪	Damn you!
	哎呦俺的个亲娘	Damn!
	哎呦亲娘咪	Ouch, damn you!
	都喝麻了嘴巴子啦！	They can't taste a damned thing.
	你这个穷命的鬼哟！	You damned little wretch!
	问问你葫芦里卖的什么药	Damn you, I'm going to find out what you have in your bags of tricks.
	你这个叛徒	You damned turncoat!
	毁了	Damn!

该词多表示厌恶、憎恨、强调等情感意义，有时只是作为一个呼语出现，因此不宜把它看作一个纯粹的粗俗语。

粗俗语在翻译转换时，通常会做个大致对应，比如用 son of（a）bitch/bitch 对应和替代"狗娘养的""狗杂种""王八羔子"，但至于是否一定用此代彼，并没有一个明确的答案；比如对于"畜牲"一词，葛浩文有时候用 bastard，有时候用 animal，有时候用 beast。总体而言，译者葛浩文对于汉语粗俗语的处理有着较强烈的归化行为倾向，而偏于异化的情况在全部语料中所占的比例并不大，且都是有原因可循的。

2.3 葛浩文的归化行为动因

既然葛浩文坚持的是"忠实"翻译原则，为什么他在面对汉语的粗俗语时却在绝大多数情况下采取了归化的翻译策略呢？他真正忠实的是什么？他在什么情况下才会异化处理？学者们在涉及粗俗语的翻译策略动因时一般不做更进一步的分析。比如卢巧丹（2015：54）一方面认为"莫言小说中的俗语举不胜举，葛浩文在翻译这些俗语时经常加上"There is a popular adage that goes"或者"A popular adage has it that"，而对于俗语本身，绝大多数用直译的方法，较好地保留了原文中的意象，彰显了中国民间语言的活力与魅力"；另一方面又认为"莫言小说具有鲜明的乡土文化色彩，文中频见骂人的粗话，最常见的有'操你亲娘''狗娘养的''畜生''刁民''狗杂种''小杂种'等。在翻译这些粗话时，葛浩文基本采用了归化的策略，用地道的英语中的粗话来替代，如把'小杂种'翻译成'you little bastard'，'你这个狗日的'翻译成'you dog-shit bastard'，'王八蛋'译成'no-good bastard'，'操你的妈'译成'fuck you'"，两方面的做法似有相互抵牾之处。我们先从"忠实"说起。

译学界对于什么是"忠实"并没有一致的答案，译者葛浩文就质疑过"忠实"的内涵。他说："我的责任是翻译要忠实，但忠实什么？问题在这里。是忠实于一字一句吗？"[1] 虽然没有一个一致的定义，但面向原文、不背离原文，却是人们本能的认识。所以，葛浩文说："超过原著的地方我没有这么大的才气，我还是尊重原著的。"[2]

"语气"或"风格"是葛浩文"忠实"的一个重点。他说："忠于什么呢？文字，意义，还是文章的语气？那是当然的了。"（闫怡恂，2014：193~203）他译意而不译字，"翻出作者想说的，而不是一定要一个字一个

---

① 《葛浩文：下一步翻译刘震云贾平凹》，http：//book.sina.com.cn/news/c/2013-10-16/0945550075.shtml。

② 《新书推荐：英文版〈狼图腾〉110个国家和地区同步发行》，http：//blog.sina.com.cn/s/blog_4ba3dcef01008r83.html。

字地翻译作者说的"①。葛浩文说:

> 一个成熟的译本,必然是个转换的过程。我做得足够好。我的态度是,只要我在翻译词语、短语或更长的东西上没有犯错,我的责任在于忠实地再现作者的意思,而不一定是他写出来的词句。这两者之间有细微差别,但也许是一个重要的区别。②

他深刻地知道原文讲话者的真正用意,所以他以归化的做法,换取的是读者对于粗俗语的快速反应。他说过,"我认为一个做翻译的,责任可大了,要对得起作者,对得起文本,对得起读者……我觉得最重要的是要对得起读者,而不是作者。"(季进,2009:46)而"对得起"就是他的另一种"忠实",虽然不是翻译学上的概念,却是翻译活动中译者顾及读者感受的负责任表现。对于"忠实"而言,当难以或有意不全面忠实原文时,翻译就变成了一种选择性的行为,求取原文真意而实现更大的务实效果,是译者综合考虑各种因素后做出的理性选择。

粗俗语的性质也是促使葛浩文归化而务实的一个原因。根据北京大学李零教授的说法,粗俗语之所以有着旺盛的生命力,是因为:第一,它贴近生活,扎根本能,绝对口语;第二,它喜欢用小词短语,衬于句中,起承转合,控制节奏,加强语气,渲染情绪,创造丰富含义,有"小快灵"的特点;第三,它善于利用语言变形,创造暗示和联想,且很多是双关语;第四,它还有更大的妙用,是发泄"亵渎之快感"。"这些不雅之辞之所以十分传神,特别能表达情绪,肯定有人类最原始最古老也最基本的东西在下铺垫,时髦说法,是有深厚的底蕴和长久的积淀。"③

以上四点,又可归为两个方面的问题:一是形式上的,二是功能上的。形式上的是"小词短语",指的是汉语粗俗语的构成方式,这一点和英语的 four letter words("四字母词")异曲同工;功能上的,也就是作用

---

① 《葛浩文:滥用成语导致中国小说无法进步》,http://www.360doc.com/content/14/0422/10/8768559_371055103.shtml。

② 《美国翻译家葛浩文:我只译我喜欢的小说》,http://vid.cssn.cn/ts/ts_dsft/201312/t20131212_906180.shtml。

③ 《李零:天下脏话是一家》,http://cul.qq.com/a/20160210/010751.htm。

上的，具有控制节奏、加强语气、渲染情绪、创造丰富含义等特点。方梦之（2004：186）指出，"粗鲁、庸俗的话语，常含侮辱性，听来不悦。用词跟性和性器官有关，但不表示其字面意思。粗俗语常用来表示烦恼、惊奇、侮辱、抗拒、拒绝、强调等"。冯庆华（2002：148）也说："这些词语往往同性或性器官有关系，可是其实际意思并不是其字面意思，它们只是用粗俗的字眼来表达烦恼、惊奇、侮辱、蔑视、拒绝、抗拒、强调等等，因此，我们翻译粗俗语时尤其要小心。"所以，在原文粗俗语不着意强调具体意义或字面意义的情况下，努力在目标语中表现其功能，当然是最重要的选择。也就是说，粗俗语要不要归化，要看原文意义是不是较真，如果原文的意义不较真，译文自然也没必要较真。一般来讲，讲话者使用粗俗语，很少是较真于具体内容的，比如最简单的"狗日的"，与动物"狗"又有什么关系呢？葛浩文就将"操你亲娘""我日你祖宗""我肏你姥姥"统一归化为"fuck you"。但若较起真来，其中的"娘""祖宗""姥姥"根本不属于一个辈分。归化为英语中的既有粗俗语，却能达到讲话人意欲达到的强调效果。因为粗俗语原本的功能是强调，所以有时译文就不一定要用粗俗语了。比如：

　　［1］到了那时候，你就得乖乖听俺的。到那时候哦，俺还给你梳头，梳你个**毬**去吧。

　　Yes, when that happens, you'll start doing my bidding, and I'll *be damned* if I'll *ever* comb your hair again!

　　这里的粗俗语"毬"① 就分化为 be damned 和 ever 两处表示强调的词语来表示。

　　译者的归化行为倾向，符合"求真为本，务实为用（上）"的一般性行为原则，粗俗语的翻译不是传统的"忠实"概念所能一概而论的。归化的译文，"求真"的是原文的交际功能，所以在真实的语境中也就自然更加"务实"了。采取归化，可以立刻在读者中产生积极的回应，收到立竿

---

　　① 男性性器官的俗称有"鸡巴""屌""鸭子""鸟"，还有如莫言作品中的"小公鸡""棒槌"等。"在中国当代小说中，隐喻型与委婉型性话语更常见。"（冯全功、徐戈涵：《中国当代小说中的委婉型性话语及其英译研究》，《山东外语教学》2019 年第 2 期）

见影的效果；不用异化，也就不会在原文意义不刻意强调的情况下喧宾夺主，从而分散读者的注意力。

粗俗语的异化是有条件的。遍查葛浩文乡土语言翻译语料库，我们发现有以下三种情况。

第一，原文讲话者或原文意义较真的。

[1] 我感到母亲对我的詈骂毫无意义，如果我是个"狗杂种"，那么谁跟狗进行了杂交？如果我是个"鳖羔子"，那么是谁把我生养出来？如果我是个"兔崽子"，那么谁是母兔子？

First, I was disappointed by the curses hurled at me. If I was a "mongrel", then which illicit canine affair produced me? If I was a "bastard turtle", then where did I come from? And if I was a "rabbit runt", who was the mamma bunny?

[2] "杂种不杂种，只有娘知道，是不是啊，我嫡亲的大侄女？再说，我这是爱称，小杂种啦，小鳖蛋啦，小兔崽啦，小畜生啦，都是爱称，小杂种，走过来！"

"Whether he's a bastard or not only his mother knows. Well, is he, my dear niece? Besides, to me that's a pet name-little bastard. So are little turtle spawn, little bunny rabbit, little beast!"

除了莫言的作品外，《狼图腾》中有一段对汉民族涉"狗"粗俗语意义较真的：

[3] 汉人有几十种骂狗的话："狼心狗肺，猪狗不如，狗屁不通，狗娘养的，狗仗人势，狗急跳墙，鸡狗升天，狗眼看人低，狗腿子，痛打落水狗，狗坐轿子不识抬举，狗嘴里吐不出象牙，狗拿耗子多管闲事，肉包子打狗有去无回……"

We have dozens of curses based on dogs: "rapacious as a wolf and savage as a dog"; "A dog in a sedan chair does not appreciate kindness"; "You can't get ivory from a dog's mouth"; "Only busybody dogs catch rats"; "Throw a meaty bun at a dog, and it won't come back".

　　葛浩文虽然在此处做了异化处理，但在原文不着意强调粗俗语本身意义的其他场合，葛浩文却都做了归化处理。

　　第二，原文粗俗语中含有比较具体的"非粗俗"内容而需要表现出来的。

　　原文粗俗语和"非粗俗"的内容混杂在一起，如果"非粗俗"的内容需要再现于译文，葛浩文便用英语中常用的粗俗语为根词而进行变通处理，比如"我他妈的吻吻你！"（I want to fucking kiss you.）中的"吻吻"，"你他妈的扎我的眼眶子"（You're a fucking thorn in my eye!）中的"扎我的眼眶子"，"你这个里通外国的狗杂种！"（You ass-kissing, treacherous son of a bitch!）中的"里通外国"等，都着意得到了再现。

　　第三，原文的文化内涵需要适当传递的。

　　粗俗语含有文化是毋庸置疑的，如果能传递原文的点滴文化内涵且又不影响交际，译者也会偶尔为之，这是译者的选择，比如将"我操你活娘"译为"I'll fuck your living mother"。可能认为骂人骂得很另类，有新奇感，可作为文化现象加以传播，但毕竟原文语言太过粗俗，所以这样的译文在语料库中所占的比重非常低。

　　这样认为并非毫无根据，葛浩文甚至还会对某些过分粗俗的表达做些"柔化"处理，比如把"去你妈的蛋！"译为"Up your old lady's *you-know-what*!"把"小的跟他是多年的朋友，他鸡巴上长了几个痦子咱都清楚"译为"He and I were friends for many years, so close that I can tell you how many moles he has on his *you-know-what*"，把"俺起身到席棚后边去拉屎撒尿"译为"I walked out behind the shed to relieve myself—numbers one and two"，把"丁钩儿用鸡巴破案"译为"Reminded of those lines, which were so popular among his colleagues"，把"后头撅了尾巴，前头撅了鸡巴"译为"Couldn't keep his pants zipped"，把"谁要不把他领走，谁就是驴日马养的个驴骡子"译为"Anyone who doesn't take me up on it is the product of a horse-humping donkey"等。当然，也有把原文中委婉的处理为直白的，如把"桑间濮上之合"译为"adulterers"；还有把原文委婉的还原为委婉的，如把"带丫把的"译为"It's got that thing between its legs"。性和凶杀多一些的内容并非都要俗不堪言。

　　译者在应对粗俗语时，总体表现为归化行为倾向。但贾燕芹（2016：

117~119）是这样分析的：

> 从语义上看，这样翻译没有问题；但如果从效果来看，译文还是与原文有偏差的。第一，原作中种类丰富、多样化的辱骂语被单一化了，都变成了一个词"bastard"。这样虽然能体现出原作人物使用辱骂语频率高，但却未体现出民间辱骂语的多样化和生动性。这种现象在其他词的翻译中也存在，例如"他娘的""他奶奶的"也都翻译为了一个字"damn"。第二，随着这些词被统一译为"bastard"，原文的特殊意指也被抹掉了。例如，"王八蛋""王八羔子"体现的是一种中国民间特有的辱骂文化。在民间，龟象征着长寿，但也有胆小懦弱、不成器的意思，如"缩头乌龟"，因此人们也用"乌龟""鳖"的意象来形容一个人的恶劣、愚蠢或低贱，但被翻译为 bastard 后，这种意象就丢失了……
>
> 文学翻译总是不完整的、有缺憾的，性话语的英译较之原文还是出现了一些背离和偏差。文学意义传达的过程原本是曲折的，在译文中变得直接化、简单化；文学意义的美感原本在于它的模棱两可和不确定性，在译文中也不可避免地被明晰、固定化了；原作中的文化词语是多样化的、有着细微差别的，但在译文中变成了几个词的单调重复；最后，原文中文学表达背后的意象是丰富繁杂的，但大部分在译文中都消失了。这些翻译的缺憾并不是葛浩文个人的过失，当文学翻译面向的是世界读者时，本土性的损失和缺憾是在所难免的。

贾燕芹实际是从文学性和文化差异性的角度看问题的，与葛浩文求语境功能的意旨是不一样的。"文化求真，文学务实（求用）"也是译者的一般性行为原则，与译者"求真为本，务实为用（上）"的总的行为原则并行不悖。而在文学作品中，文化信息也都被文学化了。作者和译者都是随语境而务语境效果、阅读效果之实的，他们是能动的、动态语境中的和"翻译过程"中的人，不仅仅是文本层面上的、意义的静态"翻译"再现者。或者说，当译者在求取译文和原文的作用相当时，就没把原文看成文学，因为风格是文学的第一生命；当不追求再现风格而追求语境效果相当的时候（准确地说是译文之用），则是实用的思想占了上风，此时的粗俗语虽然出现在文学作品中，但根据译者行为所产生的译文，文本却应归入文学文体和应用文体之间的状态，不妨称之为"应用文学"。对于文学作品而言，风格是第一位的，语境效果是第二位的。"汉学家们省译的方言词语大多数为粗俗语词语，例如陶忘机（J. Balcom）译本中省译的几乎全是'球''狗日的'等这类词语……省译策略的运用上，汉学家的译者行为具有一定的规律性。"（张艳、朱晓玲，2019：118）但这也只是看到了表面的现象，未考虑真实的语境效果。而像有的学者所分析的"葛浩文对于作品中某些地方的性描写采取了简单粗暴的翻译方式，不仅与原文情节有出入，也未能反映中国文化的诗性内涵""如果剖析葛浩文的翻译动因，便得归因于他开放、直接的西方文化背景"（车明明，2020：109），都是只看到了一个方面，所寻找到的也只是那些能够说明自己预设的、利于解释自己观点的例子。在处理方法上，卢巧丹（2018：163）在讨论葛浩文对于粗俗语的翻译时说道："适当地采用归化策略，有助于原著更好地进入英语世界的文化话语的传播场域，并逐渐被认同接受。"这是因追求语境效果而"适当地采用归化策略"，但归化又是代换为目标语的说法，比如把"爱屋及乌"代换为"Love me，love my dog"，是不可能帮助原著进入英语世界的文化话语的传播场域的，因为不懂目标语的读者，是不可能知道原文及其文化内涵的。

求语境功能相当也取决于翻译的规范。比如，Khalaf & Rashid（2016）基于语料库数据分析了英语电影中粗俗语字幕的翻译，发现作为目标语言阿拉伯语的文化规范极大地影响了译者的行为，译者为了符合目标语文化翻译规范而淡化了粗俗语的淫秽程度。

2.4 作为应用文学翻译的粗俗语翻译

粗俗语是乡土语言的主要组成部分。在汉语粗俗语的英译研究中，综合考察成功译者的行为倾向，把握其行为规律，对于未来的翻译实践和中华文化的国际传播，都有重要的启发和指导作用。葛浩文乡土语言翻译语料库显示，译者葛浩文在翻译汉语粗俗语时，总体上呈现为归化的行为倾向，与其对于其他语言表达的翻译表现出明显不同的行为倾向，这是译者针对粗俗语用作应用文学的文本性质和讲话人要求听话人快速反应的语境效果而应有的理性反应，符合译者行为批评理论中的译者"求真为本，务实为用（上）"的一般性行为规律。

粗俗语作为语言和文化的一部分，经常出现在表达型文本的文学作品中，所以理应忠实地再现原文，但因为粗俗语所具有的应用功能，即使出现于文学文本中，也应以突出其应用功能为重，故将这类文本称为"应用文学"（周领顺，2014a：184）文本。

以"烟花三月"的翻译为例。当作为单纯的文学文本时，应该从求历史之真的角度出发而译为 Flowery April（不是字面的"三月"），但从"应用文学"的角度看，要以务实社会为上，所以译为 Flowery Season/Spring 等也未尝不可，延长的是风景的诱人期，增强的是呼吁的效果。在应用环境中原封不动地借用文学文本的译文，务实效果未必那么理想。即是说，为了实现更大的务实效果，可以适当夸张，但切忌夸大事实。"夸张语言人所喜，夸大事实人所忌"（周领顺，2018：159），要确保翻译的底线。

译者没有着意引进中国的粗俗语糟粕文化，只是求取了相当的功能，获得了相当的语境效果，这是译者在求取原文部分意义之真和务读者所需之实之间所做的平衡。原文粗俗语的功能得到了凸显，那么原文讲话者就是务实的；译文借归化的手段凸显原文粗俗语的功能，那么译者就是务实的。

韩江洪和李靓在统计《中国文学》（1951～1966 年）小说粗俗语的翻译时总结道："交际规范要求译者优化原文与目标读者之间的交流，采用归化法使得译文更加易懂来满足读者对于中国文学作品的期待。而操作规范要求译者应当以明晰化的方式使译文更加明晰，归化策略是粗俗语翻译中的主要策略。这些规范制约着当时译者的翻译行为。"（韩江洪、李靓，2017：89）而实际上，这些规范也为葛浩文所用。一个时期的规范作为环境因素确实会对译者的行为产生影响。比如，Khalaf & Rashid（2016）基于语料库数据分析了英语电影中粗俗语字幕的翻译，发现作为目标语言阿拉伯语的文化规范极大地影响了译者的行为，译者为了符合目标语文化翻译规范而淡化了粗俗语的淫秽程度。但对于求取相当功能的粗俗语的翻译和译者的主动性而言，却是译者在主观意志、社会环境、文本类型等各种因素之间调和、平衡的结果。归根结底，是执行者译者的问题。所以对部分空缺类粗俗语，赛珍珠认为其"以异化为主、归化为辅，竭力在形式和意义上保留原文的语言特色和文化内涵，而沙博理对归化异化的运用更为平衡，其译文也更接近目的语"（张荣梅，2011：Ⅳ）。进行译者行为研究，需要从社会视域考察译者行为，将翻译主体的意志性、翻译活动的社会性、翻译过程的复杂性以及翻译文本的生成性纳入视野，开展对译者行为与译文质量、译者行为与社会服务等互动关系的批判和研究，才能得出行为上比较合理的解释。①

第三节　葛浩文的乡土语言比喻修辞翻译行为②

3.1　汉语乡土语言比喻修辞翻译研究概况

"乡土语言"的定义囊括了以往对于熟语、方言、俚语、熟语、谚语、习语、歇后语、惯用语和文化特色词语英译等的零星研究。修辞虽然不属于具体的哪一块内容，但又无处不在，比喻修辞也不例外。

译学界以往有关修辞语言的翻译研究并不鲜见，而有关比喻翻译的研究更是老生常谈（郭文涛，1993；曾庆茂，2001；冯国华，2004；刘冰泉、张磊，2009）。根据陈望道《修辞学发凡》（复旦大学出版社，2016）和张明冈《比喻常识》（北京出版社，1985）对比喻的定义与分类，我们在葛浩文乡土语言翻译语料库里共找到13种比喻辞格，包括3种基本型比喻——明喻、隐喻、借喻和10种特殊型比喻——引喻、补喻、较喻、修饰喻、组合喻、博喻、派生喻、对喻、提喻和反面设喻。其中，借喻122个，隐喻90个，明喻84个，博喻44个，修饰喻32个，补喻26个，引喻23个，较喻20个，组合喻14个，对喻5个，提喻4个，派生喻4个，反面设喻4个。在全部比喻辞格中，讨论最多的是明喻和隐喻，英汉皆然。

近40年间，隐喻翻译研究的数量远超于明喻，"与热闹非凡的隐喻研究相比，明喻研究则显得格外冷清……也有部分是和隐喻一起探讨的"（王雪明，2017：29）。这与国外隐喻翻译研究的蓬勃发展密不可分。国内

---

① 关于粗俗语，更多学术上的讨论见《骂脏话，在人类语言的发展过程中有什么意义？》，https：//finance. sina. com. cn/tech/2021 – 07 – 29/doc-ikqcfnca9678435. shtml？ cre = tianyi&-mod = pchp&loc = 38&r = 0&rfunc = 25&tj = cxvertical_pc_hp&tr = 12。

② 本部分由周领顺与高晨合作完成。

比喻翻译研究兴起于 20 世纪后期，至今"已达数十年之久"（孙毅，2017：87），恰好为国内研究提供了可资借鉴的经验。从早期的"隐喻能否被翻译？""在多大程度上可译？"到"怎么译？""如何译？"，从"修辞学、成分分析法、语篇分析法、语用学、文化论"（孙毅，2017：81）到认知语言学，国内隐喻翻译研究得到了全面覆盖。例如，徐莉娜（1999）讨论了"不可译性"；郭英珍（2004）研究了隐喻的语用文化与翻译策略；肖坤学（2005）讨论了隐喻的认知性质与隐喻翻译的认知取向；谭卫国（2007）借鉴纽马克对隐喻的分类理论，探讨了英语隐喻的分类、理解与翻译；韦孟芬（2011）研究了文化差异下隐喻的理解和翻译；等等。

在现代隐喻理论中，明喻被看成隐喻的一种，所以国内明喻翻译研究追随隐喻翻译研究的步伐，但仍然存在以下不足。第一，缺乏创新型研究，特别是缺乏理论与问题的创新；第二，缺乏"隐喻翻译评价体系的相关研究"（廖茂俍、李执桃，2016：171），鲜见隐喻翻译批评研究；第三，文学研究对象多见于传统名著和诗歌，如《红楼梦》《黄帝内经》《庄子》《阿诗玛》等，而现当代文学作品除了《茶馆》和《围城》外，十分少见，因此研究领域有待拓展。本部分将聚焦葛浩文英译莫言作品乡土语言翻译语料库中对于明喻和隐喻的翻译，从文本到人本，尝试进行一些译者行为批评分析。

3.2 葛浩文乡土语言比喻修辞翻译实践

基于文本的研究，涉及语言转换和意义再现等翻译内部的东西，是翻译学视野中的研究对象。在汉语乡土语言比喻修辞翻译中，语言的转换即比喻修辞形式的转换，意义的再现即比喻中喻体意象的处理。这里重在对比分析明喻与隐喻之间的转换和葛浩文处理喻体意象的方法。

3.2.1 语言（形式）转换

葛浩文在处理原文明喻与隐喻时，用了 6 种转换方法：明喻转明喻、明喻转隐喻、隐喻转隐喻、隐喻转明喻、舍弃比喻修辞格和省译。在汉语原文中，有 84 处明喻，90 处隐喻。在英译文中，葛浩文保留了原文的 55 处明喻和 31 处隐喻，明喻转换为隐喻的有 12 处，隐喻转换为明喻的有 47 处，舍弃明喻的有 9 处，舍弃隐喻的有 9 处，省译明喻的有 8 处，省译隐喻的有 3 处。可以看出，汉语隐喻转换成英语明喻的比重大，一半以上的隐喻译成了英语的明喻。对比分析 47 处汉语隐喻转换成英语明喻的地方，可归纳为下列两种情形。

第一，"中国的复合句往往是一种意合法……中国语里多用意合法，联结成分并非必须"（王力，1984：472），恰如一些汉语隐喻的本体与喻体之间没有联结成分，"在形式上却是相合的关系"（陈望道，2016：62）。在这种情况下，有的喻体还含有中华文化特色，直译难以达意，倘若增添英语的喻词，转换为英语明喻，便传递了一种新鲜的文化，也拉近了译文与读者的距离。例如：

[1] 从此，爷爷和奶奶鸳鸯凤凰，相亲相爱。

From that day on, Granddad and Grandma shared their love *like* mandarin ducks or Chinese phoenixes.

[2] 不是知县枪法好，只是让他碰了巧，瞎猫碰上了一只死耗子。

The Magistrate was no marksman, was how I saw it, just a lucky shot, *like* a blind cat bumping into a dead rat.

[3] 那天夜里，俺心里有事，睡不着，在炕上翻来覆去**烙大饼**。

My thoughts kept me awake that night, as I tossed and turned on the brick *kang*, *like* flipping fried bread.

第二，莫言使用的喻词多样，不仅有"是"，还有"就是""简直是""这是""这才是""真是""都是""正是""这不是""岂不是""那是""那更是""那真是""那的确是""那简直就是""这才叫""这个""这种""只当"等，这些喻词语气更加肯定了本体与喻体之间的相似关系。而葛浩文在译文中增添喻词"like"，一是有助于整合英语句式，令其形合，解决原文语法表达不符合英语行文的问题；二是利用"like"独立凸显喻体，彰显了原文的比喻修辞，使得英语译文更加形象。总的来讲，转换为明喻是因为它可以"使陌生的事物熟悉化，使抽象的事物具体化，使平凡的事物生动化。明喻通过寻求本体与喻体之间的相似性，用喻体来体现本体，即被描述对象的某些特点，从而使本体特点更加鲜明生动"（张金泉、周丹，2013：28~29）。例如：

[1] 有点痛，但不严重，对我这样一个垃圾孩子，忍受这样一点痛苦，**简直就是**张飞吃豆芽儿——小菜一碟。

It hurt, but not unbearably. For a worthless child like me, that sort of pain is *like* the powerful Zhang Fei snacking on bean sprouts, easy as one, two, three.

[2] 这又是你犯糊涂了，姑姑道，他爱小狮子，**那是**他剃头挑子一头热，小狮子并没说要跟他好。

You're wrong again, she said. His love for her is a one-sided affair, like a barber's carrying pole—only the pail on one end is hot. Little lion never once expressed any interest in him.

[3] 章技师看出了我的沮丧，悄悄地劝我：“小莫，你满腹文采，当个臭车夫，**岂不是**高射炮打蚊子——大材小用？”

When he saw how despondent I was, Zhang gave me a bit of quiet encouragement：“You're too talented to waste your life as a truck driver. That would be *like* shooting down a mosquito with a cannon.”

葛浩文转换汉语明喻为英语隐喻的有 12 处，均省略了汉语明喻中的喻词，利用英语动词（包括 be 动词）、副词、同位语、名词短语、介词短语和平行结构构成了英语隐喻。例如：

[1] 一个身材玲珑，腿轻脚快，腰扎着虎皮裙，头戴金箍圈，手提如意棒，尖声嘶叫着，活蹦乱跳着，**恰似**那齐天大圣孙悟空。

One walked with a quick, nimble step, wore a tiger-skin apron around his waist, and had a golden hoop around his head. He carried a magic cudgel and uttered shrill cries as he bounced and jumped down the street, *all in all* a fine replica of Sun Wukong, the magic monkey of legend.

[2] 看门人爬起来，双手依然捂着头，脸色焦黄，**像**优质的年糕**一样**。

The gatekeeper climbed to his feet, still holding his head in his hands. His complexion was sallow, the color of a fine year-end cake.

[3] 爷爷感到毛骨悚然，骂一句：“这鳖羔子，贼**一样**的大胆！”

Granddad's skin crawled. "That little limp's *got* the nerves of a thief!"

［4］学生我"盼星星盼月亮只盼着深山出太阳"**一样**盼望着您来酒国。

I look forward to your visit with the anticipation of "Waiting for the stars，waiting for the moon，I long to see the sun rise over the mountain".

3.2.2　意义（文化意象）转换

葛浩文在转换文化意象时采用了4种方法，分别为保留源喻的文化意象、替换源喻的文化意象、深化源喻的文化意象和淡化（或删除）源喻的文化意象。

其一，保留源喻的文化意象。即对源喻喻体中的意象做到不增不减不变。例如：

［1］他是**人中之龙**，而人中之龙是不屑积攒家产的。

He was *a dragon among men*，but dragons have no interest in accumulating property.

［2］"去去去，"民政助理挥着手，好像轰赶**苍蝇**，"我没工夫跟你叨叨。"

"Out，out，out!" The deputy waved him off as if shooing away *a housefly*. "I've got better things to do than argue with you."

其二，替换源喻的文化意象。这里的替换不是简单的换取，而是指一个意象替换原意象后，保持功能不变和与替换前的状态平衡。例如：

［1］他伸出三个指头，说："我不诓你们，三万元，这对于司马粮来说，是**九牛身上三根毛**。"

He extended three fingers，"I'm interested in extorting money，so let's keep it at thirty thousand. That's *peanuts* for someone like Sima Liang."

［2］公爹用他那两只鸱鹰一样的眼睛盯着俺，一字一顿地、仿佛从嘴里往外吐**铁豌豆**一样地说："行、行、出、状、元！知道这话是谁说的吗？"

He fixed his hawk-like gaze on me and said, one slow word at a time, as if spitting out *steel pellets*, "Every-trade-has-its-master, its zhuangyuan! Know who said that?"

其三，深化源喻的文化意象。即在保留原有文化意象的基础上，进一步为它增添新的文化信息。例如：

[1] 另一位袒着大肚皮，披着黑直裰，头顶毗卢帽，倒拖着捣粪耙，不用说就是**天蓬元帅猪悟能**。

The second general, sporting a huge paunch, wore a loose monk's robe and a square Buddha hat. The manure rake he dragged behind him was a dead giveaway—he was *Marshal Zhu Wuneng*, or *Zhu Bajie*, *the legendary Pigsy*.

[2] 对于这样一个单位来说，给邻近的小学装备一个军乐队，那的确是**张飞吃豆芽**，小菜儿一碟。

For a massive enterprise like that, outfitting a primary school military band was too small tobe a challenge, like giving *the Han dynasty heroic figure Zhang Fei* a plate of bean sprouts.

其四，淡化（或删除）源喻的文化意象。即舍弃原文中的比喻修辞，直接翻译出文化意蕴，达到功能相似。例如：

[1] 我说警察叔叔你们都是**包青天**，明察秋毫，绝不会上洪胖子的当，你们知道吗？

I said, "you're *a wise arbiter* who won't be fooled by the likes of Fatty Hong"

[2] "我告诉你们，钱是**王八蛋**，生不带来，死不带去的东西。"

"I'm telling you, money's *no damned good*. You aren't born with it and you can't take it with you when you die. "

3.3 葛浩文乡土语言比喻修辞翻译的译者行为

译者行为批评是站在译者行为的角度，着眼于译者对原文的意志性操控，着眼于译者行为的合理度，着眼于在翻译内外两个层面对译文质量进行动态评价。

根据文本研究，葛译比喻修辞文本中有 102 个明喻、43 个隐喻，明喻数量是隐喻的 2 倍以上，且葛译保留了原文 84 处明喻中的 55 处。由此可以看出，葛浩文更偏向于明喻的使用。

3.3.1　求真明喻务实读者

对原文明喻的求真就是对目标语读者的务实，这是基于"求真-务实"译者行为连续统评价模式对葛浩文译者行为所做出的评价。

译者行为批评中的"求真"是用以说明译者行为的，它是对"意志体人的行为的动态描写"（周领顺，2014a：96），求的是原文语言形式与意义之真；"务实"则呼应了对翻译活动性质的认识，动态描写了翻译外译者为满足社会需求所表现出的译者行为，二者是动态的平衡。当译者求真于原文并正好符合务实的目标时，则达到"求真"即"务实"的效果。

比喻修辞借助莫言作品中汉语乡土语言表现出来，而乡土语言的表达由于融入了比喻修辞格而变得简洁生动，趣味盎然，地方特色浓郁。比如莫言在《蛙》中用"狗咬泰山——无处下嘴"来比喻面对如此大量素材时的不知所措，葛浩文英译为"There's just so much material I feel a bit like the dog that wants to bite Mount Tai, but doesn't know where to start"，译文保留了原文明喻的形式和喻体形象，求真于原文，此时葛浩文扮演的是译者的角色。此外，他还是一个传播者的角色，他求真的原文明喻中包含了中华文化中"狗"和"泰山"两个意象，保留原文也就务实了文化对外传播的需要，为英语读者传递了新鲜的比喻文化。

3.3.2　转换隐喻输出文化

在比喻修辞中，"隐喻是比明喻更进一层的譬喻。正文和譬喻的关系，比之明喻更为密切"（陈望道，2016：62）。作者使用隐喻是对本体、喻体关系的肯定，喻体的文化内涵必定深扎于读者脑中，不必言明，读者心领神会。而明喻是"分明用另外事物来比拟文中事物的譬喻。正文和譬喻两个成分不但分明并揭，而且分明有别；在这两个成分之间，常有'好像''如同''仿佛''一样'或'犹''若''如''似'之类的譬喻语词缩合它们"（陈望道，2016：59~60）。所以将隐喻转为明喻，浅化了内涵，以喻词来缩合本体和喻体，这样做是因为源喻文化意象在目标语读者思维中没有对应的文化表述，给直译设置了文化障碍。比如，在莫言的《蛙》中，原文所含乡土语言隐喻为"这又是你犯糊涂了，姑姑道，他爱小狮子，那是他剃头挑子一头热，小狮子并没说要跟他好"，葛浩文将其转换为明喻，即"You're wrong again, she said. His love for her is a one-sided affair, like a barber's carrying pole—only the pail on one end is hot. Little lion never once expressed any interest in him"。

表达为"剃头挑子一头热"中的"一头热"，是因为当时剃头的挑子一头是红漆长方凳，是凉的一头；另一头是个长圆笼，里面放一个小火炉，是热的一头。如今用它来比喻一件事情，只有一方愿意，如同他爱小狮子，而小狮子并没有说爱他一样。但在英语读者的认知世界里并没有这样的文化形象，葛浩文为了使译文能产生更好的交际效果，避免由文化差异带来的阅读障碍或者误解，他运用英语的明喻去表达两者间的关系，利用"like"凸显比拟关系，积极主动地在英语读者脑海中引入新的文化信息，成功地在"求真"与"务实"之间寻求到一种比较理想的平衡，进而实现了文化的传播。

3.3.3 转换意象平衡"真""实"

保留、替换、深化和淡化意象等方法是葛浩文平衡"求真"与"务实"的译者行为方式。保留意象说明以下两点。第一，目标语比喻文化中有着相同的形象表达，可以直译，"求真"即"务实"。比如在《丰乳肥臀》中，原文明喻为"你衣来伸手，饭来张口，像皇帝一样养尊处优，你还要怎样？"葛浩文直译成"Stick out your arms and you'll be clothed, open your mouth and you'll be fed. You live like an emperor, so what the hell else do you want?"这是因为 emperor 是一个帝国的最高统治者，他的形象与原文皇帝的形象有着相似的内涵。当目标语与原文化中有着相同对应的比喻形象时，葛浩文"求真"原文，即"务实"文化传播的社会目标。第二，原文的文化意象对目标语读者来说是陌生的，但葛浩文认为原文比喻形象新鲜有趣，目标语读者可以理解与接受，不会给阅读带来不便，所以引入原文形象，"务实"兼顾"求真"。比如在《檀香刑》中，原文含有的隐喻为"月明秃头亮，水涨轮船高"，葛浩文保留了原文隐喻形式和喻体形象，译为"When the moon is bright, a bald man shines, and when the waters rises，the ferryboat floats highest"。原文的喻体形象"月明秃头亮，水涨轮船高"是独具中国特色的乡土语言，然而其中蕴含的月明照亮秃头、水涨抬高轮船的逻辑关系符合所有人的认知，葛浩文保留它不会给目标语读者带来阅读上的不便，且为目标语读者引入了新鲜而有趣的汉语比喻形象。

替换意象是因为原文意象在目标语文化中空缺，若引入新意象，会造成阅读障碍，所以葛浩文在目标语文化中寻找意义相当的意象取而代之，"务实"兼顾"求真"。比如《檀香刑》中的"那天夜里，俺心里有事，睡不着，在炕上翻来覆去烙大饼"，葛浩文替换了原文喻体形象"烙大饼"而译为"My thoughts kept me awake that night，as I tossed and turned on the brick *kang*，like flipping fried bread"。原文的喻体形象"烙大饼"在中国山东省最为常见，"烙大饼"的动作深入人心。莫言将"心里有事，睡不着，在炕上翻来覆去"比喻成"烙大饼"两面翻的动作十分生动、贴切，但对于饮食习惯相差甚远的英语读者来讲，由于文化形象的空缺，引入新意象可能会造成阅读障碍。所以，葛浩文用英语读者所熟悉的面包形象来替换大饼，不但使译文的可读性大大提高，译文明喻的译后效果也达到了原文隐喻的表达效果。

深化意象是对译者主体性发挥的最好阐述，拥有汉学家身份的葛浩文在保留原有意象的基础上增译，给出了更多的相关文化信息，"求真"兼顾"务实"。比如莫言的《四十一炮》中有一处原文，即"有点痛，但不严重，对我这样一个垃圾孩子，忍受这样一点痛苦，简直就是**张飞吃豆芽儿——小菜一碟**"，葛浩文译为："It hurt，but not unbearably. For a worthless child like me，that sort of pain is like *the powerful Zhang Fei* snacking on bean sprouts，easy as one，two，three." 葛浩文在译文中增添了张飞强壮的人物个性，符合他作为蜀汉名将天不怕、地不怕的个性特征，有助于英语读者更好地认识原文喻体中张飞的形象。在小说《变》中也有一处含有张飞意象的比喻，即"对于这样一个单位来说，给临近的小学装备一个军乐队，那的确是**张飞吃豆芽，小菜儿一碟**"，葛浩文译为："For a massive enterprise like that，outfitting a primary school military band was too small to be a challenge，like giving *the Han dynasty heroic figure Zhang Fei* a plate of bean sprouts"。葛浩文的深化点是增添了张飞汉朝英雄人物的信息，英雄行侠仗义，符合原文"给小学装备军乐队"做好事的语境，有助于英语读者在相似语境里多角度地了解张飞的历史文化形象。

淡化意象是在既无法保留也无法替换的情况下，选择功能相当，舍弃比喻修辞，译出比喻的含义，使"务实"高于"求真"。比如《檀香刑》中的"有时壮怀激烈，有时首鼠两端，余是一个委曲求全的**银样镴枪头**"，葛浩文就淡化了原文的喻体形象，舍弃比喻修辞特征，意译为"At times strong passion surges in my chest; at another I am torn between opposing wills. Caution is my watchword; my appearance is but *a deceptive mask*"。"银样镴枪头"比喻一件物品或者一个人外表好看但不中用，若在译文中加以保留或对其进行详尽的解释，则会造成阅读质感的下降。所以，葛浩文求取了功能上的相当，意译出了原文隐喻的含义。

第四节 《酒国》葛译本乡土语言的译者行为①

4.1 葛浩文与《酒国》

莫言的作品大多数是以故乡为背景来描写乡村生活的，带着浓浓的乡土气息，他的作品充满"怀乡"以及"怨乡"的复杂情感，因而被归类为"寻根文学"作家。《酒国》从 1989 年开始创作，1992 年完成，1993 年 2 月由湖南文艺出版社出版后，批评界未及时做出反应，2000 年 2 月由海南出版公司及 2002 年 9 月由山东文艺出版社再版后，也没有引起多大反响，只有为数不多的几篇批评文章。莫言（2003：34）曾这样评价自己的这部作品："我的这部《酒国》，在中国出版后，没有引起任何的反响，不但一般的读者不知道我写了这样一部书，连大多数的评论家也不知道我写了这样一部书。"然而，好的作品往往是经得起历史的考验的，进入 21 世纪后，出现了"莫言热"，对《酒国》的研究评论也开始升温，相关的评论文章也相继面世。

葛浩文是英语世界目前地位最高的中国文学翻译家。"葛浩文认为，翻译作品不仅要考量作者的原意、读者的喜好，还要根据自己的专业判断，在其中寻求一种平衡。"（王淑玲，2013：127）他还认为"对原文和

---

① 本部分由周领顺与孙晓星等合作完成。

译文的忠实翻译是一种跨文化交流活动，同时翻译又是一种背叛与重写"（文军等，2007：78）。这位伟大的翻译家用他的激情和才华，凭借他对作品的热爱和投入，为中国当代文学走向世界做出了突出贡献。正如莫言本人（2000：170）所讲，"如果没有他杰出的工作，我的小说也可能由别人翻成英文在美国出版，但绝对没有今天这样完美的译本"。本部分主要通过分析《酒国》葛译本中乡土语言的翻译评析译者的行为。

4.2 《酒国》中的乡土语言

"中国是乡土小说的大国"（刘恪，2012：47）在很大程度上归因于中国是个农业大国，绝大多数的作家与土地"保持着千丝万缕的联系，中国小说家作为乡土小说的代表似乎也是极为自然的"。所谓"乡土"，它不仅包括地域层面的限定，更有文化层面的意义。"乡"，指家乡、故乡、乡下；"土"，首先指泥土，因为乡下人离不开泥土，在土地上种植是他们基本的谋生手段（费孝通，1998：6）。乡土小说，是指靠回忆重组来描写故乡带有浓厚乡土气息和地方色彩的小说，也可以说乡土小说指的是 20 年代初、中期，一批寓居北京、上海的作家，以自己熟悉的故乡风土人情为题材，旨在揭示宗法制乡镇生活的愚昧、落后，并借以抒发自己乡愁的小说。

乡土语言是乡土小说中使用的一种独特的语言，它被用来表现乡土文学的"地方色彩"。《酒国》中就运用了很多乡土语言表达（见表 3-4）。

表 3-4 《酒国》乡土语言表达

成语	谚语	格言	俚语	惯用语	歇后语	方言
哑口无言/投鼠忌器	好了疮疤忘了痛	人为财死鸟为食亡	乌龟王八蛋	出洋相/酒肉计	老太婆裹脚一手熟	耕头发/腔

这些充满中华文化气息的语言对说外语的人来说是陌生的，如何最有效、最形象、最恰当地将其翻译出来，是对译者的一个挑战。在莫言作品多种语言的译本中，影响最大且最关键的是葛浩文的英译本。

4.3 《酒国》乡土语言葛译的译者行为

自 20 世纪 90 年代翻译研究上发生"文化转向"以来，译者研究得到

了加强。随着"文化转向"对翻译外译者行为的关注和译者主体性研究的
蓬勃开展，越来越多的事实表明，译者行为批评正在成为翻译批评新的
聚焦点。译者行为批评视域是以译者行为为中心，并在翻译内将译者看
作语言性凸显的语言人、在翻译外将译者看作社会性凸显的社会人两者
结合的研究。为了尽可能客观地描写翻译活动，译者行为批评构建了一
个可用于评价译者行为及译文质量的评价模式，即"求真-务实"译者
行为连续统评价模式，本部分就结合此模式对译者的译内行为和译外行
为进行分析。

4.3.1 "求真"之译内行为

译者是意志体，具有目的性，其行为自然是目的性的行为，在翻译时
兼及服务"作者/原文"和"读者/市场"，导致其行为在"求真-务实"
译者行为连续统上左右滑动。

[1] 我还说"不入虎穴焉得虎子"，不上猴山何觅猿酒？

I also said, "No one can catch a cub without entering the tiger's lair. "
How could he obtain Ape Liquor if he didn't go up the mountain?

"不入虎穴焉得虎子"是一句格言，译者照直译出，未加任何注释，
采用逐字直译的方法，毫无疑问是"求真"于原文。

[2] 没有金刚钻不敢揽瓷器活。

Without a diamond, one cannot create porcelain beauty.

[3] 望山跑死马。

Head for the mountains, and kill the horse.

例［2］和例［3］中所用乡土语言皆有更深层次的含义，"没有金刚
钻不揽瓷器活"暗指能力不够就不要强出头，"望山跑死马"则比喻看着
近而实际很远，葛浩文按照字面意思翻译出来，在译者行为连续统上偏向
左端。

[4] 啄木鸟死在树洞里——吃亏就吃在嘴上——我狼狈不堪地站

起来，不敢抬头。

Like a gorged woodpecker that dies stuck in a tree, its beak is its undoing—I stood up in total embarrassment, not daring to raise my head.

此例句中用了一句歇后语，歇后语本身就带有解释部分，葛浩文在《酒国》中翻译歇后语时，只需要"求真"于原文即可，无须担心会引起歧义。此时，"求真"也即"务实"，证明"求真"是"务实"的基础，是译者使译文达到"忠实"的必要行为和过程，是确保翻译之为"翻译"的根本。

"求真"并不完全等同传统上的"忠实"。"忠实"是以原文为中心，是对静态文本的比较；"求真"是以"忠实"为前提条件，但不是"忠实"的翻版。"求真"是译者为追求译文在译文接受者中产生同原文在原文读者中一样的效果而对语言所负载的意义求真的行为，是在翻译性质约束下译者的本能表现，对原文的求真，追求的是译文和原文之间的关系，这是翻译的根本。

4.3.2 "务实"之译外行为

"人所依存的各种社会、历史、文化环境，必然会影响到翻译活动。译者在一定的历史环境和一定的社会环境下所意欲达到的目的，包括政治的、宗教的、教育的、文化的或审美的目的，在很大程度上决定了翻译的手段和方法。而译者的态度直接影响着整个活动。"（许钧、穆雷，2009：3）译者的译外行为在译文上更多地反映为译文靠近社会需求的合理度。

［1］他感到自己的精神就像一只生满蓝色幼芽的土豆一样，滴溜溜滚到她的筐里去。

Ding Gou'er felt like a budding potato that had rolled into her basket.

［2］好酒好酒，好酒出在俺的手。喝了俺的酒，上下通气不咳嗽；喝了咱的酒，吃个老母猪不抬头。

Good liquor good liquor good liquor emerges from my hand. If you drink my good liquor, you can eat like a fate sow, without looking up once.

［3］您是大城市来的，走南闯北，经得多见得广，什么样的佳酿名酒没喝过？什么样的山猫野兽没吃过？见笑见笑。

While you, old Ding, come from the big city, have traveled widely, and have seen and done everything. I imagine there isn't a fine beverage anywhere you haven't sampled, or a game animal you haven't tasted. Don't embarrass us, please.

［4］您写起小说来是老太婆裹脚一手熟。

Your novels are as finely crafted as the foot wrappings of a practiced grandmother.

［5］他抖抖衣服，搓搓干泥巴，抽抽打打，穿在身上，热乎乎的衣服烫着皮，舒服到云彩眼里去了。

He shook out his clothes, knocked off some of the dried mud, and got dressed. The hot fabric burned his skin, transporting him to Seventh Heaven.

［6］有朝一日我碰上他，一定要和他展开一场血腥大辩论，我要驳得他哑口无言噤若寒蝉，然后还要揍他一顿，让这个小子七窍流血鼻青脸肿魂飞魄散一佛出世二佛涅槃。

If I ever meet him, I tell you, he's in for the verbal fight of his life.

［7］七十三，八十四，阎王不叫自己去。

……（省略未译）

对照译文和原文，学者们不难发现，葛浩文在这些例句中的译者行为都是"务实"的，他在翻译极具汉语文化色彩的成语时，为了提高译文的可读性，采用了意译的翻译方法，或者省略不译。正如葛浩文所说过的，"我的责任是翻译要忠实，但忠实什么？问题在这里。是忠实于一字一句吗？"① 很明显，在"求真-务实"译者行为连续统上偏向了右端。对于译者而言，考虑读者的一个主要表现就是提高译文的可读性。葛浩文说过，"知道自己忠实服务于两方的满足感使我愉快地将好的、不好的、无关紧要的中文翻译成可读性强，易于接受甚至畅销的英文书籍"（贺维，2011：92）。这样，也就有了译者主观能动性的发挥，为了提高可读性，在翻译

---

① 《葛浩文英译〈废都〉澄清未修改莫言小说结局》，http://cul.sohu.com/20131017/n388351495.shtml。

策略上，译者和编辑都更偏爱"意译"的做法。

　　总之，不管是文学翻译还是应用翻译，只要属于交际意义上的翻译，考虑读者需要就成了译者"忠实"目标的必然选择，这和彼得·纽马克的"语义翻译"和"语际翻译"在本质上是相同的。很明显葛浩文在翻译时有"求真"，也有"务实"，而且遵循着"求真为本，务实为用，务实高于求真"的原则，他在忠实原文和提高译文可读性二者之间找到了一个最佳的平衡点。

第五节　汉语乡土语言葛译译者行为度①

5.1　"求真-务实"和译者行为度

　　译者行为度，是译者在翻译时所表现的针对原文求真度和面对社会务实度的总和。以往在译学界一说到翻译上的"度"，人们都会有雾里看花的感觉。比如，刘英凯（2002：51）说："每读到这个'度'字，笔者就不免有个疑问：这个'度'如何界定？由谁来界定？'度'的界定有没有操作性、程序性和可传授性？如果这些都没有，那么，它的可检验性何在？这岂不是又坠入到'神而明之，存乎其人'这类的空泛玄虚的不可知论的泥潭里去了吗！"而本部分所论的译者行为度，便是为了比较清晰地说明这一问题所做的一点尝试。

　　"'求真'是指译者为实现务实目标而全部或部分求取原文语言所负载意义真相的行为；'务实'是指译者在对原文语言所负载的意义全部或部分求真的基础上为满足务实性需要所采取的态度和方法。"（周领顺，2014a：76）一方面，译者的本能要求自己对原文"求真"，要求译文尽可能做到与原文如影随形。另一方面，意志体译者的社会性及其所处的社会历史环境等翻译外因素，又影响着其"求真"的程度和其"务实"的朝向。也就是说，社会大背景之下的译者会追求一定程度的"务实"效果。"求真"和"务实"是一体的，但彼此又有一定的区别，它们处在一个连续统一体上，或"求真"，或"务实"，或兼具二者的特征，体现的是

---

　　①　本部分由周领顺与杜玉合作完成。

译者行为社会化程度强弱的问题。"求真"是面对原文的,"务实"是面对社会/读者的,前者取决于求真度,后者取决于务实度,而理性的译者处于原文和读者之间,行为理性的程度与文本平衡度决定着行为的合理度。

　　"求真"和"务实"是译者行为连续统上的两个端点,既然是连续统,就要承认连续统上各个阶段的渐变状态,这是出于对译文、对译者行为全面和客观描写的需要。为此,本部分以自建的葛浩文乡土语言翻译语料库为考察工具,以"求真-务实"译者行为连续统评价模式为评价工具,将"求真度""务实度"分别表述为"求真""半求真""半求真半务实""半务实""务实"等不同的阶段性称谓(见图3-1)。称谓虽然有些主观,但当有事实支持时,也就变得具体而客观了。

图3-1　葛浩文英译乡土语言行为的阶段性特征

　　"求真"即译者使译文与原文保持着"如影随形"的关系。"半求真"即对原文的求真度不足,译者只做到了部分求真。"半求真半务实"即译者使译文部分求真于原文,部分务实于读者。在"半求真半务实"的中间点之后是"半务实",译者偏向了"务实"一端,译文与原文渐行渐远。连续统最右的端点是"务实",译者通过一些务实性的行为(如"薄译""厚译"等),希冀达到所期待的务实效果。在连续统评价模式上,"求真"和"务实"是相互兼顾、相互牵制的关系。

　　当然,还应该有处于左端之左的"零求真"和处于右端之右的"超务实"。之所以没有把它们在图中加以表示,是因为它们实际上已经超出了翻译的范畴,属于无原文可依的情况,跑到了该评价模式之外。"超务实"在下文有所提及(即译者为了使译文达到极其务实的效果而对"柯湘"进行了厚译处理却又因此将样板戏《杜鹃山》误写成了《红灯记》)。比如"零求真":

　　[1] 他抓起泥巴砸在丁金钩脸上,他咬破了巫云雨的**手脖子**……

He picked up a dirt clod and flung it in Ding Jingou's face; he took a bite out of Wu Yunyu's *neck*...

〔2〕母亲说："大叔,详情莫问,**谢大媒**的酒我给您预备好了。"樊三大爷道:"这可是倒提媒。"

"Uncle," Mother said, "don't worry about the details. I'll take care of *Matchmaker Xie*." "But this is doing things backward."

〔1〕的"手脖子"是对手腕的一种俗称,与"脖子"毫不相干,译者将"手脖子"译作 neck,显然是对原文的误读。〔2〕"谢大媒"中的"谢"是动词,表示感谢的意思,母亲请樊大爷为上官来弟说媒,让上官来弟下嫁孙家大哑巴,为了感谢媒人樊大爷,特备酒水以示谢意,译者却把它译成名词的姓氏"谢",属于误译。

把它们称为无原文可依的误译或叛逆都是恰如其分的。"无意而为的误译是真正的误译;有意而为的误译是译者故意采取的一种积极的翻译策略,或者准确地说是文化上的归化行为,是使翻译社会化的表现。"(周领顺,2014a:157)"叛逆""一是由于误解、疏漏或翻译策略把握不当而引起的叛逆,属于无意性叛逆,往往是不合理的,应尽力加以避免;二是有意性叛逆,指由于译者自身能力的局限,或是出于意识形态和文学观的考虑,出于对读者的观照等原因所做的叛逆,虽然有悖于原作,但往往情有可原,如果处理得当,可以产生积极的效果;其中'纯语言'层面的叛逆,是翻译中难度最大的叛逆,译者为此常常绞尽脑汁,有时不一定成功,但是它却为译者提供了广阔的创造空间"(孙致礼,2003:139)。这些在葛浩文的翻译实践中均有事实可以佐证。

5.2 连续统评价模式上的译者行为痕迹

5.2.1 求真

〔1〕这下好了,让人家**枪打了出头鸟**,让人家**擒贼先擒了王**。这就叫**"炒熟黄豆大家吃,炸破铁锅自倒霉"**。

This is what it has come to: *the bird in front gets the buckshot; the king of thieves is first to fall.* As the adage has it, "*When the beans are fried, everyone eats；but if the pot is broken，you suffer the consequences alone.*"

划归"求真"是因为译文完全求真于原文，这句话包含了"枪打了出头鸟"、"擒贼先擒了王"和"炒熟黄豆大家吃，炸破铁锅自倒霉"三个乡土语言单位，分别译作"the bird in front gets the buckshot""the king of thieves is first to fall""When the beans are fried，everyone eats；but if the pot is broken，you suffer the consequences alone"。译者此时并未对这三个乡土语言单位省译或删减，而是求原文之真，以"语言人"的身份，使译文与原文保持高度一致。

［2］我不怕，我为了文学真个是**刀山敢上，火海也敢闯**，"为伊消得人憔悴，衣带渐宽终不悔"。

But I shall not be deterred. For the sake of literature，I would willingly *climb a mountain of knives or rush into a sea of flames.* "For thou I shall waste away，happy that the clothes hang loose on my body."

划归"求真"，原因在于译者采用了异化的翻译策略。"刀山敢上，火海也敢闯"源自成语"上刀山下火海"，其比喻义是：不畏艰险克服重重困难去完成任务的勇气，吴光华主编的《汉英大词典》（第2版）（上海交通大学出版社，1999）收录的"上刀山下火海"译文有两种，即 climb a mountain of swords or plunge into a sea of flames 和 undergo the most severe trials，译者将原文"刀山敢上，火海也敢闯"译作 climb a mountain of knives or rush into a sea of flames，与词典里的第一种译文基本一致，形式较为对称，保留了"刀山"和"火海"两个意象，译者不仅向作者尽了"忠"，也向读者献了"美"。

5.2.2 半求真

［1］母亲哭泣着，抓了一把**草木灰**堵住了三姐头上的窟窿。

Weeping uncontrollably，mother grabbed a handful of *grass* and held it to third sister's head to staunch the flow of blood.

划归"半求真"是因为译文部分求真于原文，用草木灰止血是中国民间的土方，通常指的是草本植物燃烧后的灰烬，而将"草木灰"译作grass，丢失了原文部分之真，但译者可能是顾及"草木灰"这一民间药方有碍西方读者理解而故意为之的。

[2] 你要是能把你金龙哥的军装复了原，大娘我给你**三跪九叩首**！

If you can restore Brother Jinlong's tunic to its original shape, I'll *get down on my knees and kowtow three times* to you!

划归"半求真"，原因在于译者对"三跪九叩首"的理解不够到位，三跪九叩之礼的行礼方式为：听到"跪"的命令时，行礼者跪下，随着"一叩头""再叩头""三叩头"三声命令，将手放在地面上，三次将额头叩向地面。听到"起"的命令时，行礼者起立。如此发令共计三次，行礼人叩头共计九次，因此被称为"三跪九叩之礼"。译者此处译作 kowtow three times，即叩头三次，严格来说是不够准确的，因此对原文的求真度不足。

5.2.3　半求真半务实

[1] 有点痛，但不严重，对我这样一个垃圾孩子，忍受这样一点痛苦，简直就是**张飞吃豆芽儿——小菜一碟**。

It hurt, but not unbearably. For a worthless child like me, that sort of pain is like *the powerful Zhang Fei snacking on bean sprouts*, *easy as one*, *two*, *three*.

划归"半求真半务实"，是因为求真部分在于该歇后语的前半句，将"张飞吃豆芽"译作 the powerful Zhang Fei snacking on bean sprout。此外，译者在历史人物"张飞"前增添了该人物力大无穷的特点。目标语读者不知"张飞"是何人，如果不加任何相关信息而直译其名，就难以和后文"吃豆芽"这样简单的事情联系起来，所以比较务实。将歇后语的后半句"小菜一碟"译作 easy as one, two, three（如数 1、2、3 一样简单），是为了降低目标语读者的阅读障碍。不过，如果能够既顾及原文的形象，又能够实现功能的相当，当然更加理想（后文提供了改良实践）。

[2] 校长说："真是**老子英雄儿好汉，老子反动儿混蛋！**"

"*The sons of heroes are as solid as bricks，the sons of reactionaries are all little pricks*，" he announced.

划归"半求真半务实"，原因在于"老子英雄儿好汉，老子反动儿混蛋"出自"文化大革命"初期中国流行的一副红卫兵对联，说的是父亲是高干，就推理儿子肯定是好样的；反之，如果父亲是"牛鬼神蛇"，就断定子女是反动的。将"好汉"译作 as solid as bricks（和砖块一样坚硬），未囿于原文的形式，译者用 brick 刻画了一位性格刚硬的人物形象，在部分求真于原文的基础上又部分兼顾了务实的效果，使译文在功能上达到了与原文相当的程度。

5.2.4 半务实

[1] ……怒骂："混蛋，你们活够啦！吃饱了撑的你们这群王八蛋！再打架，**卡你们三天的草料**！"

"*Are you pricks tired of living?*" he snarled. "Is this we get for feeding you? Well. if you don't break it up right now, *you'll be on bread and water for three days*！"

划归"半务实"，是因为译文对原文的求真度为零，译者努力想要务实于读者，用西方读者熟知的意象去替代汉语的文化特色词，但离开对原文意义求真的务实，实非翻译上的务实。"卡你们三天的草料"是岗哨把犯人们当牲畜看待而加以谩骂的，但译文表现出的谩骂力度远不及原文。you'll be on bread and water for three days，指的是靠面包和水等粗茶淡饭生活的意思，与原文相差较远。

[2] 轿夫，吹鼓手，都是**下九流**，奸刁古怪，什么样的坏事都干得出来。

Sedan bearers and musicians are *low-class rowdies* capable of anything, no matter how depraved.

划归"半务实"，原因是在古代人有贵贱尊卑之分，人可以被分为不同的等级。下九流指九种处于社会底层从事低等工作的人，如乞丐、婢女、恶棍等。译者将"下九流"译作 low-class rowdies，而 rowdies 指的是粗暴的、爱惹是生非的人。这样笼统地翻译，无法传达作者的用意，虽不影响目标语读者对文章的整体把握，但务实效果低于预期，部分曲解了作者的原意。

5.2.5　务实和超务实

[1] 里面毫无反应，难道他们像《封神榜》里的**土行孙**地遁而去？
Don't tell me they vanished into thin air like the *goblins* in *Roll Call of the Gods*?

划归"务实"，原因在于"土行孙"是神话故事《封神演义》中的人物，身材矮小，本领高强，以铁棍为武器，擅长遁地术。原文中的"土行孙"被代换为 the goblins（哥布林），而哥布林是西方神话故事里的类人生物，长着长长的尖耳。译者突破了原有的文化障碍，用西方近乎对等的人物形象取而代之，保留了原文的功能。但何时代换求取功能相当，何时凸显原文的文化内涵，除了翻译目的的因素外，还主要取决于文化信息在原文的浓淡或语境的虚实。比如，同一个"嫦娥"，在讲述嫦娥的故事中为实，文化信息浓，如李商隐的诗句"嫦娥应悔偷灵药，碧海青天夜夜心"即如此；在用作比喻的环境里却为虚，文化信息淡，如"她是我们班里的嫦娥"。前者要照直译为 Chang'O，甚至还要增加注释，这是出于文化求真的需要，而对于后者，处理为 beauty 即可，求取的是功能相当，为的是务实，不影响交际。

[2] 为了今天的演出，金美丽老师剪去了长辫子，梳了一个当时颇为流行的**"柯湘"**头，更显得英姿飒爽，精干漂亮。
Teacher Jin had cut off her braid for the performance and combed her hair in a style made fashionable by *Ke Xiang*, *heroine of the Cultural*

Revolution drama The Red Lantern；that made her more valiant-looking and，at the same time，prettier and more competent than ever.

划归"务实"，原因是在 20 世纪 70 年代，京剧样板戏《杜鹃山》里的党代表柯湘红遍全国，发脚稍带弯曲的"柯湘式"短发风靡一时。译者用"厚译"方法，增补了相关的文化信息 heroine of the Cultural Revolution drama *The Red Lantern*。增补的信息，显然是出于务实的需要，但因为译者误记或误解，把《杜鹃山》误写成了《红灯记》，从而跳出了"求真-务实"译者行为连续统评价模式的约束而变作了"超务实"。所谓"超"，不是说效果更好，而是说"超"出了评价模式的约束。

5.3 《酒国》葛译行为度的渐变性特征[①]

第一，求真。"求真"即译文与原文完全实现了语言层面的对等。但求真并非一字一句机械地照翻，葛浩文始终以忠于原文精神为基础，并保留了原文的文体形式，准确阐述文化信息，与原文的思想和风格保持了统一，充分再现了原作的乡土气息。

> [1] 无意中招了别人忌恨是没有办法的事，有意招人恨则是"**扒着眼照镜子——自找难看**"了。
>
> If a person inadvertently provokes someone into loathing him，there's nothing he can do. But if he does it intentionally，it's like *"rolling your eyes up to look a mirror— a search for ugliness"*.

歇后语是"有两个部分组成的一句话，前一部分像谜面，后一部分像谜底……"［《现代汉语词典》（第 7 版）］。此处葛浩文采用了直译法，最大限度还原了歇后语的语言结构，且使得语义连贯。这句话意为自找难堪，失了面子，是莫言给李一斗回信中的自嘲，因其之前劝说李一斗弃文无果，才形容自己不必"自找难看"了。葛浩文按照字面意思，将歇后语直接译出，保留了歇后语诙谐的特点，读者也不会产生任

---

① 本部分由吴邱月在笔者指导下完成。

何歧义，实现了对原文的求真。

　　[2]"……姑奶奶，你**救人救到底，送人送到家**。"

　　"...When rescuing someone, go all the way. When taking someone home, see him to the door."

　　谚语是广泛流传于民间的言简意赅的短语。多数谚语反映了劳动人民的生活实践经验，经过口头传下来。这句谚语意为帮人帮到底，不要中途放弃。这里葛浩文采用了直译将其内涵阐释出来，并还原了原文工整的对仗结构，既保留了这句话的字面意思，又传达了乡土语言的特点，无论是内容还是语言形式都求真于原文。

　　通过以上两个例子，葛浩文让我们看到另一种可能——当语境上下文提供了充足的文化信息，求真于原文并不会给外族读者理解文化内涵造成障碍，反而会给译文增添几丝异域情调。

　　第二，半求真。

　　[3]"**小姑奶奶**，放开我吧，让人看见，多不雅观。"

　　"*Dear little woman*, let me go. I'd hate for anybody to see me like this."

　　俚语，是指民间非正式、口语化的语句，是百姓在日常生活中总结出来的通俗易懂、顺口的具有地方色彩的词语。姑奶奶是民间常见的一个俚语称谓，通常男性屈服于较为强势的女性时会使用"姑奶奶"这个称谓表示自己的无奈，甚至带有求饶的意味，显然这里葛浩文对"小姑奶奶"一词理解不够准确，直接照翻为"dear little woman"，这一昵称虽表达了敬畏之意，却丢失了其中无奈求饶的意味，显得求真不足。

　　[4]"抓**蟋蟀**？"丁钩儿问，"这里兴**斗蟋蟀**吗？"

　　"Cricket catching?" Ding Gou'er asked. "Do folks around here *enjoy cricket fighting*?"

方言指的是"一种语言中跟标准语有区别的、只在一个地区使用的话，如汉语的粤方言、吴方言等"［《现代汉语词典》（第 7 版）］。"兴"是中国民间方言里的一句土话，表示某事很热门。因此"兴斗蟋蟀"是指斗蟋蟀这件事在此处很流行、很时尚。"enjoy"仅仅是说人们喜欢做这件事，不足以说明这件事的流行程度，且失去了语言原有的乡土特色。此翻译仅表达出部分情绪，虽不影响读者理解，但并未达到原作者预期。方言是当地人自成体系的特色语言，有其特定的适用范围，共享同一语言的人们因处于不同地域而难以相互理解，更别说是对外族读者了。

第三，半求真半务实。半求真半务实指译文既有求真的部分又有务实的部分。此时葛浩文做到了既还原原文的乡土色彩，又顾及读者的可接受度。

［5］每人抢一只在手，大的大，小的小，倒上红酒黄酒白酒，**满的满，浅的浅，齐声嚷嚷着，声音高的高，低的低**，向丁钩儿敬酒。

So the girls picked up the nearest glass, big or small, filled it with red wine, yellow beer, or colorless liquor, and raised it raucously to toast Ding Gou'er.

"A 的 A、B 的 B"是我们日常生活中的口语惯用语，在此处表示对某一动态场面不同事物行为的陈述。这句话构成了平行对等结构，都是对同一场面进行的说明，强调了中国人酒桌上一贯热闹的氛围，读起来也朗朗上口。作者在这里部分求真，仅译出平行结构中第一个"大的大，小的小"，而省译了后半部分。这非但不会影响译文读者理解，反倒使文章语言更为简洁、行文更加流畅，是追求务实的做法。如果译者不视情况全部照搬，反而会使译文显得拖沓累赘。

具体情况要具体对待，我们必须承认有时候删除是最好的选择，在翻译的过程中，很多译者也会为了译文的连贯性与简洁性而部分求真，部分务实。

［6］**这故事传得有鼻子有眼的**，既恐怖又神秘。

There were enough details in the rumor to make it frightening and mysterious at the same time.

　　成语是人们长期以来习用的、简洁精辟的定型词语或短句。"有鼻子有眼"属于成语，形容把虚构的事物如传说、听闻、谣言等中每个细节都描述得很细致，就像是真的一样。这里葛浩文考虑到读者的接受性，将其意译为"There were enough details"，解释了其背后的含义，又将"故事"译成"rumor"显示其虚假性，前后照应，即务实了读者需求，又求真于原文的语境，使译文更具有可读性。

　　当艺术表现形式有所转变，我们不能一味追寻求真，当读者无法靠近与此相关的文化内涵时，解释读者陌生的文化信息尤其有效，这不仅能帮助目标读者填补意义真空，还弘扬了中国乡土文化。

　　第四，半务实。"半务实"即译文已基本看不到原文的影子，求真度极低甚至为零。

　　［7］"**负心贼负心贼！　咬死你咬死你！**"

　　"*Goddamned gigolo*, I'll bite the life out of you, *you goddamned gigolo*!"

　　"负心"通常指恋人中有一方违背良心，背弃情义，这里的"贼"含贬义。由上下文可知，女司机对丁钩儿曾有过眷恋之情和肌肤之亲，但两人后来因为调查的事情撕破了脸，丁钩儿用武力将女司机制服。在情急恼怒之下，女司机骂出了这番话，并连喊两声负心贼，体现出她此刻的愤怒。而葛浩文将其译为"goddamned gigolo"，虽也能表现怒骂的情绪，但"gigolo"表示舞男、小白脸，与负心汉并不太切合，虽不会给读者掌握整体大意带来影响，但因不完全符合作者的真实意图而并未达到较高的务实度。

　　［8］"**丰盛什么呀老丁同志，您这是打我们的脸！**"

　　"What do you mean, sumptuous, Comrade Ding, old fellow? *Are you being sarcastic*?"

打脸即落面子，通常就是对某些人的言论进行否定、吐槽，揭露真相等。前文丁钩儿面对党委书记和矿长如此盛情款待，客气感叹菜品丰盛，干部听到后带点自嘲地说了这样一番话，表达一种礼貌和谦虚的意味。葛浩文在此将"打脸"翻译为"sarcastic"并不够准确，虽表达出部分否定的意味，但这里书记和矿长并未表达丁钩儿在讽刺他们，只是变相说客套话罢了，因此只做到了部分务实。

第五，务实。乡土语言常常蕴含丰富的文化负载词，有其独特的文化背景。若一味只顾语言层面的对等，往往会使目标读者不明所以。译者充分考虑受众的文化背景，思考如何减少读者的阅读障碍，就成了务实方面的问题。

[9] 走到村头**土地庙**时，他从怀里摸出一卷黄表纸，从灯笼里引火点燃，放到庙前的焚化炉里烧了。

As he neared *the earth God Temple* on the village outskirts, he took a packet of spirit money out of his pocket, lit it with the lantern, and laid it in a cauldron by the temple door.

土地庙一般是民间自发建立的小型庙宇，当中供奉着土地神仙，逢年过节或遇到喜事、难事，中国人民都会祭拜土地公。葛浩文将土地庙处理为 the earth God Temple，并未解释土地神的含义，因 God 一词足以使读者领会土地神的至高形象，深刻感悟中国宗教文化，体会到中国人民信奉土地就如西方人信奉上帝一般。因此，将中文中的熟语替换为英语的固定搭配，求取功能对等，是非常有借鉴意义的一种务实的翻译方法。

[10] 他说他也拿不准，一下子**说不出个子丑寅卯**来。

He said he still can't make up his mind, that he simply doesn't know what to say.

子丑寅卯是天干地支中地支的前四个，源于中国远古时期对星象观测结果，一般指事物的道理，"说不出个子丑寅卯来"是指说不上其中的道理，不知道怎么说，在文中表示周宝犹豫两难，所以一时不知道说什么，葛浩文并未费力解释"子丑寅卯"的文化背景，用阐释的手法减少了读者的阅读障碍以及对中国文化的陌生感，这是务实的表现。

[11]"我操你二哥，我日你大爷……"

《酒国》这部小说具有鲜明的地方色彩，其中不乏低俗的民间用语，葛浩文选择性地完全省译了一些不影响语境的脏话。当原文中某些意义空缺对小说情节发展、人物塑造无影响时，为了务实，采用省译可以提高译文的可读性和流畅度，将读者受到的文化冲击最小化。

我们从莫言小说《酒国》中共归纳出乡土语言"求真"71 处，"半求真" 4 处，"半求真半务实" 5 处，"半务实" 3 处，"务实" 73 处，总计156 处。各部分分别占比约 45.5%、2.6%、3.2%、1.9%、46.8%。该数据显示：葛浩文在《酒国》译本中一直尽量维持求真与务实之间的平衡，尽可能还原原文本中的文体风格、语言特色与表达方式（求真），并充分考虑到受众的文化背景，采用异化的翻译策略对多数西方读者容易产生阅读障碍的词句或文化背景进行处理，最大化地传达源文本的文化内涵信息（务实），实现译文与原文的和谐。

从译评者的角度来看，译者行为或偏于"求真"，或偏于"务实"，也呈现为渐变性特征。因此，不宜采用非此即彼的标准来评价译文的优劣，而译者行为也始终处在一个连续统一体上。葛浩文在《酒国》英译本中不仅保留了原文文化在西方读者眼中的神秘感，同时实现了与读者进一步的跨文化交流，这也说明葛浩文不愿跟风选择传统上大多译者偏爱的流畅通顺的归化翻译策略，而是尽量凸显译者的主体性，这对于处理中国乡土语言翻译有一定的借鉴意义。

5.4　莫言10本小说乡土语言葛译译者行为度

译者面对原文，会有不同的行为特征，从"求真-务实"译者行为连续统的角度，将葛译莫言10本小说乡土语言单位所表现出的不同的求真度和务实度列表如下（见表3-5，保留至小数点后一位）。

表 3-5　葛译莫言 10 本小说乡土语言单位的求真度和务实度

	求真 （%）	半求真 （%）	半求真半 务实（%）	半务实 （%）	务实 （%）	总计 （次）
《丰乳肥臀》	32.9	1.6	2.5	0.0	63.0	316
《变》	36.0	4.0	6.7	0.0	53.3	75
《天堂蒜薹之歌》	40.8	2.2	10.8	0.5	45.7	186
《檀香刑》	40.9	0.3	11.4	0.0	47.4	298
《四十一炮》	46.2	2.2	9.2	0.0	42.4	184
《师傅越来越幽默》	36.2	0.0	7.5	0.0	56.3	80
《生死疲劳》	42.1	2.0	3.1	0.0	52.8	254
《蛙》	44.1	0.5	7.5	0.0	47.9	186
《酒国》	48.1	2.1	5.7	0.0	44.1	141
《红高粱家族》	36.0	1.5	11.2	2.0	49.3	197

　　"求真"是译者忠实于原文，是语言性的本能表现，是译者行为最根本的出发点。"务实"是指向社会的，"务实"是因为对原文意义"求真"之无力或"务实"社会之需求。这里，译者会通过一些务实的行为（如"薄译""厚译"等）来达到预期的效果。其中"薄译"是为了避免内容前后重复、赘余，或出于对中西方意识形态差异的考虑，或是应出版社的要求等，有学者说"葛浩文英译莫言作品的最大特点是删节和改写"（蒋骁华，2015：3）。《丰乳肥臀》删节最多，是因为出版社觉得小说 50 万字的篇幅过长，所以采用了由莫言本人提供的、在工人出版社版本基础上进一步精缩的版本，而且在具体的翻译过程中，经莫言同意，译者和出版社又对原文做了改动和调整。800 多页的中文小说译成英文后，只有 500 多页。与"薄译"相对的"厚译"在翻译实践上也屡见不鲜，"厚译"是通过给原文增补社会、历史、文化等背景信息来扩大目标语读者的视野，从而帮助译语读者更好地理解原文。"译文不管厚薄，总有译者的理由在。或为了追求原文的语境意义，或为了传播原文文化的色彩，或为了表现译者个人的知识面和才华，或为了变相实现原文的交际功能、提高读者的阅读兴趣等等。"（周领顺、强卉，2016：110）

　　除去"半求真半务实"中间状态的行为特征外，译者求真性行为特征

（"求真""半求真"）比例从大到小依次是《酒国》（50.2%）、《四十一炮》（48.4%）、《生死疲劳》（44.1%）、《蛙》（44.6%）、《天堂蒜薹之歌》（43.0%）、《檀香刑》（41.2%）、《变》（40.0%）、《红高粱家族》（37.5%）、《师傅越来越幽默》（36.2%）、《丰乳肥臀》（34.5%）。译者务实性行为特征（"半务实"和"务实"）比例从大到小依次是《丰乳肥臀》（63.0%）、《师傅越来越幽默》（56.3%）、《变》（53.3%）、《生死疲劳》（52.8%）、《红高粱家族》（51.3%）、《蛙》（47.9%）、《檀香刑》（47.4%）、《天堂蒜薹之歌》（46.2%）、《酒国》（44.1%）、《四十一炮》（42.4%）。通过以上数据，不难看出译者葛浩文努力在"求真"和"务实"之间保持着一种平衡，既要保持翻译作为翻译的根本（原文语言转换及其意义的再现），又要努力实现翻译的社会功能（包括译者在内的社会人借翻译意欲达到的社会目标），总的来看，译者务实性行为比例略大于其求真性行为的比例。

本部分以莫言 10 本小说葛浩文英译本乡土语言为考察对象，发现汉学家葛浩文在英译莫言作品的具体翻译实践中，出现了"求真""半求真""半求真半务实""半务实""务实"等不同的阶段性行为特征，除此之外还有不受"求真-务实"译者行为连续统评价模式控制的"零求真"和"超务实"等行为表现。译者的行为多种多样，但只有在"求真-务实"译者行为连续统评价模式约束的范围内，译者的身份才是译者。

本章小结

本章讨论了文本与人本的问题，即从文本的角度追踪译者行为的痕迹。挑选的文本是葛浩文译"狗"、葛浩文的粗俗语翻译行为、葛浩文的乡土语言比喻修辞翻译行为、《酒国》葛译本乡土语言的译者行为和汉语乡土语言葛译译者行为度。

葛浩文的译者行为表明：第一，"求真"即"务实"：对原文明喻的求真就是对目标语读者的务实；第二，转换汉语隐喻为英语明喻，提高阅读效果，是"务实"的表现；第三，保留、替换、深化和淡化原文意象是葛浩文平衡"求真"与"务实"的译者行为。从宏观来看，葛浩文的行为符合译者"求真为本，务实为用（上），务实高于求真"的一般性行为原则。

关于葛浩文译"狗",主要从传统涉"狗"翻译批评及其反批评、传统涉"狗"翻译批评的弊病进行了讨论。以往涉"狗"的翻译批评缺乏公正性,主要源于研究者在没有充分考察语料的前提下,以先入为主的态度,以印证自己先入为主的观念为目的,所得结论不乏偏见,这样的做法既不利于翻译批评学科的发展,也未为中华文化"走出去"发掘出翻译的深层规律。语料库显现了强大的优势,使翻译批评尽可能地做到了客观公正,在穷尽性调查和充分占有事实的基础上,我们获得了比较全面的印象和令人信服的结论。

关于葛浩文的粗俗语翻译行为,主要从粗俗语的研究范围及其英译研究、葛浩文的粗俗语翻译实践及其归化行为倾向、葛浩文的归化行为动因等方面进行研究。关于葛浩文的乡土语言比喻修辞翻译行为,主要从葛浩文乡土语言比喻修辞翻译实践和葛浩文乡土语言比喻修辞翻译的译者行为两方面进行了讨论。关于《酒国》葛译本乡土语言的译者行为,主要从葛浩文与《酒国》《酒国》中的乡土语言和葛浩文译者行为评析三方面进行了讨论。关于汉语乡土语言葛译译者行为度,主要从"求真-务实"译者行为连续统评价模式与译者行为度、连续统评价模式上的译者行为痕迹和莫言10本小说乡土语言葛译译者行为度进行了讨论。

译者务实于"读者/市场"所做的努力,略高于其求真于"作者/原文"所做的努力。译者行为的规律总体上表现为"求真为本,务实为用(上)"。这一总的行为规律,才使译作在异域的环境里获得了新生,增强了文化传播的有效性。

第四章
策略与方法

第一节　汉语乡土语言英译的"求真"与"务实"

1.1　汉语乡土语言英译和"求真""务实"相关分析工具

汉语乡土语言英译，表面上看来只是语言的静态转换，但实际掌控整个翻译活动的是意志体的执行者——译者，所以借助译者行为批评理论来解释，恰如其分。

译者行为批评是集中于意志体译者在翻译社会化过程中的角色化及其作用于文本的一般性行为规律特征的研究。译者行为规律是通过译者作用于文本并在文本上留下的行为痕迹而显现的，其在译文上的表现，需要通过构建评价模式加以描写和解释。译者行为批评与文本批评的关系密不可分，译者身份和角色决定译者行为，译者行为决定译文品质，而译文品质是与译者的身份和角色相一致的。从译者身份和角色入手进行译文质量评价，有望实现全面和客观。译者行为批评理论与汉语乡土语言英译实践批评相结合，在翻译语料库的支持下，显示出了强大的解释力，为翻译找到了深层的译者行为规律。

"译者行为批评"理论与以往的理论所不同的是，从根本上讲它是"人"学研究。本部分将着重从"求真""务实"的角度探讨葛浩文在汉语乡土语言英译时的"求真"和"务实"。

"求真"是顾及原文意义的行为；"务实"是顾及读者需求的行为。在翻译之为"翻译"的状态（静态）下，翻译是对原文意义的再现，而在翻译之为"翻译活动"的状态（动态）下，翻译是随着人（主要表现为译者）的目的的变化而变化的。而作为有意让译作进入流通领域的社会人译者而言，其表现目的的"务实"在频率上必定高于对于原文意义的静态"求真"，这是毋庸置疑的。"求真"和"务实"相比，"求真为本，务实为用（上）"是译者的一般行为规律，而在4条译者行为细则中，就有3条是以"务实"为上的（周领顺，2014a：108~109）。

"务实"即为"用"，是被译者看作更高（"上"）的目标。葛浩文说过："我认为一个做翻译的，责任可大了，要对得起作者，对得起文本，对得起读者……我觉得最重要的是要对得起读者，而不是作者。"（季进，2009：46）按照译学界的说法，"对得起作者，对得起文本"就是忠实于原文的态度，并主要通过"直译"来实现；"对得起读者"就是对读者负责，并主要通过"意译"来实现，以便传达原文背后的文化真意，只是有时难免会有不易兼顾、不易平衡之处。仅就"对得起读者"而言，就会有很多表现形式，比如以读者易于接受的方式对文本做出各式各样的增删和调整等。当然，有些势必会超出翻译的范围。

1.2 汉语乡土语言英译：求什么"真"，务什么"实"？

一门语言是"……由语音、词汇和语法构成一定的系统"[《现代汉语词典》（第7版）]。外国人学会了汉语，未必就能够恰当地运用于交流和交际。比如听到外国人问中国的老人："你几岁了？"并非语言不正确，而是语用不得体，这就引出了"文化"的问题。习语"喝西北风"就是典型的一例。

"喝西北风"是语言问题还是文化问题？就纯粹的语言教学而言，可以将"喝西北风"阐释为"喝西北方向来的风"，再解释为述宾结构和修辞上的比喻，以及每个字的构造、发音等，就算尽了责；如果学习者不易记忆，就把"喝西北风"作为一个语块（chunk）整体教给他。但是，深层的文化意义并没有得到凸显，我们看到的只是语言层面的问题。从文化上讲，人们说"喝西北风"，但为什么风不是来自其他方向呢？

中国北方的冬季常刮西北风，刺骨的寒风会让饥肠辘辘的人们更觉生计艰难，无依无靠，所以不能将"你跟着他喝西北风吧"理解为"你跟着他喝西北方向来的风"吧。除非"西北风"（准确地说是"风"）确实不构成误解，能够实现正确的交际。我们来看看葛浩文对于"喝西北风"的翻译：

> "没有这些臭种蒜薹的，你们这些大老爷**喝西北风去**？"
>
> "If it weren't for all us smelly pieces of garlic, you government bigshots would have *to fill your bellies with the northwest wind.*"

葛浩文的译文没有造成交际障碍，但多少还是有点文化"梗"在里面：为什么偏偏是西北风呢？但即使仅仅译为 wind（风），也已经求取了相当的功能，并不构成交际的障碍，想必葛浩文将"西北风"保留下来，是考虑了读者对于翻译的心理预期：来自异域、有别于自己的生活环境是情理之中的事。人们打比方，往往喜欢使用生活中最常见的事物，而"西北风"对于原文讲话者即如此。当然，如果译文能与字面一致并获得相同或相似的功能，且不会产生交际的障碍，当然是最为理想的。这样，就兼顾了语言和文化。不过，当张爱玲把"喝西北风"翻译为 there's nothing to eat or drink except the northwest wind（阮广红，2016：143）时，回译便成了"除了西北风以外就没有什么吃的、喝的了"，虽然保留了原文中"西北风"的意象，但好像西北风确实能吃、能喝一样，明显有画蛇添足之嫌。要么把"除了西北风之外"的 except the northwest wind 删除，求功能相当，要么保留"西北风"的意象，尽量把文化内涵再现出来。总之，与张爱玲的译文相比，葛浩文的译文更像"英语"。

汉语和中华文化既相互依赖，又各自独立。"喝西北风"之类属于汉语乡土语言的内容，承载着浓厚的中国乡土文化和中华文化，也是中国乡土文学作品赖以生存的载体，要实现对外传播，就要经过翻译这道关卡，但怎样翻译，却是一个老生常谈的老大难问题，因为不仅要让它达意，满足最基本的交际需要，还要追求更高层次上的土味，提高人们的欣赏能力。达意之"意"属于交际信息，土味则属于风格上的东西。所以，就交际意义的传播而言，英译所求之"真"，表现在文字表层意义之下的深层意义的挖掘和传递上，而英译所务之"实"，就落实在原文真意在目标语读者中所应有的、相应的反应上。

1.3 葛浩文的汉语乡土语言"求真"与"务实"翻译实践

就汉语乡土语言的英译而言，按照奈达等人给"翻译"的定义，即以信息传递为基本任务，以风格为更高层次的目标，并非退而求其次。"风格"即土味。土味难以传达是不言而喻的，但即使交际信息所显示的意义，也要分清哪些是字面意义（"汉语"），哪些是文化意义（"中华文化"），以便于真实意义的传递。

翻译上的"直译"是忠实于原文字面意义的，或者说是忠实于、"求真"于"汉语"的；而"意译"是忠实于潜在意义的，或者说是忠实于"中华文化"的，"务实"于社会读者的。这样讲，似乎有点二元对立的味道，但翻译作为一种目的性的活动，在不得已的情况下，总要有所取舍，这是客观存在的现实。字面意义的背后是文化意义，文化意义的传递主要通过以下做法来完成。

第一，有的通过直译就能全部再现原文的意义，且于交际无碍。如：

[1] 我看你们是**瞎子点灯——白费蜡**。

To me you people are like *a blind man lighting a candle, just wasting wax*.

[2] **在家千般好，出门事事难**。

Conveniences at home, trouble on the road.

[3] **不打勤的，不打懒的，单打不长眼的**。

The only ones he hit are those who have eyes but won't see.

第二，有的通过直译加意译的做法使原文的深层文化意义得到部分再现。如：

[1] **鲁班面前抡大斧**

like someone *wielding an ax at the door of the master carpenter Lu Ban*

[2] 说文雅点，这叫**情人眼里出西施**；说粗俗点，这叫**王八瞅绿豆，看对了眼**。

In elegant terms, it could be a case of *a lover seeing in her the classical beauty Xi Shi*; less elegantly, it could be *seeing a green bean through the eyes of a turtle-the size and color make a perfect match.*

第三，有的舍弃原文字面的意义和形象而意译出深意。如：

[1] 他和你奶奶**不大清白**咧

Arhat, your family's foreman...something *fishy* between him and your grandma.

[2] **道高一尺，魔高一丈。**

When virtue rises one foot，vice rises ten.

[3] 解铃还须系铃人。

He'll *save the day.*

第四，有的需要换种说法，以求功能的相当（如使用文化上的归化法）。如：

[1] 人家都这么说……呵呀呀，你奶奶年轻时**花花事儿**多着咧

So everyone said...Aiyaya，when your grandma was young she *sowed plenty of wild oats.*

[2] 小畜生，跟村里那些土鳖们说，谁要敢欺负我司马库的亲人，我就杀他家个**鸡犬不留**！你记住我话没有？

You piece of shit, you tell that bunch of turtles in the village that if anyone lays a hand on any relative of mine，I，Sima Ku，will personally *wipe his family off the face of the earth*！Do you understand me？

[3] 余是一个委曲求全的**银样镴枪头**。

My appearance is but *a deceptive mask.*

"直译"和"意译"都是面对原文的，而归化旨在获得与原文相当的功能，可惜丢失了原文的文化，所以常说的"文化负载词"或"文化专有项"，一旦归化为目标语的既有表达，便使原文的文化无所依附，所以一般情况下，要以尽可能保留原文的文化为上，毕竟翻译是传递文化的活

动，纵观葛浩文乡土语言翻译语料库，我们发现他即如此。当然，以传递文化意义或以学术型为主的翻译，"厚译"是一条可行之路。在"不可译"的情况下，为迎合目标语读者接受的需要，进行"二度创作"或"再创作"是不可避免的。

"对外汉语""中华文化"和翻译之间的关系，可以通过葛浩文翻译的一个句子，得到较好的说明。

[1]"*花生花生花花生*，有男有女阴阳平。"
Peanuts peanuts peanuts，boys and girls，the balance of yin and yang.

葛浩文把"花生花生花花生"对译为 Peanuts peanuts peanuts，显然是把"花生""花生""花花生"看成了三个词。"花生"是一个词，但"花花生"因为多了一个"花"字，就升格为短语（但事情还没有这么简单）。译者采取对应的形式，尽量保留原文的"花生"形象，并希望读者通过形象理解文字背后的文化意义，达到交际和欣赏的目的。原文的文字意义得到了忠实，原文文字所携带的文化意义却部分地丢失了。

从风俗文化上讲，新人婚床上放些花生，寓意男孩、女孩"花着生"，所以才有了"花花生"的表达形式和"有男有女阴阳平"所做的补充说明。"花花生"与"花生"相比是一个短语，但在语法上又是用作谓语的，其中"生"是谓语动词，而"花花"又成了状述"生"的方式状语。所以，看似短语的"花花生"，竟非所是。"花生"和 peanuts 看似对应，但"花生"拆分后是表示方式的"花"（花搭着）和表示动作的"生"（生产，生育），符合原意，而 peanuts 拆分后是 pea（豌豆）和 nuts（坚果），且都是名词，和句意完全不符。

乡土语言的翻译涉及土味再现等更高层次的问题，但土味的程度是可以进行层次划分的，起码要顾及交际信息的达意，而风格意义是更高层次上的追求。比如，比喻用法的"吃香的喝辣的"，如果直译影响读者对深层文化意义的理解，那就不妨意译为 enjoy the comfort of life，从而首先实现有效的交际，使译文和原文的深层意义在功能上达到相当。只有在不影响交际的前提下，我们才追求风格意义的传达。这是两种境界的问题。只是传达风格意义时，有时难以完全再现原文的风格，比如"花生花生花花生，有男有女阴阳平”是歌谣体，但可以通过押韵传达美感，况且“生”
“平”谐韵，而葛浩文译的“Peanuts peanuts peanuts，boys and girls，the
balance of yin and yang.”使美感有所欠缺，或可改善为“Peanuts girls，
peanuts boys，peanuts *yin-yang* balance.”这样 s 和 ce 不仅实现了谐韵，且保
留了原文的形象和真意。“求真为本，务实为用（上）”也是在“不可译”
的情况下所应坚持的原则。

　　葛浩文主张“意译”，但有的不仅很“直”，而且就是他反对的“直
译”（也即译学界常说的“死译”“硬译”）。例如：

　　　　[1]“小姨子们，吃糖，有你们沙姐夫在，你们就跟着我**吃香的
喝辣的**吧……”

　　　　“Little sisters-in-law，”he shouted，“have some candy. As long as Sha
Yueliang is around，you'll *eat sweets and drink spicy drinks* along with
me....”

　　“香”指的是美味的食物，特别是肉食；“辣”指的是酒。有酒有肉，
形容日子好过，但译文难以让人自然联想到深层的文化意义，交际的有效
性因此打了折扣。也就是说，当深层的文化意义不能通过字面的语言翻译
全部或部分再现时，那么以有效交际为首要目标的翻译活动便失去了应有
的意义。

　　“吃香的喝辣的”表面上都与吃喝有关，但用作比喻时，要另作别
解，上例即如此。用作比喻是虚用，照字面翻译，深层的文化意义未必
能得到凸显。“吃香的喝辣的”这一乡土语言单位在莫言小说《蛙》中
也出现过：

　　　　[2] 姑姑一听到肖上唇的名字，脸色就变了，咬着牙根说：这个
坏种，早就该天打五雷轰，可他一直活得好好的，每日里**吃香的喝辣
的**，身体健壮得像头公牛，可见老天爷也惧怕恶棍！

　　　　Gugu's face darkened when she heard the name Xiao Shangchun. That
evil man，she said through clenched teeth，deserves to be struck by
lightning. But no，he lives the good life，with *fine food and drink*. He's

healthy as an ox, which just goes to show that even the heavens are afraid of that louse!

　　该处译文自然，与原文实用的吃喝义相吻合。译者除了本能地和字面的吃喝义保持一致外，另外可能是因为《丰乳肥臀》翻译于 2004 年，而《蛙》翻译于 2015 年，时间越久，理解越到位的缘故吧。

　　纵观葛浩文乡土语言翻译语料库，我们发现他虽然反对"直译"，却难以避免直译，一是说明翻译活动的复杂性；二是说明他首先坚持的是"忠实"原文的指导原则，难免会在这一思想指导下出现过于"忠实"的极端形式；三是有时他对原文的文化意义理解不够到位，会出现阴差阳错的情况，比如，他曾误将"阎王爷"翻译为 Karl Marx（卡尔·马克思），将"天要下雨，娘要嫁人"和林彪出逃扯上关系，将样板戏《杜鹃山》里的"柯湘头"理解出自样板戏《红灯记》，等等（周领顺、强卉，2016：103~112）。他所主张的"意译"，实为"葛浩文式意译"，"既包括译学界所说的'直译'，也包括文化层面上归化的做法，是除了'死译'、'硬译'外的所有翻译形式"（周领顺，2018）。他反对"死译""硬译"，他说过"英文和中文可以说是天壤之别的两种语言，真要逐字翻译，不但让人读不下去，而且更会对不起原著和作者"①。他坚持"只要字词句译得没问题，我在行文上就要忠实地再现作家要表达的内容——也就是他要说什么——而不必要在形式上再现他是怎么写的"（葛浩文，2014b：45），并具体要求"翻出作者想说的，而不是一定要一个字一个字地翻译作者说的"②。但是，他又明知故犯，这主要是因为他没有理解透原文字面意义背后的文化意义，同时这也是他所主张的"忠实"指导思想的极端化表现。

　　乡土语言背后潜藏着中华文化，若在传递中华文化的同时又能使交际顺利进行，则是比较理想的状态。"直译""意译"都是面向原文的求真（求取真意）策略，而"归化"是完全顾及读者的接受情况、求取功能相当的务实做法，虽然丢掉了原文的文化，但也是译者在尽可能观照原文后

---

①　《葛浩文：滥用成语导致中国小说无法进步》，http://www.360doc.com/content/14/0422/10/8768559_371055103.shtml。

②　《葛浩文：滥用成语导致中国小说无法进步》，http://www.360doc.com/content/14/0422/10/8768559_371055103.shtml。

采取的务实之举。乡土语言所携带的文化意义不限于汉语语言的本身，它涉及整个乡土文学和作为乡土中国底色的乡土文化。

1.4 "求真"与"务实"之道及其平衡

翻译之道，说到底就是在"求真"与"务实"间平衡的，与传统的"忠实"观相比，有其优势和全面之处。那么，什么是"求真"，什么是"务实"呢？周领顺（2014a：76~77）写道：

> "求真"是指译者为实现务实目标而全部或部分求取原文语言所负载意义真相的行为；"务实"是指译者在对原文语言所负载的意义全部或部分求真的基础上为满足务实性需要所采取的态度和方法。

前者是语言性的，后者是社会性的。在翻译实践中具体该怎样细化，会有很多内容。我们来看"求真"与"务实"指导下的翻译实践。

陆谷孙在为《中华汉英大词典》（复旦大学出版社，2015）所作的《前言》中写道：

> 男士便池警语："我们要为您提供方便，请您也要瞄准了再方便 we aim to please；you aim too please"，虽有类似文字谜语之弊，但不能否认是极简主义的实用例子，是"瞄准"条的合适例证。

显然，陆谷孙认为把"We aim to please；you aim too please"译为"我们要为您提供方便，请您也要瞄准了再方便"是值得称道的。从解释 aim 的词义以及作学习之用讲，这是无可厚非的。但这样的译文若出现于真实的男士便池环境，就既没有求取原文风格至简之真，也难以达到原文上口易诵的务实效果，拗口是显而易见的。我们试译为："我们瞄准君所愿，请君瞄准行方便。"不经意间，这个译文又有些许超越原文之处。除了实现"愿""便"押韵外，"方便"又构成了新的双关，一是指小便行为，二是指配合清洁工人维护环境卫生的行为，而陆先生的"再方便"只有"然后小便"这一层意思。

作为翻译策略，"求真"和"务实"互相制约。至于在多大程度上

"求真"、在多大程度上"务实",要看具体的情况,针对这一情况通过一定的理论工具加以描写。比如,在"求真"和"务实"之间增加一个连字符号而变为"求真-务实",即一个描写性的理论工具,构成译者行为连续统评价模式。该连续统评价模式可通过具体的翻译事实呈现翻译的渐变状态和译者行为"求真""务实"的阶段性特征,从而说明译者行为的倾向性。关于"求真"和"务实"以及"求真-务实"译者行为连续统批评模式的使用和纠偏,详见周领顺(2019)。

"求真"与"忠实"的意义接近,但并不是"忠实"的翻版。"忠实"总体上是以原文为中心而对原文意义的解读,证明的是译文和原文的相似程度(如 Shuttleworth & Cowie, 2005:57 的 Fidelity 词条的释义),或者说只限于语言转换和意义再现的层面,是对原文意义的解读策略。葛浩文夫妇(Goldblatt & Lin, 2019:1-9)所讨论的"忠实的限度"(Limits of Fidelity),实际是译者在保留外国味和可读性之间、在坚持原文风格和出版社的市场导向之间等各种两难之间的抉择,更多是文化的问题(比如他们提到的具体的异化和归化,也包括出版、营销等大文化概念),就连"创造性翻译",涉及的也不是对原文意义的解读到不到位的问题,而是怎样既能迎合作者又能迎合读者和市场的问题。单独就"求真"而言,可以是求真于原文的历史背景的,即求历史之真,这是"忠实"难以通过原文本意义涵盖的。"求真-务实"是译者行为批评理论中的一个具体的描写工具,而译者行为批评理论总体上属于评价理论,它描写人的行为痕迹并解释行为背后的意志和动因,不先入为主,服务于翻译批评,在较大程度上呈现为客观,这与"求真"与"忠实"在翻译实践中的具体运用是不同的。

译者在面对原文和读者、社会时,其行为总是在"求真"和"务实"间平衡。许钧(2002:87)说:"翻译是一种'平衡'的艺术,好的翻译家,就像是'踩钢丝'的行家,善于保持平衡,而不轻易偏向一方,失去重心。""忠实"却是单维向原文偏向的,在翻译活动中,译者只要让翻译作品进入流通领域,那么他/她就不可能不顾及读者和社会的需求,而顾及读者和社会需求的基础一定是原文,这是翻译不同于创作的性质决定的。事实上,葛浩文夫妇(Goldblatt & Lin, 2019:8)所说的"也许,至少值得一试的中庸之道是既保留一定程度的外国味,又不失却可读性",就是"求真"和"务实"间的平衡,也并非"忠实的限度"所能包容的。

一名译者的翻译行为既受到翻译内部因素的制约，也受到翻译外部因素的制约，内部的因素如文本类型，外部的因素如目的性因素和环境性因素。比如，按照文本类型的划分，宗教类文本的严肃度较高，译者对待宗教类文本的严肃度一般也较高。这是一般情况，但在特殊情况下，比如不信仰宗教的译者对待宗教类文本的严肃度可能低于信仰宗教的译者，信仰他类宗教的译者在严肃度上就可能低于信仰该类宗教的译者，作文学、文化和学习之用的宗教翻译在严肃度上可能低于作宗教之用的宗教翻译等。一般性和特殊性在一定条件下是会发生转化的。而目的性因素是主动的、主观的，环境性因素是被动的、客观的。环境性因素包括发生在语言之外的一切因素，比如审美的、历史的、意识形态的、性别的、诗学的、文化的等，甚至也包括语言之间的差异所造成的转换困难和不可译。

我们来看杨宪益夫妇在翻译梁斌的《红旗谱》时是如何在二者之间维持平衡的。杨宪益在接受访谈（Qian, et al., 2001：22）时说："当我们翻译梁斌的《红旗谱》时，明白这个题目的意思是'继续革命'，英语用 *Keeping the Tradition of Revolution* 也说得通。但我们想保留'红旗'的意象和'谱'的意义，所以经过反复的讨论，把英语名称定为 *Keep the Red Flag Flying*。我们认为在两个方面维持了某种平衡。如果翻译成'*Red Banner, Family Record*'，目的语读者就会感到迷茫。"杨宪益说的"两个方面"，也就是"求真"和"务实"两方面的问题。

周领顺（2014b：218）对于"平衡"之学这样论述道：

> 翻译是平衡之学，维持平衡，便是维持了翻译生态。而有学者在强调翻译生态时，单方面强调"优胜劣汰""适者生存"的事实。事实上，"优胜劣汰""适者生存"只是翻译生态的一种表现形式，并不是翻译生态的全部。"优胜劣汰"，却汰之不绝；"适者生存"，但适者并不都是强者，任何生存者都证明存之有道。"生态"的潜台词是"平衡"，一个时期内平衡保持得好，说明翻译生态就保持得好，因此各种或优或劣翻译事实的共存局面共同维持着翻译的生态。"优胜"和"适者"都是相对而言的，或者说是以阶段性的面目出现的，所区别的仅在于程度。翻译之理也如此。

第二节　汉学家乡土语言英译策略对比^①

2.1　方言、熟语英译策略研究

中国乡土文学海外翻译研究一直以来是翻译界的一大热点，汉学家乡土语言的英译实践也逐渐受到译学界的关注。本部分拟从葛浩文的译作 *The Republic of Wine*（《酒国》）和蓝诗玲的译作 *The Real Story of Ah-Q and Other Tales of China*（《阿 Q 正传及其他中国故事——鲁迅小说全集》，下称《鲁迅小说全集》）入手，对两译本中相同类型的乡土语言语料进行对比，分析葛浩文和蓝诗玲的乡土语言英译策略，并进一步探究不同策略背后的动因，以期对中华文化"走出去"的译者模式提供有益的启示。

葛浩文和蓝诗玲作为中国文学英译译者群中首屈一指的汉学家，翻译了不少中国乡土文学作品。仅以莫言的乡土文学作品为例，葛浩文就翻译了《红高粱家族》《天堂蒜薹之歌》《酒国》《师傅越来越幽默》《蛙》《檀香刑》《丰乳肥臀》《变》《生死疲劳》《四十一炮》等十多部，他对于莫言获得诺贝尔文学奖功不可没；蓝诗玲从 2003 年翻译韩少功的《马桥词典》开始，几乎每年都要出版一本译作。她的译作主要有薛欣然的《天葬》、朱文的《我爱美元》、张爱玲的《色·戒》、阎连科的《为人民服务》，以及《鲁迅小说全集》等。

译学界对于葛浩文和蓝诗玲英译作品的研究数不胜数，这些研究主要集中于以下几点。一是研究译者翻译观在译作中的体现（廖瑞，2013；李惠，2014）；二是从不同的理论角度分析译作（邵璐，2012；王淑玲，2013；金杨，2014；缪建维，2015）；三是通过译作分析译者文化身份（如杨柳，2014）。而将葛浩文和蓝诗玲的翻译进行对比，仅见于刘小乐（2015）《葛浩文与蓝诗玲翻译观比较研究》一文，更莫说专题就他们的乡土语言英译策略开展对比研究，足见这方面有深化研究的必要。

《酒国》是莫言的长篇讽刺小说，完成于 20 世纪 90 年代。莫言认为这部小说是他"迄今为止最完美的长篇"^②，并把它比作"美丽刁蛮的情

---

① 本部分由周领顺与丁雯合作完成。
② https://book.douban.com/subject/3183810/.

人"（莫言，1993：38）。葛浩文（Goldblatt，2002）表示，"《酒国》可能是我读过的中国小说中在创作手法方面最有想象力、最为复杂的作品"。莫言创作《酒国》时充分发挥了驾驭语言的能力，他把政治语言和格言、谚语、方言、俚语等乡土语言糅合在一起，写出了这部具有巨大反讽意味的作品。哈佛大学教授王德威（2006：223）说："平心而论，《丰乳肥臀》混淆臃肿之处不少，难以超过《酒国》的标准。"叶珣和康莲萍认为，《酒国》在国内受关注较少但在国外颇受重视的原因，一是葛浩文通过删改原著中某些恐怖的描写和恰当使用归化、异化等手段而对原著进行了润色；二是《酒国》独具魅力的艺术特色；三是美国读者对小说主题的"异样"关注（叶珣、康莲萍，2016）。

《鲁迅小说全集》收录了包括《呐喊》、《彷徨》和《故事新编》等在内的几乎鲁迅所有的小说。英国汉学家蓝诗玲以1982年人民文学出版社出版的《鲁迅小说全集》为底本，完成了该小说全集的翻译，并于2009年11月在英国企鹅出版集团出版。蓝诗玲堪称外国学者中翻译鲁迅小说最全的一位（杨坚定、孙鸿仁，2010：52）。在所有鲁迅小说的英译本中，蓝诗玲的译本被认为"肯定是最为清晰易懂的"（Wasserstrom，2009）。

《酒国》和《鲁迅小说全集》是典型的乡土文学作品，里面包含了大量的乡土语言描写。莫言出生于山东高密，作品中的高密方言无处不在，比如"手脖子""该不着""揩干""拉拉""腚"等；鲁迅是浙江绍兴人，其文学语言的主体是全民性的标准语，但其中也融入了不少绍兴方言，如"见情""死尸""做市""骨头痒""转折亲"（汪宝荣，2015：80）等。我们将从方言和熟语两个方面，对比分析葛浩文和蓝诗玲的乡土语言英译实践。

2.2　葛译《酒国》和蓝译《鲁迅小说全集》乡土语言对比

2.2.1　方言

方言作为语言变体，具有浓厚的地域色彩。它能直接、准确地表达人们的情感态度、思维方式和心理意识。卡佛（Carver，1987：4）给方言下的定义是："方言是某一语言的变体，有一套语法、语音及词汇特征，以此与其他语言变体区别开来。如果这些特征分布在一个限定的相对统一的区域内，就是地域方言；如果一个社会团体的成员所说的话都带有这些特征，就是社会方言。"很多作家擅长在文学作品中运用方言，但一般鲜有未经加工就直接取用真实口语的，所以文学作品中运用的方言，准确地说应该是"文学方言"。目前，对于方言英译的研究主要包括方言翻译案例的批评和解释性研究、方言翻译方法探究、方言翻译转换机制研究等几个方面。在这些研究中，翻译方法往往是研究者关注的重点，并形成了对立分明的两个派别，即"方言对译法"和"口语对译法"。我们认为，采取"厚译"也是有效的途径之一，只不过对于旨在供人们娱乐的文学作品而言，译者认为最好将注释置于译序或文末尾注里，或者将其融入故事中，切不可因注释而影响小说的可读性。我们来看葛浩文和蓝诗玲的方言翻译。蓝诗玲翻译原文用例出自鲁迅《阿Q正传——鲁迅小说全集》（中国华侨出版社，2013），译文用例出自 Lu, Xun, *The Real Story of Ah-Q and Other Tales of China*, Julia Lovell（Trans.）（London：Penguin Books，2009），恕不一一注明具体的出处。

[1] 元宝用袄袖子**揩干**小宝脸上的汗水，用粗笨的手指**耕了耕**小宝的头发。

Yuanbao *wiped* Little Treasure's sweaty face with his jacket sleeve and *ran* his fingers *through* the boy's hair.

[2] ……老革命说，"瞧你那个脸，红得像个猴腚一样！"

...the old revolutionary said, "Your face is as red as *a monkey's ass*!"

例[1]中"揩干"指的是"擦干"。葛浩文在英语中找到一个与其意义相同的词 wipe。不仅与原文保持了一致，而且也便于英语的读者理解。"耕了耕"指的是用手指划过头发的动作，译为 ran through，不仅生动形象地译出了该动作的动态过程，而且与原文保持了一致。例[2]中的"猴腚"即"猴屁股"，葛浩文译为 a monkey's ass。"猴腚"一词含有贬义，而 ass 一词意为"屁股""傻瓜""笨蛋"等，用于俚语，俚俗是显而易见的。可见 ass 在表示"屁股"时含有贬义。所以，a monkey's ass 不仅与文中的"猴腚"意义对等，而且在感情色彩上也保持了一致。

[3] "你这**死尸**怎么这时候才回来，死到哪里去了！不管人家等着你开饭！"

"'What kind of time d' you call this?' she yelled, spinning round to face him. 'Where the hell you've been? We've none of us had dinner!'"

［4］ 嗡嗡地一阵乱嚷，蚊子都撞过赤膊身子，闯到乌桕树下去**做市**……

After a swarm of mosquitoes whined past bare arms and chests *to reconvene* beneath the tallow trees...

例［3］中"死尸"一词字面的意思是"人死后的尸体"，而绍兴妇女通常用以称呼或骂自己的男人，以表现嗔怪之意。蓝诗玲在翻译时将其省略了，皆因"你"和"死尸"都指七斤，不省略则有可能造成歧义。例［4］中"做市"一词是绍兴方言里的动词，指蚊子成群结队在空中飞行追逐，就像买卖者聚集在一起形成的闹市。蓝诗玲将其译为 reconvene（再聚会），译出了它的真意。以一个英美读者熟悉的词来译"做市"，给英美读者阅读带来了便利。

2.2.2　惯用语

惯用语是熟语的一种，口语色彩鲜明，蕴含着深刻的文化价值。它一般有固定的形式和特殊的意义，因此在翻译时很难找到对等的表达方式。尹邦彦（1985：56）主张在翻译惯用语时，要透彻理解惯用语的抽象意义，注意保存惯用语生动形象的语言特征。尹邦彦（1997）还就汉语惯用语的英译总结出四个手段：一是套用英语中相应的惯用语或俚语；二是以形象为主的惯用语多采用直译法；三是以喻义为主的惯用语多采用自由译法；四是对部分意思较含蓄的惯用语进行适当的翻译加工。请看葛浩文和蓝诗玲的有关翻译。

［5］ 好酒好酒，好酒出在俺的手。喝了俺的酒，上下通气不咳嗽；喝了咱的酒，**吃个老母猪不抬头**。

Good liquor good liquor good liquor emerges from my hand. If you drink my good liquor, *you can eat like a fate sow, without looking up once.*

［6］ **神枪手是用子弹喂出来的；　酒星是酒精泡出来的。**

A marksman feeds on bullets; a drinking star is steeped in alcohol.

例〔5〕中"吃个老母猪不抬头"出自《红楼梦》第四十四回,是刘姥姥进大观园时说的话,指饭量大,吃饭的时候连头都不抬的意思。而在《酒国》中,这句话是用来突出酒好,好到让人胃口大开,甚至能吃下一头猪且不抬头。葛浩文努力忠实于原文,向原文靠拢,按照字面意思将其译了出来,保留了原文的意象。我们咨询了一位外籍教师,他答道:"Don't eat too much."可见英美读者并不能从此译文中读出其真正的意义。

例〔6〕是用来劝勉同学们努力攀登高峰、不畏艰险的。葛浩文采取了直译的方式,将原文中的意象在译文中呈现出来。对于葛浩文的译文,外籍教师的理解是:"It is trying to show some relationship between a gun owner enjoying shooting and an alcoholic drinks too much. Perhaps these are both bad things."此处直译虽"忠实"了原文,却失去了交际意义的传递。

〔7〕但赵太爷不以为然,说这也怕要结怨,况且做这路生意的大概是"**老鹰不吃窝下食**",本村倒不必担心。

Mr. Zhao resisted the idea, wary of making an enemy of Ah-Q. As likely as not, *someone in his line of business wouldn't shit on his own doorstep*. The villagers had nothing to worry about...

〔8〕什么假洋鬼子,只要放在城里的十几岁的小乌龟的手里,也就立刻是"**小鬼见阎王**"。

Pit and Fake Foreign Devil against a ten-year-old beggar from town, and he'd be *mincemeat*.

例〔7〕中"老鹰不吃窝下食"指坏人不在当地干坏事。蓝诗玲用意译的方法对其比喻意义进行了解释,使得译文更加符合外国读者的阅读习惯。在例〔8〕"小鬼见阎王"这一惯用语中,"小鬼"和"阎王"均源于中国神话传说,蓝诗玲在翻译这个短语时,考虑到读者和译文在目标文化中的接受难度,采取了归化策略,在目标语中选取了能表达其意义的词。mincemeat 一词原意是"馅",还可以指"彻底击败",用在这里表示"假洋鬼子"在"十几岁的小乌龟"面前根本不值得一提的轻蔑之意,虽然译出了真意,却失去了中华文化所特有的意象。

2.2.3 成语

成语是中国传统文化的特色之一，通常有固定的结构和固定的说法。到目前为止，成语的英译研究主要可以分为理论和应用两个方面。就理论研究而言，误译分析是重点（喻家楼，方媛媛，2001；李悦，2005；陈金莲、杨劲松，2011）。在英译应用研究方面，翻译方法和策略的讨论是重点（陈芙，2006；赵林、吴杰荣，2005；巫和雄，2009）。我们来看葛浩文和蓝诗玲对于成语的英译。

[9] **枪打出头鸟！**

The bird that sticks out its head gets shot！

[10] 任何想压制新生力量的反动分子，都是"**螳臂当车，不自量力**"。

Any reactionary who thinks he can suppress a rising force is the same as "*The mantis that tried to stop the oncoming wagon*，*a tragic overrating of one's abilities*"。

例[9]"枪打出头鸟"的意思是"做人不要太过张扬，否则易招来横祸"。翻译这句话时，葛浩文采用了直译。我们询问了一位外籍教师，他给出的答案是："It is better to keep with the group instead of trying to show you are better than the rest."他还说："Some will be able to，others won't."由此可见，葛浩文这样翻译是合适的，不仅保留了原文的特色，而且外国读者能理解其意。例[10]"螳臂当车，不自量力"比喻做自己能力做不到的事情，必然要失败。葛浩文并没有采取归化的翻译策略，而是直接按照其字面意思翻译了出来。因为源于生活常识，东西方皆然，因此读者在读到葛浩文直译文时并不感到吃力。

[11] 但真所谓"**塞翁失马安知非福**"吧，阿Q不幸而赢了一回，他倒几乎失败了。

But *every silver lining has its cloud*，to paraphrase the proverb，and the one time that Ah-Q was unfortunate enough to win，he lost almost everything.

[12] 现在虽然明知道是阿Q，但因为和破棉袄的阿Q有些两样

了，古人云，**"士别三日便当刮目相待"**，所以堂倌，掌柜，酒客，路
人，便自然显出一种疑而且敬的形态来。

Even though everyone recognized him as Ah-Q, his possession of a new
jacket meant that *a reassessment was perhaps in order*. Waiter，manager，
drinkers and other random passers-by arranged their faces into expressions of
tentative respect.

例〔11〕中"塞翁失马安知非福"比喻"一时虽然受到损失，反而因
此能得到好处"。蓝诗玲在翻译时没有采取直译的方法，而是在英语中找
到了与之意思相近的谚语对其进行了意译。例〔12〕中"士别三日便当刮
目相待"比喻即使三日不见，别人也有进步，不能再用老眼光去看人了。
蓝诗玲意译出了其中的内涵，便于西方读者理解，但使译文失去了原文所
独有的语言特色，不免让人遗憾。

2.2.4 谚语

《现代汉语词典》（第 7 版）给"谚语"下的定义是："在民间流传的
固定语句，用简单通俗的话反映出深刻的道理。"谚语是流传于民间的简
练通俗而富有意义的语句，大多反映人民生活和斗争的经验。谚语的英译
是翻译界的一大难题，因为谚语的翻译"不仅要求译者忠实表达原文的思
想内容，还要求译者尽可能保持原文的形象比喻、修辞效果以及民族特
色；不仅要求译文语言通顺流畅，而且要求译文语言有谚语的味道"（曾
自立，1983：65）。

〔13〕**"人为财死，鸟为食亡"**，这是千真万确的真理。

"There is compelling and eternal truth in the saying，'*Birds die in
pursuit of food，man dies chasing wealth*'."

〔14〕 "你是不是想趁我打水时开车跑掉？姑奶奶，你**救人救到
底，送人送到家**。"

"You won't drive off while I'm out getting water, will you？*When
rescuing someone，go all the way. When taking someone home，see him to
the door*."

例［13］中"人为财死，鸟为食亡"通常用来比喻"生物在难以保全自身生命的情况下会用尽全力去尝试加以保全，以至于不择手段"。很显然，在翻译这句话时，葛浩文采取了异化的翻译策略，将原文中每个字都译了出来，与原文保持了一致。例［14］中"救人救到底，送人送到家"与"送佛送到西"同义，意思是"比喻做好事做到底"。葛浩文在处理这句话时采用了异化策略。该谚语的意思不言而喻，采取异化策略，实属明智之举。

［15］"我还记得大哥教我做论，无论怎样好人，翻他几句，他便打上几个圈；原谅坏人几句，他便说‘**妙手翻天，与众不同**’。"

"When my brother taught me to write essays, he would always mark me up if I found grounds to criticize the virtuous or rehabilitate the villainous: '*It is a rare man who can go against received wisdom.*'"

［16］"这家伙真是‘**心高于天，命薄如纸**’，想‘无不为’，就只好‘无为’。"

"He's *as ambitious as a prince*, *but as weak as a pauper*—since he thinks he can do anything, he ends up doing nothing."

例［15］中"妙手翻天，与众不同"通常用来"表示和大家不一样"。在这里，蓝诗玲采取了归化策略，虽然没有将原文中的喻体译出来，却为读者的理解提供了便利。例［16］中"心高于天，命薄如纸"是用来形容"生死由不得自己，出生就贫贱，无法施展自己的抱负，所以一直到死都很卑微"。如果按照字面翻译，那么就要将"心""天""命""纸"都翻译出来，但是这样就增大了读者理解的难度，可能会影响交际，所以蓝诗玲选择了归化的翻译策略，只译意不译形，为读者省时省力。

2.2.5 俚语

俚语一般指通俗的口头词语，带有方言性。"俚语一般由新词、新词义或某些修辞格组成，其主要特点是追求新颖、形象生动，它的本质在于分布广泛却又处于公认的语言标准范围之外。"（王旭东，2010：123）"俚语后来统被引申为乡下人或偏远地区人民说的各种土话，汉语里也就把不入书面语、不入主流的俗话口语都称为了俚语。"（顾卫华，2008：135~136）

[17]"特餐部要的是白嫩婴儿,才不要这**老货**哩!"

"The Gourmet Section only wants tender little boys, not *stale goods* like him."

[18]"不要担心账单,今天我'**出血**'。"

"And don't worry about the bill. Today you can *bleed* me."

例[17]中"老货"一词与前面的"白嫩婴儿"相对,指的是年纪大的人,含有嫌弃的意味。葛浩文将这个词译为 stale goods,向原文靠近,采取了异化的策略。例[18]中"出血"一词指的是花很多钱,葛浩文直接将"出血"译为 bleed。bleed 表面意思是"流血",与"出血"一词字面意思相一致,但也具有"榨干……的钱财"的意思,因此与"出血"的真正内涵一致。该译文与原文在字面和意义上做到了一致,属于等化翻译,有可遇不可求之感。

[19]"自然。你还以为教的是 **ABCD** 么?我先是两个学生,一个读《诗经》,一个读《孟子》。"

"Of course. What did you think—that I was teaching *English*? I started off with two students, one reading *The Book of Odes* and the other *Mencius*."

[20]"但据阿 Q 又说,他却不高兴再帮忙了,因为这举人老爷实在太'**妈妈的**'了。"

"But, Ah-Q told his listeners, he got fed up with being a servant, because the reserved gentleman was, to state the facts simply, *a pain in the damn neck*."

例[19]中的"ABCD"即英语字母,蓝诗玲并没有简单套用,而是将"ABCD"更明白地代之以 English,清楚明了。例[20]使用"妈妈的",是说举人老爷非常令人讨厌。如果不看上下文,作为一个中国人理解起来也相当困难,更别谈西方读者了。蓝诗玲将其归化为 a pain in the damn neck。这是一句英语的俗语,意思与汉语原文一致,虽然失去了原文的语言特征,但能够比较迅速地激起目标语读者的反应,实现交际价值的最大化。从某种意义上说,狭义上的归化是以土语代土语,得失共存。

2.3 葛浩文与蓝诗玲不同翻译策略背后的动因

葛浩文与蓝诗玲在面对汉语乡土语言时采取了不同的翻译策略。葛浩文更多采取的是异化策略，而蓝诗玲一般采取归化策略。葛浩文的行为不难理解。他主要采取异化而直译的做法，这与他坚持的"忠实"原则并行不悖，靠近原文，努力保留原文的主要意象，同时让读者明白深层的意义，虽然有时难以达到这样的效果，但从乡土语言再现的角度来看，他这样的努力是值得推崇的，要比蓝诗玲从一开始就淡化原文语言的"土""俗"味更胜一筹。"淡化就是过滤，如果把'土味'都过滤掉了，对于乡土文学作品而言，可能就是致命的，就动摇了乡土文学作品的根本。"（周领顺，2016：91）葛浩文（2014b：199）说过，"'意译'派在出版方面更胜一筹，因为无论是商业出版社还是大学出版社都推崇意译派的译者。对此，无论我们是庆幸也好，悲伤也罢，事实依旧是，在那些'可译的'小说里，'可读性好'的译作才能出版。"① 但是葛浩文乡土语言翻译语料库却显示他以"直译"为主，这是因为葛浩文概念中的"意译"包括了翻译界常说的"直译"，只要不生硬，有创造性，便符合他的意译标准。他和出版社反对的"逐字直译"是"硬译"式的直译，但偏向于原文异化和直译也是显而易见的。事实上，蓝诗玲才主要是以意译为主的，她尽可能用阐释的方式把原文的意义解释透彻，尽可能向读者靠拢。总体而言，翻译是译者努力在原文和译文间、在作者和读者间综合各种因素的结果，至于在多大程度上偏向左端或者右端，取决于翻译的目的性因素。

努力再现原文的乡土语言，是以原文为中心的表现，对于希望借阅读译文而间接欣赏原文的读者，当然是求之不得的，而对于广大的市场读者来说，未必能达到译者所希望的市场效果。所以，蓝诗玲以归化为主、以阐释性语言解释原文乡土语言为主的做法，就不足为奇了，这是直接迎合广大市场读者需求的最直接的和最便捷的做法。蓝诗玲说过，"我不懂绍兴方言，而且决定不把方言带进我的译文里。"（汪宝荣，2016：109）她给出的原因除了"方言很难翻译"、方言对译法是"有问题的"，还因为

---

① 即使按照他的"直译"标准，他也并非完全排斥直译，他也说过"我有时直译，有时意译，最难的我就直接跳过去不译了"（孟祥春：《"我只能是我自己"——葛浩文访谈》，《东方翻译》2014 年第 3 期）的话。

"在国外，中国文学处于边缘地位，很难找到读者，很多中国作家和评论家却并不了解这一点"，以及她的译本"主要是给普通英文读者看的"，而"译文有没有准确再现原作的风格，对于普通英文读者没有用，因为他们没有读过原文，他们不是因为鲁迅的中文而喜欢他的小说，也没有理由喜欢他的原作风格。因此，真正重要的是要让他们相信鲁迅小说具有世界性的影响力"（汪宝荣，2016：109）。

乡土语言承载了乡土文学，里面蕴含着丰富的文化信息，是翻译的一大难题。葛浩文处于矛盾之中，他既要消除差异，使翻译能够被外国读者理解；又要呈现差异，使翻译变得有必要。葛浩文以忠实为原则，他说，"为求忠实，我首先试图忠实于作者的语气，尤其在对话中。如果直接翻译不合适，我就发挥己见，变通处理文本以达目的。"（Goldblatt，1980：i）他有时甚至会尽可能忠实于莫言有时候前后不一致的文本，如果实在无法忠实就进行变通（Goldblatt，2010）。他"忠实"的翻译原则是他更倾向于异化策略的原因。虽然蓝诗玲曾经说，"总体上，我最基本的原则是忠实原文"，但是她也提出了"忠实性再创造"的概念（Lu，2009：xiiv）。蓝诗玲翻译的目的，就是"要把鲁迅在中国的经典地位介绍给普通英语读者（而不仅是汉学研究的学术圈），让他们了解到，'鲁迅是一个富有创造力的文学家和思想家，他的文学观超越了他所处的社会政治环境'"（覃江华，2010：118）。蓝诗玲在忠实的基础上，进行"忠实性再创造"，提高语言的可读性，目的是要让外国读者及时了解鲁迅。

在翻译活动中，"赞助人"的影响力也不可小觑。"赞助人"一词最早是由安德烈·勒菲弗尔于1992年提出的。勒菲弗尔指出，文学系统外的赞助者包括"那些能够促进或阻碍文学的阅读、写作和重写的有影响力的人（个人或机构）"（杰里米·芒迪，2007：180~181）。译者不得不在翻译过程中考虑这方面的因素，有时甚至要屈服于赞助人。蓝诗玲在《卫报》上的长文《大跃进》引起了企鹅出版集团的关注。企鹅出版集团是英美主流出版机构之一，其在出版界举足轻重。2008年，企鹅出版集团委托蓝诗玲翻译《鲁迅小说全集》。所以她在翻译时不得不考虑销量的因素，这使蓝诗玲在翻译《鲁迅小说全集》时更倾向于归化。而《酒国》的葛浩文英译本于2000年由美国纽约拱廊出版社（Arcade Publishing）出版。该出版社成立于1988年，2009年破产，2010年被天马出版社（Skyhorse

Publishing）收购。由此可见，拱廊出版社在当时的实力并没有那么强大。尽管赞助人对译者会有一定的影响，但是由于葛浩文在译《酒国》之前就已经声名远扬，所以出版社对葛浩文的限制是比较小的，葛浩文的翻译自由度就要高一些。这为葛浩文在翻译乡土语言时所主要采取的异化策略做了一个较好的注脚。

中国文学走向世界离不开翻译，而汉学家发挥的作用更是不可替代。但是，翻译策略的选择受制于译者个人的翻译观和赞助人在翻译中的权利和地位等。另外，由于受制于汉学家的研究视野及认知偏见，中国文学作品外译极有可能因此遭遇汉学家的"诠释不足"或"过度诠释"。汉学家或多或少会曲解作者的意图，从而导致西方读者对中华文化的误读。因此，汉学家、国内译者和作者通力合作，是比较理想的译者模式①，而中国译者和汉学家等各自展示自己的一本多译，充分表现出市场百态，能够更好地满足各种需求。在翻译实践上，理论家最好同时是实践家。这样，在进行理论探讨时，理论家就不会完全以其他实践家代言人的形象出现，才可能将问题说得透辟，才可能将理论有效地付诸自己的实践，也才能够使纯粹的实践家听得进去。

总之，不管是理论家，抑或是实践家；不管是汉学家，抑或是中国的译者；也不管是几种译者模式的结合，实现"译者学者化"（translator as scholar），才能传递文化的最强音。任何译者，通过"翻译传递给异域读者的应该是明白、晓畅和有深度、有内涵的文化信息"。

第三节 "厚译"之厚②

3.1 "厚译"研究现状与存在的问题

"厚译"，也作"厚翻译""增量翻译""厚重翻译""深度翻译""丰厚翻译""稠密翻译"等，来自美国翻译理论家阿皮尔（Appiah，1993）

---

① 王宁说："笔者当下认为，最佳途径是中外译者合作，译出高质量的译文后交给国际著名的出版机构出版，这样可以顺利地进入国际流通渠道，从而为更多的读者所阅读。"（王宁：《翻译在中国革命进程中的作用》，《北京第二外国语学院学报》2018年第3期，第13页。）
② 本部分由周领顺与强卉合作完成。

所作 "Thick Translation" 一文。本部分按 thick translation 的表面意义称其为 "厚译"，因为它不仅指实践上翻译的厚度［如徐敏慧（2014：69）总结的 "附加的对翻译现象及其相关背景知识的描写和解释"］，还指它具有厚重的研究内容和众多的研究视角。

阿皮尔的 "厚译" 指的是 "以评注或附注的方式力图把译文置于深厚的语言和文化背景中的翻译"（Appiah，1993：808），借以呈现原语文本发生的语境，进而使被文字遮蔽的意义与译者的意图相融合。阿皮尔说："我考虑过一种不同的文学翻译概念，即一种其意在文学教学中有用的翻译观，而今天我似乎认为，这样的 '学术' 翻译，即以评注或附注的方式力图把译文置于深厚的语言和文化背景中的翻译，显然有实行的价值，我一向把这种翻译称为 '厚译'"（Appiah，1993：817）。

阿皮尔意义上的 "厚译" 在形式上可具体化为脚注、尾注、夹注、双行小注、文内隐注以及序、跋、献词、后记、附录、术语表、致谢等几类。"厚译" 一语为阿皮尔首创，属于狭义上的，而实际上，只要译文的信息比原文提供的信息厚重（比如葛浩文将 "老百姓何日见**青天**" 译为 "When will the common folk see the blue sky *of justice*?"）就属于 "厚" 的范畴，即广义上的 "厚译"。

在理论上，"厚译" 是从 "厚描"（thick description）（也作 "深度描写""深描""厚述" 等）推导而来的。阿皮尔是在 "厚描" 理论的基础上提出的 "厚译" 概念，继承了 "厚描" 对 "文化差异" 和 "意图" 的重视。持这一观点的有 Theo Hermans、Jose Maria Rodriguez Garcia、张佩瑶等（徐敏慧，2014）。译学界在运用于实践时，常见的做法有两种：一是针对翻译实践中的注释、按语等译者有意为之之处，用 "厚译" 来指代，即把它作为一个称谓来使用；二是用来指导或评价 "厚译" 实践活动，即把它作为一个理论来使用。用作理论时，基本上又回归于称谓的本身。

围绕该术语，有许多问题值得反思。比如，"厚译" 属于 "翻译" 的范畴吗？它关涉定性问题；"厚译" 是一个完整的理论吗？它关涉理论的系统性问题；"厚译" 为什么被如此称呼？它关涉名实关系的问题；"厚译" 者的身份怎样界定？它关涉文化身份属性问题；"厚" 是个主观表达，它能够进行量化吗？它关涉批评的公正性问题。这些问题既有术语层面的问题，也有概念和实践层面的问题，还有执行者层面的问题。尽管李红霞和张政对"厚译"的研究历史做了系统梳理（李红霞、张政，2015），黄小芃（2014）对这一概念的理论渊源进行了专题挖掘，徐敏慧（2014）在理论和实践上都有所涉猎，等等，但这里所做的反思，与以往的视角均有不同。

3.2　文本"厚"的层次化

3.2.1　广义上文本的厚薄层次

让译文变"厚"的方式有很多，在翻译实践上屡见不鲜。虽然有些做法在以往并没有专门以"厚译"命名，在形式上也没有明确归入"厚译"常见的几种类型，但翻译教科书中所说的"增益"或"增词译法"（徐莉娜，2014：201~268）等方法，便是"厚译"的基本形态，是"最为常用的翻译技巧之一"，即"不是指随意增加可能改变原文意义的词语，而是指根据译入语的语法、语篇规则或语言习惯，在不改变原文意义和逻辑关系的前提下适当增词以保证译文语言通顺流畅"（徐莉娜，2014：201）。

"厚译"也常作"深度翻译"等。"深度"的基本义项是"深浅的程度"，其中就包括"浅"（"薄"）的情况。如果将"厚"和"薄"作为一个连续统一体，在翻译实践上就会表现为从"超厚""较厚""厚"到"薄""较薄""超薄"等不同的阶段性特征。"厚"和"薄"虽然主观，但正如司法领域的主观表达"轻伤"、金融领域的主观表达"信用"、交通执法领域的主观表达"醉驾"一样，并非不可以实现量化和客观化。实际上，"thick"一词就已经预设了主观的存在。我们以葛浩文翻译莫言的作品为例。

（1）厚

[1] 你简直是**鲁班**面前抡大斧，**关爷**面前耍大刀。

like someone wielding an ax at the door of *the master carpenter* Lu Ban, or waving his sword at the door of *the swordsman* Lord Guan.

划归"厚"是因为在历史人物"鲁班"前增补了文化信息 the master carpenter（木匠的祖师爷），只是厚度有所欠缺，因为围绕该人物的时代背景等信息十分有限，难以让异域读者有更多的文化联想。

（2）较厚

［2］孙眉娘从小跟着戏班子野，舞枪弄棒翻筋斗，根本没有受**三从四德**的教育。

Having lived up till then among a performing troupe, Meiniang knew all the acrobatic moves for the opera stage, and she had never been schooled in the traditional feminine imperatives of "*three obediences*" —*first to father, then to husband, and finally to son*—and the "*four virtues*" of *fidelity, physical charm, propriety, and fine needlework.*

划归"较厚"是因为译文详细解释了原文的文化信息，但即使简化处理为"良好的家庭教育"，也可实现功能相当。

（3）超厚

［3］去他妈的"狐狸一思索老虎便发笑"，"**天要下冰雹，娘要找婆家**"，就让他们笑去吧。

So let's cut the crap about stuff like "As soon as the fox starts thinking, the tiger laughs," or "*You can't stop the sky from hailing or your mother from marrying,*" which, *as everyone knows, was a comment by Mao when Lin Biao was trying to get away.*

划归"超厚"是因为译者将原文中的"天要下冰雹，娘要找婆家"过度阐释为"林彪出逃时毛（泽东）的评语"，过度展现了自己的见识。该俗语来自古代，与林彪出逃事件无关。况且，毛泽东的原话是"天要下雨，娘要嫁人，随他去吧！"

（4）薄

［4］他说：放心，我跟**武松**一样，一分酒一分本事。

"Don't worry," he said, "I'm like *Wu Song*—liquor only makes me better at things."

划归"薄"是因为译者没有在历史人物前添加任何阐释性的话语，异域读者难以明白有关人物的历史信息。

（5）较薄

> [5] 畜生！你们有本事打日本去！打黄皮子去！打我们铁板会干什么！你们这些汉奸！里通外国的**张邦昌**！**秦桧**……
>
> "Swine! You should have been out there fighting the Japanese. Or their yellow puppets! Why did you turn your weapons on the Iron Society! *You lousy traitors*! You *foreign lackeys*...."

划归"较薄"是因为译者将原文中的历史人物"张邦昌"和"秦桧"做了浅化处理，仅仅解释了两个历史人物所扮演的角色。

（6）超薄

> [6] 她用手指指那巨大的咖啡色浴盆，说："请吧，**请君入瓮**！"
>
> She pointed to the tub. "Please," she said.

划归"超薄"是因为译者把原文中黑体部分的信息完全略而不译。省略而不译便属于这一类。冯全功、彭梦玥（2018：106）写道："周领顺、强卉倾向于用连续统的眼光来看待'厚译'，尝试对之进行反思。其实这种视角也正说明了丰厚翻译的相对性和双重性，也预设了'瘦身翻译'（薄译）的存在。"

3.2.2　狭义上的"厚译"之"厚"：以"注释"为例

注释属于"厚译"的一种，可大约分为知识性注释和研究性注释两类。前者较薄，是因为知识性的信息是背景信息，是共有的，属于常识；后者较厚，是因为研究性的信息是译者自己的、独创的。一般来讲，从交际有效性和读者阅读便利性着眼的注释，多属于知识性的，特征是语言明白、晓畅，背景知识清楚，直接利人；译者以翻译为幌子展示自己学识和研究成果的，学术味道浓厚，具有独创性，间接利己。研究性内容的多寡，是决定"厚译"是否真正厚重的直接因素。知识性注释又包括解释性注释、指示性注释和对比性注释三类；研究性注释包括发现性注释和批判性注释两类。我们以《中庸》辜鸿铭（"辜译"）和理雅各（"理译"）译本为例进行讨论，有关版本信息是：王国轩《大学·中庸》（中华书局，2006）和 Ku, H., *The Universal Order, or Conduct of Life*（Shanghai：The Shanghai Mercury, Ltd., 1906），恕不再一一注明具体的出处。

（1）解释性注释

"解释性注释"一说来自"解释性翻译"，"是把要解释的内容融合到译文中去，使译文一气呵成，巧妙传达出原文的含义与风格"（方梦之，2004：99）。其中，"把要解释的内容融合到译文中去"，即说明解释性翻译包括了两个层面的东西，一是着重语言层面的"增译"，二是着重文化层面的"加注"，二者相辅相成。例如：

[7] 子曰："天下国家可均也，爵禄可辞也，白刃可蹈也，中庸不可能也。"

辜译：Confucius remarked："A man may be able to renounce the possession of Kingdoms and Empire, be able to spurn the honours and emoluments of office, be able to trample upon bare, naked weapons, with all that he shall not be able to find the central clue in his moral being."

注释：The word（均）in the text above, literally "even, equally divided," is here used as a verb meaning "to be indifferent to"（平视），hence to renounce（the possession）.

（2）指示性注释

指示性注释即指向先前已经出现或已做过注释的注释。例如：

[8] 子曰："好学近乎知，力行近乎仁，知耻近乎勇。"

辜译：Confucius went on to say："Love of knowledge is the characteristic of men of intellectual character. Strenuous attention to conduct is the characteristic of men of moral character. Sensitiveness to shame is the characteristic of men of courage or heroic character."

注释：See annotation on section Ⅷ, P. 14.

（3）对比性注释

对比性注释是指译者基于对原文的理解，通过对比的方式，传达原文信息的注释形式。与类比性注释不同的是，对比性注释旨在引入另一概念，通过对比两种概念，加深读者对原文的理解。例如：

[9] 道也者，不可须臾离也，可离非道也。是故君子戒慎乎其所不睹，恐惧乎其所不闻。

辜译：The moral law is a law from whose operation we cannot for one instant in our existence escape. A law from which we may escape is not the moral law. Wherefore it is that the moral man watches diligently over what his eyes cannot see and is in fear and awe of what his ears cannot hear.

注释：Modern Science, which is supposed to teach Materialism, on the contrary really teaches the existence, reality and inexorability of law, which is not material but something which the eyes cannot see and the ears cannot hear. It is because he knows and is impressed with the reality and inexorability of law that the moral man lives a spiritual life and thereby becomes a moral man.

（4）发现性注释

发现性注释是译者将自身的研究发现与原文的观点相融合，通过注释呈现出来。例如：

[10] 子曰："道之不行也，我知之矣，知者过之，愚者不及也；道之不明也，我知之矣，贤者过之，不肖者不及也。人莫不饮食也，鲜能知味也。"

辜译：Confucius remarked："I know why there is no real moral life. The wise mistake moral law to be something higher than what it really is；and the foolish do not know enough what moral law really is. I know now why the moral law is not understood. The noble natures want to live too high, high above their moral ordinary self；and ignoble natures do not live high enough, i. e., not up to their moral ordinary true self."

"There is no one who does not eat and drink. But few there are who really know the taste of what they eat and drink. "

注释：Goethe says："O needless strictness of morality while nature in her kindly way trains us to all that we require to be! O strange demand of society which first perplexes and misleads us, then asks of us more than Nature herself!"

（5）批判性注释

批判性注释是译者批判性思维的反映，是译者自己对译文的理解。批判性注释旨在对原文中心观点的合理性提出批判和质疑。例如：

[11] 唯天下至诚，为能尽其性。能尽其性，则能尽人之性。能尽人之性，则能尽物之性。能尽物之性，则可以赞天地之化育。可以赞天地之化育，则可以与天地参矣。

理译：It is only he who is possessed of the most complete sincerity that can exist under heaven, who can give its full development to his nature. Able to give its full development to his own nature, he can do the same to the nature of other men. Able to give its full development to the nature of other man, he can give their full development to the natures of animals and things. Able to give their full development of the natures of creatures and things, he can assist the transforming and nourishing powers of Heaven and Earth. Able to assist the transforming and nourishing powers of Heaven and Earth, he may with Heaven and Earth form a ternion.

注释：... "Heaven and Earth" take the place hers of the single term. On this Ying ta observe："it is said above, sincerity is the way of Heaven, and here mention is made also of Earth. The reason is, that the referencial above, was to the principle of sincerity in its spiritual and mysterious origin, and hence Earth is associated with Heaven." This is not very intelligible, but it is to bring out the idea of a ternion, that the great, supreme, ruling Power is thus dualized. 参 is "a file of three," and I employ "ternion" to express the idea, just as we use "quaternion" for a file of four. What is it but extravagance thus to file man with supreme Power?

3.3 "厚译"者的身份属性

翻译家方平（1995：28）说过，"文学翻译作为一种阐释性的艺术，期望一个理想的译者（例如莎剧译者）同时又是一位学者，把自己研究莎剧所得的新的理解渗透进自己的译文是完全有可能的，这样，就为译文创造了自己的特色"。在我国翻译的历史上，就有这样一个身兼学术研究和翻译工作双重任务的翻译家群体，他们最大的特点就是"翻译什么，研究什么；研究什么，翻译什么"（王秉钦，2004：212）。在这一群体中就有鲁迅、周作人、茅盾、郭沫若、李青崖、耿济之、瞿秋白、方重、曹靖华、汝龙、满涛、戈宝权、李健吾、焦菊隐、张谷若、罗念生、叶君健、丰子恺、冯至、赵罗蕤、傅雷、冯春、草婴、朱维之、李文俊、王佐良、袁可嘉、卞之琳、方平、屠岸、赵少侯、许渊冲、王道乾、罗新璋、张威廉、钱春琦、杨武能、吕同六、王央乐、赵德明、林一安、孙成敖、陈中梅、叶渭渠、唐月梅、林少华、季羡林、刘安武、张鸿年、韦旭升、仲跻昆等。"采取'厚译'策略的译者大都是学者译者，具有广博的与文本直接或间接相关的知识储备，他们的'主业'通常并非翻译，而是其他领域的研究学者。"（徐敏慧，2014：69）译者的研究，超出了原文所赋予的信息，原文只是起到了"引子"的作用。那么，这样的译者还是译者吗？他们为传播本国文化、引进外国文化做出了巨大贡献，也在学术领域积累了丰富的经验，形成了自己独到的见解。

不难发现，"厚译"者承担着研究和翻译两个任务。有些翻译家"研究什么，翻译什么"。他们为了达到边缘文化与主流文化的对等，将边缘文化以翻译的形式加以传播。就传播边缘文化来说，他们的研究是为翻译的流畅性服务的。他们通常选择自己所研究领域的文本进行翻译，为的是保证思想的正确性以及目标语读者阅读的流畅性。为了使边缘文化无障碍传播，他们会大量增加知识性信息，借此引起主流文化读者的注意。而另一群翻译家则是"翻译什么，研究什么"，他们通常是主流文化中的学者。身为主流文化中的学者兼译者，他们在选择和引进学术空白上有着相当的发言权。他们在接受异质文化的同时，不断地与本国文化进行融合与创新。为了使他们的思想得到普遍认可和传播，他们会在翻译中大量增加研究性信息，借以赢得大众的认可，并进而促进他们在该领域的深入研究。

实践"厚译"的译者常被称为"学者型译者"，已进入作者、学者、研究者等创造者的范畴了。根据语义焦点在后的原则，或许把"学者型译者"（scholarly translator）称为"译者型学者"（translatorial scholar）更符合实际。"厚译"是"译者"+"学者"两种身份者之为。两种身份相互影响，难分高下，呈现为"中间状态"，这是这类现象在客观世界的反映。因为不完全属于"翻译"的范畴，所以"厚译"者不纯粹是译者，这是对于"厚译"性质范畴和译者身份范畴的认定。他们在以译者身份行使译者翻译的权利时，"学者"身份会暂时沦落为临时性的角色。我们以辜鸿铭和理雅各为例。

辜译《中庸》出版于1906年，正处于19世纪、20世纪之交义和团运动在中国北部兴起之时。这是中国发生的一场以"扶清灭洋"为口号，针对西方在华人士包括在华传教士及中国基督徒所进行的大规模的群众性暴力运动。国难当头，辜鸿铭逆流而上，以其对西方社会弊端的深切了解，激烈抨击西方的物质文明和精神文明，热情赞扬中国传统文化，用满腔热情为祖国辩护，借以证明中华传统文化的价值（孔庆茂，1997）。从辜鸿铭所处时代来看，中华文化与西方文化相比，无疑属于边缘文化。而辜鸿铭作为源语译者，不屈服于外国的坚船利炮，认为那些被称作中国文明研究权威的传教士和汉学家实际上并不真正懂得中国人和中国的语言。辜氏批评西方学者没有理解儒家经典的内核，比如他说的"撇开语法的精确性不谈，翟理斯博士翻译的孔子的答话，就整个上下文的联系来看，也一点未把握住其真实的观点或意义"（黄兴涛，1996：111～112）。因而，辜译《中庸》大量使用了知识性注释，是为了西方学者阅读的便利，借以改变他们对于中国的成见。所以，其翻译大于研究，其译者身份大于学者身份。

理译《中庸》成书于1861年，正值第二次鸦片战争结束的第二年。在第二次鸦片战争中，英法联军所到之处，烧杀抢掠，无恶不作，使中华民族再次蒙受深重的灾难。清政府腐败无能，再一次向外国侵略者屈服，使中国在半殖民地道路上陷得更深。但是，广大中国人民反抗外国侵略的斗争从未停止过。此时，中国人民在无尽的黑暗中探寻着社会改革的途径，以拯救国家和民族于危亡之中，而这对理雅各而言正是传教的良机。为此，理雅各在《中庸》译本中，通过脚注，详尽解释并研究了与中国传统文化相关的词语，借此表达他对中华文化的尊敬，以赢得中国人民的好感与支持。他在序言中说道："只有透彻地掌握了中国人的经书，深入研究过中国圣人的思想，才能理解中国人的道德、社会、政治生活的基础，才能视为与（传教士）所肩负的职责相称。"（Legge，1861：ⅷ）理雅各作为传教士和汉学家，他的目的首先是传播异质文化以赢得读者对其行为的支持，其次是在此基础上进行传教并传播他们的学术思想。其"厚译"的研究性大于知识性，其研究者身份大于译者身份。

　　以上是以连续统的眼光对"厚译"现象所呈现的"中间状态"的审视。"厚译"者作为一种译者群体，其行为具有为读者深度阅读原文而加注这一共性的行为规律特征，这是共时研究、横向研究；若在该群体中发现某个译者在前后两个时期面对同一类型的文本采取相同或不同的行为措施时，便可考察环境因素之于译者行为社会化的影响和类似环境中一个译者的行为规律，这是历时研究、纵向研究。翻译除了翻译目的、意识形态、诗学、赞助人等因素的影响之外，译者的内心活动怎样？比如，就传教士的"厚译"而论，为什么有的传教士注释得多，有的注释得少？除了传教士们共有的传教者这一宗教身份外，是否还有学者型传教士和非学者型传教士之别？诸如此类的问题均围绕译者而展开，具体地说是围绕译者的行为而展开。

3.4　"厚译"的性质和研究的意义

　　"厚译"除了这一名称外，缺乏作为独立理论应有的系统性，更没有其他相配的系列术语，与缺乏系统性的"文化转向"一样。"理论是由体系构成的，而体系是由术语组成的。"（潘文国，2012：3）理论应具有强大的解释力。对于应用实践而言，"厚译"最多可以称为"观点"，表现为一种"策略"，包含了众多的"方法"。"厚译"提出者的贡献在于给翻译上的这类现象赋予了一个名称，但不足也在于此，它并没有完全做到实至名归。"厚译"不完全属于翻译的范畴。表面上看似是面对原文意义的深度解读，实际是面对社会需求的再创策略。

　　鉴于"厚译"在实践上的表现，起码可以将它分为知识性"厚译"和研究性"厚译"两类。前者属于"再创作"的范畴，后者属于"创作"

的范畴①。所以，称这类现象为"厚译"（厚的"翻译"）并不确切，特别是后者，它实际已经超出了原文的范围，无原文可依。"厚译"的命名偏于翻译，和"自译"的称谓一样，有先入为主之嫌。

"厚译"作为一种现象，有很多课题值得研究。比如，为什么会有"厚译"现象的发生呢？"厚译"到底是技巧还是策略？如果说是技巧，却不关涉文字的转换和原文意义的再现，不发生在翻译内；如果说是策略，就必然有不断细分的技巧。什么情况下该"厚"？（规定性研究）什么情况下不该"厚"却"厚"？（描写性研究）的策略一定是目的性的，比如是传播跨文化的策略，还是传播译者自己学问的策略，还是别的什么策略？所以，基于"厚译"现象的厚译策略研究、译者身份和角色研究、厚薄程度的规定性和描写性研究等，都将成为重要的课题。

"厚译"相应的似乎是"浅译"（许渊冲语），但"厚译"超越了原文的信息结构，"浅译"却没有。在翻译学术语里，"厚译"和"零翻译"构成了"非译"的两个极端。说它是"原文不存"并不为过。当原文不存时，译文便无所焉附，因此称为"翻译性研究""附注式研究"，甚至戏称为"薄研究"也言之成理。影响翻译厚薄的因素是多方面的，有翻译内部的，也有翻译外部的。前者涉及语码转换和意义再现的问题，后者涉及社会的问题。对于意志体实践者的译者来说，所谓翻译内外，指的是在翻译的过程中，既要本能上考虑并受制于翻译内的语言翻译因素，也会在潜意识中考虑并受制于翻译外的社会因素，总之表现为译者的社会性并在行为上的社会化。

译文不管厚薄，总有译者的理由在。或为了追求原文的语境意义，或为了传播原文文化的色彩，或为了表现译者个人的知识面和才华，或为了变相实现原文的交际功能、提高读者的阅读兴趣，等等。"目的决定手段"，而作为社会人的译者，甚至将"翻译的目的"转变成了"译者的目的"，而"厚译"显示了译者作为社会人、社会性角色的膨胀。在意志体

---

① 译学界一般不就"再创作"和"创作"做进一步的区分，甚至认为二者是相同的，所以经常混用。"创作"是完全"无中生有"的写作行为，而翻译上的"再创作"是在翻译基础上的"改编""编译""译写"等，是"翻译性创作"，有母本的基本事实在。尽管没有一个公认的评价单位，但如果增加了无原文可依的客观事实和主要情节，就是"无中生有"，就应该算作"创作"的范畴。

译者意志性的作用下，译者的译内行为和译外行为共同营造了融语言人和社会人、语言性和社会性等为一体的译者实体的存在。

在实践上，章艳、胡卫平（2011：48）认为"厚译"是"文化交流的必经之路，随着不同文化之间彼此理解的加深，文化翻译的路将越走越通畅"；王雪明、杨子（2012：108）认为它是"文化交流的一个重要途径，对今天弘扬中华文化，向世界译介中国文化典籍作品具有积极的借鉴价值"，它"通过注释等手段与译文正文形成一种互文性文本，构成了翻译本体研究的外围语境因素，也为中西译论话语得以实现互动，建立理解基础之上的对话提供了保障"。"厚译"的应用越来越广，比如宋晓春（2014）就论证了典籍翻译中的"深度翻译"倾向。荣立宇（2015：71）认为，"在当下中国政府大力提倡'中国文化走出去'的宏大背景下，典籍英译应该选择的路径必然是保留源语文化特征的深度翻译，这也是译者今后应该把握的一个大方向"。为了合理地进行理论化构建，我们有必要对其系统不断完善，尽可能使它成为可资我们运用于批评实践的一个有效的理论工具和开展研究的角度。

在理论上，"厚译"进行深化后，有望成为评价性翻译理论。理论不能徒具概念的空壳，要不断地体系化。可喜的是，现在已经有学者在进行这样的努力，比如李雁（2014：616~624）就把"厚译"（"深度翻译"）做了文本内和文本外的划分。"厚译"常被认为是"学者型译者"之为，突出的是学者之功，而只有"译者学者化"（translator as scholar），才能传递文化的最强音，这是文化"传真"的需要。翻译传递给异域读者的应该是明白、晓畅和有深度、有内涵的文化信息。

"厚译"作为引入中国译学界的译学术语，我们要有足够的反思。正如许钧所说的，"我们在借鉴西方译论之前，应当对西方译论有更加透彻的把握和系统深入的分析与理解……我们在借鉴时需要杜绝'断章取义'的倾向，避免出现只顾着去借用西方译学的术语或者某个原则，却不弄清这些术语所指称的概念或者特定原则的适用对象。再进一步，我们在借鉴的同时，要有批判与反思的精神"（陶李春、许钧，2016：80）。许钧、周领顺（2014：97）也说："反思走过的路，我们发现在大量引进、阐释西方译学的过程中，对引进过程中出现的不少问题，我们没有好好梳理清楚……我们在引进西方译学理论的同时，应该有思考，有探索，有批评，进而结合中国翻译实践的根本性问题，鼓励理论创新。""厚译"之论，当属其中的内容。

虽然引进的某些术语一开始并不都是翻译学上的，但后来或者进入了翻译学，或者是作为译学术语使用。总之，梳理它们在概念上和实践上的边界，提高可操作性，是健康发展译学的前提。

第四节　葛译文本行为痕迹

传统上，我们不愿意对纷繁复杂的翻译活动做真实生态的描写性研究，而更愿意做规定性的研究；愿意做静态研究，不愿意做动态研究；愿意做结果研究，不愿意做过程研究；等等。

传统上的翻译研究是文本研究，是静态研究，而人本研究是动态研究，需要通过事实观察译者的意志、身份及其角色化和行为从而在文本上追踪译者的行为痕迹，并通过充分的痕迹描写挖掘译者行为深层的规律，借以给后来的研究和翻译实践以指导或启发。进行有关译者的动态研究，并不忽略基于文本的静态研究，把翻译活动看成一个动态的复杂过程，是对真实翻译过程的充分尊重。总之，只有在翻译活动中把人的意志考虑在内，才能做出符合实际的分析。许诗焱（2016：88）写道："周领顺、孟祥春则从葛浩文译作的译者序、译者后记、公开讲座等资料入手，探究葛浩文的翻译过程。"这里将分主题、按事实追踪译者葛浩文的行为痕迹，不做很多评述，主要由读者自己思考。

4.1　歇后语："歇后"与否及其翻译

莫言说道：

> 我的意思是作者在写作时，不能为了方便翻译而牺牲自己的风格，降低写作的难度。至于"制造难题"，是一句调侃意味的话，其实，有些确实无法翻译的句子，或者必须让译者加注释的句子，也没有必要非用不可。比如"狗撵鸭子——呱呱叫"，"外甥打灯笼——照（旧）舅"之类，即便用了，也应该同意译者"意译"。（许钧、莫言，2015：616）

那么，葛浩文是怎样翻译歇后语的呢？

歇后语虽然"是由两个部分组成的一句话，前一部分像谜面，后一部分像谜底，通常只说前一部分，而本意在后一部分。如'泥菩萨过江——自身难保'，'外甥点灯笼——照旧（舅）'"［《现代汉语词典》（第7版）］。但人们在使用时，又常常"说前"而不"歇后"，特别在前后字面意思并没有大的出入时。歇后语"歇后"是出于交际的省力，因为共享共知的文化背景；歇后语"说全"，是出于讲语生动和强调等需要。歇后语经常变成自问自答的谜语，命名为"歇后语"并不十分准确。但歇后语的这种特点也为完整翻译创造了条件。比如：

（1）基本属于直译的：

[1] **鸭子上架——全靠逼**。

Like a duck that has to be pushed to climb a rack, I forced myself....

[2] **啄木鸟死在树洞里——吃亏就吃在嘴上**。

Like a gorged woodpecker that dies stuck in a tree, its beak is its undoing.

[3] **八仙过海，各显其能**。

Eight immortals cross the sea, each demonstrating his own skills.

但如果前后字面意思出入较大，读者难以对后和前产生自然的联想，所以就只有完全的意译了。比如属于完全意译的：

[4] 我这哥，惯常闷着头不吭声，但没想到讲起大话来竟是"**博山的瓷盆——成套成套的**"。

He was normally not *much of a talker*, so everyone was taken by surprise.

（2）有的也不"歇后"，但葛浩文倒是"歇后"了，是因为即使在英语的环境中，前半句的意思也是自然能够得出"歇后"的答案的，为语言的简洁创造了条件。比如：

[1] 小莫，你满腹文采，当个臭车夫，岂不是**高射炮打蚊子——大材小用**？等着吧，会有好运气来找你的。

You're too talented to waste your life as a truck driver. *That would be like shooting down a mosquito with a cannon.* Be patient. Good fortune will find you one day.

4.2 韵律节奏：对等还是超越？

对于作者故意创造的充满韵味的原文，如果能够将韵味再现，在"求真"的基础上"求美"，当然是理想的。比如：

（1）原文押韵而使译文也做到了押韵的：

［1］牛皮不是**吹**的！火车不是推的！泰山不是**堆**的！

You can't make a cow big with a genital *blow*, you can't build Mount Tai with just rocks and some *snow*.

［2］校长说："真是老子英雄儿**好汉**，老子反动儿**混蛋**！"

"The sons of heroes are as solid as *bricks*, the sons of reactionaries are all little *pricks*," he announced.

［3］太阳一出照西**墙**，东墙西边有阴**凉**。锅灶里烧火炕头上热，仰着睡觉烫脊**梁**。稀粥烫嘴吹吹喝，行善总比为恶**强**。俺说这话您若不信，回家去问你的**娘**……

The sun emerges and lights up the western *wall*; the western edge of the eastern wall is chilly as *fall*. Flames from the oven heat the bed and the *hall*; sleeping on the back keeps the spine in its *thrall*. Blowing on hot porridge reduces the *pall*; shunning evil and doing good makes a man stand *tall*. If what I am saying you heed not at *all*; go ask your mother who will respond to my *call*.

特别是例［1］，译者为了押韵，特别把"堆"解读出个 snow 来。但"火车不是推的！"一句未译，是因为原文烦琐而采取的语内省译。

（2）原文不够押韵但译者使译文押韵从而超越原文的：

［1］嫁出去的女儿泼出去的水。

A married *daughter* is like spilled *water*.

［2］我可以允许一只猫在我的裤裆里睡觉，但决不允许你在我眼皮子底下单干。

I'll let a cat sleep in the *crotch* of my pants before I'll let you be a loner on my *watch*.

［3］这才叫"内行看门道，外行看热闹"，这才是"有心栽花花不开，无意插柳柳成荫"呢。

This is what's known as "The professional asks *How*? The amateur says *Wow*!" or what we call "Plant a flower, and no blooms will *show*; drop a willow seed, and a shade tree will *grow*."

（3）多数情况下，因为语言差异，难以再现原文韵味的：

［1］东北乡，人万千，阵势列在墨河边。余司令，阵前站，一举手炮声连环。东洋鬼子魂儿散，纷纷落在地平川。女中魁首戴凤莲，花容月貌巧机关，调来铁耙摆连环，挡住鬼子不能前……

Northeast Gaomi Township, so many men; at Black Water the battle began; Commander Yu raised his hand, cannon fire to heaven; Jap souls scattered across the plain, ne'er to rise again; the beautiful champion of women, Dai Fenglian, ordered rakes for a barrier, the Jap attack broken...

［2］娘——娘——上西南——宽宽的大路——长长的宝船——溜溜的骏马——足足的盘缠——娘——娘——你甜处安身，苦处花钱——

Mother—Mother—head southwest—a broad highway—a long treasure boat—a fleet-footed steed—lots of travelling money—Mother—rest in sweetness—buy off your pain—

［3］好酒好酒，好酒出在俺的手。喝了咱的酒，上下通气不咳嗽；喝了咱的酒，吃个老母猪不抬头。

Good liquor good liquor good liquor emerges from my hand. If you drink my good liquor, you can eat like a fate sow, without looking up once.

［4］旱不死的大葱，饿不着的大兵。

Garlic never dies in a drought, and a soldier never starves.

是不是该超越原文呢？葛浩文说过，"我懂中文，我又能用英文，可是中文跟英文之间是存在创造性的，这是我们要抓住的，也是最难抓住的。我们歪曲原文，那是不对的；在表达英文的时候超过原文，也是不对的。"（闫怡恂，2014：202）大概在翻译过程中，译者都是难以抑制自己的创造热情的。

4.3 委婉语：在直白与隐讳之间

在委婉语的翻译上，有的时候只是直面原文，把握原文的意义，至于怎样再现，总有译者的意志性成分在，不是能不能翻译的问题，而可能是看译者自己的心境。按理说，委婉语是一种积极修辞现象，显然属于作者的故意，不翻译出来或者程度不够，都有违作者的初衷，也明显丢失了原文的形象色彩。

（1）译者使译文委婉程度与原文旗鼓相当的：

[1] 他和你奶奶**不大清白**咧。

Arhat, your family's foreman...something *fishy* between him and your grandma.

[2] 人家都这么说……呵呀呀，你奶奶年轻时**花花事儿**多着咧

So everyone said...Aiyaya, when your grandma was young she *sowed plenty of wild oats*.

[3] 爹，你这一次可是做大了，好比是安禄山**日**了贵妃娘娘，好比是程咬金劫了隋帝皇纲，凶多吉少，性命难保。

Dieh, you pulled off something grand this time, like An Lushan *screwing* the Imperial Yang Guifei, or Cheng Yaojin stealing gifts belonging to the Sui Emperor and suffering grievously for it.

[4] 在我心里，你连我裤裆里的一根**屌毛**都不如。

As far as I'm concerned, a single *hair on my scrotum* is worth more than you.

（2）译者有意避讳，似乎有降低粗俗度而采用委婉语倾向的：

［1］"呸！"他说，"**去你妈的蛋！** 毛主席说：'人贵有自知之明'，你少跟我来这一套。滚吧。"

"Pah!" he blurts out. "*Up your old lady's you-know-what*! Chairman Mao said, 'It's critical to recognize one's own limitations.'"

［2］他奶奶个**熊**！

Well, he can stick it up his grannie's *you know what*!

［3］他突然想起了同行们嘲弄自己的一句名言："丁钩儿用**鸡巴**破案。"

Reminded of those lines, which were so popular among his colleagues.

［4］屋子里传出一个女人微弱的声音：带**丫把**的。

The woman inside responded weakly, "it's got *that thing* between its legs."

例［1］中的"蛋"指睾丸（俗称"蛋子儿"），常说的"蛋疼"中的"蛋"即此意。"蛋"（balls）常被指为雄性、雄起的标志，比如："余司令看着我父亲,笑着问：'干儿子，**有种**吗?'"葛浩文译为："Commander Yu looked at my father and smiled. 'Have you got *the balls*, foster-son?'"英语的说法和我们说的"你有蛋子吗?"完全相同。例［2］中葛浩文把"他奶奶个熊！"中的"熊"委婉地译为 you know what，和上文的"去你妈的蛋！"中的"蛋"的译法相同，说明他是深谙其具体所指的。在北方方言中，"熊"是"精子"的俗称，常用作骂人话，与骂人用的"熊孩子"中的"熊"同义，深意实非狗熊之义。在河南民间有一条稍浑的猜字游戏："'能'字下面有四点儿，谁猜着了喝一碗儿"，说的就是此字此意。

葛浩文把"我母亲骂道：你这个**熊孩子**，走路怎么不长眼呢?"译为："You *clumsy oaf*, Mother scolded. Why don't you look where you are going!"说明他是懂得此意的。至于"熊"在具体语境中的意义是什么，和脏字强调等功能一致，比如"熊孩子"可以理解为"调皮的孩子"，"熊样"可以理解为"怂样"，脏字的意义随语境的变化而变化。也就是说，变化

的是语境意义，不变的是功能；说功能不变，是说在语境中可以没有具
体所指，比如"熊样"也可以仅仅用作狐朋狗友之间开启话轮的招呼
语。例［4］中的"丫把"是对小男孩性器官"阴茎"突兀特征的委婉
表达，在北方相似的说法还有"把儿""小鸡儿""小鸡鸡""茶壶儿"
"过滤嘴儿""鸭子"① 等，这是讲话者以男孩为荣和对于雄性生殖崇拜
的表现。相对而言，雁北等地的方言中称呼女性生殖器为"板鸡鸡"
（邵霞、马会娟，2021：78），便是以男性性器官（"鸡鸡"）为中心而
言的。②

"俗称"的"俗"，一般指的是"大众的；普遍流行的"，即"通俗
的"意思，但有时也指"庸俗的"，即"低俗的；下流的"意思。对小男
孩性器官的各种称呼均为"大众的；普遍流行的"，并不"庸俗"，或可算
作俗称中的"昵称"。从这层意义上讲，对于女性性器官就只有"俗
称"了。

（3）有的时候，译者将委婉程度较高的表达直白化：

［1］爷爷与她总归是**桑间濮上**之合。

So she and Granddad were adulterers.

---

① 比如，葛浩文就将莫言《丰乳肥臀》中的"没扎全毛的个绒毛**鸭子**，羞羞答答干什
么？"译作 "Why be embarrassed just because you've got a hairless little *pecker*?" 中的"鸭
子"译作 pecker（啄木鸟；阴茎），而不是按照常规像他在别处一样译作 duck，可见他
对北方方言的了解程度之高。但"鸭子"多用于指成年男性的性器官，以"鸭"作比
而对小男孩性器官俗称的还有"鸭儿""小鸭儿""鸭娃儿"等。在当地方言区，为避
免在提及真正的鸭子时产生误解和尴尬而把鸭子称为"扁嘴儿"，但只要把"鸭子"
这一固定的语言单位拆开，便不会产生误解，比如"烤鸭"。汉语中的"啄木鸟"
并不用于指代男性性器官，或因为啄木鸟在我们身边不够常见，因为打比方一般是
拿身边常见的事物作比，以引起立竿见影的交际共鸣。如此等等，深入比较，可挖
掘英汉各民族在文化地理、心理、思维、传统等方面的异同，葛校琴《英汉语言禁
忌的深层文化映现》（《外语与外语教学》2001 年第 2 期）做过比较深入的分析。
② "板"为"平板""光板""片状"，比如"板凳、板鸭、板车、板斧、板瓦"。值得一提
的是，在罗布泊小河墓地，考古人员发现女性墓前立一根木桩表现男性生殖器，但在男
性墓前立的是类似船桨的平板，原以为那里曾经是水泽，考古后排除了这一点，但一直
无解。笔者认为，类似船桨的平板正是女性生殖器的标志，因为北方普遍有用平板指代
的传统（比如中原地区民间对于女性生殖器官不仅有称"光板"的，还有更进一步的
"啥也没有""没任啥"，暗示男性优越感），男性、女性在此形成鲜明对比，共求繁衍生
息。语言上的痕迹大量留存，或可破解考古难题。"板鸡鸡"的构词方式和语义学上以无
标记事物指称有标记事物的方式［如把"女人"标记为（-男人）］一致。

［2］"这么冷的天，只有**傻B**才出来！"

"Who but *a fucking idiot* would be out on a cold night like this?"

［3］等我见到她把她那张 **X 嘴**给豁了。

I'll split that *shitty mouth* of hers.

［4］你们是站着说话不腰痛，不生孩子不知道 **X 痛**！

While you stand there giving orders, suffering no back pain and, since you don't bear children, you don't know how a woman hurts.

［5］老女人仰起脸，疯子般尖叫着："缝死吧！你这个'**劈叉**'子，年纪轻轻就这么狠，等以后生个孩子也没腚眼！"

The old women looked up and screamed hysterically, "Go ahead, sew it up! You *little cunt*, no one should be that heartless at your age! Keep it up and you'll have a baby with no asshole!"

例［1］中的"桑间濮上"意思是桑间在濮水之上，二者都是古代卫国的地方，后来用"桑间濮上"指淫靡风气盛行、男女幽会。葛浩文直白地将其译为"通奸者"adulterer。葛浩文将这层意义的"偷鸡摸狗"也用adulterer 表示，如"你们这两个奸贼，**偷鸡摸狗**的婊子、嫖客，你们不得好死……"译作"You *adulterers*, you fornicators, whore, whoremonger, you'll come to a terrible end."例［2］、［3］和［4］中的"傻B"中的"B"和"X 嘴""X 痛"中的"X"是一个意思，是女性性器官"阴门"的粗俗表达，即"屄"的替代表示法，这是"由于'屄'字很少在文学作品中出现，所以作者用'X'代替，或者说是省略了"（冯全功、徐戈涵，2019：108）。"在中国，只能用'B'或者'逼'，一方面显得得体，另一方面，可以避开审查。在出版物中，一些出版商根本就不用'屄'，上网用这个字，也会被删除，或者直接无法输入。更有甚者，有些文字输入法或者程序彻底排除了这个字。在中国的社会语境，'逼'是禁忌，恶俗，不能随便使用。在笔头层面，控制更严，一般不用汉字写出来，而用英文字母'B'替代。"① 葛浩文虽然直白化处理，但并非直白地表达了它的原始意义，而是意译了它在语境中的真意所在。例［5］里的"劈叉"

---

① https://vimeo.com/133161554.

是对女性性器官的形象化俗称及其劈开动作的形容，所以才有"缝"的动作。不过，译者个别时候因坚持"忠实"原则而过于直白，竟不够传意。例如：

[1] 母亲用挑战的、发狂的声调说："你给我有点出息吧，你要是我的儿子，就去找她，我已经不需要一个永远长不大的儿子，我要的是像司马库一样、像鸟儿韩一样能给我闯出祸来的儿子，我要一个真正**站着撒尿的男人**！"

Mother threw down a challenge, her voice quaking with madness. "If you don't show a little spunk, you're no son of mine. Go see her. I don't need a son who refuses to grow up. What I want is someone like Sima Ku or Birdman Han, a son who's not afraid to cause me some trouble, if that's what has to be done. I want *a man who stands up to piss*!"

[2] 这个人死屌不死的"路倒"，是我出钱掩埋，掩埋在村西老墓田里。

Thanks to my generosity, the corpse of this man, the one who died by the road side but whose *dick* lived on, was buried in the old graveyard west of town.

例 [1] 中男人就是"站着撒尿的"，这样翻译反而会让人误解有不站着撒尿的男人。站着撒尿，表现为大写的"人"字，寓意顶天立地。例 [2] 中的"人死屌不死"是"人死屌（毬）朝上"说法的翻版，与其他粗俗语一样具有强调语气，或兼作衬词使用。但因为其中的"屌"是虚用，而翻译成 dick lived on，反而成了实用（通过转折词 but 的使用更加强了这样的印象），不合生物的正常生理。

对于脏话在翻译时是直白还是委婉，完全是译者根据具体的语境需要而做出的选择，具体情况需要做具体的分析，不宜在宏观上做出民族间不同的结论。比如，有学者分析的"在原作中，女性性器官先后出现两次，除了之前提到的玉米自残外，还有一处出现在有庆家的把婆婆扫地出门前说的一句狠话。在这两处，作者均采用'X'替代，但译者（指葛浩文——笔者注）都直接译出为'cunt'，看不出丝毫禁忌，显示出两种文化在性观念上的差异"（朱波，2019：121）。这样的结论未免偏颇，毕竟用以佐证的事实不足。

4.4　语言形象性：何去何从？

形象化用词是作者和人物角色有意识使用的积极修辞，属于风格上的问题。对于译者而言，能够保留原文的形象且不影响交流，自然比较理想，否则就要退而求其次。当然，译者也会充分发挥目标语言的优势而超越原文的形象，达到"二度创作"。

（1）保持原文形象或者与原文形象相当的：

[1] **不打勤的，不打懒的，单打不长眼的。**

He *doesn't hit the hard workers*，*and he doesn't hit the slackers. The only ones he hit are those who have eyes but won't see.*

[2] 曹二老爷说，**没有弯弯肚子别吞镰钩刀子**，你们以为这五百块大洋那么好挣！

Second Master Cao replied，"*Don't swallow a scythe if your stomach isn't curved.* You think earning that five hundred is going to be easy？"

[3] **新鞋不踩臭狗屎。**

Just as *new shoes avoid stepping on the dogshit.*

[4] 您这叫黄鼠狼子**日**骆驼，专拣大个的。

Hey，old pal，you do OK with the women. A case of the weasel *screwing the camel*，always going for the big ones.

（2）不及原文形象的：

[1] 她是我在棉花加工厂当临时工时由她的一个**瓜蔓子亲戚**介绍给我的。

Who had been introduced to me by *a distant relative* when I was working at the cotton processing plant.

[2] **后头撅了尾巴，前头撅了鸡巴**，自毁了锦绣前程。

Keep his pants zipped，and thus ruined what could have been a fine military career.

[3] **贼眉鼠眼**，一看就不是好玩意儿。

The shifty-eyed youngster looks like a bad piece of goods.

[4] 我是**王八吃秤砣铁了心**，您不必再劝我了。

My mind *is made up*, so you needn't try to change it.

[5] 杨七**獐头鼠目**，眼珠子骨碌碌乱转，满肚子坏水，属于流氓无产阶级者一类，破坏性极大，只能利用，但不能重用。

Deep down, he was contemptuous of Yang Qi, *a repulsively ugly man with shifty eyes*. Considered one of the proletarian thugs, he possessed a belly full of wicked thoughts and was exceedingly destructive. He could be used, but not in a position of authority.

[6] 我们两家人也是那种**鸡毛拌韭菜乱七八糟**的关系

Relations between our two families were *messy*.

[7] 天花板是那样的高，两个高个子**叠着罗汉**也摸不着顶。

The high ceiling couldn't be reached even by one tall man *standing on the shoulders of another*.

[8] 只要孩子出了"**锅门**"，就是一条生命，就是中华人民共和国的一个公民，就会受到保护，孩子是祖国的花朵，孩子是祖国的未来。

Once it's out in the world, it's a human life, a citizen of the People's Republic of China, protected as a flower of the motherland. Children are the nation's future.

说"不及原文形象"，是因为原文都有形象化用词（"瓜蔓子""尾巴""鸡巴""贼眉鼠眼""王八吃秤砣""獐头鼠目""鸡毛拌韭菜""叠着罗汉""锅门"）而译文全丢失了，和下文"超越原文形象的"完全相对。超越原文形象的译文中多了 louse、pig、ass 等形象词语。

（3）超越原文形象的：

[1] 今天是**恶心对恶心，下流对下流**。

It was just *one louse pitted against another, pig against pig.*

〔2〕"**死犟死犟的!**" 四婶说,"到县里去买点好饭吃吧,没干粮捎了。"

"*Stubborn ass*," she groused. "At least get something decent to eat in town, since I don't have anything to send with you."

(4) 转换原文形象的:

〔1〕就此成了**换脑袋**的朋友

And I became *fast* friends.

〔2〕她却像一只**凶猛的小豹子**一样,不断扑上来,

But, like *a plucky fighting cock*, she sprang back at him hard,

〔3〕司马库哭笑不得地说:"孙子,不会浮水**埋怨鸡巴挂水草**,我根本不知道什么叫运气。"

Not knowing whether to laugh or to cry, Sima Ku said, "Don't *blame the toilet* when you can't do your business. I have no idea what you mean by concentrating my strength somewhere."

〔4〕"我革命几十年,**拳大**的疤落了七八个,搞这点特殊化应该不应该?"

"After decades of making revolution, which left me with seven or eight scars *the size of riceballs*, don't you think I deserve it?"

〔5〕这样的人咱家可是见多了,**狗仗人势,狐假虎威,**见人说人话,见鬼说鬼话。

I had seen too many people like this fellow—*toadies and bullies* who know how to say what you want to hear, whoever you are, man or demon.

〔6〕"还红屁眼蓝屁眼,五兄弟一出事,我这儿早干啦,老娘又不会**下**枪子。"①

"Red-jacketed, blue-jacketed, I got rid of them all when Fifth Brother was arrested. I can't *make* bullets *out of thin air*."

---

① 这里的"下"是把自己比作会下蛋的老母鸡。因属于交际双方共有的知识背景,所以不言(不提及喻体)自明。

4.5　谚语翻译：求真即务实①

4.5.1　语音

谚语能源远流长、古今习用，除了它有优美的形式和深刻的内容之外，还有一个最重要的原因就是谚语在语音上朗朗上口、易于记忆。莫言作品中的谚语主要以押尾韵居多。一方面，莫言有 16 处谚语使用尾韵，葛浩文仅翻译出 4 处；另一方面，有 14 处原文中没有押尾韵的，但是葛浩文在翻译时使用了尾韵。

> ［1］"这么多东西……这个老兰……"母亲翻动着鱼虾，忧虑重重地说着，"**吃了人家的嘴软，拿了人家的手短……**"
>
> "There's so much...that Lao Lan..." Mother's cries were more like a lament. "*A guest speaks well of one's host，and a receiver of gifts respects the giver.*"
>
> ［2］干爹啊，有道是：**有心栽花花不发，无心插柳柳成荫**。
>
> "Gandieh，ah，the words go：'*Flowers planted will not blossom，stick a willow branch in the ground and give it room.*'"

语言的高低快慢、抑扬顿挫都会随着说话人的目的而改变。例［1］中，作为一乡之长，老兰想让父亲跟着他一起闯荡，所以在春节之前，老兰给"我"家送了一些海鲜，但是母亲天生多疑，十分担忧。"吃了人的嘴软，拿了人家的手短……"押尾韵，"软""短"在语音上都有 uan，葛浩文翻译为："A guest speaks well of one's host，and a receiver of gifts respects the giver."guest 和 host、receiver 和 giver 以／st／、／ə（r）／为尾韵，／st／、／ə（r）／形成了韵脚的前后抑扬顿挫，产生一种别具情味的音韵美，原文和译文形式统一、语音富有节奏，葛浩文将原文语音之美译出，做到了与原文在语音上的对应，是求真之为。例［2］中作为赵小甲的妻子，孙眉娘和赵小甲多次尝试却没能如愿怀孕，而和情人钱老爷偷情一次就怀上了，真可谓"有心栽花花不发，无心插柳柳成荫"，原文中这句谚语并未

---

① 本部分由陈建辉在笔者指导下完成。

押韵，而葛浩文将其翻译为 "Flowers planted will not blossom, stick a willow branch in the ground and give it room." blossom 和 room 押相同尾韵/m/,增强了句子的可读性和音韵美。

4.5.2　语体

谚语是劳动人民集体智慧的结晶，是人民大众对具体事物的认识，因此带有浓重的口语性。尽管谚语粗俗，但是通俗易懂，毫不晦涩，涉及人民生活的方方面面，与人民生活息息相关，带有浓厚的生活气息，选用人们生活中最熟悉的事物来阐释深刻的道理，使人印象深刻。

[1]"真真是'**毒不过黄蜂针，狠不过郎中心**'，常言道'有钱能使鬼推磨'，樊三，这块大洋贴着我皮肉放了二十年啦，送给你，买我儿媳一条命!"

"'*There is nothing more poisonous than a hornet's sting and nothing more ruthless than a physician's heart*'. They say 'money can make the devil turn a millstone.' Well, this silver dollar has rested against my skin for twenty years, but it's yours in turn for my daughter-in-law's life."

樊三仅仅是一名农村兽医，平时在村里帮助左邻右舍的牲畜看病开药，上官鲁氏想让樊三帮她儿媳接生，樊三果断拒绝了，所以上官鲁氏说了这番话。Physician 是指有行医执照的内科医生，是一个医学专业词汇，而"郎中"是中国民间的一种医病之人，他们游走在乡间帮人看病，他们懂一些医术，但是绝不能称为专业。上官鲁氏只是一农村妇女，对医学领域一无所知，不可能说出 physician 这么专业的词，这不符合上官鲁氏的人物特点。

[2]**人在屋檐下，焉能不低头?**

But when I stand beneath how eaves, how can I not lower my head?

[3]想当初，我罗小通也是个大名鼎鼎的人物，可如今我是落地的凤凰不如鸡。好汉不提当年勇，**人在矮檐下，岂敢不低头**。

I think back to when I, Luo Xiaotong, was a real operator and lament that I'm now a phoenix that has fallen to the earth, no better than a chicken. No man of substance tries to relive past glories. *You have to lower your head if you stand beneath an eave.*

[4] 孙长生摸出一根香烟递给父亲，关切地说："这就对了，'**在人房檐下，岂敢不低头？**'"

Sun Changsheng took out a packet of cigarettes and handed one to Father："Yes，*who doesn't have to lower their head when they're beneath an eave?*"

经过代代相传，谚语积淀了各个历史时代的信息，如历史上重要的人物、事件、古人诗文、民间传说以及曾对汉英民族文化产生过重大影响的宗教思想和相关的风俗习惯等，因此谚语常常含有一些文言字，如"于""之""焉"等。"人在房（矮）檐下，岂（焉）敢不低头？"出现在例[2]、[3]、[4]句，这句谚语包含文言文"焉""岂"，"焉""岂"含有反问的意味，可理解为"怎能"的意思，例[2]将其翻译为 how 是可以接受的，算是做到了与原文语气和意义的统一，例[3]和例[4]中将其翻译为 have to，尽管在意思上与原文接近，但是原文中那种反问的语气消失了，削弱了对人物形象的刻画。

4.5.3 句法

谚语是劳动人民在长期生活与斗争实践中经验的总结和智慧的结晶，它凝练、通俗、生动、形象，形式紧凑，结构对仗。缺乏主语是汉语谚语的主要特点，而英文谚语常常语法严谨，句子结构相对松散，与汉语有很大的不同。

[1] "小——小子，你还——还跑吗？"结巴警察说，"**躲过了初一——，躲——躲不过十五！**"

"Y-you think you can r-run away again？*You might make it past the f— first of the month，but n—never past the fifteenth*！"

[2] 他踢了死牛一脚，说："妈的，**打了一辈子雁，差点让雁雏啄了眼睛！**"

"Damn you！" Lao Lan said as he kicked the dead animal. "*You spend your whole life hunting wild geese only to have your eye pecked out by a gosling.*"

[3] 告诉你们说吧，孩子们，但凡敢在这里叫板的，但凡敢在这里迎战的，没有一个是善茬子，俗话说得好："**没有弯弯肚子，不敢吞镰头刀子。**"

I want you all to know that anyone who comes here either to throw down or to accept a challenge is no pushover. As the saying goes："*You don't swallow a sickle unless you've got a curved stomach.*"

汉语谚语另外一个特点是简化修饰语，为了增强表达效果，强化社会功能，谚语往往言简意赅、短小精悍。例 [1]、[2] 和例 [3] 中汉语谚语形式统一、结构对仗且皆无主语，但是葛浩文在翻译时将原文中缺失的主语补译出来，而不是盲目地追求与原文在形式结构上的对应，意义不言而喻，是一种求真之为。

4.5.4　修辞

谚语常常巧妙地运用各种修辞手法，使语句结构紧凑、生动形象，读起来抑扬顿挫，具有韵律和谐的诗的艺术魅力和强烈的思想感染力。莫言作品中的谚语富含对偶、夸张、明喻、排比、拟人等修辞手法。对偶是谚语中最常见的修辞手法，从意义上讲前后两部分密切关联，凝练集中，有很强的概括力；从形式上看前后两部分整齐均匀，音节和谐，朗朗上口，便于记忆和背诵。但是研究发现，葛浩文只翻译出原文谚语的三分之二，三分之一的谚语被葛浩文忽略了，没有翻译。例如：

爸爸，祝贺你们，**千年的铁树开了花，万年的枯枝发了芽**，你们创造了奇迹！

Congratulations，papa. *A thousand-year-old sago palm has flowered，a ten-thousand-year-old dead branch has sprouted.* You have made a miracle！

谚语中的对偶结构常常是用对称的字句来加强表达效果的，从而使语言显得丰富多彩，铿锵有力，前后呼应。文中作者和妻子都是将近 60 岁的人，怀孕对夫妇二人来说十分困难，所以当女儿听到妻子怀孕的时候十分激动并表达了祝贺，"千年的铁树开了花，万年的枯枝发了芽"这句谚语运用了对偶和夸张的手法，结构紧凑对称，韵律感极强。葛浩文将其翻译为"A thousand-year-old sago palm has flowered, a ten-thousand-year-old dead branch has sprouted",在形式上做到了与原文的统一,夸张手法的运用也突出了夫妻二人怀孕的艰辛和不易。翻译中最大的困难是对文化差异的处理,有时在这种文化中很常见的事物需要在另一文化中花费很大气力去解释。葛浩文在翻译"铁树"这一文化负载词时,并没有盲目地追求与原文的一一对应,因为他深知"铁树"一词会让美国读者不知所云,需要花费大量的功夫去解释,所以在翻译时直接将其翻译为美国常见的"棕榈",虽然译文"棕榈"和原文"铁树"在意义上没有做到对应,但并没有影响读者对原文的理解,反而使读者更能快速地理解,做到了对读者的务实。

4.5.5 标点

标点符号是文字的一部分,是用来辅助记录语言的符号,恰当使用标点符号可以帮助读者快速理解文章。在莫言作品中,有 13 处谚语使用了感叹号和反问号,但是葛浩文只翻译出 5 处,8 处未译。

[1]"只怕是'江山易改,本性难移!'"母亲的表姐一步不饶地赶着母亲的话,把母亲逼到了墙犄角上。

"Except *it's easier to change the course of river than a person's nature.*" Mother's cousin was intent on making things hard for her.

母亲打算向其表姐家借些像样的家什请老兰来家里吃饭,母亲的表姐觉得母亲太抠,请人吃饭清汤寡水的让人笑话,母亲反驳道自己的毛病已经改掉了,但母亲的表姐一口咬定母亲是"江山易改,本性难移"。身为农村妇女的母亲表姐和母亲一样,都是直来直去的性格,感叹号表明母亲表姐说话时的肯定语气,暗含"我对你十分了解"的意味,同时也刻画出母亲表姐借出东西时的嚣张气焰,也与后文她一步步把母亲紧逼到犄角相呼应。葛浩文将这句谚语译为"Except it's easier to change the course of river than a person's nature."感叹句变为陈述句,极大地削弱了人物语气,原文中母亲表姐当时的咄咄逼人之势荡然无存,原文中塑造的母亲表姐专横跋扈的形象轰然倒塌。

[2] 父亲说："无风不起浪。"母亲说："**我心中无闲事，不怕鬼叫门！**"

"You can't have waves without wind," he said. "*I've done nothing to be shamed of*," she said.

因为村中的流言蜚语，父亲认为母亲和村长老兰有不正当关系，和母亲激烈地争吵一番。早些年父亲离家出走，母亲一个女人不仅要承担起家庭重担，更要面对村里的闲言碎语、指指点点，所以造就了直爽泼辣、大胆刚烈的性格，就是这样的一个人哪能容得别人诋毁？面对父亲的猜疑，她反应激烈："我心中无闲事，不怕鬼叫门！"感叹号的使用很好地塑造了母亲那种无所畏惧的形象，让读者感受到一个真真实实、有血有肉的人物存在。译文"I've done nothing to be shamed of."更像以一种客观冷静的语气说出，原文语气被削弱，母亲那种大无畏的形象无处可寻。

4.5.6　翻译方法

中西方在文化传统、语言习惯、宗教信仰、审美等方面都存在很大的不同，对译者来说，翻译出原文的音韵美、形式美、意象美是十分困难的，所以任何译者在翻译时都不会只使用一种翻译方法。

[1] "**是福不是祸，是祸躲不过。** 还愣着干什么？快给它按肚皮！"

"*If the signs are good, we'll be all right. If not, there's nothing we can do about it.* So get to work and push down on her belly!"

[2] 母亲说："**是福不是祸，是祸躲不过**，粮儿，放心吧，就算天兵天将下了凡，也不会把咱们这些孤儿寡母怎么样。"

Mother said, "*and you cannot escape bad luck.* Don't worry, Liang, even if the man above sent Heavenly Generals and Celestial Troops down to Earth, what more could they do to a bunch of widows and orphans?"

这两个例句中含有同一个谚语"是福不是祸，是祸躲不过"，但是葛浩文采取了不同的翻译方法。例[1]中上官吕氏家的驴难产，译文的翻译很符合人物形象，上官吕氏作为一个没有受过教育、对牲畜生产一无所知的农村妇女，在驴难产时除了按摩肚皮，不知道能做些什么，"If not, there's nothing we can do about it." 形象地刻画了上官吕氏的手足无措；例［2］出自上官鲁氏之口，最有名望的土改专家来到村子，作为抗日别动大队司令司马库之子，司马良感到不妙，建议上官鲁氏带着大家逃跑。葛浩文在翻译时直接将"福气"这部分省略，翻译为"and you cannot escape bad luck." 说明土改专家的到来对司马良来说毫无福气可言，是十分危险的，也与下文司马良险些被枪毙、被迫逃亡形成对应。尽管谚语前半部分省去未译，但译文更符合当时语境，做到了对原文语境功能的求真和对语境的务实。

综上所述，译者葛浩文既是在"求真"和"务实"间平衡，也是在"求真"和"务实"间摇摆和矛盾，说明了人的复杂性和翻译活动的复杂性。所以，翻译上任何绝对化的结论都会是偏颇的。

第五节 乡土语言的土味层次及其翻译和研究

5.1 乡土语言土味层次划分的可能性

"乡土语言"尽管可以分出熟语、惯用语、谚语、歇后语、俚语、成语、格言、俗语和方言等不同的语言单位，但归根结底，最核心的东西就是它的土味。张旭（2015：95）归纳为"这种民间话语的最大特点便落在一个'俗'字上，这个'俗'字可以同时作'通俗''低俗''粗俗'等义解。这类话语形式鲜活，语域广泛，它们往往是简洁精练又通俗易懂，长期为汉民族所喜爱"。而乡土语言土味的翻译不仅在实践上是个世界性难题，在批评实践上也极其不易。但首先说，汉语乡土语言翻译是有物质基础的，只要是能够写出来的"文学方言"，就不会"土"得没有翻译的可能。土味是有层次之分的。葛浩文说道：

> 莫言的我翻译了 6 本，他会用很多土话，不太难翻译。苏童的也不难翻译，他写得细腻，但译文和原文很不一样。王朔的也不难翻译，他的北京话其实很好翻。毕飞宇的作品最难翻了，薄薄的一本书，里面的都是很微妙、很谨慎的用词。姜戎比较像哲学学者，他的

作品也比较好译。①

　　土味既然可以分出难易，那么就一定能够在实践上以连续统的眼光对"难易"划分出不同的层次，把不同的阶段性特征描绘出来。至于怎样翻译起来叫难，哪些可以称为容易，自然可以通过对成功翻译家大量翻译实践的描写和分析清晰地呈现。为了便于讨论，本部分尝试对土味进行基本的层次划分。鉴于乡土语言的翻译不管在实践上还是在理论研究上，都有不小的开拓空间，因此本研究并不是纯描写性的，也包括规定的意思在里面。

　　说到土味浓郁的乡土语言，就要首先说到方言，方言是乡土语言的典型代表。而且，方言翻译是所有乡土语言单位中讨论最多且至今未见实质性突破的一个领域。以往的讨论主要包括方言翻译案例的批评和解释性研究、方言翻译方法和转换机制研究等几个方面，更多关注的是方言的翻译方法，有"方言对译法"和"口语对译法"两派观点。张谷若（1980）提出可以用译语中的一种方言来翻译原文中的方言；韩子满（2002）则认为使用汉语通俗表达法和加注，是处理英语文学汉译的一种比较现实的办法；当然还有人提出将二者结合起来的做法。"在实践上，有张谷若翻译哈代小说时山东方言的尝试使用，在理论上则有傅雷关于方言的认同矛盾和表现力的论述。王宏印提出一个结合创作划分方言层次和经过改造而控制使用方言进行翻译的方案。"（方梦之，2011：147）最近的研究主要有王恩科（2015）所认为的要将方言翻译问题区分为该不该互译和如何翻译两个不同的层次。同时，他将读者因素归入方言翻译的研究中，认为描写性的理路是深化方言翻译研究的有效途径之一。桑仲刚（2015）基于活动理论，解释了方言翻译的策略选择机制；姜静（2016）回顾了国外 30 年的方言翻译研究；余静（2018）则规划了文学方言描写翻译研究的路线图。谭业升（2022：48~54）讨论的是"汉学家译者的方言语块翻译与叙事框定策略"。以上研究都侧重于方言本身，缺乏从人的角度进行的探讨。

　　近年来，从译者行为批评视域开展乡土语言翻译研究的逐渐增多，如黄勤、余果（2017），杨宁伟（2018），李杰（2021）等。而直接面对方言

---

　　①　《葛浩文：其实我在美国默默无闻》，http：//book.hexun.com/2008-03-21/104656590.html。

翻译研究的如赵园园（2016），陈慧（2016），黄勤、王琴玲（2018），黄勤、刘晓黎（2019），钱阳（2021）等，但总体上还不够。在译者行为批评视域看问题，既要兼顾文本，也要兼顾语境；既要兼顾内部，也要兼顾外部，这种把文本研究和语境结合起来的"以人为本"的做法，是译者行为批评的核心路径。本部分尝试在译者行为批评视域内分层次分析方言土味的翻译和研究，以期开辟一个新的视角。

土味的层次会随着讲话者使用方言目的的不同而变化。因此，我们需要专注于一般情况下语言的土味层次并对使用者的使用目的进行条分缕析，在翻译和研究上都做到静动相结合。这种把文本研究和语境结合起来的"以人为本"的做法，正是译者行为批评的核心路径。为此，我们需要设置这样的问题：

（1）乡土语言到底有多土？

（2）讲话者为什么要使用乡土语言？

设置这样两个问题是基于这样两个假设：一是"土"的程度是能够进行层次性划分的；二是使用者使用乡土语言是有目的和语境的。这两个问题一静一动。"静"是因为研究的是语言问题，"动"是因为研究的人（语言使用者）和语境的问题。动静结合，一定能找到一个乡土语言土味翻译和研究的新视角。

乡土语言的典型代表是方言，"方言能翻译吗？"这是从专家到普通读者经常问起的一个问题。这个问题，归根结底是一个有关风格（审美）的问题，而并非怎样理解原文和怎样表达的问题。如果从鉴赏的角度将翻译实践分为"准不准"和"好不好"两个层次（周领顺，2018：1）[①]，那么常说的"理解"和"表达"就是"准不准"层面上的问题，风格再现得怎样就是"好不好"层面上的问题。"准不准"涉及翻译的根本在于交际；"好不好"涉及翻译交际、审美等效果方面的问题，这是更高层次的任务。当然，审美也是精神层面作为文学艺术最值得玩味之处。

我们该怎样对待方言土语的使用呢？莫言的大哥管谟贤（2013：154～155）分析道：

---

① 以下有时将"准不准"表述为"懂不懂"，二者处于同一个层次，只是叙述的侧重有所不同。比如，"准不准"限于理解和表达，"懂不懂"在指涉译者之外听众、读者以及人与人之间的交际时更准确。

　　作家在写作时，为了塑造人物，叙述情节，会不经意地或特意根据需要使用自己所熟悉的方言土语。在老一辈当代作家中，周立波即是使用方言土语的高手。其代表作《暴风骤雨》满篇都是东北话，而《山乡巨变》中则都是其家乡话——湖南益阳方言。现今走红的作家中，贾平凹的作品中，不时地会出现陕西方言。而莫言的作品中，也经常出现高密的方言土语，方言土语的使用，使其营造的"高密东北乡"文学王国更加真实，使人物更加生动，栩栩如生，读来倍觉亲切，有普通话词汇所不能替代的趣味，可意会而不可言传。但方言土语亦有其局限。因为它只流行于某一个地方，到了其他不是该方言区的地方，则很可能读不懂，往往要加以注释。莫言所使用的高密方言土语也是如此。

　　这段话从风格起，却止于交际的作用。前者是高层次，后者是基本层。"懂不懂"的问题是最好解决的。

　　对作家而言，使用方言土语是作家出于特殊的创作需要才如此的。但很少有作家"不经意"使用，因为很土的字眼，常常难以形成文字，需要费力寻找发音和意义近似的表达。对读者而言，作家使用方言土语是因为有"普通话词语所不能替代的趣味"。尽管作品并不都是在该方言区阅读的，但也能让该方言区外的读者模糊地感知到；尽管"可意会而不可言传"，但实际作家为了风格的需要，也一直在努力地"言传"，否则作品中就不会有事实上存在的方言土语。"因为它只流行于某一个地方，到了其他不是该方言区的地方，则很可能读不懂，往往要加以注释"，这是"懂不懂"层面上的问题；而"作家在写作时，为了塑造人物，叙述情节，会不经意地或特意根据需要使用自己所熟悉的方言土语"，则是"好不好"层面上的问题。

　　使用方言土语，不管是"塑造人物"还是"叙述情节"，总的是出于风格的需要。对于讲话者，其修辞故意的显性程度，可以大体分为宏观和微观两个层次。在方言区里，除了各种目的外，方言的使用不外乎传递基本的信息和展现语言风格以及更进一步借此显示人物的身份、文化信息等。

　　在微观上，是不是故意是比较清楚的，比如莫言作品中管谟贤（2013：155、160）所解释的"喧：松软"（"棉花地去年秋天就耕过了，冻了一冬，现在很喧")、"刚：读如 jiāng，即刚才"（才刚拉过啦！"）①，这些是当地人的日常表达。而有的显然是有修辞故意的，比如管谟贤（2013：159、160）所解释的"你这个'劈叉子'，年纪轻轻就这么狠！"中的"劈叉子：对小姑娘的侮辱性称呼"和"紫荆是一溜十八村的'茶壶盖子'"中的"茶壶盖子：是指某一处妇女中最漂亮的一个"。原文有引号更说明故意的程度之高。

在宏观上，不管修辞故意的程度是否明显，方言区外的人读到方言时虽然读不懂，作家也确信读者能感受到乡土风格上的存在和追求。

5.2 静态语言的方言土味层次

《现代汉语词典》（第 7 版）中"土"的第 4 个义项是："本地的；地方性的：土产 | 土话 | 这个字眼儿太土，外地人不好懂。"其中包含了一个义项、两个层次的意义。所给的相关词条是：

第一个层次"本地的"：

> "土包子"：指没有见过世面的人（含讥讽意）。
>
> "土产"：某地出产的富有地方色彩的产品。
>
> "土话"：小地区内使用的方言。
>
> "土皇帝"：指盘踞一方的军阀或大恶霸。
>
> "土货"：土产的物品。
>
> "土籍"：世代久居的籍贯。
>
> "土人"：外地人称经济、文化等不发达地区的当地人（含轻视意）。
>
> "土生土长"：当地生长。
>
> "土物"：土产。
>
> "土音"：土话的口音。
>
> "土语"：土话。
>
> "土著"：原住民。

---

① 如此读音，符合语音竖转的规律。见周领顺《音误现象的学理分析》，《扬州大学学报》（人文社会科学版）2010 年第 1 期，第 116 页。

第二个层次"地方性的"：

"土产"：某地出产的富有地方色彩的产品。
"土气"：（名）不时髦的风格、式样等。（形）不时髦。

第一个层次清楚明了，而第二个层次"地方性的"则是风格方面的问题。在所有的词条中，只有"土产"包括了全部两个层次的意思："某地出产的"是第一层次的"本地的"；"某地出产的富有地方色彩的产品"是第二层次的"地方性的"。为了直观地说明这一点，再以餐馆里常见的宣传字眼"土锅土菜"为例。

"土锅土菜"也包含这样两个层次：一是指地方性的"土锅"（即"本地的锅"），二是指风格上的"土菜"（即"地方性的菜"）。比如在东北农村，你既能吃到"土锅"，也能吃到"土菜"；但在城市的高级酒店里，你能够吃到"土菜"，却很难吃到"土锅"，因为很少有专门修造正宗土锅的场地。按理说，"土锅"是"土菜"的基础，但如果土味的"土菜"缺乏"土锅"，则显得不够地道。与翻译结合起来看，既有"土锅"，也有"土菜"的，就是"形神兼备"；只有"土锅"，却没能做出风味独特"土菜"的，是只有"形"而失去了"神"；但"土菜"如果不是用"土锅"做出来的，虽有部分"神"却失去了基本的"形"，总有美中不足之处。"土"有两个层次的意义，即使把"土味"分成"土"和"味"，两个层次也是显而易见的："土"常指"本地的"，"味"常指"地方性的"，比如说"那人口音中有股河南味"的"味"，也是说带有河南地方特征、地方风格的东西。

在翻译上，"土"的方言指的是只流传于一个较小范围的方言，外边的人可能听不懂。《现代汉语词典》（第7版）给"土"所举的一个例子是："这个字眼儿太土，外地人不好懂"，因此是"懂不懂"的问题，如"贾平凹作品以关中方言和商洛方言的混合体为基础，乡土特色浓郁，给译者带来挑战，因此翻译难度较大"（冯正斌、师新民，2018：12）。"不懂"就要理解，理解后方能表达，所以在翻译上表现为"理解—表达"的关系。指风格的"土"，是"好不好"的问题，或者说是修辞、审美、效果等方面的问题，而"好不好"的问题，是可以在事实充分描写（量化）

的基础上进行令人信服的分析的。

"懂不懂"涉及人和人之间最基本的交际需求，属于"基本层"（物质层，即基本的交际需求层）；"好不好"涉及基本层之上锦上添花的、风格上的要求，属于"高级层"（精神层，即高级的风格表现层）（周领顺，2014a：69）。也就是说，翻译可以分为基本层（物质层，即基本的交际需求层）和高级层（精神层，即高级的风格表现层）。基本层上的乡土语言只是作为交际信息使用的，关系到翻译的根本任务；高级层上的乡土语言才表现为使用者对于风格的追求。在"懂不懂"的层面上，人们是"鉴"者，是把自己作为专家评判对错的，但与是否能够让人接受是两码事，可能求真有余而务实不足；在"好不好"的层面上，人们是"赏"者，主观成分加大，可能务实有余而求真不足。"鉴赏"是先"鉴"后"赏"，二者是辩证的关系，对于翻译尤其重要。那么，这样两个基本的层次是基于什么道理区分的呢？

区分为"懂不懂"和"好不好"这样两个层次，两个层次的关系大约等同于"译意"与"译味"的关系（陈大亮，2017：115～123），与奈达等人（Nida, et al., 1982：12）给"翻译"定义的两个层次"在译语中用最切近的自然对等语再现原语的信息，先求意义，再求风格"是吻合的。"意义"就是交际信息，确保交际信息通达是翻译的根本任务。"风格"就是讲话者追求表达效果等形式上的标记，是更高层次的追求。这两个层次也和余荣虎（2011：47）所说的"大多数人的意见是把乡土文学理解成在题材上描写'地方'，在风格上表现'地方色彩'"是一致的。葛浩文说："我看一部捷克文本翻译，虽然我不懂捷克文，但是如果我能认为这是一部很通顺的作品，让外国读者能够看懂，但还保有具有人文素养的、原来地方的口味的话，说不定就是好的。如果两个缺一个那就不怎么好，如果两个缺两个的话，那么就更不好。"（曹顺庆、王苗苗，2015：128）其中所指的"能够看懂"和"保有具有人文素养的、原来地方的口味"也是这两个层次。

以上对语言土味进行的层次划分，属于静态研究。但使用者（包括日常讲话者、文学作品的作者和文学作品中的角色等）为什么要使用圈外人有可能听不懂的乡土语言呢？当然，不会讲普通话或者不会讲方言等乡土语言的人除外。按照使用者的使用目的对土味进行层次划分，属于动态研究。因此，我们有必要将一般情况下对于语言土味层次的区分和使用者使用乡土语言的目的和语境结合起来而进行静动相结合的考察，才可能得出更加全面的结论。

5.3　动态语境方言使用者的目的和预期

所谓动态，就是使用者在动态语境中使用乡土语言的目的性行为，对于研究者，就是根据这些要素而动态地看问题。比如，方言是在一个区域内讲的话，相对于普通话，肯定是"小众语"，但"小众语"的"方言"与"大众语"的"普通话"之间在一定条件下是会发生转化的。

方言在方言区是大众语，而作为大众语的普通话，在方言区就成了少数人使用的方言。之所以这样区分，是因为作者的创作是有目的的，将小众语插入以大众语为主体语言的叙述中是有目的的，并主要是风格方面的目的。插入方言（包括相对的普通话）符合方言使用的一般原则：表现文化程度、阶层、地域、身份等。而汉译外所说的地域方言翻译，通常指的只是普通话之外方言区的人们所讲语言的翻译，过于笼统，而且也是静态地看问题的。

作者在用大众语普通话创作的作品中，一旦使用方言，就说明是作者有意而为的。反之，在一个方言区内，或者一个方言区内的一个临时的交际场合里，突然冒出几个普通话的用词，也一定是出于故意的。当然要排除那些完全不会讲普通话的或者不会讲方言等乡土语言的使用者。使用者的目的，应该是翻译者关注的焦点，借翻译将作者希望达到的目的加以实现，是任何使用者都乐于见到的效果。从层次性划分的角度看，语言表达分为信息传递的交际需求和风格方面更高层次的追求，因此如果仔细分析插入的小众语，其仍然可以再分为以信息传递为主和以风格意义表现为主。信息传递是功能上的，而对于风格意义的追求则是锦上添花。

大众语和小众语之间的转化基于动态语境，而动态语境还包括乡土语言使用者目的的变化、语言基本功能（信息交际）的实现、语言高级形式（风格）的凸显等。我们来看看作家在创作中突然冒出的方言词及其翻译吧。比如我们在《散文自译与自评》（苏州大学出版社，2017）一书中的方言用词"老鸹"：

[1] 冬天里可别有景致，万木凋零，麻雀一类的小鸟在田头干瘪的草间觅食，**老鸹**之类的大鸟便呼啸着结群飞上枝头，嗛食冬日里未及被野风吹落的棟子类的坚果。（周领顺《竹》）

Smaller birds like sparrows foraged busily in the dried grass in search of food while bigger ones like *crows* whooshed in flocks into trees and pecked at the nuts that hung onto the branches into winter. （周领顺、露丝·蒋，2017：62~63）

[2] 父亲一边说着，一边指着周围几棵上蹲着的**大老鸹**。说话间，就见这几只老鸹向树上的红樱桃俯冲过来。父亲急忙吆喝，但见黑鸟掠过，几颗熟透了的红樱桃飘然滑落。（周领顺《尝樱桃》）

As Father was saying so, he pointed to the several *crows* perching in the nearby trees, who almost simultaneously pounced down on the red fruit, and startled by Father's shouts of warning, fluttered away, slipping a couple of ripe fruit down onto the ground. （周领顺、露丝·蒋，2017：68~70）

《现代汉语词典》（第 7 版）将"老鸹"解释为：〈方〉乌鸦。笔者翻成 crows 现在看来还是没能表现出作者的故意："我"明知城里人常将其叫作"乌鸦"，而"我"却偏偏写成"老鸹"，为的就是透露"我"的家乡地域信息和表现乡土味。所以，为了表现"我"的故意，"我"现在宁愿将"乌鸦"翻译成 crows。

我们再来看看一群讲话者讲话时突然冒出的方言字眼。

场景 1：一群人正在用普通话聊美食，其中张三突然改用方言道，"在俺那疙瘩……"笔者大概要翻译成："'In my hometown,' Zhang San blurted out in his Dongbei dialect." 这是在普通话中插入方言的情况，为的是透露讲话者的东北家乡地域信息和乡土味。

场景 2：家乡人看见 20 世纪 80 年代上大学放假的我回到家乡，却有农村的家乡人用普通话的字眼对我说"今天下午"（而不是平时说的"今后半儿"），有的甚至还用上了普通话的调子。这是在方言中插入普通话的情况。笔者大概要翻译成："'This afternoon,' a villager greeted me by speaking Putonghua instead of the commonly-used dialect to show he has seen the world."为的是表现出讲话者为了表现见过世面并与我这"城里人"比肩的社会心理。

场景 3：当发短信息问候而对方回复"中"时，大概要翻译成："'Is that ok？'I asked. I got the reply of 'zhong' of the language of my hometown to show his agreement."这是在对话中故意插入对方方言的情况。因为"中"是笔者的家乡话，而对方费力用拼音输入了比"好"（hao）多了两个字母的"中"（zhong）便是有意使用的，为的是表现幽默、轻松、让人放心等。

翻译方法多种多样，比如当译语能够做到词彩对等时，翻译家以对等为上，如葛浩文把口语词的"腔"等化译为口语词的 backside、ass、buttocks、rump、arse 等，或根据语境译为 the birth canal、hard 或省略不译。所有的翻译方法都可以拿来一用，比如"增益法"，如葛浩文把"瓜蔓亲戚"译为"a shirt-tail relative，what we call 'melon-vine kin'"。当然，根据翻译目的而浅化也是一样的。在翻译实践中，只有客观条件是不是允许和翻译目的、译者主观介入的强弱之别。译者葛浩文只要认为不影响信息交际的，就尽可能做到形神兼备，把原文的风格再现出来，只有在无可奈何或目标明确只为求取功能相当，或求得立竿见影的交际效果，或为了实现讲话者的真正用意时，才会归化。确保基本层，并最好兼顾高级层。

"风格"是用来装饰的，是锦上添花的。前者要求"吃得饱"，后者要求"吃得好"。但"好"不能为了美而影响最基本的交际。比如菜单上的"蚂蚁上树"，其中的"蚂蚁"和"树"是喻体，如果译为"Ants climbing a tree"或"Ants climbing trees"则会使理解错位，影响了最基本的交际信息（肉末和粉丝）的传递，不妨直白地翻译为"vermicelli with spicy minced pork"，显得简明、直白、干脆。这也是应用翻译和文学翻译的不同。

5.4 层次划分和静动结合的意义

关于两个层次的划分与静动结合的意义，我们用一个例子加以说明。比如《现代汉语词典》（第 7 版）对于"肉"用作方言时的解释："①〈方〉不脆；不酥：肉瓤儿西瓜。②〈方〉性子慢，动作迟缓：肉脾气。"

对于第一层意义，比如说"黄瓜很肉"，就要翻译成"The cucumber is

not fresh." 或 "The cucumber has withered." 而对于"陈玲很肉",就要翻译成 "Chen Ling is slow in pace." 这是"懂不懂"以及"理解—表达"的问题。但使用者有没有风格上的追求呢?原本肯定是有的,因为这是修辞上的比喻,可现在当大量出现在方言区、成了日常交际的一部分时,它们就失去了当初造词的新鲜,完成了习语化的过程。正如人们看到瀑布,也很难再想到当初这样造词是因为"从山壁上或河床突然降落的地方流下的水,远看好像挂着的白布"〔《现代汉语词典》(第7版)〕了。对于汉学家,只要放着现成的归化说法不用,他就一定是为了文学艺术而艺术的,如果说是完全求真于原文的文化倒不一定,毕竟文学翻译不是严肃度高的文化翻译或者以文化传播为目的的翻译。用归化法(有的叫"套译法")最省心,拿来一用,就能轻松实现与原文相当的功能,比如"爱屋及乌"和 "Love me, love my dog. / He that loves the tree loves the branch." 只要不是专门为了文化求真,甚至不需要多费心思去揣摩原文的任何文化含义。葛浩文的伟大之处就在于他没有轻易按照我们学界呼吁的"套译法"的路子走,而是不辞辛苦地努力靠近原文,既求取交际意义的畅达,也尽可能实现风格上的锦上添花。但一些中国译者在认为可能会在目标语言中构成交际障碍时,就放弃原文的风格而只求取功能上的相当。比如马士奎(2018:196~203)在比较中国译者和葛浩文的《红高粱》英译本时分析道:

> 莫言小说以浓烈的乡土气息见长,使用了大量富有地方特色的俚语和俗语。邓、于译本在个别环节似有避难就易之嫌,倾向于简化处理,这在一定程度上淡化了表达效果。如小说中冷支队长和余占鳌商讨合力伏击日军车队时,话不投机,眼看就要拔枪相向,"我奶奶"出面调解,并且说:"……然后你们就鸡走鸡道,狗走狗道,井水不犯河水。"
>
> 邓、于译本:...after that, you two just mind your own business.
>
> 葛译本:...after that, chickens can go their own way, dogs can go theirs. Well water and river water don't mix.
>
> 前者可能顾忌目的语读者对这一典型中国俗语的接受,简单表述为"从此以后,你们只需各管各的事",后者则完整再现了原作信息,同时也比较充分地再现了莫言的语言风格。

"懂不懂"层面上的方言翻译文章容易写，是因为家乡人最知道译者理解得准不准，评论者是把自己作为"鉴"者（专家）来求真的，其评论并不是真正有关方言翻译风格方面的。最难的，当属风格上的锦上添花的问题了。莫言的家乡人（翻译评论者）轻易不会涉足"好不好"层面上的问题，因为他们和我们一样，不是目标语的读者，发不出权威的声音。

方言的翻译之所以仍然是一个"老大难"的问题，关键在于两个原因。（1）静态的时候，没有凸显"土"或"俗"的特征，过去主要把精力花在方言土语对接与否上，因此谁也不能说服谁。而通俗化是再现"土"或"俗"特征的必由之路，与经典化相对。（2）动态的时候，没有认真关注方言土语使用者的目的，而知道了使用者的真意，就可以有意还原。但是，问题的根本是对语境关注不够，译者会在不经意间走向两个极端，既涉及静态，也涉及动态。静态的时候，容易走向孤立，比如把"文化负载词"作为一种词对待；动态的时候，只看待使用者的真意，把握真意而翻译，但只停留在"对不对"或"懂不懂"的基本的交际层面上，而丝毫不顾及风格上的追求。

5.5 二层次及其相互融合

形式（风格）是和意义相连的。比如翻译家文洁若说道："小说（指谷崎润一郎的《细雪》）中的对话用的是关西话，关西是京都、大阪和神户的语言，倘若我会上海话，就会把全书译完。试译了一万多字之后，我放弃了，因为我把对话译成北方话了，无法表达原文的底蕴。"（吴江涛，2020：124）文洁若没有通过事实来说明。"底蕴"是"详细的内容"，应该指的是内容和风格相合而产生的精妙。为了分析翻译家文洁若的感觉，我们首先要弄清楚上海话与北方话有什么不同。

上海话是南方话，历史上对于南方话和北方话的特点有个最简单的概括，即北方话"侉"，南方话"蛮"。"侉"是"语音不正，特指口音跟本地语音不同"；而"蛮"是"粗野，不通情理"［《现代汉语词典》（第7版）］。实际二者根本构不成对应关系。听不懂不一定就"粗野，不通情理"。上述概括既说明南北方言差别较大，也说明有一些偏见。与"侉"相对的是"细""软""巧"之类的特点。那么，作为南方话的上海话就有这样的特点。

上海话属于吴语，而吴语具有"吴侬软语"的特点，语调平和而不失抑扬，语速适中而不失顿挫，这种发音方式有些低吟浅唱的感觉。研究者将上海话归结了四个特点：（1）老派上海话有入声、有浊音；（2）上海话拥有强迫性的规则连续变调；（3）老派上海话尖团分化，保留尖团音；（4）上海话的词汇和语法等是历史积累和文明延续的必然结果，带有丰富的感情色彩。① 只有第四点与翻译的表达紧密相关，这也应该是文洁若感受到的上海话与北方话的不同，或者说是上海话与关西话的相似之处，也或者说关西话也属于"软语"，即善于表达情感的语言。这是一个方言区方言的整体特色。至于方言的精妙之处在翻译中怎样能更好地体现出来，目前还是一个世界性的难题。所以，人们讨论的方言翻译，更多的还是理解问题，至于风格的再现，基本上还停留在宏观的讨论上，方言翻译的话题势必是一个长期的话题，实践者和研究者都还在努力中，所以很少轻易给出"不可译"的断言，尽管在事实上"不可译"是客观存在的。方言翻译也逃不出"理解"和"表达"的问题，或者说就是基本的"准不准"（懂不懂）和更高层次的"好不好"的问题，也即意义和风格的问题。葛浩文是怎样感受这两个层次的翻译实践呢？

葛浩文在 2018 年接受访谈时谈到了翻译甘肃作家雪漠作品的乡土味问题。他说："大概有人会问，我们不是甘肃人，如何懂得当地的文化、语言，如何能翻译得好？说得没错。我们对甘肃不甚了解，许多习俗、俗语、方言，我们不懂，甚至许多西部以外的中国读者也不一定能了解，但这并不构成翻译上的问题。有作者在，我们可以向他请教。困难之处得到解答之后，如何把甘肃特殊的语言用英文表达出来，而又不失原文的风味，这才是最大的挑战。"（傅小平，2018）他的话印证了"懂不懂"和"好不好"两个层次的存在，至于在实践上他是不是经受住了挑战，需要对他的翻译实践进行条分缕析后才能得出结论。

但研究者在表述时未必完全厘清了两个层次之间的关系，比如谭业升（2018：106）在论述陶忘机的翻译时写道："翻译过程的挑战之一是如何处理曹乃谦使用的乡村语言。方言的使用是曹的一个重要风格特征，它赋

---

① 《上海话》，https：//baike. sogou. com/v741771. htm？fromTitle＝%E4%B8%8A%E6%B5%B7%E8%AF%9D。

予曹的写作以尖锐性和真实性。就连中国读者理解这些方言都不容易，所以用英语表达方言的特质几乎不可能。""就连中国读者理解这些方言都不容易，所以用英语表达方言的特质几乎不可能"一句前后构不成因果关系。"就连中国读者理解这些方言都不容易"，可以请当地人帮助弄懂，弄懂之后再通过英语把意思表达出来不成问题，而"所以用英语表达方言的特质几乎不可能"与"懂不懂"是两个方面的问题，因为"方言的特质"是方言本身的问题，即使懂了方言的意思，译者也未必能通过翻译表现出来或者表现得好。前者属于内涵，在"懂不懂"的层次上；后者属于艺术，在"好不好"的层次上。

"懂不懂"是基础，当"好不好"与"懂不懂"发生冲突时，前者要让位于后者。卢巧丹（2018：141～142）调查后发现，"像'西天'、'三伏天'、'坐月子'、'赤贫农'和'风水'这样的词语可谓'土'得不能再'土'，可是到了葛浩文的手中，它们常常既能保留'土'色，又能让英语读者读懂——当然，凡事皆有度；只要有可能造成误解，葛浩文就不会一味求'土'，而会寻求折中的办法，甚至干脆采用解释法"。所以，还是会出现"译文跟原文相比，读起来还是失掉了很多的味道"的感觉，并认为"译者因为只关注信息的传达，忽略了文学性的再现，当代中国小说的文学价值也在不经意间丧失了。译者对于文学性的忽略、抹除的现象不限于当代中国文学英译，这似乎是文学翻译中普遍存在的问题"（孙会军，2018：14～15）。英国翻译家韩斌的方言翻译两步法第一步是先弄懂，第二步是"用尽可能生动和'大白话'的表述，让读者感到故事主人公就是在说英语"，"大白话"就是比较土的话，但又不能是"某地的英文方言，比如她出生地英国西南部的方言，因为这样会让读者以为故事中的主人公出生在英国某地"。① 这不是怕失掉了原作的味道，而是在难以保留原作语言味道又不能让译文的风格太过目标语化情况下的地方化。说白了，就是尽

---

① 《英国翻译家韩斌：让更多中国故事被世界听到》，https：//mp.weixin.qq.com/s/kWwtYqn0wGgo4oCMBdRN3g。汉学家蓝诗玲也有这样的担心："方言很难翻译。……你几乎不可能找到一种对等的目标语方言。……处理方言时你有多种选择，比如说试着翻译成一种英语方言，威尔士语或伦敦土话之类。不过我认为这样做是有问题的，因为这是在向读者暗示这些故事的人物不是中国人，而是来自伦敦、威尔士或约克郡。"（参见 B. Wang, "An interview with Julia Lovell：Translating Lu Xun's complete fiction", *Translation Review*, 2014, p.8。）

可能使风格通俗，以表现讲方言的初衷。这话意思是比较清楚的，但她讲的"翻译需要小心翼翼，特别是方言的翻译，因为要让人感觉到这个人物是一个中国人"①，难免会让人觉得难上加难。正如颜歌所说，"翻译成英文的话就只能是'普通话'英文，所以很多具体的词语，以及它们所隐含的氛围都无法传达。在《我们家》里面，主人公'爸爸'总是称呼女人为'婆娘'，这个叫法对于'爸爸'这个人物的建立来说是很重要的，但遗憾的是我和我的英文翻译韩斌（Nicky Harman）来回讨论了好几次，都没有找到合适的方案，最后也只能翻译成'woman'。当然，另一方面，英文的翻译本身是独立的作品，因此只要英文读起来成立连贯就可以了，所以从某种程度来说，也必须脱离原作来再创造"②。

冯正斌、唐雪（2021：63）通过分析韩斌对《倒流河》的翻译，发现她主要采用四种翻译策略：直译、套译、释义、省译，既保留原文独特的乡土语言神韵，又发挥译者自觉以消弭文化迥异可能带来的阅读不适感。邵霞、马会娟（2021：82）考察了美国汉学家陶忘机翻译的曹乃谦的《到黑夜想你没办法》（*There's Nothing I Can Do When I Think of You Late at Night*），通过对小说中乡土语言翻译的考察，总结了英译乡土语言的主要翻译策略：绝对世界化译法（占53.5%）、淡化译法（13.4%）、归化译法（8.5%）。这三种译法主要使用英语读者熟悉的标准英语或俚俗语体现原作中的乡土特色，都有去方言的特征，从而使得译文无明显的方言痕迹。可见方言翻译仍将是一个长期存在的难题（Sánchez, 1999）。

胡业爽（2020：1）通过比较汉语乡土语言的俄译得出三个总体特点：倾向通俗化翻译策略，力求传达出原作的土味；注重补偿翻译策略，重视培养读者潜在的文化接受能力；尊重文化差异，鲜有对地域文化元素进行删节和替代。比如俗化翻译策略，就突出了"土""俗"的特点，不一定非得对应现成的方言土语。袁萍（2020：1）得出的结论就是："翻译方言的这条出路应该叫作语体色彩相当，实现和讲话者的身份、语境意义一致。"有的研究表面上是有关方言的翻译研究，实际却是其他，比如李振和张宗明（2022）主要就是把翻译作为"释义"手段而进行的"涉翻译"

---

① 《贾平凹：翻译是另一种创作，我特别敬重翻译家》，https：//mp. weixin. qq. com/s/1v7JUqYfNk8WbsyJ9KsT7A。

② 《颜歌谈双语写作》，https：//www.sohu.com/a/421142662_467451。

的研究。总之，这些基本上是在两个层面上做文章的。郭兴莉、刘晓晖（2021：68~69）从译者行为批评视域总结道：

> 汉语俗语蕴含了丰富的文化因子，在翻译时需要处理好两种文化之间的关系。作为汉学家译者，韩南在俗语英译时力求再现原意，面对不同的翻译问题，采用了多种翻译方法。研究发现，韩南在"求真-务实度"的"求真""偏求真""半求真半务实""偏务实"和"务实"等方面留下了独特的译者行为痕迹。数据统计可见，韩南俗语英译"求真性"倾向突出，偏重俗语英译的语码转换，高度贴合于原文，传达了源语文本的韵味。与此同时，韩南也没有忽略翻译的"务实"功能，译文注重可读性，追求普遍接受度。译文较高的可读性可见译者高度的读者意识，"求真"倾向性则表达出韩南对中华文化的认同。因此，可以说，韩南在俗语英译时兼顾了译文的"求真性"与"务实性"，他的翻译根据实际需求与目的在"求真"与"务实"之间不同程度摆动。总之，汉语外译时，兼顾"求真"与"务实"是必要选择，不但能够高度认同本土文化，提高文化自信，也能考虑目的语读者，力图做到读者友好，达到读者接受效果。

对土味进行的层次性分析，能够让译者在尽量确保基本层次的前提下，尽可能实现风格的再现，而要实现风格的再现，也必须首先确保交际信息在目标语市场不会构成障碍。就像沙博理说的，"我们既要翻译文字，也要表达风格""不但要让外国人看得懂，而且要让外国人感觉到中国文学的高水平"（洪捷，2012：63）。在"懂不懂"和"好不好"两个层次上，"应以'忠实'为基本伦理要求，以再现乡土特色为'终极理想'"（冯正斌等，2018：68），这和马礼逊（R. Morrison）宁愿"不美"而不愿"难懂"的指导思想是一致的（邓联健，2019：95）。但在金介甫（Jeffrey C. Kinkley）看来，"对于乡土文学的英译，我认为葛浩文在英译莫言和贾平凹小说时就极好地保留了独特的汉语表达方式，而且也没有让译文显得怪异，但方言几乎是无法在译文中再现的"（张蓓，2020：71）。那么，如果葛浩文没有进行方言翻译，方言又是什么呢？除了作为方言区的方言是大众语之外，把方言夹杂于大众语使用时，它在整体上是被作为风格使用的。风格起着渲染语气、情绪等作用，因此仍然是"好不好"的问题，对于金介甫而言，应该是"好上加好"的问题。即使作为方言区的方言，也仍然会在方言区内部有个起着状述作用的风格问题。

对汉译英而言，来自目标语市场的汉学家是最佳人选。能异化则异化，只有在万不得已或者目标明确地求取功能相当等情况下，才套译或归化。毕竟是表达型的文学作品，朝原文靠拢是译者本能的行为和道德底线。但文学翻译又不是真正意义上的文化翻译，所以对于其中包含的历史信息等求真性稍差。文学翻译家重视的是语境效果，务实于市场读者，是他考虑的主要因素。译者始终在原文和读者间、在求真于原文和务实于读者间维持理想的平衡。

在进行翻译批评时，要看清语言的土味层次和使用者设置的语境，静动结合，以结果为导向。在翻译实践上，方言的翻译主要是风格（"好不好"）层面上的问题。尽量达到风格等值，才是解决问题的核心。怎样能够达到风格等值呢？除了方言对方言外，还有口语词对口语词、粗俗语对粗俗语等通俗化对通俗化的做法以及古雅词对古雅词、复杂句子结构对复杂句子结构等经典化对经典化的做法，而达到了风格等值，就是实现了译文功能与原文功能的相当。首先要认清主要方向，至于怎样细化，只是翻译实践上的操作问题。

本章小结

本章通过讨论汉语乡土语言英译与"求真""务实"相关工具，提出汉语乡土语言英译求什么"真"、务什么"实"的问题；通过葛浩文的汉语乡土语言"求真""务实"翻译实践，深入"直译"求真与"意译"务实的根本问题。关于"厚译"之厚，本章对文本之"厚"进行了层次化分析，阐述了人本上"厚译"者的身份属性，基于文本和人本讨论了"厚译"的性质和研究的意义。关于汉学家乡土语言英译策略对比，我们以葛浩文译《酒国》和蓝诗玲译《鲁迅小说全集》为例，对乡土语言进行了对比分析，深入分析了葛浩文与蓝诗玲不同翻译策略背后的动因。

关于葛译文本行为痕迹，本章从事实入手，分析了歇后语"歇后"与否及翻译、韵律节奏是对等还是超越、译者在翻译委婉语时的直白与隐讳、译者对待语言形象性的态度、译者在什么情况下充当了"二度创造者"以及谚语翻译中求真和务实的和谐统一等。这一部分有意简化了分析，重在给读者提供事实，给读者足够的独立思考的空间。

乡土语言的土味是可以进行层次划分的，而讲话者使用乡土语言时会随着使用者使用目的的不同而在土味的程度上表现出差异性。因此，在进行翻译批评时，要看清语言的土味层次和使用者设置的语境，静动结合，以结果为导向。而在翻译实践上，方言的翻译主要是风格（"好不好"）层面上的问题。尽量达到风格等值，才是解决问题的核心。

本部分在译者行为批评视域内对方言土味的翻译进行了静态和动态、"准不准"／"懂不懂"和"好不好"、基本层和高级层、宏观和微观、交际和风格、大众语和小众语等层次性的分析，并从方言土味层次划分的可能性、静态语言的方言土味层次、动态语境方言使用者的目的和预期、土味二层次的相互融合以及土味层次划分和静动结合的意义等角度进行了具体讨论，突破了方言翻译特别是土味翻译及其研究的瓶颈。

第五章
文本人本外

第一节　汉语乡土语言英译的译者模式：
葛浩文与中国译者对比视角①

在中国文学作品中，最能体现中华文化特色的莫过于乡土文学作品了，而乡土文学是通过各种各样的乡土语言来呈现的，因此研究乡土文学的翻译就必须研究乡土语言的翻译。

借翻译将汉学家和中国译者进行对比，是"译者模式"研究的有关内容。关于译者模式研究，胡安江认为，汉学家具有天然的语言和文化背景的优势，而且善于与国际出版机构、新闻媒体和学术界沟通，因此是中国文学"走出去"最理想的译者模式（胡安江，2010：11）。然而，这种模式存在一定的局限性，首先，夸大了汉学家在中国文学"走出去"过程中的作用，忽略了中国本土译者群。其次，汉学家的人数有限，能承担文学翻译工作的汉学家更少（黄友义，2010：16~17），因此不能完全依靠他们来完成这一重任。胡安江认识到汉学家译者模式的局限性后，又提出了汉学家和中国本土译者合作的译者模式，并认为这一模式"不失为当前多元文化语境下中国文化走出去的最佳译者模式"（胡安江，2012：57）。

目前译学界对于外国译者和中国译者译文的对比，主要是就同一个作品中译者和外国译者译本的对比，可具体化为以下几个维度：一是译者风格对比研究（黄立波，2014）；二是从译者主体性角度的对比（李建梅，

---
① 本部分由周领顺与丁雯合作完成。

2007）；三是从不同理论角度进行的对比（霍跃红，王璐，2015）；四是翻译策略的对比（戴静，2015）。为了进行实质性的对比并提供相关的佐证，我们拟从葛浩文所译莫言的 10 部小说入手，筛选出出现频率较高的一些"乡土语言单位"。中国译者的译例主要出自吴光华主编的《汉英大词典》（第 2 版）（上海交通大学出版社，1999）（以下简称"吴编"）和尹邦彦编译的《中国谚语与格言英译辞典》（上海外语教育出版社，2015）（以下简称"尹编"），部分来自陆谷孙主编的《中华汉英大词典》（上）（复旦大学出版社，2015）①（以下简称"陆编"）。我们旨在分析葛浩文和中国译者所处理的乡土语言单位的异同，归纳乡土语言的英译实践模式，以期对中华文化"走出去"提供有益的启示。

1.1 葛浩文和中国译者乡土语言英译对比

金岳霖（1983：811）指出："翻译有两种，一是译意，一是译味。译味，是把句子所有的各种情感上的意味，用不同种的文字表示出来，而所谓译意，就是把字句底意念上的意义，用不同的语言文字表示出来。"这里的"意"，就是"意义"；"味"包括"种种不同的趣味与情感，而这些又非习于一语言文字底结构而又同时习于引用此语言文字底历史环境风俗习惯的人根本得不到"（金岳霖，1983：812）。在乡土语言的英译中，译意就是译出乡土语言的意义，而译味，就是将其中的乡土味译出来。但是，金岳霖撇开了两者之间的联系，在实质上造成了译意与译味的二元对立，使得一方失去了另一方而单独存在（陈大亮，2012：38）。古今中外许多翻译理论家在给"翻译"下定义时，把对原文意义的传达当作翻译的根本任务。可以说，"意义"是翻译活动所致力传达的东西，是翻译的核心和根本。在传达意义的同时，还要"译味"，对于乡土语言，尤其如此。土味的传达是确保乡土语言之为"乡土"语言的根本。因此，在英译乡土语言时，就要尽可能兼顾"乡土味"。正如陈大亮（2012：38）所言，"译意可信，但不可爱，译味可爱，但不可信"。要想译文既可爱又可信，就需要将"译意"和"译味"有机地结合起来。

---

① 截止到 2017 年 4 月，陆谷孙主编的《中华汉英大词典》下部尚未出版，所以部分乡土语言的翻译无法与该词典里的可能译文做对比。

奈达等人的"翻译"定义涉及三个方面:"语义"、"风格"和"最近的、自然的对应项"。结合乡土语言的翻译,前两个分别对应的是"意义"和"乡土味",而第三个方面"最切近而又自然的对等语",指的是译文的"流畅度",也可以说成"地道性"。张谷若(1980:22)提出对于汉译英"不能逐字死译","得用地道的译文翻译地道的原文"。"流畅度"是指译语行文造句应该符合目标语的表达习惯,提高可读性。"流畅度"高或"地道"的译文,不仅能大大增强译文的可读性,而且有时还能弥补原文的不足,更好地实现翻译用于交际的目标。

本部分将从意义、乡土味和流畅度三个方面,对汉学家葛浩文和中国译者所译的乡土语言进行对比。

1.1.1 意义

"意义"历来是翻译研究的重中之重,"翻译理论家自始至终都重视意义的研究"(Newmark,1981:23)。瓦德和奈达(Waard & Nida,1986:60)主张"翻译即译意"。笔者分层次将翻译的定义划分为基本层和高级层,即把翻译基本层定义的"语码(意义符号)的转换和意义的再现",把高级层定义的"译者以语码转换和意义再现为基础并兼顾各要素的目的性活动"。翻译基本层和高级层定义中都出现了"意义",由此可见"意义"在翻译中的重要性。目前,对翻译活动的研究有多种途径,包括价值研究、文本分析等,虽然侧重点各不相同,但都是围绕译者对于原文意义的理解而展开的。

利奇(Leech,1974:43)将意义分为三类七种:第一大类是概念意义;第二大类是联想意义,其中包括五种意义,即含蓄意义、文体意义、情感意义、折射意义、搭配意义;第三大类是主位意义。本节主要涉及第一大类,即概念意义。概念意义指的是词语本身所表示的概念,也就是词语的本义。

[1] 袁大人啊,您难道不知道"**士可杀而不可辱**"的道理吗?

葛译: Excellency Yuan, has the reality that "*you can kill a gentleman but you must not humiliate him*" escaped you?

吴编: *An upright man prefers death to humaniliation.*

尹编: *You can kill a gentleman but you can't insult him.*

[2] 李武道："你这是**以小人之腹，度君子之心**！你以为我是为我吗？我是为这席上的老少爷们儿打抱不平！"

葛译：*You are trying to measure the stature of a great man with the yardstick of a pretty one*！I object not for myself，but for my fellow guests.

吴编：*Measure the stature of great men by the yardstick of small men.*

尹编：*With one's mean measure，one estimates what's in the heart of a gentleman.*

总体而言，在乡土语言的英译过程中，汉学家葛浩文和中国译者都能正确把握乡土语言的意义，并且将其准确译出。

例［1］中的"士可杀而不可辱"出自《礼记·儒行》，是指士子宁可死，也不愿受屈辱。翻译此乡土语言单位时，只需注意将"士""死""辱"这几个字的意义译出即可。这三个译本都译出了原文的真意，葛浩文的译文和尹邦彦辞典中的译文更为接近。"士子"也叫"士人"，是指中国封建时代的读书人。葛浩文将其译为"gentleman"，《汉英大辞典》（第2版）和尹邦彦的书中分别收录的是"upright man"和"gentleman"，在意义上基本等同于"士"。例［2］中的"以小人之腹，度君子之心"，常用来指以卑劣的想法去推测正派人的心思。"小人"指道德品质不好的人，"度"指推测，"君子"旧指品行高尚的人。葛译本和《汉英大辞典》（第2版）译本将这三个词都译了出来，而尹邦彦收录的译本虽没有直接译出"小人"，却译出了"小人"的特性，因此可以说这三个译本均译出了该乡土语言单位的意义。中国译者精通汉语，因此在翻译时，对于乡土语言意义的理解手到擒来。葛浩文是外国的汉学家，有时在理解乡土语言时，难免会有失误的地方。

［3］**三十年河东，三十年河西**。

葛译：*Rivers flow east for thirty years，and west for the next thirty.*

吴编：*Changeable in prosperity and decline capricious in rise and fall.*

尹编：*For thirty years people east of the river prosper，then for thirty years those on the west.*

［4］小伙子，你要冷静。我今天来，不是想跟你吵嘴，说实话，

我想为你辩护，你应该信任我。我提醒你，**不要破罐子破摔**。

葛译：Try to be a little more level-headed, my boy. I'm not here to argue with you. To tell the truth, I'm on your side. Trust me. I advise you not *to smash your own water jug.*

吴编：*Smash a pot to pieces just because it's cracked—write oneself off as hopeless and act recklessly.*

"三十年河东，三十年河西"中的"河"，指的是黄河。黄河河床较高，泥沙淤积严重，在古代生产力水平低下的情况下，经常泛滥和改道，一个村子以前在河的西岸，后来就有可能改到东岸，所以才有了这样的说法，它常被用来形容世事的盛衰和变化无常。葛浩文的译文是说"河水向东流了 30 年，然后向西流了 30 年"，显然是不准确的，因为黄河从未西流。《汉英大辞典》（第 2 版）的译文采取意译的方法，省略了原文中的意象；尹邦彦辞典中收录的译文则采取的是直译的方法，也译出了真意。例［4］的"破罐子破摔"，表面指的是罐子破了，即使再摔也仍然是个破罐子，比喻已经弄坏了的事就干脆任其发展下去。葛浩文译为"smash your own water jug"，进行回译就成了"摔破你自己的水罐"，与原文的意义是有出入的。《汉英大辞典》（第 2 版）的译文与原文意义相符。汉学家虽然对汉文化有一定的研究，但仍有不够到位的地方。

1.1.2　乡土味

乡土语言的基本特征是乡土色彩，葛浩文（2014a：40）说过，构成作品长久吸引力的就是"乡土色彩"。谢天振（2014：231）说："'土得掉渣'的语言让中国读者印象深刻并颇为欣赏，但是经过翻译后它的'土味'荡然无存，也就不易获得在中文语境中同样的接受效果。"因此，怎样才能有效地译出乡土语言的"乡土味"，需要进行认真的研究。

［5］俺早就听人说过，**龙生龙，凤生凤，老鼠生来打地洞**。

葛译：I was used to hearing people say "*A dragon begets a dragon, a phoenix begets a phoenix, and when a rat is born, it digs a hole.*"

吴编：*A child with clever and intelligent parents will do better than a child with dull and stupid ones.*

尹编：*Like father，like son*；*Like begets like*；*As dragons beget dragons and phoenixes beget phoenixes*，so what is born of rats is capable of boring into a wall.

[6] **一山不容二虎，一槽不容二马**，一个小庙里怕也容不下两个神仙。

葛译：*You can't have two tigers on a mountain* or *two horses at a trough*，and I'm afraid two deities will be too much for a small temple like this.

吴编：*A great man cannot brook a rival.*

尹编：*When Greek meets Greek，then comes the tug of war*；*Two tigers cannot live together in the same mountain.*

[7] 他瞪着眼睛对我母亲说：杨玉珍，我是**死猪不怕开水烫**了。

葛译：Staring at Mother，he'd say："Yang Yuzhen，I'm like *a butchered pig that has no fear of boiling water.*"

吴编：*Shameless.*

例[5]中的"龙生龙，凤生凤，老鼠生来打地洞"，包含了三个文化意象，分别是"龙"、"凤"和"老鼠"。"龙"和"凤"是传说中的东方神兽，在中华传统文化里象征祥瑞，这里用来指众人中的佼佼者。而"老鼠"在中华文化中通常用来指平庸者、无名小卒、懦弱者等。葛浩文译出了这三个文化意象，将这个乡土语言单位中的乡土风味原汁原味地传达给了译语读者。《汉英大辞典》（第2版）采取了意译的方法，省略了这三个文化意象，只译出了其中隐含的意义。尹邦彦编译的辞典中收录了三种译文，"Like father, like son.""Like begets like."借用了英语谚语，"As dragons beget dragons and phoenixes beget phoenixes，so what is born of rats is capable of boring into a wall."采取的是直译，与葛浩文译本接近。例[6]中的"一山不容二虎"是用来比喻两人不能相容的。葛浩文采取直译的方法，将"山"和"虎"都译了出来，译出了"俗"的特点。《汉英大辞典》（第2版）中的译文译出的是比喻意义，但"俗"味阙如。尹邦彦辞典中"When Greek meets Greek, then comes the tug of war"出自英语谚语，虽然表现出了"俗"，却不是中国乡土语言的"俗"。第二种译文"Two tigers cannot live together in the same mountain" 与葛浩文译文相似，译出了乡土语言特有的乡土味。葛浩文在求原文意义之真的基础上，也保留了原文的乡土味。尹编辞典收录了两种译文，却将英语谚语放在第一位，可见其首先追求的是译文的交际效果。例［7］中的"死猪不怕开水烫"，指的是已经有足够的心理准备面对困难，或对表面上困难的事情抱着无所谓的态度，通常用于自嘲或调侃。葛浩文采取直译的方法，将原文中的"死猪"和"开水"这两个意象都译了出来，保留了原文的乡土味。而《汉英大辞典》（第 2 版）只用了一个 shameless，虽译出了其隐含的意义，却失去了乡土味。可见，汉学家译者追求个性的文化，在译文中保留了文化的个性。中国译者则倾向于交际效果的有效传达，只是求取了和原文相似的功能。

1.1.3　流畅度

直译忠实的是原文的表现形式，而在直译的基础上保持译文的流畅度，便是增强可读性的表现。事实上，葛浩文坚持的所谓"意译"，就是在直译基础上增强可读性的做法，甚至就是译学界所说的非极端形式的"直译"（周领顺，2016：92～93）。译文流畅度包括译文语言是否准确地道和语法是否符合规范等两个方面。

［8］ **工欲善其事，必先利其器**。

葛译：*The best work requires the finest tools.*

吴编：*It is necessary to have effective tools to do good work；a workman must first sharpen his tools if he is to do his work well.*

陆编：*He that would perfect his work must first sharpen his tools；it is necessary to have effective tools to do good work；good tools are prerequisite to a good product.*

［9］ 这才叫"**内行看门道，外行看热闹**"。

葛译：*This is what's known as "The professional asks How? The amateur says Wow!"*

尹编：*An expert thinks mainly of the guide to secret or special skills, but a layman is just watching for the excitement in the crowd.*

［10］ 袁大人道："俗话说，'**打人不打脸，揭人不揭短**'……"

葛译：*There is a popular adage that goes, "Do not hit someone in the face or reveal another shortcomings，...*"

尹编：*If one has to strike someone he must not smack one's face；if one quarrels with someone，he must not rake up someone's faults.*

陆编：*When you hit sb. don't hit the face；don't go too far even when fighting or insulting sb.*

例［8］中的"工欲善其事，必先利其器"是说工匠想要使他的工作做好，一定要先让工具锋利，比喻要做好一件事，准备工作非常重要。葛浩文和《汉英大辞典》（第2版）的译文都采用了直译的方法，保留了原文的意象，也就等于保留了该成语的乡土特色。《汉英大辞典》（第2版）虽然译得很到位，但与葛浩文的译文相比，就显得有点烦琐了。葛译简洁、凝练，符合西方读者的阅读习惯，而后者多少有一点"翻译腔"。陆编前两种译文"He that would perfect his work must first sharpen his tools"和"It is necessary to have effective tools to do good work"，在词语、句式、语法上虽然都毫无错处，却没有葛译简洁。例［9］中的"内行看门道，外行看热闹"是指内行人看事情看的是方法和本质，外行人看事情只看外表，多用来说明内行与外行的区别。葛浩文和尹邦彦辞典中的译文，不仅译出了真意，而且在形式上与原文保持一致。然而，对比两个译文，葛译之妙是显而易见的，How和Wow韵味十足，给读者带来了一种生动、形象的画面感。相比之下，尹译稍显平庸，按部就班地译出原文的每个字，却缺少了葛译的简洁和形象。例［10］中的"打人不打脸，揭人不揭短"是说无论我们与别人发生怎么样的纠葛或者对方是多么的令人讨厌，也不要随便揭别人的伤疤，否则就会挑起事端。尹邦彦辞典采取直译的方法，照字面翻译了出来，而且在句式上与原文保持一致。葛浩文合并译出后，译出了原文的真意，且更加精练。陆谷孙《中华汉英大词典》给出了两种译文，前者采取直译，后者采取意译，两种译文都使用了从句，与葛译相比，显得不够简洁，也可以说是在流畅度或地道性、可读性上打了折扣。

1.2 译者模式的中外对比

葛浩文作为中国文学英译译者群中首屈一指的汉学家，翻译了很多汉语乡土文学作品。本部分从意义、乡土味和流畅度的角度对比分析了汉学家葛浩文和中国译者英译相同乡土语言的异同之处，发现汉学家和中国译者在英译乡土语言时各有利弊。在理解方面，葛浩文和中国译者总体上能正确译出乡土语言的意义，但葛浩文毕竟不是中国人，在理解上难免出现些许失误；在乡土味方面，中国译者虽然很了解中华文化，其译文却没有葛浩文的乡土味浓厚，这一点颠覆了人们传统上的认识；在流畅度方面，以英语为母语的葛浩文，其英译的乡土语言与中国译者的译文相比流畅度更高。意义、乡土味和流畅度在乡土语言的英译过程中是缺一不可的，只有将三者共同融合于乡土语言的英译中，才能得到有效的译文。

意义、乡土味和流畅度三者构成了乡土语言翻译的全部。乡土语言的翻译首先要让读者明白原文的意义，其次要传达出乡土语言的基本特征——乡土味，最后还要追求译文的流畅度，三者缺一不可。意义是最基本的，乡土味和译文流畅度之间有时无法做到两者兼得，这就需要译者在这两者之间找到一个平衡点，换句话说就是要做到"求真为本，务实为用（上）"。葛浩文说："希望能做到既保留文化特色又保持译文的流畅。但很多时候不能两者兼得，所以必须做出选择。"（李文静，2012：58）事实证明，（前者）一定会是让位于后者，这符合"求真为本，务实为用（上）""务实高于求真"的基本原则。这是因为：如果只追求前者，那就有可能不传意，连翻译最基本的交际功能都实现不了；译者服务的对象主要是译文的读者，不是原文的读者；译者首先是市场的引进者，不是作者方的宣传员和代言人，特别是对于目标语市场的汉学家译者而言，翻译主要为的是利益方，哪怕作者是利益方，但如果照顾前者而不传意，作者也不会同意。

汉语乡土语言理想的译者模式是作者、汉学家译者和中国译者相结合的模式。汉学家既了解中华文化，又了解海外读者的阅读需求与阅读习惯。误读处，需要中国译者的把关。而中国译者虽然深谙中华文化，但母语毕竟不是英语，需要汉学家在语言上帮其润色。而作者是最了解作品的人，译者在翻译过程中对作品感到困惑时，就有必要求助作者，否则就有可能造成曲解。葛浩文（2014b：32）认为译者与作者之间是一种"交相发明又不无脆弱的关系"。在与葛浩文合作的中国译者中有20多位与葛浩文关系良好。在翻译过程中，葛浩文往往与作者进行意义的"共建"（孟祥春，2014：73）。葛浩文在《天堂蒜薹之歌》译者前言中写道："与作者一道修改了第十九章部分内容以及第二十章全部。"更有甚者，有时为了把一种器物解释清楚，葛浩文还收到了莫言的"草图传真"。由此看来，译者在翻译过程中有必要与作者合作，这样才能使译文更加贴近原文，传达出原文表达的效果。作者、汉学家译者和中国译者所处的位置不同，因此关注的焦点也不同。正因为如此，他们的通力合作，才会使得乡土语言的英译更加科学，使得中华文化的外译走上一条可持续的、良性发展的道路。

第二节　西方编辑之于译作形成的影响性[①]

2.1　编辑的"删改"伦理和编辑主体性

编辑是译作进入市场的最后一关。西方编辑和中国编辑的主体性表现是否相同？西方编辑行为的道理是什么？译者怎样看待编辑行为？译者和编辑、作者之间是怎样的关系？译者主体性和编辑主体性如何交叠互动？

西方编辑的主体性主要表现在对译作的"删改"上，"删去部分内容是英文版的编辑提出的"[②]。葛浩文举例说："再过几个月，阿来的《格萨尔王》英文版即将出版，出版社删掉一半。"[③] 他还说："其实很多时候，都是在出版社的要求下删的，其实原文我们全都翻译了。这部作品被出版社删掉一半，因为这个长篇有四五十万字，但苏格兰的出版社出版的小说系列都要在 30 万字之内，甚至更短，出版社说非删不可。"[④] 对于删改行为，葛浩文分析道："译者交付译稿之后，编辑最关心的是怎么让作品变得更好。他们最喜欢做的就是删和改。比如我几年前翻译姜戎的《狼图腾》，编辑看了译文说，很棒的作品，不过要删一些，至少三分之一吧！先删了最后一章的那个论文，作者勉强同意了；后来又删减文中重复的部分。现在的结果是……现在我的脸皮也不得不变厚了，否则如何经得一再

---

① 本部分由周领顺与周怡珂合作完成。

② 《〈狼图腾〉译者葛浩文：中国文学欠缺个人化》，http://cul.sohu.com/20080325/n255905547.shtml。

③ 《葛浩文英译〈废都〉澄清未修改莫言小说结局》，http://www.taiwan.cn/wh/dswh/wtxx/201310/t20131017_5047827.htm。

④ 《"诺奖推手"开始翻译毕飞宇〈推拿〉》，http://www.translators.com.cn/archives/2013/10/7669。

被人冤枉！"（李文静，2012：59）

一般来讲，编辑删改译作有违翻译需要忠实于原作的伦理道德。但在西方，编辑不仅仅是语言文字的加工者，更是市场的策划者和把关人，市场需求是编辑考虑的主要因素，对于汉译英作品尤其如此。葛浩文认为，"近十多年来，中国小说在美国英国等英语世界不是特别受欢迎，出版社不太愿意出版中文小说的翻译，即使出版也甚少做促销活动"①。因此，在原作、译作和市场之间，编辑具有诸多需要考量的因素，常见的如汉语原文叙事结构和西方市场的关系，以及西方市场和读者阅读接受之间的关系等。

就汉语原作的叙事结构，葛浩文说道："删去部分内容是英文版的编辑提出的。一个是各章节前的引言删掉了，编辑的意思是：我们读者爱看连贯的故事，受不了论文式的东西。还有就是结尾处一大篇都是议论的对话，很难让美国人已经读了五六百页的书，再去看两百页的讲道理。剩下的，整本书最多就少了十几页的内容。日译本是全部翻译的，上下两册，但上下两册的书在美国根本没人要看。"② 可以看到，美国编辑既有对西方读者普遍不愿接受"论文式的东西"的考量，也有对小说读者普遍不愿接受干巴巴"讲道理"行文方式的考量。也因为汉语原作叙事结构方面的缘故，编辑甚至要求"调整小说的结构"（李文静，2012：59）。他还说过"编辑部说读者要看的是小说内容，这些社科方面的文献就不用译了"③。

就汉语原作叙事所表现的重复烦冗之处，葛浩文代编辑辩解道："他（指莫言——引用者）的小说里多有重复的地方，出版社经常跟我说，要删掉，我们不能让美国读者以为这是个不懂得写作的人写的书。如果人们看到小说内容被删节，那往往是编辑、出版商为考虑西方读者阅读趣味做出的决定，不是译者删的。"④ 编辑进行删改，目的在于提高小说的可读性，增强市场的接受性。葛浩文说："这些英文的编辑既然不懂中文或中国文化，编辑过程中，当然就用他们唯一可用的准则——英文读起来顺不

---

① 《葛浩文讲真话：中国小说在西方不特别受欢迎》，http://history.sina.com.cn/cul/zl/2014-04-23/105389105.shtml。

② 《〈狼图腾〉译者葛浩文：中国文学欠缺个人化》，http://cul.sohu.com/20080325/n255905547.shtml。

③ 《秦颖摄影手记 24：谁是葛浩文》，http://www.bookdao.com/article/80786/。

④ 《葛浩文谈中国文学》，http://www.infzm.com/content/6903/。

顺，这也是他们判断一部译文优劣的标准。"① 要找准西方的市场，需要洞察西方小说写作市场的一般运行规律。

作为译者的葛浩文总体上是理解编辑的删改行为的。在编辑活动中，编辑不是被动的，编辑主体性是客观存在的，其主体性的彰显程度与市场规律的上下起伏基本上是一致的。作为读者的葛浩文就有过深切的感受："我平时不太会看这类书，也就不会去翻。但当时，有出版社找我，推荐它，所以答应了。没想到，在美国著名的时尚网站'每日糖'（DAILYCANDY）上面，还真是火了一天。那天，很多年轻人都去买这本书，销量骤增。"② 但译者葛浩文有时对编辑的干预不无抱怨。他曾说："他们也不知道我们译者有多么困难，首先要找出版社。我们要找美国的出版社，要他们出我们的东西，出版社里面没有一个人懂中文的，都不懂中文。结果怎么办呢？我要先翻个一百页左右，要写个很长的介绍。他们要不喜欢，不要的话，就是白做了。"③

正因为怕"白做"，所以葛浩文对出版社便有期待，比如他对毕飞宇的小说《推拿》情有独钟，但能否让他翻译，要听命于出版社的安排。对译者来讲，由编辑帮助选题和策划最为保险，因为编辑能够洞悉市场的行情。编辑删改是对市场需求考量后所采取的理性行为。或者说，译者只要将译作交给出版社，编辑就必须确保作品经受得住读者的检验。从这层意义上讲，编辑对作品（包括译作）所做的任何改动和调整都是合乎编辑伦理的，而删改行为只不过是编辑一个突出的行为罢了。

2.2 译者的"忠实"伦理和译者主体性

尽管葛浩文理解编辑出于市场需求所进行的删改行为，但作为译者，他清楚地知道删改对于作者和原作是不公正的，因为按照纽马克的文本三分法，小说作为"表达型"文本，译作需要向原作靠拢，任何偏离原作之举，都可能招致读者和批评家的批评。因为担心会偏离原作，葛浩文甚至

① 《葛浩文讲真话：中国小说在西方不特别受欢迎》，http：//history.sina.com.cn/cul/zl/2014-04-23/105389105.shtml？bsh_bid=422537380。
② 《葛浩文：没有翻译，我就不能生活》，http：//culture.gxnews.com.cn/staticpages/20110614/newgx4df75163-3875241-4.shtml。
③ 《葛浩文谈中国当代文学在西方》，http：//book.sina.com.cn/news/a/2009-04-07/1054253551.shtml。

在听到人们将他的翻译称为"creative translation"（创造性翻译）时，会有"刺耳"的感觉。① 毕竟，"创造"一语有"无中生有"之意。如果造成偏离原作，那么自然就有译者葛浩文的责任推卸。"我不知道说过多少遍了，书里也都说明了，译文中的改动绝大多数是美国或英国出版社的编辑所做的，但中国读者，尤其是媒体，总指认我为罪魁祸首。"②

当然，译作偏离原作是不可避免的，既有客观上的原因，也有主观上的原因。客观上的原因论述得较多，比如语言文化差异方面的原因；主观上的原因归根结底是：译者是意志体，有其意志性。译者的意志性在行为上表现为译者的主体性，其中包括译者针对翻译目的和接受环境而采取的审时度势的行为。葛浩文说过"你是为中国人而写，我是为外国人而译"③，译者为此而有相应的行为一般是能够被大众理解的。因此，"忠实"不是一个绝对的标准，在翻译实践中，更多的时候它反映的只是翻译本质的东西以及译者以原作为价值取向的态度和进行的努力。

译者既有为翻译而进行语言文字转换和意义再现的语言性，也有综合市场因素并进行相应调适的社会性。或者说，只要译者打算让译作进入流通领域——市场，也就或潜或显地给译作赋予适应市场的商品属性。比如，葛浩文说："我看一个作品，哪怕中国人特喜欢，如果我觉得国外没有市场，我也不翻，我基本上还是以一个'洋人'的眼光来看。"（姜玉琴、乔国强，2014）在翻译过程中，他在忠实原作的基础上，会根据市场的需求对译作进行调整，并主要表现在提高译作的可读性上。葛浩文说："知道自己忠实服务于两方的满足感使我愉快地将好的、不好的、无关紧要的中文翻译成可读性强，（读者）易于接受甚至畅销的英文书籍。"（贺维，2011：92）"我十分清楚自己在做什么，我根据自己对原著的理解来翻译，我的目标是让目标语读者与市场能够更好地接受译本。"（曹顺庆、王苗苗，2015：128）从这个角度上讲，译者葛浩文甚至临时扮演双语创作者的角色。为了提高可读性，在翻译策略上，译者和编辑都偏爱"意译"。

---

① 《葛浩文：中国文学如何走出去》，http://history.sina.com.cn/cul/zl/2014-07-07/113094803.shtml。

② 《葛浩文：中国文学如何走出去》，http://history.sina.com.cn/cul/zl/2014-07-07/113094803.shtml。

③ 《秦颖摄影手记24：谁是葛浩文》，http://www.bookdao.com/article/80786/。

　　换言之，"可读性好"的译作是"意译"的结果，否则就可能产生"矫揉作态、古古怪怪，有时甚至是佶屈聱牙的译文，而原作中丝毫没有这种瑕疵"（胡安江，2010：13），这和编辑崇尚的"英文读起来顺不顺"的标准一脉相承。"佶屈聱牙的译文"是"不顺"，是"翻译腔"的代名词，它是直译的极端形式，同样为译学界所贬斥。但考察葛浩文乡土语言翻译语料库我们发现，他为了忠实于原作，不乏采取译学界所说的"直译"之举，这样的"直译"却被葛浩文称为"意译"的一种——他和编辑对"直译"的理解与译学界的理解存在出入。他和编辑反对的"直译"，即译学界所说的"硬译"和"死译"。他说："我的责任是翻译要忠实，但忠实什么？问题在这里。是忠实于一字一句吗？"[①]他反对的是"一字一句"的"忠实"，更准确地说是由此导致的"不顺"和"翻译腔"。葛浩文忠实于原作的"意译"，只是在"忠实"或"直译"的基础上对语言进行了变通处理，使译作具有可读性，这与译学界所说的非极端形式的"直译"并无二致。

　　译者葛浩文"意译"的出发点是"忠实"，但他又反对在语言形式上对原作亦步亦趋。直译可能产生"不顺"，语言上的不顺，可以通过适当变通来处理，但仍归于直译的范畴。"变通"强调的是语言上的"创造性"。"变通"并不是贬义词，如孙致礼所言，"遇到原语所有、译语所无语言现象，译者若能融会贯通，既准确达意，又不露'翻译腔'，就能创造出令人喜闻乐见的译文语言"（孙致礼，2003：28）。这种直译基础之上的创造性，葛浩文所说的"……只要我在翻译词汇、短语或更长的东西上没有犯错，我的责任在于忠实地再现作者的意思，而不一定是他写出来的词句"[②]是一致的。至此，我们已经对葛浩文主张的"意译"和他反对的"直译"进行了合理的解释和清晰的界定。

　　"直译"和"意译"不是"异化"和"归化"的翻版。翻译实践证明，通俗地讲，"直译"和"意译"是面对原文意义的解读策略，哪种译法对原文意义的解读更到位，那么它便是更正确的做法；"异化"和"归

① 《葛浩文英译〈废都〉澄清未修改莫言小说结局》，http://cul.sohu.com/20131017/n388351495.shtml。
② 《只译喜欢的小说》，http://fanyi.baike.com/article-1332759.html，也见于葛浩文《作者与译者是一种亲密又独立的关系》，《文学报》2013年10月31日。

化"虽然是文化上的说法，但事实上成了面对市场的营销策略。不管"洋气"，还是"土气"，哪种做法更能赢得市场，那么它便是更好的做法。

2.3 作者、译者、编辑间的"共谋"

作者、译者、编辑间的相互妥协，最终演变为一场"共谋"（collusion）（Bassnett，2001：26）。作者应有强硬维护自己作品的态度，不管是在内容上，抑或是在风格上，莫言当初面对国内编辑时的态度即如此。葛浩文说道："莫言的编辑把《丰乳肥臀》交给我时说，莫言交稿时跟他说，一字不动。40万字的一个长篇，一个字不能动，所以当编辑的就苦了。后来我翻译的时候也就一字不动。但后来英文版出版社的人还是删了一点，但是不多，最后出来好像是550页至600页。"① 但当莫言希冀自己的作品在国外传播时，他的态度发生了质的变化。葛浩文说，"他（指莫言——引用者）很清楚汉语和英语之间是不可能逐字逐句——对应。他会很体贴、和善地给我解释作品中一些晦涩的文化和历史背景，他明白翻译是对原文的补充而非替代。"② 葛浩文说莫言总是说："外文我不懂，我把书交给你翻译，这就是你的书了，你做主吧，想怎么弄就怎么弄。"③ 他要将自己的作品通过翻译传播出去，对于他而言，译者和译者背后的编辑，是他首先面对的异域市场。如果过不了译者和编辑这两关，他就无法实现打开西方文化市场的目的。葛浩文说："莫言的小说也一样，都不是我决定的。其中一两本被删去十分之一，甚至八分之一，我还争取又加回去了一些。但莫言对此没有意见，他说'反正我看不懂'。"（李文静，2012：59）这种态度和作家鲁迅当年拒绝诺贝尔文学奖提名的精神南辕北辙，鲁迅因为"诺奖"的评委们不懂他的汉语原文而不愿低下高傲的头颅。因为作家有走向国际的愿望，所以葛浩文说："莫言理解我的所作所为，让他成为国际作家，同时他也了解在中国被视为理所当然的事物，未必在其他国家会被接

---

① 《葛浩文英译〈废都〉澄清未修改莫言小说结局》，http：//cul.sohu.com/20131017/n388351495.shtml。

② 葛浩文：《作者与译者之间是一种不安、互惠互利的关系》，http：//www.xinyifanyi.com/hews.asp? id=6318。

③ 《葛浩文谈中国文学》，http：//www.infzm.com/content/6903/。

受，所以他完全放手让我翻译。"① 不过，"诺奖"的评委们为尽量公正，
"不一定都看的是英文版，有的是瑞典版，有的是法文版，从这点上来说，
翻译的贡献毫无疑问，但最后还是要归到作者本人"②。

作者和译者的"共谋"还可以从葛浩文说的"如果作家和我是认识很
久的老朋友，我就会试图跟他沟通，商量好到底改还是不改"（付鑫鑫，
2011）、"我征求了作者的同意，就这样删了"③、"经过原作者与译者同
意，出版社删了多少字"④ 等加以佐证。他还举例说，"经作者同意，对
《红高粱》进行一些删减。"（孟祥春，2014：75）他在翻译刘震云的《手
机》时发现一个问题，小说场景始于30年前，然后闪回到现代，接着又
回到30年前。他说："如果照这种顺序翻，看过40页后，美国读者就会说
'真没劲'，然后把它扔到一边。"⑤ 他建议把开场设在现代，然后再展开回
忆。这个建议得到作者的同意。他还说："我这样做并没有改变作品的质
量，改变的只是它的销量。"⑥ 可想而知，如果没有译者的努力，就不会有
各方满意的结果。比如老舍的《骆驼祥子》曾被美国翻译家伊文·金
（E. King）译成英文。但译者按照个人的审美观点和欣赏习惯，未经作者
同意擅自改动原作，将悲剧的结尾改成大团圆结局，译本的结局是祥子和
小福子都没有死，祥子把小福子从白房子抢出来，喜结良缘。这使老舍先
生十分不满，后来又请施晓菁女士重译该书而不承认伊文·金所译为他的
作品（吕俊、侯向群，2001：20）。"作者与译者之间，是一种不安、互惠
互利，且偶尔脆弱的关系。"（朱自奋，2014）在合作的过程中，他们的观
点既有一致，也会有碰撞。但出于对作者和读者双方的考虑，理性的译
者，其所作所为也必定出于理性。

译者和编辑的"共谋"发生于整个翻译的过程，其间译者、编辑还要

---

① 《想当莫言，先得"巴结"翻译?》，http://news.163.com/12/1102/07/8F9PD38300014AED.
html。
② 《翻译家葛浩文：莫言不会外语不利于宣传》，http://www.chinawriter.com.cn/news/2013/
2013-10-15/177416.html。
③ 《〈狼图腾〉英文版首发：让世界感受狼的精神（3）》，http://book.sina.com.cn/1081912348_
wolves/author/subject/2008-03-14/1030231543.shtml。
④ 《葛浩文英译〈废都〉澄清未修改莫言小说结局》，http://cul.sohu.com/20131017/
n388351495.shtml。
⑤ 《葛浩文，帮莫言得奖的功臣阅读答案》，http://www.gkstk.com/article/73357534.html。
⑥ 《葛浩文，帮莫言得奖的功臣阅读答案》，http://www.gkstk.com/article/73357534.html。

不断和作者协商。这是译者在"忠实"原则下，确保市场阅读效果的一个有效手段。比如对于原作结构上的调整，就属于根本性的调整，需要征得三方的同意。葛浩文说："莫言的《天堂蒜薹之歌》，那是个充满愤怒的故事，结尾有些不了了之。我把编辑的看法告诉了莫言，十天后，他发给了我一个全新的结尾，我花了两天时间翻译出来，发给编辑，结果皆大欢喜。而且，此后再发行的中文版都改用了这个新的结尾。"（李文静，2012：59）即使译者本人，有时也要充当编辑的角色，将译者的主体性和编辑的主体性融合在一起，"有时译者还要修改已经出版的文本，也就是再次编辑，一般是出版社经编辑提出后才要修改的"（葛浩文，2014b：38）。葛浩文说："我是改了，但没有把书改坏，这是为了适合读者的口味，让他们第一眼就觉得这小说不错。有人说我把书改坏了，这是侮辱我。"① "大多数的中国作家写的故事都不够完美，因此译者必须承担起编辑的责任去把译文变得更加有可读性。"② 这是和他坚持的读者第一的原则相一致的。而他的有些改动纯粹是对原作负责任的结果。他说："如果保留错误，他会觉得对不起读者，毕竟原著出错了。"（付鑫鑫，2011）所以，对于译者而言，在整个翻译过程中，他一直在如何向原作求取真意（"求真"）和如何务实于市场（"务实"）间努力维持着一种理想中的平衡，"这种理想更多的是译者综合各因素而平衡出来的、自我认可的结果状态"（周领顺，2014a：32）。译者以在结果上努力使各方满意为最高目标，在翻译过程中，以各方的"在场"作为良性互动和解决问题的前提。说到底，翻译活动的复杂性体现的也是人和人之间关系的复杂性。

2.4 译者主体性和编辑主体性之间的"生态"

译者葛浩文整体上是认可编辑的劳动的。他说道："在西方，有天赋的编辑往往和作者反复进行建设性的对话，从编辑的视角、品位、经验及其对市场了解出发，对作品进行编辑、完善。"（孙会军、郑庆珠，2011：91）译者葛浩文也指出西方编辑与中国编辑的不同："一部作品从书写、出版到被读者阅读的过程，最重要的配角就是编辑。但是与西方出版界截

---

① http://money.163.com/13/1016/10/9BA4JNE300253B0H.html.
② 《论中国新时期文学的西方接受——以英语视界中的〈狼图腾〉为例》，http://blog.sina.com.cn/s/blog_49fe0f010100qyv5.html。

然不同的是，中国的编辑几乎没有任何权力或地位，他们的胆子都太小了，顶多就是抓抓错别字罢了。世界闻名的作家大多有了不起的编辑在帮助他们，翻开西方小说，也常会看到作者对编辑的致谢语。很不幸的，中国小说只有在翻译成其他语言后，才会得到外国编辑如此的待遇，但这些外国编辑不懂中文，不了解中国社会文化。他们当然只能用他们熟悉的西方标准来看这些小说。"① 葛浩文站在不同角度，见证了西方编辑对于译作形成的影响。编辑主体性和译者主体性时有交叉，既证明译外因素对翻译过程的影响和翻译过程的复杂性，也证明作为意志体译者的意志性贯穿于整个的翻译过程。

译者具有"语言性"和"社会性"的属性（周领顺，2014a：1），而编辑主体性的张扬，只不过是加强了译者的社会性而使其更加社会化罢了。根据译者行为批评中的"求真-务实"连续统评价模式，译者在向原文意义"求真"的过程中都有兼顾"务实"的考虑，且表现为"求真为本，务实为用（上）"的一般性行为规律。译者的"务实"在语言内主要表现为提高译文的可读性，以赢得读者的青睐；在语言外主要表现为采取归化的做法，以期降低原文的文化陌生感，快速促发与读者的互动，但也有较大的动作，比如删节原文、降低出版物的厚度、节省读者的购买投入等。但译者毕竟不是出版机构（以编辑为代表），并未做过充分的市场调查，因发言权不够，译者的话语权就不及编辑的高。译者和编辑"都是为作者和读者服务，都希望把作品更好地推介出去，取得较好的传播、接受效果，以及一定的经济回报"（覃江华、梅婷，2015：77）。

不管是译者主体性抑或编辑主体性，任何一方过于凸显，都可能演变为"主体凌驾性"（刘宓庆语），比如"过分迁就市场因素和出版商与编辑的权力操纵，有可能造成对原语文化的暴力侵占，也可能助长英语读者的文化自恋情结，从而加深西方对东方的文化殖民和文化霸权等"（覃江华、刘军平，2012：49），所以"必须把握好一个'度'，缺乏编辑和过度编辑都是不合理的"（覃江华、梅婷，2015：78）。但或许我们的顾虑是不必要的，"主体凌驾性"只能表现在一时，不能表现为长久。从发展的观点看，来自译者和编辑两种力的相互拉扯和作用，最终会走向一

① 《中国文学正在疾步走向世界？》，http://blog.sina.com.cn/s/blog_60a487e10102uwvt.html。

种平衡，即维持翻译生态和出版生态的平衡，在西方市场如此，在中国市场亦然。

有必要指出的是，"生态"只是一个中性词，它的深层意义是"平衡"，所以译学界所说的"优胜劣汰"无非表现的是一个平衡系统，"优胜劣汰"，但汰之不绝，便是明证，而"劣"者也是"适者生存"链条中的重要一环。

译者是一个复杂的意志体，即矛盾体。前文说到葛浩文"前后观点似有相左之处"，比如他不承认对原文有过改动，比如他曾经对厄普代克不懂原文语言的批评和听到"创造性翻译""刺耳"的反应。但他又承认对原文有过改动，并且说是出于被动，比如由于语言的差异和来自出版方和市场方面的压力。他对于自己承认主动改动原文的地方，说事先主动与作者有过沟通；说没有改变原文的精神实质；说是为了提高销量；等等。可见，译者的身份和角色化的过程是复杂的①，既有翻译内部的因素，也有翻译外部的因素；既有译者的语言性张扬，也有译者的社会性及其编辑、市场人角色化的凸显等问题。

鉴于周领顺（2012）为"编辑学"的英语命名做过创造性的劳动，所以我们有兴趣从译者的编辑观角度做了此番讨论。本部分虽然聚焦译者葛浩文的编辑观，但透过他的编辑观，我们可以透视翻译过程的复杂性和译者作为意志体的复杂性以及译者的身份建构过程。如果将他的各种观点和他的行为进行对比，我们就会得出更多新颖的结论。交叉对比是得出公正结论的一条有效途径。比如，当有学者认为葛浩文翻译的最大特点就是删改原文时，岂不知他删改的是以情节取胜、以娱乐为主的小说类型，如果从他翻译的《荷塘月色》等以文美取胜的散文文本类型来看，这种单一基于译者类型所得出的结论显然是不全面的。

译者是一个复杂的意志体，是翻译活动的中枢，任何相关研究几乎都可以在译者行为批评的范围内展开。开展译者行为批评，一要以翻译连续统作为审视的工具，确定翻译的幅度。二要找对翻译的内部因素，比如文本类型、词彩、语气。三要找对环境制约因素，比如译者目的、译者类

---

① 例如，英国来华传教士艾约瑟（J. Edkins, 1823-1905）的身份是"传教士"，翻译时可以像许多其他传教士的译著那样夹杂着浓重的神学色彩，但他的译著中并没有这样的色彩，可见他的"传教士"身份演变成了"学者"角色。

型、意识形态、时代背景、审美情趣等，并将这些因素分出主动（如译者目的）和被动（如意识形态）等两类来看待。

偏离原作是由多种因素促成的，而西方编辑之于译作形成的影响尤其突出，与中国编辑相比，西方编辑的主体性更加凸显。从发展的观点看，译者主体性和编辑主体性的相互作用，最终维持的是翻译活动和编辑活动的生态平衡。

总之，基于翻译内外相结合、文本与译者相结合、静态与动态相结合、语言与社会相结合、身份与角色相结合、译者心理与社会环境相结合、译者的有意与无意相结合而进行多角度的交叉、全面、客观的"人本批评"研究，将大有可为。

第三节　文本翻译问题反思

3.1　乡土语言：译者、译文和方法选择

译者一般认为"形神兼备"的译文就是好的译文，而所谓"形神兼备"，恰恰是懂双语译者的一厢情愿，因为读者一般不懂原文，或者不将译文和原文对照。所谓"形神兼备"一定是基于译文和原文之间的距离关系。译者只要不是解经式地翻译或者面对的是经典程度高的文本，就一定对读者处处存有顾念。所以，译者为了市场大众的需求在一定程度上改写原文是可以理解的。毕竟，译者是有意志的人。"形神兼备"和实际的市场效果，不是必然的因和果的关系。

在开展翻译批评时，翻译学学术上认可的好，是学理上的好，却未必是市场上认可的好，分清二者，有利于看清楚语言内部和外部的问题。周领顺（2014a：127~128）就学者评和市场的关系以及学者学术声音的作用发表过几点看法，谨录于下：

> 翻译界译评者的声音是学者的声音、学术的声音，其对翻译批评的参与在多大程度上能够对翻译市场产生积极的影响呢？……
> 那么，翻译界翻译译评者维护的应该是什么？是翻译忠实之本，是翻译为"译"之正法，不管在市场上有多大的作用，但总要以正统

示人，维护的是学术真性，无须迎合世俗。这样，翻译批评者便有了属于自己施展才能的天地。翻译界翻译译评者是翻译法典的维护者。谁的翻译谁做主，当翻译界译评者意欲规约时，反而会使翻译界译评者怀疑自己作为翻译市场"统帅"的能力。任何一类译评者都只能代表一种声音。因此，译评者要对自己有个切合实际的定位，包揽一切有可能成为徒劳，而保持自己个性化的声音无疑是务实之举。

译者为了兼顾语言内部和外部的关系，总在努力平衡着。不管是归化、异化，还是别的什么，译者所要做的是总体的平衡，个别因素的偏重，主要是语言文化差异等客观因素和译者主观上的目标因素使然。许钧（2002：87）说："翻译是一种'平衡'的艺术，好的翻译家，就像是'踩钢丝'的行家，善于保持平衡，而不轻易偏向一方，失去重心。"葛浩文就是"平衡"的高手，美国中国文学翻译档案馆的资料表明，葛浩文在翻译过程中的立场居于美国与中国之间，充当着翻译场域各要素之间的协调人。① 葛浩文夫妇（Goldblatt & Lin，2019：8）说："也许，至少值得一试的中庸之道是既保留一定程度的外国味，又不失却可读性。"这都是保持平衡的明证。

以连续统的眼光看待翻译的各种方法，这些方法并非总是呈现为非此即彼的两极状态，比如翻译教学中所说的"直译"和"意译"两端的状态。介于二者之间的"非直译"和"非意译"、"半直译"和"半意译"等各种渐变状态都是客观存在的。译者对于翻译方法的选择是基于一定的原则的。

葛浩文的翻译策略和方法并非一以贯之。比如，"葛浩文在他的翻译事业早期、中期和晚期所持的翻译观是否发生了变化、面对不同文本是否有不同的翻译策略，这些都是值得深入研讨的课题，有很大的研究空间。"（缪建维，2015：179）冯全功（2017：75）经过认真的考察，我们所得出的结论如下：

---

① 详细分析见许诗焱《葛浩文翻译再审视——基于翻译过程的评价视角》，《中国翻译》2016 年第 5 期。

（对于）葛浩文翻译策略的历时演变研究首先要持一种历史眼光与辩证立场，可从宏观与微观两个层面着手。译文宏观层面的变动与调整大多是受外部因素的影响。本文之所以选择较为微观的意象话语作为研究对象，主要在于其受外部因素的影响相对较小，更能体现译者的自主性与策略的流变性，不管译者的选择是有意识的还是无意识的。研究发现，葛浩文英译莫言小说策略前后的确有所变化，后期更加注重保留原文的意象，传达原语文化的异质性。但就意象话语的翻译而言，保留意象或异化策略一直是占主导地位的，只是前后的比重有所不同而已。如果想把这个话题的研究更加深入下去，宏观与微观相结合，定性与定量相结合以及对比更多作家不同时间段的更多译文（包括翻译研究的语料库方法）是可行的途径，也更能全面而真实地反映葛浩文翻译策略的历时演变。这种历史的、辩证的、动态的翻译策略研究对中国文学走出去和文学翻译批评无疑具有更大的启示。

卢巧丹（2018：163）认为，"在翻译文化特色词、四字表达或俗语等时，葛浩文虽然以异化为主，但有时考虑到读者的接受能力，也会使用归化策略。尤其在译介初期，归化策略用得明显多于译介后期"。

3.2 "求真"与"务实"：文化对文学

按照葛浩文的文化身份，代替目标语读者输入中国文学无可厚非，这是务实于目标语市场的表现，但我们从中国选择的角度，首先并更多的是从文化求真的角度考虑的，因为中国选择是代替中国输出中华文化的。也就是说，我们输出的是文化，西方译者输入的是文学，在求真度上，"文学"要低于"文化"。比如，狭义上讲文化不可伪造，文学却是可以"二度创作"的，有虚的一面和迎合目标语读者需求的一面。宏观上"文化"是个大概念，"文学"只是"文化"的一部分。我们可以在中华文化"走出去"战略目标下讨论具体的中国文学"走出去"。关于"文学"与"文化"的关系，国内学界辨析的意识还不够明显，将其并列表述为"中国文化、文学'走出去'"的屡见不鲜。我们对于葛浩文不必过于苛求，毕竟文化身份不同，目标不会完全相同。况且，他已经为中国文学并通过文学翻译为中华文化的传播贡献了很多。我们讲究的是文化求真，葛浩文讲究的是文学务实，道不同，批评就要选择对角度。

不过，同样是文学作品，有的做成了学者型译者常做的"厚译"类型。葛浩文说：

> 不可否认，余国藩《西游记》全译本在内容上是完整的，将原文中最错综复杂的细节都忠实地保留了下来，并且增加了大量富有启发性的介绍和注解，从语源学、习语的多种解释到宗教典故、双关语以及各种文体特征无一不囊括其中。但对于只是想领略16世纪经典名著风采的读者而言，这种大部头、偏向学术型的著作能像韦利的删减版那样直抵人心吗？（邵璐，2013：63）

学者型译者余国藩此时是把文学作为文化来传播的。既然它能够出版，那么它就有阅读和销售的范围，因此葛浩文的批评未必公正。译者有充分展示其意志性的地方，对文学作品翻译的分析忽略译者的意志性并且一味地强调文化的重要性，难免有失偏颇。

> 通过对俄译本的分析，本文认为，《丰乳肥臀》俄译本在整体上，原语文化与译入语文化之间的翻译转换是比较好的，但译者对有些谚语俗语所采用的内涵放大、内涵缩小、内涵置换以及内涵变异等翻译方式值得商榷。笔者认为，对于某些不能靠翻译技巧解决的问题，译者应该特别重视两种语言的文化内涵，尤其要准确把握原语本身的内涵。在翻译过程中，译者可以采用注释、加句、增词等方式，以减少文化因素的损耗，确保文化内涵的最大化体现。（李喜长，2018：107）

文学翻译虽然是文化交流的一部分，但文学翻译并不是具体的文化翻译，不是以传播文化信息真意为主的翻译。所以，就没必要处处讲究乡土语言中的文化信息是不是得到了正确的传递。不然，就要为"爱屋及乌"这样的短语增加详尽的注释了，而不仅仅在信息上求取功能的相当而代之以"Love me, love my dog"了。译者即使将其看作完全的文化翻译，也会在翻译时留下缺憾。比如陆谷孙主编的《中华汉英大词典》将"爱屋及乌"译为"to love a house including the crows frequenting it//he that loves the tree loves the branch//love for a person extends to everything associated with him or her",若不增加详细的阐释,异域读者是很难明白其真意的。文化信息包含在文学作品中,文学作品对于文化信息却是要根据语境的需要而尽量逃避"原汁原味""原封不动"地传递的,以免影响文学阅读的流畅性和审美需求,除非是忠实于原文却又没影响阅读和理解的佳译。

[1] 他说**无事不登三宝殿**。

You don't go to a temple without a reason.

[2] 刘家庆说,"**宁拆三座庙,不毁一家婚**。他这一插腿,差点就毁了三家婚事。"

"Interfering with people's wedding plans is nasty business," Liu Jiaqing said.

[3] 母亲念叨:这个袁腮,说是为你挑了个**黄道吉日**,看看,都快**水漫金山**了。

Yuan Sai said he'd picked *a fine*, *auspicious day* for you to get married, Mother complained, but what we got was *flooded streets*.

以上的文化信息在语境中因为是虚用,译文做了淡化处理,译出了其在语境中应有的功能,过滤了可能的文化。当然,如果能再现文化底蕴更好,所以葛浩文也有了下面这样的处理:

[1] **项庄舞剑,意在沛公**。

I had a hidden motive—*like Xiangzhuang performing a sword dance to cover his attempt on Liubang's life*.

[2] 我跟**武松一样,一分酒一分本事**。

I'm like *Wu Song—liquor only makes me better at things*.

当然,文化信息能够再现出来多少,又有多少能够让目标语言的读者明白,则是另外的问题。文学作品总体上不是以传播文化为主要目的的著作，所以"厚译"等做法并不多见。

原文典故本身也是能够显现文化浓淡的，比如，"您写起小说来是老太婆裹脚一手熟，谈论起酒来更是头头是道"（Your novels are as finely crafted as the foot wrappings of a practiced grandmother. With liquor your accomplishments are, if anything, even greater.），其中的"老太婆裹脚一手熟"文化就浓一些，因为反映了历史上客观存在的一个事实，而"头头是道"文化就淡一些，毕竟它只是出自《续传灯录·慧力洞源禅师》的一个语言表达。一个有趣的现象是，中国译者会认为对方看不懂而务实地淡化文化，而葛浩文在输入文学之时反而尽可能输入文化。

词典的作用首要的是解释意义，也就是要真于原文，在此基础上兼顾词条的使用。汉英词典也一样。它通常的做法是，先有一个直译文解释原文的意思，这是文化求真的需求，然后提供一个意译文，既是透彻解释它的意思，也提供了使用的参考。为了最大限度地突出词典的应用性，除了意译文之外，它甚至还会提供一个英语中现成的说法，就是一个"归化"的说法。只是所有的汉英词典在做法上都不统一，但不管怎样，基本的直译文和意译文一般都有。

在形式上，直译文和意译文之间经常会有一个破折号相连（如"矮子里拔将军"/Choose a general from among the dwarfs —pick the best out of a mediocre bunch），也有用分号相隔的（如"不到长城非好汉"/One who fails to reach the Great Wall cannot be called a man; one should not give up until one succeeds; one should be determined to reach one's goal, not stop halfway）。前后之间是解释的关系，葛浩文的译文偶尔也带着解释，但他是为了保留原文的形象才这样做的，如把"瓜亲"处理为"a shirt-tail relative, what we call 'melon-vine kin; a distant relative'"。

配的直译文，有的能直接使用；有的因为文化差异，不把意译文一并说出来，就难以达到应有的效果，有点像"歇后语"。当然，单独使用意译文比较灵活，能顾及语境，但如果把直译文一并说出来，倒是尊重、忠实于原文并把原文当作文化来对待了。

归化的出现表明英语中有功能相似的现成说法供使用者借鉴。也可能有另外的原因：直译、意译都不能用，那就干脆用英语文化中归化的做法。但严格来说，这已经不是对原文意义的解释，而是求取相似的功能了，正如"爱屋及乌"和"Love me, love my dog."之间的关系一样，二者之间是文化配对的关系，不是语言转换的翻译关系，因为它们都是各自文化中特有的现象和独特的、现成的说法。

破折号前的直译文和破折号后面的意译文因为有点像歇后语的味道，所以经常可以一起拿出来使用。但有的简直就是行不通的，如汉英词典里的"九牛一毛/Single hair out of nine ox hides—a drop in the ocean"。牛身上的毛和大海里的一滴水之间没有必然的关系，如果拿出来一起使用，就破坏了隐喻的连续性（持续隐喻/sustained metaphor），葛浩文只是译为"one hair from nine cowhides/a single hair on nine oxen"。另如汉英词典把"木匠戴枷，自作自受"译为"The carpenter clapped in a cangue made by himself—as you make the bed so shall you lie on it"，枷和床之间，也产生了同样的冲突。

葛浩文是文学翻译者，或者说是某种意义上译文的作者，他要为他的读者群服务。他只管语境的务实效果，也就一般不会去使用破折号，所以他的翻译（处理）花样繁多，也就可以理解了。

从翻译的角度看，当然形神兼备最好，如葛浩文翻译的"没有金刚钻，硬要揽瓷器活"：Without a diamond, one cannot create porcelain beauty. 但归化能起到立竿见影的效果，所以他根据语境又加了"Their spirit was willing but their flesh was weak." 总之，在目标语读者中产生预期效果才是译者主要考虑的。

汉英词典为了解释原文的意义，甚至烦琐之极。但葛浩文不管是根据语境造的意译文还是直译文，都只能证明词典的诸多解释性的译文只能是译者的参考。直译而不影响交际，当然是最经济有效的做法。例如："病笃（急）乱投医，有奶便是娘"：

　[1] When a patient is dying, find doctors where you can—anyone with breasts is a mother. /When you're sick, any doctor will do. （葛浩文）

　[2] Men at death's door will turn in desperation to any doctor—those in a desperate plight will try anything. ［姚小平主编《汉英词典》（第3版），外语教学与研究出版社，2009］

　[3] Men at death's door will turn in desperation to any doctor—men in

a desperate plight will try anything. （吴文智、钱厚生主编《汉英翻译大词典》，译林出版社，2015）

〔4〕To turn to any doctor one can get hold of when sb is critically ill; try any remedy to get out of trouble when the situation is desperate; a drowning man will catch at a straw. 〔潘绍中主编《新时代汉英大词典》（第2版），商务印书馆，2017〕

〔5〕People at death's door turn in desperation to any doctor—desperate people will try anything; one may try anything when in a desperate situation. 〔惠宇主编《新世纪汉英大词典》（第2版），外语教学与研究出版社，2016〕

3.3　葛浩文的乡土语言"一本多译"和语境"务实"

我们仅列表展示葛浩文的部分"一本多译"，以说明他在文学翻译过程中根据语境所展示的种种务实之举（见表5-1）。

表5-1　葛浩文的"一本多译"

莫言原文	葛浩文译文
打人不打脸，骂人不揭短	You don't hit a man in the face and you don't try to humiliate him.
	Don't hit a man in the face in a fight and don't expose his shortcomings during a reprimand.
	Do not hit someone in the face or reveal another's shortcomings.
鲜花插在牛粪上	planting a fresh flower on a pile of cow shit
	like planting a flower in a pile of cow dung
瓜蔓亲戚	a shirt-tail relative, what we call "melon-vine kin"
	a distant relative
瓜蔓子亲戚，不值一提！	Family connections like that are not that important!
阎王爷	Karl Marx
	Lord Yama
	Yama, the King of Hell
	Yama
	King Yama of the Underworld
	the King of the Underworld

莫言原文	葛浩文译文
是福不是祸，是祸躲不过	If the signs are good, we'll be all right. If not, there's nothing we can do about it.
	When your luck is good, it can't be bad; when your luck is bad, you've been had.
	and you cannot escape bad luck
	Take advantage of the good days, for the arrival of bad times is ensured.
瓜熟自落	A melon falls to the ground when it's time.
	A melon drops when it's ripe.
男子汉大丈夫，一心不可二用	Any man worth his salt focuses on what he's doing.
病笃乱投医，有奶便是娘	When a patient is dying, find doctors where you can—anyone with breasts is a mother.
	When you're sick, any doctor will do.
癞蛤蟆想吃天鹅肉	like the toad who wants to feast on a swan
	ugly toad wanting to eat swan meat
	being the warty toad that wants to feast on a swan.
天老爷	Old Man Heaven
	Lord in Heaven
老天爷	the powers that be have decreed
	the old man up there
	the heavens
	God
	the old man in the sky
三十年河东，三十年河西，出水再看脚上泥！	The river flows east for ten years and west the next ten. Look at the mud on your feet when you step out of the water.
	The river flows east for thirty years and west for thirty years!
	Rivers flow east for thirty years, and west for the next thirty.
螳臂当车，不自量力	The mantis that tried to stop the oncoming wagon, a tragic overrating of one's abilities.
	the mantis who thought it could stop a wagon, someone who has overrated his abilities

莫言原文	葛浩文译文
请神容易送神难	It's easy to invite a deity into one's life，but hard to get one to leave.
	It's easy to invite the gods，hard to send them away
	Inviting a deity in is one thing. Getting rid of it is quite another!
人过留名，雁过留声	Wild geese leave behind their cry；men leave behind a name.
	A man leaves behind his good name，a wild goose leaves behind its call.
草鸡	like a coward
	turn chicken
	shrink back
	the chickenhearted
不看僧面您看佛面/不看僧面您看佛面，不看鱼面还要看水面	If not for the monk，then for the Buddha himself.
	If you won't do it for the monk，then do it for the Buddha；if not for the fish，then for the water.
	If not for the sake of the monk，stay for the Buddha. If not for the sake of the fish，stay for the water.
龙生龙，凤生凤，老鼠生来打地洞	Dragons beget dragons，phoenixes beget phoenixes and a mouse is born only to dig holes.
	A dragon begets a dragon，a phoenix begets a phoenix，and when a rat is born，it digs a hole.
龙生龙，凤生凤	Dragons beget dragons，and phoenixes beget their kind.
过时的凤凰不如鸡	The phoenix past its prime is no match for a chicken.
落难凤凰不如鸡/落时的凤凰不如鸡/落地的凤凰不如鸡	On the ground a phoenix is worse off than a chicken.
	A fallen phoenix is not the equal of a common chicken.
	a phoenix that has fallen to the earth
白刀子进去，红刀子出来	putting a knife in white and taking it out red
	White knife in，red knife out，a terrifying sight.
	The knife goes in white and comes out red!
白刀子进红刀子出	a knife go in clean and come out red
老杂毛	the old degenerate
	that ole reprobate
	the balding old wretch
	that lousy maggot

续表

莫言原文	葛浩文译文
路边说闲话，草窝里有人听	What you say by the roadside is heard in the grass.
	Words spoken on the road are heard by snakes in the grass!
嫁出去的女儿泼出去的水/嫁出的女，泼出的水	A married daughter is like water splashed on the ground.
	A married daughter is like spilled water.
	Marrying off a daughter is the same as dumping water on the ground.
	When a daughter marries, it's like spilled water.
不是一盏省油的灯	not someone you want to provoke
	no economy lantern
她从来就不是一盏省油的灯	She's a handful.
好马不吃回头草	A good horse doesn't graze the land behind it.
	A good horse doesn't turn and eat the grass it's trampled on.
不是冤家不聚头/不是冤家不碰头	Old foes are fated to meet.
	Mortal enemies are bound to meet.
以小人之心，度君子之腹	Don't use your narrow-minded view to judge a broad-minded person.
	to measure the stature of a great man with the yardstick of a petty one
	measuring the heart of a gentleman through the eyes of a petty man
远日无仇，近日无怨	There is no bad blood between us, never has been.
往日无仇，近日无冤	We've done nothing to harm you, and have no grudge against you.
张飞吃豆芽儿——小菜一碟	Like the powerful Zhang Fei snacking on bean sprouts, easy as one, two, three.
	like giving the Han dynasty heroic figure Zhang Fei a plate of bean sprouts
好汉做事好汉当	Any man worthy of the name stands behind his words and deeds.
	Any person of worth takes responsibility for his actions.
	Any man worthy of the name accepts the consequences of his actions.
好汉无好妻，癞蛤蟆娶花枝/好汉子无好妻，丑八怪娶花枝	A man of substance can't find a decent mate, a warty toad winds up with a flower of a woman.
	A desirable man is burdened with an undesirable wife, while an ugly man marries a lovely maiden.

续表

莫言原文	葛浩文译文
天要下雨，娘要嫁人/天要下冰雹，娘要找婆家	You can't stop the rain from falling or your mother from marrying. You can't stop the sky from hailing or your mother from marrying.
是亲就有三分向	I must show him some favors, since we are related.
	We're family.
	If you're kin, you're family.
九牛一毛	one hair from nine cowhides
	a single hair on nine oxen
土鳖	hick turtles
	empty-headed turtle
	turtle
	a country bumpkin
人靠衣裳马靠鞍	A man's known by his clothes, a horse by its saddle.
	People are known by their clothes, horses by their saddles.
嫁鸡随鸡，嫁狗随狗	You must go where you are sent.
	Marry a chicken and share the coop, marry a dog and share the kennel.
没有金刚钻，硬要揽瓷器活	Their spirit was willing but their flesh was weak.
	Without a diamond, one cannot create porcelain beauty.
车到山前必有路，船遇顶风也能开	When the cart reaches the mountain, there'll be a road, and a boat can sail even upwind.
	A carriage cannot reach the mountain without a road, but a boat can sail even against the wind.
天无绝人之路	Heaven doesn't shut all the doors at once.
	Heaven never seals off all the exits.
	Heaven always leaves a door open.
	There's no such thing as a true dead-end.
	Don't give up so easily.
大风刮不了多日，亲人恼不了多时	Strong winds eventually cease, unhappy families return to peace.
	Strong winds always cease, and families soon return to peace.
人活一世，草木一秋	People survive a generation; plants make it till autumn.
	People live but a generation, and grass dies each autumn.

续表

莫言原文	葛浩文译文
孔夫子门前念《三字经》，关云长面前耍大刀/关爷面前耍大刀，孔夫子门前背"三字经"	reciting the Three Character Classic at the door of Confucius, or engaging in swordplay in front of the warrior Guan Yu
	like waving his sword at the door of the swordsman Lord Guan, or reciting the Three Character Classics at the door of the wise Confucius
你大人不计小人的怪/大人不计小人的怪，宰相肚里撑轮船/大人不见小人的怪，宰相肚里跑轮船	You're too important to worry about the problems of small fry like us.
	don't be offended by someone as worthless as I
	A true gentleman forgives the trifles of a petty man, and the broad mind of an able minister can accommodate a ferry boat.
扒着眼照镜子，自找难看	you just looking in a mirror to see how ugly you are
	rolling your eyes up to look in a mirror—a search for ugliness
给他一个下马威	to give him a firm warning
	has just been a warning
吃泡屎不要紧，味道不太对/吃泡屎不要紧，味儿不对	Eating a pile of shit is no big deal, except for the taste.
	I can eat shit, I just don't like the taste.
行行出状元	every trade has its master practitioner
	It is said that every profession has its zhuangyuan.
心中无闲事，不怕鬼叫门	I've done nothing to be shamed of.
	If your heart is pure, not even the devil can scare you!
好汉不提当年勇	A hero is silent about past glories.
	No man of substance tries to relive past glories.
心有灵犀一点通	on the same wavelength
	kindred spirits through and through
	magic horn of the heart

译者葛浩文为了求取文学的务实效果，不断根据语境而对相同或相似的原文进行变通，他没有"调用"自己曾经的译文，而是提供了"一本多译"。如同在一个连续统上的渐变状态一样，既有两端的极端做法，也有中间的各种阶段性特征。

（1）完全保留原文形象的译文：

[1] **张飞吃豆芽儿——小菜一碟。**

like the powerful *Zhang Fei* snacking on *bean sprouts*, easy as one, two, three/like giving the Han dynasty heroic figure *Zhang Fei* a plate of *bean sprouts*/like the Han dynasty heroic *Zhang Fei* snacking on *bean sprouts*, a dish for the powerful figure

[2] **鲜花插在牛粪上**

planting *a fresh flower* on a pile of *cow shit*/like planting *a flower* in a pile of *cow dung*

[3] **瓜熟自落**

A melon falls to the ground when it's time. /A melon drops when it's ripe.

(2) 既有保留原文形象的译文，也有直白的译文：

[1] **瓜蔓亲戚**

保留原文形象：a shirt-tail relative, what we call "*melon-vine* kin"

直白：a distant relative

[2] **草鸡**

保留原文形象：turn *chicken*/the *chicken*hearted

直白：shrink back/like a coward

[3] **嫁鸡随鸡，嫁狗随狗。**

保留原文形象：Marry *a chicken* and share *the coop*, marry *a dog* and share *the kennel.*

直白：You must go where you are sent.

[4] **心中无闲事，不怕鬼叫门。**

保留原文形象：If your heart is pure, not even *the devil* can scare you!

直白：I've done nothing to be shamed of.

(3) 既有直白的译文，也有再现深层意义的译文：

[1] **不是一盏省油的灯**

直白：no *economy lantern*

再现深层意义：not someone you want to provoke/a handful

［2］ 远日无仇，近日无怨

直白：There is no bad blood between us, never has been.

再现深层意义：We've done nothing to harm you, and have no grudge against you.

（4）既有保留原文形象的译文，也有更换原文形象的译文：

［1］ 没有**金刚钻**，硬要揽**瓷器**活。

保留原文形象：Without *a diamond*, one cannot create *porcelain* beauty.

更换原文形象：Their spirit was willing but their flesh was weak.

［2］ **土鳖**

保留原文形象：hick *turtles*/empty-headed *turtle*/*turtle*

更换原文形象：*a country bumpkin*

（5）既有保留原文形象的译文，也有更换原文形象的译文，还有再现深层意义的译文：

［1］ **天**无绝人之路。

保留原文形象：*Heaven* doesn't shut all the doors at once/*Heaven* never seals off all the exits. /*Heaven* always leaves a door open.

更换原文形象：There's no such thing as a true dead-end.

再现深层意义：Don't give up so easily.

［2］ 心有**灵犀**一点通。

保留原文形象：*magic horn* of the heart

更换原文形象：on the same *wavelength*

再现深层意义：kindred spirits through and through

（6）全部舍弃原文形象，意译求取功能相当：

［1］ 给他一个**下马威**。

to give him a firm warning/has just been *a warning*

［2］ **好汉**做事好汉当，砍头不过一个碗大的疤。

Any *man worthy of the name* stands behind his words and deeds/Any person of worth takes responsibility for his actions. /Any *man worthy of the name* accepts the consequences of his actions.

葛浩文为了吸引读者而故意"费时费力"的，比如他在给"阎王爷"提供了"Lord Yama""Yama，the King of Hell""Yama""King Yama of the Underworld""the King of the Underworld"等译文外，还提供了"Karl Marx"（卡尔·马克思）这样一个译文。原文是："这会儿你早见到了阎王爷啦！"葛浩文译为："You'd be off meeting with Karl Marx right about now."即"去见马克思""向马克思报到"之类表示死亡的委婉语，限于马克思主义者，这是一种文化，但以此表达"阎王爷"却不太合适。毕竟，"阎王爷"是佛教用语。

译者葛浩文是怎样随语境的变化而变化译文的呢？以"嫁鸡随鸡，嫁狗随狗"的翻译为例，看看他是在什么情况下保留或牺牲原文表达里的形象喻体的。

［1］ 你们，别人盆子里的肉啊，这上等的牛腿肉啊，你们就"**嫁鸡随鸡，嫁狗随狗**"了吧。

All you pieces of beef lying in the tubs of my rivals have no choice in the matter. *You must go where you are sent.*

"嫁鸡随鸡，嫁狗随狗"采取了意译，丢失了原文"鸡"和"狗"的形象，也就是丢失了喻体。如果不是通过语料库穷尽他的有关翻译而是仅仅看到这一句就认为他翻译得不好，或者即使翻译出来也会在目标语读者中化作交际的障碍，那就错了。且看整个葛浩文乡土语言翻译语料库中其他几处"嫁鸡随鸡，嫁狗随狗"的翻译。

［2］ 外曾祖父站在我奶奶面前，气咻咻地说："丫头，你打算怎么着？千里姻缘一线串。无恩不结夫妻，无仇不结夫妻。**嫁鸡随鸡，**

嫁狗随狗。

He walked up to Grandma and said angrily, "What are you up to, you little tramp? People destined to marry are connected by a thread, no matter how far apart. Man and wife, for better or for worse. *Marry a chicken and share the coop, marry a dog and share the kennel.*

[3] 他思念着漂亮的、因为自己满脸麻子而抱屈、但也只好**嫁鸡随鸡嫁狗随狗**的妻子。

Oh, how he longed for his lovely wife, who had grumbled about his pocked face at first, but, resigned at last, had decided that if *you marry a chicken you share the coop, marry a dog and you share the kennel.*

很明显，直译的另外两处例［2］和例［3］，都与婚姻嫁娶有关系，都说的是夫妻关系，而例［1］却与婚姻嫁娶、夫妻毫无关系。可以这样归纳：与婚姻嫁娶和夫妻有关系的，"嫁鸡随鸡，嫁狗随狗"就忠实原文而直译，否则就根据语境而意译出其在语境中的功能。当然，这里说的"直译""意译"都是译学界的概念，不是葛浩文的"术语"。

在以往有关葛浩文翻译实践的讨论中，很少有人谈到他的"一本多译"实践。即使加以讨论，也多是从翻译技巧的层面论述的。事实证明，他的"一本多译"实践，正是他作为一名意志体的译者对于语境"务实"行为的表现。按理说，从翻译技巧的层面，固定于一个译文，几乎可以做到一劳永逸，"一本多译"和有些学者"套译"的建议背道而驰。归根结底，其行为皆出于其对于语境"务实"的考虑。

3.4 误译与翻译之憾

翻译的误译现象有很多学者谈过，是值得谈，但也是不值得谈的一个话题。说值得谈，是因为指出问题有利于将来改进，走向完善；说不值得谈，是因为误译是个普遍存在的现象。

误译就是翻译错了。许钧说："长期以来，中国本土翻译家更多专注于翻译的准确性，而西方翻译家的译作更多关注的是译本的可接受性问题。"（许钧、莫言，2015：615）有趣的是，如果我们把汉语的"鉴赏"一词分开，那么对英译汉而言，我们是"赏"者，即汉语读者是"好不好"的审美者，译文越符合目标语读者的审美情趣越好，读者甚至不顾译文会在多大程度上偏离原文；对汉译英而言，我们是"鉴"者，是"准不准"的鉴定者，人人都是母语专家，人人都可以对译文的意义翻译得"准不准"有发言权。英译汉时，我们实际期待的是汉语表达"超额"，希冀从"务实"到"超务实"；汉译英时，我们实际批评的是英语表达"欠额"，要"求真再求真"，甚至要求"原汁原味"，以免"信息度过小，以致读者得不到理解原文意思的必要信息"（方梦之，2011：6）。关于误译，宋庆伟（2015：97~98）写道：

> 针对葛浩文的方言翻译失当和误译，笔者经过检索整理发现，主要分为以下几种情况。第一，不恰当的略译（该处理方式容易造成汉语特有文化意义的亏损、失落）。第二，由于欠缺对源语文化意义的透彻了解，从而望文生义，造成翻译失当。第三，由于缺乏对通篇内容的全面把握和分析，从而出现译文表达太过主观和随意，导致翻译失当和误译。

文化上有误读是正常现象，任何跨文化的译者都会遇到这样的问题。再随便补充两例：

> [1] 你可别出去胡啰啰啊，**八字还没一撇**呢！姑姑转脸叮嘱我们：你们也不要出去胡说，否则我剥了你们的皮。
>
> Now don't you go around saying things, Gugu said, giving us all a stern look. We *haven't even exchanged the horoscope for our birth dates*. I'll tan your hides if you do.
>
> [2] "哟，跟俺家金菊同岁，属**小龙**的。俺那个闺女不出息，连你一半也赶不上……"四婶感慨地说。
>
> "About the same as my daughter, Jinju, who was born in *the Year of the Dragon*. I wish that unless daughter of mine could be more like—"

例 [1] 中的"八字还没一撇"是说事情还没个影子呢，可不是葛浩文理解的算命上说的"八字"；例 [2] 中的"小龙"也不是葛浩文理解的"大龙"而是"小龙"（蛇）。

译学界讨论的误译都是准确性问题，比如韩娟《莫言小说方言词汇英译研究》（电子科技大学出版社，2017）一书，面对的都是"懂不懂"层面上的问题。误译就是"懂不懂"或者"准不准"层面上的问题。很少有人讨论接受效果，即"好不好"层面上的问题，这是因为我们没有掌握目标语读者所拥有的话语权。但正如宋庆伟（2015：98）所言，"不可否认的是，误译是翻译中无法彻底避免的。可以说，误译与翻译是相伴共生的，只要有翻译和跨文化交流，就会有误差和偏离。虽然葛译本中方言翻译存在上述问题和瑕疵，但它对中国文学'走出去'的镜鉴意义自不待言"。

虽然说我们没有掌握目标语读者所拥有的话语权，但在"好不好"的层面上，并非毫无发言权，但要做到有理有据。比如译者把"任副官在他腔上打了一鞭子，他嘴咧开叫了一声：孩子他娘！"（"Adjutant Ren smacked him across the backside with his whip, forcing a yelp from between his parted lips: Ouch, mother of my children!"）中口头语的"腔"还原为口头语的 backside、把"老子去年摸了三个日本岗哨"（Last year I knocked off three Japanese sentries）中口头语的"摸"还原为口头语的 knocked off，就达到了"好"的目标，他把"为伊消得人憔悴，衣带渐宽终不悔"处理为古风的"For thou I shall waste away, happy that the clothes hang loose on my body."也达到了"好"的目标。对葛浩文的有些译文，我们甚至还能够加以改良。例如：

[1] **张飞吃豆芽儿——小菜一碟**
like the powerful Zhang Fei snacking on bean sprouts, easy as one, two, three/like giving the Han dynasty heroic figure Zhang Fei a plate of bean sprouts

可改良为：like the Han dynasty heroic Zhang Fei snacking on bean sprouts, a dish for the powerful figure。这样做，就既照顾了原文中的历史文化信息，同时实现了语境中应有的功能。同位语里加上 dish，也和原文的"小菜"达到一致。

[2]"困觉啦!"恋儿打了一个哈欠说,"这死天,要下多久呢,**天河**的底子八成被捅漏了。"

"Sleeping!" She yawned. "I hate this weather. How long is it going to rain? The bottom must have fallen out of *the Milky Way*."

可改良为:"Sleeping!" She yawned. "I hate this weather. How long is it going to rain? The bottom must have fallen out of the Heavenly River." The Milky Way 虽然是"天河"的常用语,但表面上的 Way(路),还是和"漏"难以搭边。

翻译总有遗憾在。高雅点儿讲,翻译是一门遗憾的艺术;务实地说,"翻译是一门凑合的学问"①,能"凑合"出来,就已经是难能可贵了。语言文化差异留下的遗憾总是难免的,如"他说:可是——子系中山狼,得志便猖狂。"("But," he continued, "the heirs of perfidious people are more unbridled than their predece-ssors.")对于"孙"字的分解,几乎没办法在英语中表现出来。再如"不喝白不喝,就像当年去平度城吃日本鬼子的宴席,**不吃白不吃,吃了也白吃,白吃你还不吃?**"(It didn't cost me anything. You'd be crazy not to enjoy it. Like back in Pingdu city. I'd have been crazy not to eat the spread the Japanese devils prepared. Don't be crazy. Drink it.)在文化上,看到"再过几年,美金**大大地**有!"(In a few years, the greenbacks will be rolling in!)人们会想到电影里日本鬼子的讲话方式;看到"锄高粱的农民们抬头见白马,低头见黑土,汗滴禾下土,心中好痛苦!"(Peasants tending the sorghum looked up to see White Horse and down to see black soil that soaked up their sweat and filled their hearts with contentment.)会想到"锄禾日当午,汗滴禾下土。谁知盘中餐,粒粒皆辛苦"的诗句;看到"他们杀人越货,**精忠报国**,他们演出一幕幕英勇悲壮的舞剧,使我们这些活着的不肖子孙相形见绌,在进步的同时,我真切地感到种的退化"(They killed, they looted, and they defended their country in a valiant, stirring ballet that makes us unfilial descen-dants who now occupy the land pale by comparison)中的

① 据著名语言学家、中国社会科学院研究员赵世开先生 2000 年对我讲,这是吕叔湘先生亲口对他说的话。

"精忠报国"会想到岳飞的故事；看到"酒博士，你坐下，咱俩拉拉知心话"（Please have a seat, Doctor of Liquor Studies, so we can have a heart-to-heart talk）会想到豫剧《朝阳沟》中的对唱。当然，译者有意识误译是另外一回事，这是译者作为社会人社会性凸显的体现。

"误译是不可取的，但纵观中外翻译史，误译又是不可避免的。误译有其主客观原因。"（方梦之，2011：6）误译有没有什么规律可以总结呢？于亚晶和周秀梅根据 Malinowski 的语境论将《生死疲劳》的误译类型分成三种："（1）译者对源文本词汇背景文化了解不够充分，误解词语意思而造成的误译，即'文化语境'的误读或误译；（2）译者缺乏语篇内容分析，而语境把握不足而造成的误译，即'情景语境'的误读或误译；（3）因译者疏忽而导致的数量、称呼上的纰漏、前后不一致等细节错误，即'上下文语境'的误读或误译。"（于亚晶、周秀梅，2018：69）不过，文章并没有交代译者主动误译的情况。

第四节 "意义—功能—风格"：乡土语言翻译和评价原则

4.1 单纯意义求真和语境效果务实

单纯的乡土语言翻译，追求的是对原文意义的求真，是静态的；语用环境（比如文学作品）中的乡土语言翻译，追求的是对语境的效果务实，是动态的。换句话说，前者追求的是原文意义之真，评价的标准是"准不准"；后者追求的是译文之用，评价的标准是"好不好"。打个比方说，前者就像旨在求真的考古，从研究的角度说属于考古学的范畴，"准不准"也是"真不真"；后者就像借展出历史文物而赢利的旅游业，从研究的角度说属于旅游学的范畴，"好不好"就是"利益大不大"，也就是利益方的利益是不是达到了最大化。

"准不准"，讲究的是译文与原文之间的距离，原文是客观存在的，安居不动，翻译时要尽量朝原文靠拢；"好不好"，讲究的是译者使用译文并希望译文达到的语境效果，"希望"是主观的，至于客观上的效果是否如译者所愿，均由读者和市场做主。比如"爱屋及乌"一语的翻译。在静态的环境里，翻译努力求真于原文的意义，所以《中华汉英大词典》将其译为 "to love a house including the crows frequenting it"，而当它出现在文学作品中时，才可能出现文化配对的产物 "Love me，love my dog" 等这类翻译。这类翻译已经超出了意义阐释的范畴，只不过是用异文化中相似的表达实现了与原文相似的语境效果。

语境是动态的，译者为了实现各种目标，甚至会删改或省略不译。原文是作者写给原文读者看的，作者明白什么样的语言表达会产生理想的语境效果，而译文是译者译给译文读者看的，译者行为亦然。译者的选择基于动态的语境，如果译者将静态环境中求真于原文意义的做法不假思索地用于动态的语境，那么译文的务实效果可能会不尽如人意，比如增添了译文的厚度而不利于销售、详尽阐释了原文语言表达的意义而使语境中出现偏离主题或喧宾夺主的现象。著名译者张璐将"华山再高，顶有过路"译为 "No matter how high the mountain is，one can always ascend to its top"，并没有对"华山"的意义进行详尽的阐释，毕竟位于陕西省的"华山"与现场的语境无关，简化为 mountain，达到了相当的语境效果，也归化为听众熟悉的表达，立刻使语境得到了有效互动，使现场交际得以顺利进行。对待"三顾茅庐""卧薪尝胆""负荆请罪"等这类负载浓厚文化信息的典故，莫不如此，当然专门以传递文化信息为目的的翻译除外。

"烟花三月"怎么翻译？如果脱离语境，在静态环境中只能求真于原文，要么求真于原文的事实，把阴历的"三月"改为阳历的"四月"；要么求真于原文的风格。"烟花三月"来自文学作品，是表达型文本，翻译要朝原文靠拢。在多数情况下，问话者是基于语境而发问的，但在心底期盼的却是求真于原文意义的译文，这是不合情理的。译者作为意志体，会根据动态语境的需求而有帮助利益方（比如旅游管理方）实现利益最大化的主观意愿，因此把"三月"延长至一个"春季"（Spring）或"季节"（Season），也是可以理解的，即把纯文学做成应用文学。当然，此时译者的身份已经发生了改变。这是另话。

一般情况下，追问怎样翻译，实际追问的是翻译得"准不准"，文学译者讲究的却是"好不好"。也就是说，你看到的是原文的意义，所以希望对原文意义做注经式的解读，而译者是翻译活动中具有意志的人，他把务实于社会看得更重，所以才有代换、删改和省略不译等行为。也就是说，翻译虽然是解读意义的，但翻译活动是复杂的，特别是当涉及意志体人的因素时。而对于专门解释原文意义的词典来说，如果也追求这样的动态语境效果，该词条就没有必要存在了。所以，发问要有针对性，答问也要做到有的放矢。

4.2 功能上的信息传递和风格求美

谈到乡土语言的翻译，我们首先想到的是能不能再现原文的乡土风格。但这样一来，未免把问题简单化、笼统化了，因为土味是可以分出层次的，比如，有的很土，土到连所在方言区的人也很少使用，用文字难以表达，只能近似写出，作者使用时显然是有意而为的，是出于风格上的需要；而有的表达是方言区里的"大众语"，大家都那么说，并不觉得有什么特别之处，比如莫言作品中的山东方言"精湿"中的"精"，表达的是"彻底、很"，把"精湿"翻译为"completely wet"或"be soaked through"，足以做到信息的准确传递。仅从信息传递的角度讲，译者只要能够正确理解，就能够正确翻译。"贾平凹的作品里面满是西安方言或是陕西地区山里人的土话，时常把我搞糊涂。方言对译者来说是一个难题；也许这是一个全世界范围内的难题，小说翻译面临的普遍性难题？"（Stalling，2014：8）葛浩文的话表露的是理解上的问题。文学作品特别是以情节取胜的文学作品中的乡土语言，要维持一定的阅读面，所以不会太土，这就为翻译的可行性奠定了一定的物质基础。

乡土语言具有地域性，流行于一定的方言区，但讲话者和听话者只是把它作为信息传递的语言载体。而着意风格的语言与使用者（作者和人物角色等）有关。比如，是作者在行文时有意使用的，还是人物角色有意使用的？使用者借地域风格表现自己的文化水平、地域背景、身份地位、语言特色、行话暗语等，翻译时通过附注、同位解释、修饰语限定等各种方法，最终使作者或讲话者的着意之处得到凸显。

乡土语言的翻译要处理好几对关系：静态意义求真对动态语境务实；文学文本性质对文学应用语境；文本意义阐释对译者意志性目的；评价标准的"准不准"对"好不好"；信息传递对风格再现；作者行文的目的对人物角色的目的；作者的目的对翻译的目的等。这些关系归根结底涉及的是译者的行为，从意义阐释的"准不准"到语境中的"好不好"，无不涉及人的问题。这两个评价标准可以归纳为乡土语言"意义—功能—风格"的翻译和评价原则。因此，不管对于具体的翻译还是对于研究，借助译者行为批评理论开展相关的人本研究，都有望突破传统思路的桎梏。

4.3 "忠实"：从文本到人本

"忠实"是什么？刘云虹和许钧（2014：12）质疑道："'忠实'到底是什么？或者，当人们在谈论翻译的忠实性时，翻译到底应该忠实的是原文的什么？是文字忠实、意义忠实、审美忠实、效果忠实抑或其他？"朱志瑜（2009：6）对比后分析道："中国传统学者一般只说'翻译以忠实为标准'，但忠实是什么、翻译具体要在哪些方面忠实（形式、内容、功能、作者意图、效果等等），却没有一定的说法（各时期有不同的重点），但是基本上是以'内容'忠实为主，就是不顾形式（这一点与西方正相反，西方 faithful translation 几乎就是形式上或句子结构上的忠实）。""什么是忠实"迄今没有一个一致的答案，不能不说是对翻译学的揶揄。"忠实"向来是个老生常谈的话题，但需要不断结合新旧事实进行新的梳理，这既是出于沟通义理和发掘规律的需要，也是出于翻译研究严谨性的必需。

"忠实"虽然没有一个一致的定义，但并非没有一个默认的内核，这个内核便是原文，这是由翻译需要一个母本存在所决定的，也和"翻译"原型的定义相一致。所以，当有人称赞葛浩文的翻译为 creative translation（创造性翻译）时，他却听着"刺耳"。"褒词"之所以变成了"贬语"，是因为"创造"意味着无中生有和对原文的偏离乃至背叛，既有违"忠实"原则，也有违译者的基本伦理。

对"忠实"最新的讨论是冯全功发表在《解放军外国语学院学报》（2019 年第 3 期）的《翻译忠实观：争议与反思》一文，其主要观点笔者是赞同的。文章也引用了笔者的看法，谬赞有加，在此笔者仅以层次化分析的方法对这一古老的问题重新加以审视。

第一，文本到人本层次：

（1）文本类型的制约；

（2）人本因素的考量。

文本经典化程度从高到低大体可排列为：考古类>宗教类>科技类>公文类>法律类>哲学类>文化类>文学类>宣传类>娱乐类。经典化程度渐低的过程，也是通俗化程度加强的过程；人本因素如人的目的因素及其相应的行为，这些属于动态可变因素，必须考虑在内。文本和人本相互影响，矛盾而又统一。一般来讲，文本经典化程度越高，译者的行为痕迹就越少。反之，文本通俗化程度越高，译者的行为痕迹就越多。文学翻译谈"忠实"，是因为文学文本属于表达型文本，这是从静态的文本角度看问题的，但因为"文学类"通俗化程度较高，所以译者介入的成分也就较多。对于译者而言，为了求取最佳的语境效果甚至市场效果而部分偏离"忠实"是正常现象，这是从动态的人本角度看问题的。

第二，内部到外部层次：

（1）语言内、翻译内的问题；

（2）语言外、翻译外的问题。

语言内、翻译内的问题如语言转换和意义再现问题，表现的是翻译的客观性；语言外、翻译外的问题如读者需求和市场定位等对翻译产生的影响，表现的是译者的主观性。即使译者本身，也分为内部和外部，如内在心理活动和外在行为表现两层。此时，内外因素首先作用于译者，其次作用于译文，使其释放的译文达到一种认知平衡，或者说使单维指向原文、本该"忠实"的翻译在内外因素的作用下而折中。

第三，静态到动态层次：

（1）静态的翻译伦理与翻译幅度的制约；

（2）动态的语境和外围环境的制约。

从翻译的伦理与翻译的幅度而论，应该忠实于原文，但文学翻译往往又没有那么忠实，这是因为文学翻译是务实的，讲究的是语境效果，和以求真为主的文化翻译不同。译者对于总体上属于娱乐的文学文本也有"娱乐"的成分在，差异存在于具体的文类，比如对于以情节取胜的小说，译者可以"连译带改"，但对于以美文行世的散文，译者往往斟词酌句（可比较葛浩文翻译的小说和散文），这是文类各自的典型功能对于译者行为的影响。

译者既是语言人，也是社会人。但当其面对市场时，其社会人的身份和社会性、社会化的程度明显增强，比如其会根据市场的需求而选材，因此出现删改等不"忠实"的行为属于正常现象。其影响因素也分为外部和内部，外部的因素如书的厚薄和成本影响销量，内部的因素如需要根据读者对象而优化语言等，这些因素和产生的相应行为都会使"忠实"若即若离。

本章小结

本章从文本人本之外，讨论了汉语乡土语言英译的译者模式、西方编辑之于译作形成的影响、文本翻译问题、译者语言与译文语言的地缘性等。本章还通过葛浩文与中国译者的对比，讨论了汉语乡土语言英译的译者模式。

关于西方编辑之于译作形成的影响，本章讨论了编辑的"删改"伦理与编辑主体性、译者的"忠实"伦理与译者主体性、作者—译者—编辑的"共谋"以及译者主体性与编辑主体性之间的"生态"问题。关于文本翻译问题，本章讨论了乡土语言的翻译者、译文与方法选择、文化求真与文学务实（求用）、葛浩文的乡土语言"一本多译"和语境，最后谈了误译与翻译之憾。

本章给乡土语言的翻译和评价提出了两个原则。第一，乡土语言翻译要区分单纯意义求真和语境效果务实。第二，乡土语言翻译要区分单纯功能上的信息传递和风格求美。这两个原则可以归纳为乡土语言"意义—功能—风格"的翻译和评价原则。

关于"忠实"这样一个老话题。单维的"忠实"主要反映的是语码转换和意义再现等静态意义解读式的翻译，不足以反映作为复杂社会活动的翻译活动的实际，倒不如译者行为批评中"求真"和"务实"对于译者双重属性（语言性和社会性）的协调，实实在在反映了作为一项复杂社会活动的翻译活动和活动中人的实际。如同冯全功（2019：117）所评价的，"周领顺提出的译者行为批评很大程度上融合并超越了翻译批评的忠实观，具有更强的理论解释力"。

即使原文的意义也分为语义意义和语用意义，而语用意义势必涉及人（比如作者和人物角色等使用者）的因素，这样就使翻译成了译者的目的性、选择性的活动，并最终演绎为人的问题。或者打个比方说，"忠实"问题实际反映了翻译之"法理"与人（译者）之"情理"之间的矛盾，若仅单维地并意义解读式地看待"忠实"，难免终隔一层。因此，层次化分析必定是走出"忠实"迷雾的有效途径之一。

第六章
结束语

我们以译者行为批评理论为指导，以自建的葛浩文乡土语言翻译语料库为事实检索工具，首次对以葛浩文为首的翻译家汉语乡土语言翻译实践做了大规模、分层次、穷尽性和系统性的描写性翻译批评研究。对成功翻译家"译者行为"的描写和分析，既为汉语乡土语言的翻译实践找到了内在的规律和行为的榜样，也增强了翻译批评学科的科学性和翻译批评实践的全面性、客观性和科学性。将文本与人本、静态与动态、翻译内与翻译外等多角度相结合，是一条有效的研究路径。

研究发现，在宏观上，汉语乡土语言土味具有层次性，"准不准"或"懂不懂"和"好不好"是相互依存的两个层次，二者是辩证的关系，译者作为能动的人，努力在"求真"于原文意义和"务实"于读者需求、在作者和读者间维持着理想中的平衡；葛浩文作为一位成功的翻译家，其汉语乡土语言英译实践表明，"求真为本，务实为用（上）"以及具体化的"文化求真、文学务实（求用）"均为译者的一般性行为原则，表现为译者的一般性行为规律，其行为均可以在译者行为批评理论的视域中得到解读。

本书是首部全面系统研究汉语乡土语言翻译的专著，它首次把"乡土语言"作为术语给予了明确的界定。它是首次在自我构建的译者行为批评理论的视角下对汉语乡土语言翻译开展的描写性翻译批评研究，既关注文本，也关注人本；既关注翻译内部，也关注翻译外部；既关注静态，也关注动态。它首次分专题构建了"葛（浩文）译莫言10本小说'乡土语言'翻译语料库"，基于该语料库的有关翻译研究，是穷尽性的，避开了传统上先入为主式、举例式分析方法的不足。它首次将汉语乡土语言翻译的研究层次化（分为文本研究、人本研究、策略研究、纵向考察、横向考察等），增强了研究的科学性。它首次提出乡土语言"意义—功能—风格"的翻译和评价原则，首次较系统地论证了葛浩文的翻译思想及其译者行为度。某些领域的研究和发现处于学界的前沿，比如所挖掘的粗俗语翻译的归化行为倾向动因和所进行的乡土语言土味层次的划分。

在微观上，本书挖掘了术语的内涵并进行了界定，提高了讨论的针对性和翻译批评的客观性；对"归化"做了广义和狭义的区分；对"意译"和狭义上的"归化"进行了新的界定；明确了"葛浩文式意译""葛氏广义'成语'""语内省译""语外省译"等说法；几乎穷尽了葛浩文对于汉语乡土语言"一本多译"的全部事实；挖掘了粗俗语的功能，发现了译者归化行为倾向的深层规律；就"狗"的翻译，纠正了传统的误读；对方言土语的土味进行了层次性划分，探索出方言土语翻译和研究的新出路；对"忠实"认识层次化（文本、人本和从文本到人本），降低了主观性；在做法上，不仅关注葛浩文，也关注其他译者，不仅关注莫言的作品，也关注其他作家的作品，注重不同作者作品和不同译者译作的对比，实现了广论与个案的结合；发现异化和归化合一的现象；认为涉及汉学家身份时，不宜草率判定其所进行的汉译外是"译出"还是"译入"，这是翻译上的"中间状态"，会引出翻译策略和方法等各种中间状态现象的讨论；提出了进行"翻译内"和"翻译外"以及"翻译"（原型）和"翻译活动"（社会活动）区别性研究的新路径等。

"汉语'乡土语言'英译实践批评研究"是一个开放性的研究课题，有很多内容值得研究。本成果是未来进一步开展"乡土中国"更宏大主题研究的语言维研究样例。除了直接作用于翻译实践、翻译批评实践和批评研究，也可为中华文化"走出去"提供有益的指导或借鉴。

我国从 2006 年确立中华文化"走出去"的大政方针以来，至今已有十多个年头。十多年来，研究取得了丰硕成果。在译学界，研究者从译者模式到传播模式、从翻译效果到接受效果、从传播过程到传播手段、从儒家文化到百家争鸣、从文学翻译到科技翻译、从汉民族文化到少数民族文化、从泛文化翻译研究到专书翻译批评研究、从翻译内部研究到翻译外部研究、从古代典籍翻译研究到现当代文学翻译研究等，全方位、多角度，逐步向纵深展开。但集中于汉语乡土语言英译实践批评研究的，却显得比较零星。"乡土文学"是通过各色各样的乡土语言加以表现的，因此研究乡土文学的翻译就必须研究乡土语言的翻译。

中华文化怎样"走"才算"走出去"？把汉语翻译成外语，不出国门，是最初步的"走出去"，所以在译学界最初表现为"自说自话"式的评价研究。从初步"走出去"到真正"走进去"再到完全"融进去"，是对于"走出去"的不断层次化和深化，既涉及翻译内部问题，也涉及翻外部问题；既涉及语言问题，也涉及超语言的问题。至于是不是真正"走出去"了，要有量化的考察指标，比如典籍翻译的种类、数量、印数、销售数、引用率、引用层次等。虽然市场指标至关重要，但市场不能决定一切，我们还要看文本类型等因素，以防经典娱乐化。"走出去"的终极目标是提升文化软实力，至于文化软实力是不是得到了有效提升，需要历时的、长期的考察。

刘云山说，"讲好中国故事，重要的是解决好讲什么、怎么讲和怎样讲好的问题。"① 习近平总书记对《人民日报（海外版）》所提的希望"用海外读者乐于接受的方式、易于理解的语言，讲述好中国故事，传播好中国声音"②，涉及的并不都是翻译上的问题，所以还要将翻译学上的传播效果与新闻出版领域、外宣领域传播学上的传播效果区别对待或有机结合。现在译学界在讨论文化"走出去"时，有点夸大了翻译的作用。过程是复杂的，语言外的结果不是翻译能够完全控制的。习近平总书记说的"讲述好中国故事，传播好中国声音"和"用海外读者乐于接受的方式、易于理解的语言"，是辩证的关系。

我们默认的是，葛浩文是一位成功的翻译家。他翻译的前提是确保译文不会在目标语读者中间产生误解，也就是首先不能造成文化冲突。所以，我们需要对他的翻译多些思考。比如，译学界讨论过的"宣传"不宜用 Propaganda，但他把"宣传部"译作 Department of Propaganda。其他如：把"农民"译为 peasant 和 farmer；把"走狗"译为 running dog；把"龙"译为 dragon；把"折腾"译为 torture、suffer 和 torment；把"三寸金莲"

① 《刘云山：怎样讲好中国故事》，http://www.chinanews.com/gn/2014/11-08/6762676.shtml。
② 《用海外读者乐于接受的方式、易于理解的语言，讲述好中国故事，传播好中国声音》，http://news.163.com/15/0522/05/AQ6OPV1M00014AED.html。

译为 three-inch golden lotuses；把"主席"译为 Chairman；把"地主"译为 landlord；等等。这些翻译，我们在译学界都有过反复的争论，似乎在我们看来会在目标语的英语市场产生障碍的，葛浩文都反其道而行之，只是他把"凤凰"翻译成 Chinese phoenixes，才合乎我们的想法，这难道不值得我们深思吗？毕竟，他是来自目标语市场的汉学家。

虽然本项目的研究已经超出了项目任务书中规定的任务，但实际还有很多话题值得研究，比如对译者葛浩文的着墨较多，而对其他译者的研究较少，对比研究的篇幅也不大；对乡土语言内部各单位（惯用语、谚语、歇后语、俚语、成语、格言、俗语和方言等）之间的研究不够均衡，也缺乏乡土语言各个单位之间的差异性翻译研究，但好在乡土语言内部各单位共享"土"或"俗"这一共核特征，如果对每个单位都平均用力，分别讨论它们的翻译实践，除了增加本书的厚度之外，也没有多少实际的意义。即使对同一个汉学家进行研究，也是难以穷尽的，比如还缺少对于一个汉学家的历时比较和翻译不同作家作品的比较，缺少对于不同汉学家的共时比较，缺少汉学家与中国译者翻译的比较（比如《红高粱家族》译作的中外译者），缺少汉学家、中国译者与华人华裔译者和作家的比较，缺少同一个译者面对同一作家不同作品行为的比较，缺少一个译者和别的译者面对同一作家同一作品不同行为的比较，缺少译者与词典译文的比较等。总之，在进行翻译批评时，做怎样全方位交叉的研究都不为过。好在这是一个相对开放的课题，有无数的内容可进入后续的研究计划。

远景研究计划的主题为乡土中国与译者行为研究、译者行为批评与乡土中国的对外翻译和传播等。毕竟，不管目前的研究有多么透彻，也只是一个语言维的研究。

未来的研究可以分为几个层次，包括语言、文化、文学等，具体如：语言层（理论和实践两方面）、非物质文化遗产层（与乡土相关的名物表达、文化特色词和文化负载词，包括对于已经申报成功的世界非物质文化遗产项目和有可能申报的某些项目，寻找突出的重点和翻译的规律）、乡土文学层（乡土文学作品的共性和翻译实践、效果、过程）等，其他还有传播过程层、传播效果层、人的身份和行为层等，大约包括文化、文学、人学、传播学等不同的维度。在进行翻译文化研究的同时，不能忘记翻译作为语言科学研究的一面，不然就可能会流于赶时髦的泛论。

毕竟，"关注乡土就是关注中国"（舒晋瑜，2017），而关注乡土中国，就是关注最有代表性的中华文化。"乡土中国"一语来自费孝通先生的同名著作《乡土中国》（1948年初版）。乡土是中国的底色，乡土文化是中国的民族文化，而"民族文化和文化叙事是一个国家综合实力的重要组成部分，关乎一个民族精气神的凝聚"（韩震，2017：126）。

但中国乡土文化在翻译、译写和传播的过程中，有成功，也有偏离、扭曲和失败，从跨域文化叙事群体的角度，考察群体之间文化叙事行为的共性规律，可以扬长避短，"激活自身文化创造力，提升文化叙事能力"（韩震，2017：128），也可为展现真实、立体、全面的"乡土中国"文化形象而进行必要的理论反思，并切实提高实践的价值。

参考文献

Ajzen, I. & M. Fishbein, *Attitude-behavior Relations: A theoretical analysis and review of empirical research* (The United States: Psychological Bulletin, 1977), pp. 888-918.

Ajzen, I. & M. Fishbein, *Attitudes and the Attitude-behavior Relation: Reasoned and automatic processes* (UK: European Review of Social Psychology, 2000), pp. 1-33.

Appiah, K., *A Thick Translation* (The United States: Callaloo, 1993), pp. 808-819.

Ballard, M., *La Théorisation Comme Structuration de L'action du Traducteur* (France: La Linguistique, 2004), pp. 51-66.

Bassnett, S., "When Is a Translation Not a Translation", In: S. Bassnett, and André Lefevere (eds.). *Constructing Cultures: Essays on Literary Translation*, 上海外语教育出版社, 2001, 第 25~40 页。

Blanton, H. & J. Jaccard, "A Theory of Implicit Reasoned Action: The role of implicit and explicit attitudes in the prediction of behavior", *Prediction and Change of Health Behavior: Applying the Reasoned Action Approach* (2007).

Bohner, G. & M. Wänke, *Attitudes and Attitude Change* (UK: Macmillan Education, 2002).

Cao, X., *A Dream od Red Mansions*, trans. by Yang Hsien-yi (Beijing: Foreign Languages Press, 2012).

Carl, M. et al., "Studying Human Translator Behavior with User Activity Data", In: *Natural Language Processing and Cognitive Science Conference—Part of the*

10th *International Conference Enterprise Information Systems*（Spain：Barcelona，2008）.

Carver，C. M.，*American Regional of Dialects*：*A word geography*（Ann Arbor：University of Michigan Press，1987）.

Coupland，N.，*Dialect in Use*：*Socialinguistic variation in cardiff English*（Cardiff：University of Wales Press，1978）.

Delisle，J. & J. Woodsworth，*Translators Through History*（Amsterdam：John Benjamins Publishing Company，1995）.

Fazio，R. H. & C. J. Williams，"Attitude Accessibility as A Moderator of the Attitude-perception and Attitude-behavior Relations：An investigation of the 1984 presidential election，" *Journal of Personality & Social Psychology* 51（1986）：505.

Goldblatt，H & S. L. Lin：*Limits of Fidelity*，《外语研究》2019 年第 3 期。

Goldblatt，H. Translator's note. Mo Yan，*The Republic of Wine*（New York：Arcade Publishing，2010）.

Goldblatt，H.，*The Drowning of an Old Cat and Other Stories*，trans. by Huang Chun-ming（Bloomington：Indiana University Press，1980）.

Goldblatt，H.，*The Republic of Wine*（New York：Arcade Publishing，2012）.

Goldblatt，H.，*The Writing Life*（The United States：Washington Post，2002）.

Goldblatt，H.，Translator's Note. Mo Yan，*The Garlic Ballads*（New York：Arcade Publishing，2012）.

Gu，M. D.，"*Translating China for Western Readers in the Context of Globalization*"，In：M. D. Gu.（ed.）. *Translating China*（Albany：State University of New York Press，2014）.

Guabnano，G. A.，P. C. Stem & T. Dietz，"Influences on Attitude-Behavior Relationships"，*Environment & Behavior*，27（1995）：699-718.

Holland，R. W.，B. Verplanken & A. V. Knippenberg，"On the Nature of Attitude-behavior Relations：The strong guide，the weak follow"，*European Journal of Social Psychology*，32（2002）：869-876.

Howard，S.，"Attitudes VS. Actions Versus Attitudes VS. Attitudes"，

Public Opinion Quarterly, 36（1972）.

Jaccard, J., & H. Blanton, "A Theory of Implicit Reasoned Action: The role of implicit and explicit attitudes in the prediction of behavior", In: I. Ajzen, D. Albarracín, & R. Hornik（eds.）, *Prediction and Change of Health Behavior: Applying the reasoned action approach*（pp. 69-93）. Lawrence Erlbaum Associates Publishers, 2007.

Khalaf, A. S. & S. M. Rashid, "Attenuating Obscenity of Swearwords in the Amateur Subtitling of English Movies into Arabic", *Arab World English Journal*. 2016, (1): 295-309.

Landers, C. E., *Literary Translation: A practical guide*（Cleredon: Multilingual Matters, 2001）.

Leech, G. N., *Semantics*（Penguin, 1974）.

Lefevere, A., *Translating Literature: The German tradition from Luther to Rosenzweig*（Assen/Amsterdam: Van Gorcum, 1977）.

Legge, J., *The Chinese Classics.* Vol. I: *Confucian Analects, the Great Learning and the Doctrine of the Mean*（Hong Kong: Anglo-Chinese College Press, 1861）.

Lonsdale, A. B., *Direction of Translation*（*Directionality*）（London: Routledge, 1998）.

Lu, X., *The Real Story of Ah-Q and Other Tales of China*, trans. by J. Lovell（London: Penguin Books, 2009）.

Mason, I., "Translator Behavior and Language Usage: Some constraints on contrastive studies", *Journal of Linguistics*, 26（2001）: 65-80.

Munday, J., *Introducing Translation Studies*（London and New York: Routledge Taylor & Francis Group, 2008）.

Newmark, P., *Approaches to Translation*（London: Pergamon Press, 1981）.

Nida, E. A. & C. R. Taber, *The Theory and Practice of Translation*（Leiden: E. J. Brill, 1982）.

Nida, E. A., *Language, Culture and Translating*（Shanghai: Shanghai Foreign Language Education Press, 1993）.

Olson, J., "Attitudes and Attitude Change", *Annual Review of Psychology* 44（1993）: 117-154.

Pym, A., *Method in Translation History* (Beijing: Foreign Language Teaching and Research Press, 2007).

Qian, Duoxiu & E. S-P. Almberg, "Interview with Yang Xianyi", *Translation Review*, 62 (2001): 17-25.

Robinson, D., *The Translator's Turn* (Beijing: FLTRP, 2006).

Robinson, D., *Who Translates?* —*Translator subjectivities beyond reason* (Albany: State University of New York Press, 2001).

Sánchez, M T., Translation as a (n) (Im) possible Task: Dialect in Literature. *Babel*, 1999, 45 (4): 301-310.

Schank, R. & R. Abelson, *Scripts, Plans, Goals, and Understanding* (Hillsdale: Lawrence Erlbaum, 1977).

Seubert, J., A. F. Rea, J. Loughead & U. Habel, "Attitude and Behavior Relationship", *Advances in Psychological Science*, (1) 2007: 163-168.

Shih, L.:《翻译批评领域新的里程碑——〈译者行为批评：理论框架〉与〈译者行为批评：路径探索〉评介》,《翻译论坛》2015 年第 4 期。

Shrigley, R. L., "Attitude and Behavior Are Correlates", *Journal of Research in Science Teaching* 27 (1990): 97-113.

Shuttleworth, M. & M. Cowie. *Dictionary of Translation Studies* (翻译研究词典) (谭载喜主译) (上海外语教育出版社, 2005)。

Snyder, M. & D. Kendzierski, "Acting on One's Attitudes: Procedures for linking attitude and behavior", *Journal of Experimental Social Psychology*, 2 (1982): 183.

Stalling, J., "The Voice of the Translator: An interview with Howard Goldblatt", *Translation Review* 88 (2014): 1-12.

Venuti, L., *The Translator's Invisibility*: *A history of translation* (London and New York: Routledge, 1995).

Waard, J. & E. A. Nida, *From One Language to Another*: *Functional Equivalence in Bible Translating* (Thomas Nelson Inc., 1986).

Wang B. "An Interview with Julia Lovell: Translating Lu Xun's complete fiction", *Translation Review*, 2014, 89: 1-14.

Wasserstrom, J., China's Orwell, 2009, Dec. 7, *Time*. http://content.

time. com/time/subscriber/article/0，33009，1943086，00. html.

Wicker，W. "Attitudes versus Actions: The relationship of verbal and overt behavioral responses to attitude objects"，*The Journal of Social Issues*，25（1969）: 41-78.

Wilss，W.，*Knowledge and Skills in Translator Behavior*（Amsterdam: John Benjamins Publishing Company，1996）.

Yang，X. & G. Yang.（trans），*The Sun Shines over the Sanggan River*（Beijing: Foreign Languages Press，1984）.

安芳:《论莫言小说英译研究中的误读与误释》,《当代外语研究》2016 年第 4 期。

巴尔胡达罗夫:《语言与翻译》(蔡仪等译),中国对外翻译出版公司,1985。

巴金:《一点感想》,罗新璋、陈应年主编《翻译论集》,商务印书馆,2009。

鲍同:《中国文学在日本译介活动中的"译者行为"研究——以〈中国现代文学〉丛刊的译介选择为例》,《外语学刊》2018 年第 5 期。

蔡华:《理雅各英译〈中国经典〉再版"他序"论略》,《外国语言文学》2019a 年第 6 期。

蔡华:《陶渊明诗歌外国英译者的译者作为分析》,《大连大学学报》2019b 年第 5 期。

曹明伦、谢天振:《关于翻译研究的学术对话》,《东方翻译》2015 年第 2 期。

曹顺庆、王苗苗:《翻译与变异——与葛浩文教授的交谈及关于翻译与变异的思考》,《清华大学学报》(哲学社会科学版) 2015 年第 1 期。

曹明伦:《关于弗罗斯特若干书名、篇名和一句名言的翻译》,《中国翻译》2002 年第 4 期。

曹明伦:《翻译中失去的到底是什么？——Poetry is what gets lost in translation 出处之考辨及其语境分析》,《解放军外国语学院学报》2009 年第 5 期。

曹顺庆:《翻译的变异与世界文学的形成》,《外语与外语教学》2018 年第 1 期。

曹雪芹、高鹗：《红楼梦》，人民文学出版社，1979。

陈大亮：《译意与译味的艰难抉择：金岳霖的翻译问题及其解决办法》，《浙江外国语学院学报》2012 年第 4 期。

陈大亮：《文学翻译的境界：译意·译味·译境》，商务印书馆，2017。

陈东成：《大易视角下的"中和"翻译批评标准研究》，《深圳大学学报》（人文社会科学版）2016 年第 5 期。

陈芙：《汉语成语英译的异化和归化译法分析》，《浙江理工大学学报》2006 年第 3 期。

陈慧：《译者行为批评视域下杨必译〈名利场〉中文学方言翻译研究》，硕士学位论文，扬州大学，2016。

陈金莲、杨劲松：《从接受美学视角探析汉语成语翻译》，《重庆理工大学学报》（社会科学版）2011 年第 11 期。

陈静、周领顺：《译者行为研究新发展和新思维——周领顺教授访谈录》，《山东外语教学》2022 年第 1 期。

陈静、黄鹂鸣、尚小晴：《国内译者行为研究 20 年可视化分析》，《外国语文》2021 年第 6 期。

陈望道：《修辞学发凡》，复旦大学出版社，2006。

陈伟：《中国文学外译的滤写策略思考：世界主义视角——以葛浩文的〈丰乳肥臀〉英译本为例》，《外语研究》2014 年第 6 期。

戴静：《〈论语〉中文化词汇翻译策略对比研究——以辜鸿铭、刘殿爵、威利和许渊冲〈论语〉英译本为例》，《济宁学院学报》2015 年第 6 期。

戴秋月：《论〈兄弟〉英译本中粗俗语和习语的翻译》，硕士学位论文，上海外国语大学，2012。

戴若愚、陈林：《舍得之道：论郝玉青〈射雕英雄传〉英译中删减的"合规性"》，《外国语文》2019 年第 3 期。

戴文静、周领顺：《〈文心雕龙〉中"锦绣喻文"的英译研究》，《外文研究》2016 年第 4 期。

戴文静：《中国文论英译的译者行为批评分析——以〈文心雕龙〉的翻译为例》，《解放军外国语学院学报》2017 年第 1 期。

道安：《摩诃钵罗若波罗蜜经钞序》，罗新璋、陈应年编《翻译论集》，商务印书馆，2009，第 25~26 页。

邓联健：《翻译家马礼逊汉籍英译事业述评》，《外语教学》2019 年第 6 期。

丁帆：《中国乡土小说史》，北京大学出版社，2007。

丁玲：《太阳照在桑干河上》，人民文学出版社，2012。

董娜：《基于语料库的"译者痕迹"研究——林语堂翻译文本解读》，中国社会科学出版社，2010。

杜瑞清：《新世纪汉英大词典》（第二版）（缩印本），外语教学与研究出版社，2016。

杜玉：《莫言〈丰乳肥臀〉乡土语言英译的译者行为批评视角》，《江苏外语教学研究》2017 年第 1 期。

段峰：《文化视野下文学翻译主体性研究》，四川大学出版社，2008。

段雷宇：《译者主体性对文学作品翻译的"操控"——以葛浩文译莫言作品为例》，《名作欣赏》2013 年第 33 期。

范武邱、白丹妮：《当代中国翻译研究中凸现的几对矛盾》，《外语教学》2017 年第 4 期。

方梦之："序言"，温中兰等编著《浙江翻译家研究》，上海交通大学出版社，2010。

方梦之主编《译学辞典》，上海外语教育出版社，2004。

方梦之主编《中国译学大辞典》，上海外语教育出版社，2011。

方平：《〈新莎士比亚全集〉：我的梦想》，《出版广角》1995 年第 6 期。

费孝通：《乡土中国　生育制度》，北京大学出版社，1998。

冯国华：《立足喻体 把握喻底——论譬喻在汉英互译中的处理》，《中国翻译》2004 年第 3 期。

冯曼：《翻译伦理研究：译者角色伦理与翻译策略选择》，博士学位论文，广东外语外贸大学，2016。

冯庆华编著《实用翻译教程（英汉互译）》，上海外语教育出版社，2002。

冯全功、彭梦玥：《阿连璧〈诗经〉丰厚翻译研究》，《外国语言与文化》2018 年第 2 期。

冯全功、徐戈涵：《中国当代小说中的委婉型性话语及其英译研究》，《山东外语教学》2019 年第 2 期。

冯全功、许钧：《青年学者如何做翻译研究——许钧教授访谈录》，《中国外语》2018 年第 4 期。

冯全功：《翻译忠实观：争议与反思》，《解放军外国语学院学报》2019 年第 3 期。

冯全功：《葛浩文翻译策略的历时演变研究——基于莫言小说中意象话语的英译分析》，《外国语》2017 年第 6 期。

冯正斌、党争胜、林嘉新：《消极误译之殇：以〈带灯〉英译本为例》，《语言与翻译》2018 年第 4 期。

冯正斌、师新民：《贾平凹作品英译及其研究综述》，《外语学刊》2018 年第 5 期。

冯正斌、唐雪：《韩斌的中国文学译介历程及翻译策略》，《商洛学院学报》2021 年第 3 期。

冯智强：《中国智慧跨文化传播的"中国腔调"——林语堂"译出"策略的哲学思考》，《北京第二外国语学院学报》2011 年第 10 期。

付鑫鑫：《葛浩文"没有翻译，我就不能生活"》，《文汇报》2011 年 6 月 14 日。

傅敬民、王一鸣：《我国应用翻译批评话语：继承与发扬》，《上海翻译》2017 年第 6 期。

傅小平：《雪漠"大漠三部曲"前两部〈大漠祭〉〈猎原〉英文版沪上首发》，《文学报》2018 年 10 月 21 日。

甘露：《葛浩文的翻译诗学研究——以〈红高粱家族〉英译本为例》，《上海翻译》2017 年第 1 期。

高博、陈建生：《20 世纪上半叶美国"诗人译者群体"的译者行为批评研究》，《山东外语教学》2018 年第 6 期。

高方、韩少功：《"只有差异、多样、竞争乃至对抗才是生命力之源"——作家韩少功访谈录》，《中国翻译》2016 年第 2 期。

高天枢：《基于创新与回归视角的翻译批评研究——评〈译者行为批评：理论框架〉》，《出版广角》2016 年第 6 期。

高晓仙、赵国月：《"乡土语言"的异语写作与文化回译》，《外国语文》2019 年第 6 期。

葛陈蓉、张顺生：《直接套用的必要性及其问题——以林语堂的 My

Country and My People 为例》,《翻译论坛》2017 年第 4 期。

葛浩文、林丽君、姜智芹:《翻译不是一个人完成的》,《南方文坛》2019 年第 2 期。

葛浩文:《葛浩文文集:论中国文学》,现代出版社,2014a。

葛浩文:《葛浩文随笔》,现代出版社,2014b。

葛浩文:《漫谈中国新文学》,香港世界出版社,1980。

葛浩文:《作者与译者:交相发明又不无脆弱的关系——在常熟理工学院"东吴讲堂"上的讲演》(孟祥春,洪庆福译),《东吴学术》2014 年第 3 期。

葛校琴:《英汉语言禁忌的深层文化映现》,《外语与外语教学》2001 年第 2 期。

葛校琴:《后现代语境下的译者主体性研究》,上海译文出版社,2006。

顾明栋:《〈翻译诗学〉:构建中国译学理论的一次成功尝试》,《翻译论坛》2016 年第 2 期。

顾明栋:《翻译诗学·序》(刘华文著),外语教学与研究出版社,2015。

顾卫华:《英汉俚语对比与分析》,《绥化学院学报》2008 年第 5 期。

管谟贤:《大哥说莫言》,山东出版集团,2013。

管遵华:《跟莫言学写作》,机械工业出版社,2013。

郭绍虞:《谈方言文学》,《观察》(第五卷)1937 年第 5 期。

郭文涛:《从美学角度看英语比喻的对等翻译》,《外国语》1993 年第 1 期。

郭兴莉、刘晓晖:《汉学家韩南俗语英译行为研究》,《河南理工大学学报》(社会科学版)2021 年第 3 期。

郭兴莉:《汉语俗语英译"求真-务实"效果探析——以韩南明清短篇小说译本为例》,硕士学位论文,大连外国语大学,2021。

郭英珍:《隐喻的语用文化对比与翻译策略》,《外语教学》2004 年第 3 期。

郭著章:《翻译名家研究》,湖北教育出版社,1999。

韩江洪、李靓:《基于语料库的〈中国文学〉(1951-1966)小说粗俗语英译的翻译规范研究》,《语料库与跨文化研究》2017 年第 1 辑。

韩震：《中华民族伟大复兴的文化叙事》，《人民论坛》2017年第12期。

韩子满：《试论方言对译的局限性——以张谷若先生译〈德伯家的苔丝〉为例》，《解放军外国语学院学报》2002年第4期。

郝俊杰：《论翻译批评的多维性及其伦理的构建》，《上海翻译》2017年第4期。

何琳、赵新宇：《新中国文学西播前驱：〈中国文学〉五十年》，《中华读书报》2005年9月23日。

何琳：《翻译家葛浩文与〈中国文学〉》，《时代文学》（下半月）2011年第2期。

何璐：《〈红高粱家族〉葛浩文英译本中汉语粗俗语翻译的伦理审视》，硕士学位论文，兰州交通大学，2015。

贺维：《〈师傅越来越幽默〉英译本中的语境顺应》，《四川教育学院学报》2011年第11期。

洪捷：《五十年心血译中国——翻译大家沙博理先生访谈录》，《中国翻译》2012年第4期。

侯羽、刘泽权、刘鼎甲：《基于语料库的葛浩文译者风格分析——以莫言小说英译本为例》，《外语与外语教学》2014年第2期。

侯羽、朱虹：《葛浩文为读者负责的翻译思想探究——以〈骆驼祥子〉英译为例》，《燕山大学学报》（哲学社会科学版）2013年第2期。

侯羽、王亚娜、曲凌熙：《葛浩文夫妇合译策略实证研究——以毕飞宇和刘震云小说意象话语英译为例》，《西安外国语大学学报》2022年第1期。

胡安江：《再论中国文学"走出去"之译者模式及翻译策略——以寒山诗在英语世界的传播为例》，《外语教学理论与实践》2012年第4期。

胡安江：《中国文学"走出去"之译者模式及翻译策略研究——以美国汉学家葛浩文为例》，《中国翻译》2010年第6期。

胡德香：《对译入译出的文化思考》，《海南大学学报》（人文社会科学版）2006年第3期。

胡庚申：《译论研究的一种：翻译适应选择论的实证调查》，《外语与外语教学》2004年第4期。

胡适：《胡适学术文集·新文学运动》，中华书局，1993。

胡婷婷：《"求真为本，务实为上"——以洪深翻译〈少奶奶的扇子〉中的戏剧符号"扇子"为例》，《合肥学院学报》2016 年第 6 期。

胡万春：《文学作品中方言词语和欧化句式的使用》，中国文学语言研究会编：《文学语言研究论文集》，华东化工学院出版社，1991。

胡业爽：《中国当代乡土小说地域文化的俄译研究》，上海外国语大学博士学位论文，2020。

黄伯荣、廖序东：《现代汉语》（上册），高等教育出版社，2007。

黄粉保：《英语中粗语、脏话的翻译》，《中国翻译》1998 年第 3 期。

黄立波、朱志瑜：《译者风格的语料库考察——以葛浩文英译现当代中国小说为例》，《外语研究》2012 年第 5 期。

黄立波：《〈骆驼祥子〉三个英译本中叙述话语的翻译——译者风格的语料库考察》，《解放军外国语学院学报》2014 年第 1 期。

黄立波：《译出还是译入：翻译方向探究——基于语料库的翻译问题考察》，《外语教学》2011 年第 2 期。

黄勤、刘红华：《译者行为批评理论的开山之作——〈译者行为批评：理论框架〉与〈译者行为批评：路径探索〉评介》，《西安外国语大学学报》2015 年第 3 期。

黄勤、刘晓黎：《译者行为批评视域下〈肥皂〉中绍兴方言英译策略对比分析》，《解放军外国语学院学报》2019 年第 4 期。

黄勤、王琴玲：《林太乙〈镜花缘〉方言英译探究：求真还是务实》，《外语学刊》2018 年第 1 期。

黄勤、余果：《译者行为批评视域下〈黑白李〉三个英译本中熟语翻译比较》，《北京第二外国语学院学报》2017 年第 4 期。

黄勤、余果：《"求真-务实"译者行为批评视域下的语境顺应——〈老明的故事〉王际真英译本中对话策略分析》，《语言教育》2020 年第 1 期。

黄勤：《鲁迅小说〈离婚〉中方言的功能与英译策略探析》，《山东外语教学》2016 年第 5 期。

黄婷：《译入与译出——〈茶馆〉两个英译本的对比研究》，硕士学位论文，湖南大学，2009。

黄小芃：《再论深度翻译的理论和方法》，《翻译研究》2014 年第 2 期。

黄兴涛：《辜鸿铭文集》（黄兴涛等译），海南出版社，1996。

黄友义：《汉学家和中国文学的翻译——中外文化沟通的桥梁》，《中国翻译》2010 年第 6 期。

霍跃红、王璐：《叙事学视角下〈阿 Q 正传〉的英译本研究》，《大连大学学报》2015 年第 2 期。

霍跃红：《译者研究：典籍英译译者文体分析与文本的译者识别》，中西书局，2014。

霍跃红、杨潇、王蓓蓓：《我国学者型译者群体的历时性研究》，《东北亚外语研究》2013 年第 3 期。

季进：《我译故我在——葛浩文访谈录》，《当代作家评论》2009 年第 6 期。

贾燕芹：《文本的跨文化重生：葛浩文英译莫言小说研究》，中国社会科学出版社，2016。

姜静：《国外方言翻译研究三十年：现状与趋势》，《解放军外国语学院学报》2016 年第 2 期。

姜玉琴、乔国强：《葛浩文的东方主义文学翻译观》，《文学报》2014 年 3 月 13 日，第 18 版。

姜智芹：《中国新时期文学在国外的传播与研究》，齐鲁书社，2011。

蒋骁华：《〈红高粱家族〉葛浩文英译特点研究》，《外语与翻译》2015 年第 2 期。

杰里米·芒迪：《翻译学导论：理论与应用》（李德凤等译），外语教学与研究出版社，2014。

杰里米·芒迪：《翻译学导论——理论与实践》（李德凤等译），商务印书馆，2007。

解放军外国语学院学报编辑部：《解放军外国语学院学报》2015 年第 1 期"卷首语"。

金艳、张艳：《论葛浩文英译小说〈酒国〉的"陌生化"手法——以小说中"酒"的隐喻翻译为例》，《广州大学学报》（社会科学版）2014 年第 8 期。

金杨：《"杂合"理论关照下的蓝诗玲译短片小说〈色·戒〉英译本分析》，硕士学位论文，沈阳师范大学，2014。

金岳霖：《知识论》，商务印书馆，1983。

孔庆茂：《辜鸿铭评传》，百花洲文艺出版社，1997。

老舍：《茶馆》（英若诚译），中国对外翻译出版公司，1999。

冷冰冰：《科普杂志翻译规范研究》，博士学位论文，上海外国语大学，2017。

李红霞、张政：《"Thick Translation"研究 20 年：回顾与展望》，《上海翻译》2015 年第 2 期。

李惠：《蓝诗玲的翻译观——以〈鲁迅小说全集〉英译为例》，硕士学位论文，西北大学，2014。

李建梅：《典籍英译批评与译者主体研究——〈前赤壁赋〉英译两篇对比分析》，《山东外语教学》2007 年第 5 期。

李杰：《译者行为批评视域下葛浩文译者行为研究——以〈蛙〉乡土语言翻译为例》，硕士学位论文，外交学院，2021。

李锦、缪海涛：《"乡土语言"粗俗语英译策略研究——以葛译莫言为例》，《翻译论坛》2018 年第 4 期。

李景端：《话说"葛浩文式翻译"》，《编辑学刊》2016 年第 1 期。

李美娴：《〈丰乳肥臀〉葛译本中的成语翻译》，《潍坊学院学报》2017 年第 1 期。

李琴：《新世纪外国通俗文学翻译批评管窥》，《语言与翻译》2017 年第 4 期。

李文静：《中国文学英译的合作、协商与文化传播——汉英翻译家葛浩文与林丽君访谈录》，《中国翻译》2012 年第 1 期。

李雯、杨扬：《2017 年中国翻译研究年度综述》，《天津外国语大学学报》2018 年第 3 期。

李喜长：《〈丰乳肥臀〉中俗语谚语的俄语翻译研究：功能翻译理论视角》，《西安外国语大学学报》2018 年第 2 期。

李雁：《〈红楼梦〉法译本的"深度翻译"及其文化传递》，《外语教学与研究》2014 年第 4 期。

李颖玉、郭继荣、袁笠菱：《试论方言文化负载词的翻译——以〈浮躁〉中的"瓷"为例》，《中国翻译》2008 年第 3 期。

李悦：《汉语成语英译商榷——从〈围城〉英译本谈起》，《外语教学》2005 年第 5 期。

李越、王克非：《老舍作品英译中的译出、译入比较》，《外国语文》2012 年第 3 期。

李振、张宗明：《试论〈伤寒论〉方言翻译释义路径》，《外国语》2022 年第 2 期。

梁步敏：《〈水浒传〉的粗俗语英译研究》，硕士学位论文，广西大学，2008。

梁红涛：《贾平凹小说"译出"模式的文本选材嬗变》，《小说译介与传播研究》2018 年第 2 期。

梁红涛：《译出型国家翻译实践研究：以贾平凹小说的英译为例》，《外国语文研究》2019 年第 5 期。

梁启超：《翻译文学与佛典》，罗新璋、陈应年编《翻译论集》，商务印书馆，2009。

梁启超：《论译书》，《饮冰室合集·第 1 卷》，中华书局，1989。

廖茂俍、李执桃：《国内外近五十年隐喻翻译研究：回眸与展望》，《湖南科技学院学报》2016 年第 11 期。

廖七一：《秘密的分享者——论庞德与胡适的诗歌翻译》，《外语教学与研究》2004 年第 2 期。

廖瑞：《葛浩文的翻译思想探究——以〈红高粱〉英译本为个案分析》，硕士学位论文，中南大学，2013。

林夏、刘军平：《中国当代翻译学理论研究的力作——〈翻译学：作为独立学科的求索与发展〉评介》，《中国翻译》2018 年第 4 期。

林以亮：《翻译的理论和实践》，《翻译通讯》编辑部：《翻译研究论文集（1949-1983）》，外语教学与研究出版社，1984。

林语堂：《论翻译》，罗新璋、陈应年编《翻译论集》，商务印书馆，2009。

刘爱兰：《续说"镣铐"与"跳舞"——对"翻译研究三人谈"的延伸思考》，《上海翻译》2015 年第 1 期。

刘蓓蓓：《葛浩文：中国小说一天比一天好》，《中国新闻出版报》2008 年 3 月 26 日。

刘冰泉、张磊：《英汉互译中的认知隐喻翻译》，《中国翻译》2009 年第 4 期。

刘芳:《翻译与文化身份——美国华裔文学翻译研究》,上海交通大学出版社,2010。

刘庚、卢卫中:《汉语熟语的转喻迁移及其英译策略——以〈生死疲劳〉的葛浩文英译为例》,《外语教学》2016 年第 5 期。

刘国辉:《基于语料库的汉语"狗"类成语认知语义及其理据研究》,《外文研究》2019 年第 1 期。

刘军平:《西方翻译理论通史》,武汉大学出版社,2009。

刘恪:《中国现代小说乡土语言的产生及发展》,《中州大学学报》2012 年第 2 期。

刘莉娜:《译者,是人类文明的邮差》,《上海采风》2012 年第 12 期。

刘若愚:《中国诗学》,赵帆升、周领顺、王周若龄译,河南人民出版社,1990。

刘小乐:《葛浩文与蓝诗玲翻译观比较研究》,《洛阳理工学院学报》(社会科学版) 2015 年第 3 期。

刘意:《从莫言获奖谈跨文化传播的符号塑造与路径选择》,《中国报业》2012 年第 10 期。

刘英凯:《论中国译论的潜科学现状》,《外语与外语教学》2002 年第 1 期。

刘云虹、许钧:《文学翻译模式与中国文学对外译介——关于葛浩文的翻译》,《外国语》2014 年第 3 期。

刘云虹:《翻译价值观与翻译批评伦理途径的建构——贝尔曼、韦努蒂、皮姆翻译伦理思想辨析》,《中国外语》2013 年第 5 期。

刘云虹:《论翻译批评精神的树立》,《外语与外语教学》2009 年第 9 期。

刘云虹:《译者行为与翻译批评研究——〈译者行为批评:理论框架〉评析》,《中国翻译》2015 年第 5 期。

刘重德:《文学翻译十讲》,中国对外翻译出版公司,1991。

卢巧丹:《跨越文化边界——中国现当代小说在英语世界的译介与接受》,浙江大学出版社,2018。

卢巧丹:《莫言小说〈檀香刑〉在英语世界的文化行旅》,《小说评论》2015 年第 4 期。

鲁迅：《阿 Q 正传——鲁迅小说全集》，中国华侨出版社，2013。

鲁迅：《再论翻译》，罗新璋、陈应年编《翻译论集》，商务印书馆，2009。

鲁迅：《致陈烟桥》，《鲁迅全集·第 13 卷》，人民文学出版社，2005。

陆谷孙主编《中华汉英大词典（上）》，复旦大学出版社，2015。

陆文虎：《中国当代军事文学作品选》，中外文化出版公司，1989。

罗静、吕文澎：《译者行为批评视阈下的中国古典诗词中文化意象"天"的英译探析——以苏轼〈水调歌头·明月几时有〉为例》，《语言教育》2020 年第 1 期。

吕俊、侯向群：《英汉翻译教程》，上海外语教育出版社，2001。

吕俊：《对翻译批评标准的价值学思考》，《上海翻译》2007 年第 1 期。

吕世生：《中国"走出去"翻译的困境与忠实概念的历史局限性》，《外语教学》2017 年第 5 期。

吕文澎、吕雅坤：《从杂合背景中建构"第三空间"——以美国中餐馆菜名英译为例》，《中国社会科学报》2017 年 12 月 18 日，第 7 版。

吕文澎、张莉、李红霞：《巧用"第三空间"传播中华文化——解读葛浩文的译者行为》，《中国社会科学报》2018 年 9 月 3 日，第 7 版。

马冬梅、周领顺：《翻译批评理论的本土构建——周领顺教授访谈录》，《北京第二外国语学院学报》2020 年第 1 期。

马会娟、张奕瑶：《被遗忘的戏剧翻译家：熊式一翻译研究》，《解放军外国语学院学报》2016 年第 1 期。

马会娟：《走出"西方中心主义"：基于中国经验的翻译理论研究》，《上海大学学报·社会科学版》2019 年第 2 期。

马明蓉：《复杂性科学视阈下的译者行为批评范式》，《山东外语教学》2017 年第 6 期。

马明蓉：《国内离散译者研究综述（2006-2017）》，《天津外国语大学学报》2018 年第 2 期。

马士奎：《从小说〈红高粱〉首个英译本说开去》，《中国文化研究》2018 年（春之卷）。

马悦然：《翻译的技艺》（萧文乾译），罗选民主编：《中华翻译文摘》，清华大学出版社，2006。

孟祥春：《"我只能是我自己"——葛浩文访谈》，《东方翻译》2014年第 3 期。

孟祥春：《Glocal Chimerican 葛浩文英译研究》，《外国语》2015 年第 4 期。

孟祥春：《葛浩文论译者——基于葛浩文讲座与访谈的批评性阐释》，《中国翻译》2014 年第 3 期。

缪建维：《葛浩文翻译观试析——以〈生死疲劳〉英译本为例》，《湖北民族学院学报》（哲学社会科学版）2015 年第 1 期。

莫言：《格拉斯大叔致意——文学的漫谈》，春风文艺出版社，2003。

莫言：《红高粱家族》，浙江文艺出版社，2017。

莫言：《我的故乡与我的小说》，《当代作家评论》1993 年第 2 期。

莫言：《我在美国出版的三本书》，《小说界》2000 年第 5 期。

潘冬：《理性视角下的译者行为分析——以伍尔芙〈达洛维夫人〉转述话语汉译为个案》，《语言教育》2020 年第 1 期。

潘群辉、贾德江：《〈水浒传〉两译本的粗俗语英译评析——以"屁"的翻译为例》，《南华大学学报》（社会科学版）2009 年第 6 期。

潘文国：《构建中国学派翻译理论：是否必要？有无可能?》，《燕山大学学报》（哲学社会科学版）2013 年第 4 期。

潘文国：《译入与译出——谈中国译者从事汉籍英译的意义》，《中国翻译》2004 年第 2 期。

潘文国：《中国译论与中国话语》，《外语教学理论与实践》2012 年第 1 期。

彭红艳、廖七一：《翻译研究的哲学思考、研究范式与批评话语——廖七一教授访谈录》，《中国翻译》2020 年第 1 期。

钱好：《中国文学要带着"本土文学特质"飞扬海外》，《文汇报》2018 年 8 月 7 日，第 1 版。

钱灵杰、伍健：《译者行为批评视域下汤姆斯英译〈花笺记〉研究》，《淮海工学院学报》2018 年第 3 期。

钱阳：《译者行为批评理论关照下的方言翻译——以〈享受合肥方言〉英译为例》，《黑河学院学报》2021 年第 2 期。

钱锺书：《林纾的翻译》，罗新璋、陈应年主编《翻译论集》，商务印书馆，2009。

乔烨辛、袁晓红：《中国文化译出的困境和解决策略》，《海外英语》2016 年第 20 期。

秦毅：《文学作品翻译"走出去"是必然》，《中国文化报》2016 年 6 月 23 日，第 2 版。

曲彦斌：《中国民俗语言学》，上海文艺出版社，1996。

任东升、高玉霞：《〈金瓶梅〉对照版分层现象探究——兼评〈大中华文库〉》，《山东外语教学》2014 年第 5 期。

荣立宇：《〈人间词话〉英译对比研究——基于副文本的考察》，《东方翻译》2015 年第 5 期。

阮广红：《张爱玲自译风格研究》，中国书籍出版社，2016。

桑仲刚：《方言翻译研究：问题和方法》，《外语教学与研究》2015 年第 6 期。

邵璐：《翻译与转叙——〈生死疲劳〉葛浩文译本叙事性阐释》，《山东外语教学》2012 年第 6 期。

邵璐：《莫言小说英译中的信息凸显》，《当代外语研究》2014 年第 2 期。

邵璐：《莫言英译者葛浩文翻译中的"忠实"与"伪忠实"》，《中国翻译》2013 年第 3 期。

邵璐、周以：《翻译中的副文本策略和读者接受——以余华作品在美国的译介为例》，《外国语文》2022 年第 1 期。

邵卫平：《译者行为批评视域下的口译探析——以 2016 年"两会"外长记者会口译为例》，《绥化学院学报》2017 年第 6 期。

邵霞、马会娟：《中国乡土小说中的文学方言英译与接受研究——以〈到黑夜想你没办法〉英译为例》，《解放军外国语学院学报》2021 年第 2 期。

沈菲、顿祖纯：《改写理论下乡土气息的翻译策略——以葛浩文英译本〈红高粱〉为例》，《武汉公安干部学院学报》2016 年第 2 期。

沈洁：《译者行为批评刍议》，《齐齐哈尔大学学报》（哲学社会科学版）2017 年第 8 期。

沈壮海：《学术话语体系建设的理与路》，《光明日报》2017 年 1 月 6 日，第 11 版。

史国强：《葛浩文的"隐"与"不隐"：读英译〈丰乳肥臀〉》，《当代作家评论》2013 年第 1 期。

舒晋瑜：《关注乡土就是关注中国——访中国现代文学研究会会长、南京大学文学院教授丁帆》，《中华读书报》2017 年 6 月 14 日，第 7 版。

宋洪达、张顺生：《仿译的必要性、可行性及其实践路径》，《外语教学理论与实践》2021 年第 2 期。

宋庆伟：《葛译莫言小说方言误译探析》，《中国翻译》2015 年第 3 期。

宋庆伟：《莫言小说英译风格研究》，山东大学出版社，2014。

宋晓春：《典籍翻译中的"深度翻译"倾向——以 21 世纪初三种〈中庸〉英译本为例》，《外语教学与研究》2014 年第 6 期。

宋以丰：《翻译社会性管窥：基础、目的与影响因素》，《东方翻译》2017 年第 2 期。

孙会军、郑庆珠：《从〈青衣〉到 The Moon Opera——毕飞宇小说英译本的异域之旅》，《外国语文》2011 年第 4 期。

孙会军：《中国小说翻译过程中的文学性再现与中国文学形象重塑》，《外国语文》2018 年第 5 期。

孙晓星、唐蕾：《〈酒国〉葛译本译者行为批评——以乡土语言的译介为例》，《翻译论坛》2016 年第 3 期。

孙宜学：《从葛浩文看汉学家中华文化观的矛盾性》，《同济大学学报》（社会科学版）2015 年第 2 期。

孙毅：《国外隐喻翻译研究 40 年嬗进寻迹（1976-2015）》，《外语教学理论与实践》2017 年第 3 期。

孙迎春：《张谷若翻译艺术研究》，中国对外翻译出版公司，2004。

孙致礼：《新编英汉翻译教程》，上海外语教育出版社，2003。

孙致礼：《译者的职责》，《中国翻译》2007 年第 4 期。

孙致礼编著《1949-1966：我国英美文学翻译概论》，译林出版社，1996。

孙致礼编著《新编英汉翻译教程》，上海外语教育出版社，2003。

覃江华、刘军平:《一心翻译梦,万古芳风流——葛浩文的翻译人生与翻译思想》,《东方翻译》2012 年第 6 期。

覃江华、梅婷:《文学翻译出版中的编辑权力话语》,《编辑之友》2015 年第 4 期。

覃江华:《英国汉学家蓝诗玲翻译观论》,《长沙理工大学学报》(社会科学版)2010 年第 5 期。

谭莲香、辛红娟:《从文本批评到译者行为批评——外来译者沙博理研究述评》,《外国语文》2017 年第 3 期。

谭卫国:《英语隐喻的分类、理解与翻译》,《中国翻译》2007 年第 6 期。

谭业升:《美国汉学家陶忘机的中国小说翻译观》,《外语学刊》2018 年第 6 期。

谭业升:《英美汉学家译者的多重声音:一项基于中国小说翻译思维报告的认知翻译学研究》,上海外语教育出版社,2022。

谭载喜:《新编奈达论翻译》,中国对外翻译出版公司,1999。

谭载喜:《中西译论的相似性》,《中国翻译》1999 年第 6 期。

唐蕾、周怡珂:《华裔获得语作家的身份建构焦虑与感情色彩词汇的翻译——以李翊云作品汉译为例》,《翻译论坛》2017 年第 2 期。

唐蕾:《华裔获得语作家身份建构的译者行为批评分析——以李翊云〈逃避之道〉汉译为例》,《当代外语研究》2016 年第 5 期。

陶李春、许钧:《关于翻译研究的思路与重点途径——许钧教授访谈录》,《中国翻译》2016 年第 3 期。

汪宝荣:《试论中国现当代小说中乡土语言英译原则与策略》,《山东外语教学》2016 年第 5 期。

汪宝荣:《异域的体验——鲁迅小说中绍兴地域文化英译传播研究》,浙江大学出版社,2015。

汪璧辉:《沈从文乡土小说命运的嬗变——兼对乡土文学走向世界的反思》,《吉首大学学报》(社会科学版)2016 年第 4 期。

王秉钦:《20 世纪中国翻译思想史》,南开大学出版社,2004。

王德威:《千言万语,何若莫言》,《当代小说二十家》,生活·读书·新知三联书店,2006。

王恩科：《文学作品中方言翻译再思考》，《外国语文》2015 年第 4 期。

王峰、陈文：《国内外翻译研究热点与趋势——基于译学核心期刊的知识图谱分析》，《外语教学》2017 年第 4 期。

王广禄、吴锡平：《在翻译中讲好中国故事——记扬州大学翻译行为研究中心教授周领顺》，《中国社会科学报》2015 年 8 月 19 日，第 2 版。

王宏印：《文学翻译批评论稿》，上海外语教育出版社，2006。

王克非：《关于翻译本质的认识》，《外语与外语教学》1997 年第 4 期。

王力：《王力文集·第一卷》，山东教育出版社，1984。

王明峰、贤晓彤：《从葛浩文译本〈师傅越来越幽默〉看译者主体性》，《郑州航空管理学院学报》（社会科学版）2013 年第 6 期。

王宁：《比较文学、世界文学与翻译研究》，复旦大学出版社，2014。

王宁：《翻译在中国革命进程中的作用》，《北京第二外国语学院学报》2018 年第 3 期。

王荣、孙坤：《主动译出——中国影视走向世界的必由之路》，《电影评介》2008 年第 15 期。

王瑞、黄立波：《贾平凹小说译入译出风格的语料库考察》，《中国外语》2015 年第 4 期。

王绍光：《"中国学派"的含义》，《北京日报》2018 年 7 月 16 日，第 15 版。

王淑玲：《从文学翻译变通的角度看葛浩文〈红高粱家族〉的英译》，《西安外国语大学学报》2013 年第 4 期。

王文强、李彦：《阿瑟·韦利〈西游记〉英译本诗词删减原因探析》，《复旦外国语言文学论丛》2018 年（秋季号）。

王晓东、邓煜：《文化译出视域下的汉英翻译能力培养》，《文史博览·理论》2016 年第 10 期。

王旭东：《试论英语俚语的形成特点》，《青海民族大学学报》（教育科学版）2010 年第 4 期。

王雪明、杨子：《典籍英译中深度翻译的类型与功能——以〈中国翻译话语英译选集〉（上）为例》，《中国翻译》2012 年第 3 期。

王雪明：《明喻翻译研究：以朱自清散文英译为例》，《北京科技大学学报》（社会科学版）2017 年第 5 期。

王莹、王琰：《译者行为批评视域下〈大漠祭〉中甘肃"乡土语言"英译对比研究》，《山西能源学院学报》2019 年第 6 期。

王颖冲、王克非：《现当代中文小说译入、译出的考察与比较》，《中国翻译》2014 年第 35 期。

王玉娜：《试析目的论视角下葛浩文翻译莫言〈丰乳肥臀〉的策略》，《牡丹江教育学院学报》2014 年第 4 期。

韦孟芬：《文化差异下隐喻的理解和翻译》，《中国翻译科技》2011 年第 1 期。

魏旭良：《改写者葛浩文——以〈红高粱家族〉英译本为例》，《常州工学院学报》（社科版）2014 年第 4 期。

温洪瑞：《英汉谚语文化涵义对比研究》，《山东大学学报》（哲学社会科学版）2005 年第 4 期。

温湘频、吴立溪：《译者行为批评视域下汪溶培〈临川四梦〉英译研究》，《戏剧之家》2019 年第 33 期。

文军、王小川、赖甜：《葛浩文翻译观探究》，《外语教学》2007 年第 6 期。

巫和雄：《汉语成语的英译问题探析》，《内蒙古农业大学学报》（社会科学版）2009 年第 4 期。

吴丛明：《〈鹿鼎记〉中粗俗语的可译性限度》，《辽宁工程技术大学学报》（社会科学版）2011 年第 2 期。

吴汉周：《汉语粗俗语英译初探》，《广西教育学院学报》2000 年第 3 期。

吴江涛：《文学翻译的使命与跨域功能——访翻译家文洁若》，《中国文艺评论》2020 年第 2 期。

吴晓明：《"中国学派"如何真正成为现实?》，《中国社会科学报》2016 年 3 月 17 日，第 1 版。

吴赟：《西方视野下的毕飞宇小说——〈青衣〉与〈玉米〉在英语世界的译介》，《学术论坛》2013 年第 4 期。

吴赟：《译出之路与文本魅力——〈解读解密〉的英语传播》，《小说评论》2016 年第 6 期。

吴赟：《中国当代文学译介伦理探讨——以白睿文、陈毓贤英译〈长恨歌〉为例》,《中国翻译》2012年第3期。

夏征农主编《辞海》(上、下册),上海辞书出版社,1999。

肖坤学:《论隐喻的认知性质与隐喻翻译的认知取向》,《外语学刊》2005年第5期。

肖丽:《意识形态操纵下的文学翻译:对小说〈饥饿的女儿〉书名英译的个案研究》,《韶关学院学报》(社会科学版)2009年第2期。

谢丽欣:《葛浩文翻译研究:问题与前景》,《外语与翻译》2015年第3期。

谢天振:《超越文本 超越翻译》,复旦大学出版社,2014。

谢天振:《当代国外翻译理论导读》,南开大学出版社,2008。

谢天振:《新时代语境期待中国翻译研究的新突破》,《中国翻译》2012年第1期。

谢天振:《中国文学走出去:问题与实质》,《中国比较文学》2014年第1期。

徐德荣、范雅雯:《乡土语言与中国儿童文学英译的风格再造——以曹文轩作品〈青铜葵花〉的翻译为例》,《外语教学》2020年第1期。

徐德荣、杨硕:《论儿童文学翻译批评的"求真-务实"综合模式》,《外语研究》2017年第1期。

徐莉娜:《隐喻语的翻译》,《中国翻译》1999年第4期。

徐莉娜:《英汉翻译原理》,上海外语教育出版社,2014。

徐敏慧:《"厚译":理论渊源及实践意义》,《翻译季刊》2014年第73期。

许钧:《当下翻译研究的前沿问题与未来趋势——在曲阜"全国第二届'译者行为研究'高层论坛"上的报告》,《北京第二外国语学院学报》2022年第3期。

许多、许钧:《中国典籍对外传播中的"译出行为"及批评探索》,《中国翻译》2019年第5期。

许钧、莫言:《关于文学与文学翻译——莫言访谈录》,《外语教学与研究》2015年第4期。

许钧、穆雷:《翻译学概论》,译林出版社,2009。

许钧:《翻译思考录》,湖北教育出版社,2000年。

许钧：《译入与译出：困惑、问题与思考》，《中国图书评论》2015 年第 4 期。

许钧：《译事探索与译学思考》，外语教学与研究出版社，2002。

许诗焱、许多：《译者—编辑合作模式在中国文学外译中的实践——以毕飞宇三部短篇小说的英译为例》，《小说评论》2014 年第 4 期。

许诗焱：《葛浩文翻译再审视》，《中国翻译》2016 年第 5 期。

闫怡恂：《文学翻译：过程与标准——葛浩文访谈录》，《国际文学视野》2014 年第 1 期。

杨红梅：《〈檀香刑〉的民间叙事及其英译》，《宁夏社会科学》2015 年第 5 期。

杨坚定、孙鸿仁：《鲁迅小说英译版本综述》，《鲁迅研究月刊》2010 年第 4 期。

杨军梅：《〈狼图腾〉英译本中文化负载词汇翻译研究》，硕士学位论文，河北大学，2010。

杨柳：《译者混杂文化身份对文化翻译的影响——以〈鲁迅小说选〉两个英译本为例》，硕士学位论文，宁夏大学，2014。

杨宁伟：《基于视听文本的译者行为批评"求真-务实"连续统评价模式》，《齐齐哈尔大学学报》2016 年第 3 期。

杨宁伟：《译者行为批评视域下"乡土语言"英译对比研究——基于〈骆驼祥子〉四译本的考察》，《外文研究》2018a 年第 4 期。

杨宁伟：《汉语"乡土语言"英译译者行为度——以〈我不是潘金莲〉葛浩文译本为例》，《翻译论坛》2018b 年第 3 期。

杨全红：《"诗乃翻译中失去的东西"探源及相关二三事》，《解放军外国语学院学报》2008 年第 4 期。

叶祥苓：《苏州方言形容词的"级"》，《方言》1982 年第 3 期。

叶珣、康莲萍：《莫言小说〈酒国〉在美国接受之原因》，《哈尔滨师范大学社会科学学报》2016 年第 2 期。

叶子：《猪头哪儿去了？——〈纽约客〉华语小说译介中的葛浩文》，《当代作家评论》2013 年第 5 期。

殷莉、韩晓玲：《英汉习语与民俗文化》，北京大学出版社，2007。

尹邦彦：《汉语惯用语的理解与英译》，《镇江师专学报》（社会科学版）1985 年第 2 期。

尹邦彦：《试论中国惯用语英译的对策》，《漳州师院学报》（哲学社会科学版）1997 年第 3 期。

尹邦彦编《中国谚语与格言英译辞典》，上海外语教育出版社，2015。

于科先：《"存在即合理"——论葛浩文翻译批评观》，《译林》（学术版）2012 年第 4 期。

于亚晶、周秀梅：《Malinowski 语境论下的〈生死疲劳〉误译研究》，《北京第二外国语学院学报》2018 年第 6 期。

余静：《文学方言描写研究路线图》，《中国翻译》2018 年第 3 期。

余静：《多元化视角下的翻译研究》，上海交通大学出版社，2021。

余荣虎：《中国现代乡土文学理论流变论》，中国社会科学出版社，2011。

余世洋、尹富林：《文学翻译中文化传真之考辨——以葛译莫言〈红高粱家族〉中民俗文化翻译为例》，《翻译论坛》2015 年第 4 期。

喻家楼、方媛媛：《古汉语成语及诗词英译的层面分析》，《外语与外语教学》2001 年第 11 期。

袁丽梅：《海外汉学家助力中国文学"走出去"》，《外语学刊》2018 年第 5 期。

袁萍：《葛浩文乡土语言翻译策略探究》，硕士学位论文，华侨大学，2020。

曾庆茂：《英语明喻赏析》，《外语与外语教学》2001 年第 6 期。

曾自立：《英语谚语概说》，商务印书馆，1983。

查培德：《英国英语方言的语言和语法特征》，《四川外语学院学报》1990 年第 1 期。

翟卫国：《葛浩文翻译之读者倾向性探析》，《鸭绿江》2014 年第 8 期。

张保红：《韦利中国古典诗词直译探析》，《外国语文》2018 年第 3 期。

张蓓：《沈从文小说及中国现当代文学的英译：汉学家、翻译家金介甫访谈录》，《外国语文研究》2020 年第 1 期。

张春柏：《如何讲述中国故事：全球化背景下中国文学的外译问题》，《外语教学理论与实践》2015 年第 4 期。

张丹丹：《葛浩文中国文学英译脉络及表征扫描》，《中国翻译》2018

年第 4 期。

张丹丹：《译出-译入模式下中国文学英译修改过程研究——以〈海上花列传〉英译为例》，《中国翻译》2019 年第 3 期。

张谷若：《地道的原文，地道的译文》，《中国翻译》1980 年第 1 期。

张国省：《莫言小说中的脏话现象研究》，硕士学位论文，重庆师范大学，2013。

张虹、段彦艳：《译者行为批评与〈孝经〉两译本中评价意义的改变》，《解放军外国语学院学报》2016 年第 4 期。

张金泉、周丹：《英语辞格导论》，华中科技大学出版社，2013。

张娟：《〈红高粱家族〉英译本研究》，硕士学位论文，河北大学，2014。

张丽华：《汉英熟语及其互译》，中国社会科学出版社，2016。

张利伟：《詈语翻译对比研究——以〈红楼梦〉英译本为例》，硕士学位论文，广西大学，2013。

张林熹：《布迪厄社会理论视角下刘宇昆德译者行为分析》，《沈阳大学学报》2019 年第 5 期。

张南峰：《文化输出与文化自省——从中国文学外推工作说起》，《中国翻译》2015 年第 4 期。

张荣梅：《跨文化视角下〈水浒传〉中粗俗语的翻译研究》，硕士学位论文，江苏科技大学，2011。

张顺生、杨婳：《翻译中直接套用的必要性、可行性及实现路径》，《上海翻译》2016 年第 6 期。

张威：《我国翻译研究现状考察——基于国家社科基金项目（2000-2013）的统计与分析》，《外语教学与研究》2015 年第 1 期。

张玮：《基于语料库英汉"狗"的概念隐喻》，《西安外国语大学学报》2017 年第 2 期。

张雯：《基于语料库的葛浩文翻译风格研究》，博士学位论文，上海外国语大学，2015。

张西平：《突破西方翻译理论，探索中译外的实践与理论》，《国际汉学》2016 年第 2 期。

张旭：《表演性文本之翻译——以黎翠珍英译〈原野〉第二幕为例》，《亚太跨学科翻译研究》（第一辑）2015 年第 1 期。

张艳、朱晓玲：《基于语料库的英美汉学家方言词汇翻译规范研究》，《广州大学学学报》2019年第1期。

张艳：《陌生的葛浩文与熟悉的葛浩文——葛浩文小说翻译艺术究指》，《广东外语外贸大学学报》2013年第4期。

章艳、胡卫平：《文化人类学对文化翻译的启示——"深度翻译"理论模式探索》，《当代外语研究》2011年第2期。

章艳：《在规范和偏离之间》，外语教学与研究出版社，2011。

赵国月、高晓仙：《文本类型视角下的非虚构文学翻译译者行为研究》，《语言教育》2020年第1期。

赵国月、周领顺、潘文国：《认清现状，树立中国本位的对外译介观——潘文国教授访谈录》，《翻译论坛》2017年第3期。

赵国月：《翻译过程中的译者行为自律》，《外国语文研究》2018年第5期。

赵国月：《"译者行为批评"几组概念正解——与宋以丰商榷》，《北京第二外国语学院学报》2018年第4期。

赵国月：《翻译批评研究：开拓创新、回归本体——评周领顺新著〈译者行为批评：框架〉暨〈译者行为批评：路径探索〉》，《外语研究》2015年第1期。

赵林、吴杰荣：《从词典翻译探讨汉语成语的英译方法》，《上海翻译》2005年第1期。

赵枰：《改写理论视角下莫言小说〈天堂蒜薹之歌〉的英译》，《安徽文学》2013年第9期。

赵元任：《吴语对比的若干方面》，《赵元任语言学论文选》，中国社会科学出版社，1981。

赵元任：《现代吴语的研究》，商务印书馆，2011。

赵元任：《赵元任语言学论文集》，商务印书馆，1967。

赵园园：《基于译者行为批评理论的方言英译过程分析》，硕士学位论文，扬州大学，2016。

赵征军：《基于〈牡丹亭〉语料库的译入、译出群体风格对比研究》，《山东外语教学》2019年第4期。

周领顺、陈慧：《译者语言与译文语言的地缘性——以苏籍译者群及其吴语运用为个案》,《外语教学》2016 年第 1 期。

周领顺、丁雯:《汉学家乡土语言英译策略对比研究——以葛浩文译〈酒国〉和蓝诗玲译〈鲁迅小说全集〉为例》,《北京第二外国语学院学报》2016 年第 6 期。

周领顺、丁雯:《汉语"乡土语言"英译的译者模式——葛浩文与中国译者对比视角》,《北京第二外国语学院学报》2017 年第 4 期。

周领顺、杜玉:《汉语"乡土语言"葛译译者行为度——"求真-务实"译者行为连续统评价模式视域》,《上海翻译》2017 年第 6 期。

周领顺、高晨:《葛译乡土语言比喻修辞译者行为批评分析》,《解放军外国语学院学报》2021 年第 5 期。

周领顺、露丝·苕:《散文自译与自评》,苏州大学出版社,2017。

周领顺、强卉:《"厚译"究竟有多厚?——西方翻译理论批评与反思之一》,《外语与外语教学》2016 年第 6 期。

周领顺、孙晓星:《杨苡〈呼啸山庄〉译本的译者行为批评分析》,《外语与外语教学》2017 年第 6 期。

周领顺、唐红英:《翻译的创作意识与说理文字的语气再现》,《中国翻译》2018 年第 2 期。

周领顺、张思语:《方重翻译思想研究》,《外国语文》2018 年第 4 期。

周领顺、赵国月:《译者行为批评的战略性》,《上海翻译》2015 年第 6 期。

周领顺、赵国月:《再谈译者行为批评的战略性》,《英语研究》2017 年第 5 期。

周领顺、周怡珂:《葛浩文译"狗"——基于葛浩文翻译语料库的考察》,《外语教学》2017 年第 6 期。

周领顺、周怡珂:《汉语"乡土语言"英译的"求真"与"务实"——基于葛浩文翻译实践的讨论》,《扬州大学学报》(人文社会科学版)2017 年第 6 期。

周领顺、周怡珂:《西方编辑之于译作形成的影响性——美国翻译家葛浩文西方编辑观述评》,《外语学刊》2018 年第 1 期。

周领顺:《音误现象的学理分析》,《扬州大学学报》(人文社会科学版)2010 年第 1 期。

周领顺:《我和"编辑学"英文术语"Redactology"》,《出版科学》2012 年第 1 期。

周领顺:《译者行为批评:理论框架》,商务印书馆,2014a。

周领顺:《译者行为批评:路径探索》,商务印书馆,2014b。

周领顺等:《译者群体行为研究思路——主体以苏籍翻译家群体翻译行为研究为例》,《西安外国语大学学报》2014 年第 4 期。

周领顺:《汉语"乡土语言"对外翻译与传播研究的力作——〈异域的体验:鲁迅小说中绍兴地域文化英译传播研究〉评介》,《外国语文研究》2016 年第 1 期。

周领顺:《"乡土语言"翻译及其批评研究》,《外语研究》2016 年第 4 期。

周领顺:《乡土语言翻译及其批评研究》,《外语研究》2016 年第 4 期。

周领顺:《汉语"乡土语言"翻译研究前瞻——以葛浩文英译莫言为例》,《山东外语教学》2016 年第 5 期。

周领顺:《论葛浩文翻译本质之论——兼谈译学界"翻译本质"之争及其启示》,《当代外语研究》2016 年第 5 期。

周领顺:《"作者译"与"译者译"——为"自译"重新定性》,《解放军外国语学院学报》2016 年第 6 期。

周领顺:《拓展文化"走出去"的翻译传播机制研究》,《中国社会科学报》2016 年 11 月 14 日,第 5 版。

周领顺:《汉语"乡土语言"英译的求真与务实》,《扬州大学学报》(人文社会科学版)2017 年第 6 期。

周领顺:《汉语"乡土语言"英译实践批评研究前瞻》,《解放军外国语学院学报》2018 年第 3 期。

周领顺:《葛浩文式意译》,《中国外语》2018 年第 3 期。

周领顺:《翻译认识与提升》,南京大学出版社,2018。

周领顺:《做好汉语乡土语言翻译 展现中国真实风土人情》,《中国社会科学报》2018 年 12 月 11 日,第 3 版。

周领顺:《翻译批评新趋势》,《社会科学报》2019 年 8 月 1 日,第 5 版。

周领顺:《译者行为研究十周年:回顾与前瞻——兼评"全国首届'译

者行为研究'高层论坛"》,《北京第二外国语学院学报》2019 年第 2 期。

周领顺:《葛浩文乡土风格翻译之论及其行为的倾向性》,《外语教学》2019 年第 4 期。

周领顺:《译者行为批评的理论问题》,《外国语文》2019 年第 5 期。

周领顺:《"翻译理论与实践关系的讨论":回顾与反思》,《上海翻译》2019 年第 6 期。

周领顺:《翻译之道:在"求真"与"务实"间平衡》,《重庆交通大学学报》2020 年第 1 期。

周领顺:《译者行为批评关键词集释》,《语言教育》2020 年第 1 期。

周领顺:《构建基于新时代译出实践的翻译理论》,《社会科学报》2020 年 5 月 14 日,第 5 版。

周领顺:《译者行为研究的"人本性"》,《外语研究》2022 年第 2 期。

周领顺:《翻译批评操作性的译者行为批评解析》,《外语教学理论与实践》2022 年第 2 期。

周晓梅:《试论中国文学译介的价值问题》,《小说评论》2015 年第 1 期。

周宣丰、赵友斌、罗选民:《译者行为批评视域下 19 世纪新教传教士英译儒经行为研究——以柯大卫的〈四书译注〉为例》,《中国翻译》2019 年第 1 期。

周晔:《禁忌语翻译的"语用标记对应"原则》,《外语研究》2009 年第 4 期。

周怡珂、高圣兵:《葛浩文翻译标准思想述评》,《翻译论坛》2018 年第 2 期。

周怡珂、周领顺:《葛浩文"忠实"原则下的"直译"和"意译"》,《外语研究》2018 年第 3 期。

周怡珂、周领顺:《"滥用成语导致中国小说无法进步"?——葛浩文广义成语译者行为批评》,《中国外语》2022 年第 3 期。

周作人:《〈陀螺〉序》,罗新璋,陈应年编:《翻译论集》,商务印书馆,2009。

朱波:《毕飞宇小说中的"性话语"与翻译再现》,《山东外语教学》2019 年第 2 期。

朱芬：《莫言作品在日本：文化旅行与文化越界》，复旦大学出版社，2021。

朱洪达、张顺生：《仿译的必要性、可行性及其实践路径》，《外语教学理论与实践》2021 年第 2 期。

朱义华：《外宣翻译研究体系建构探索》，上海交通大学出版社，2021。

朱振武、高静：《新时代外语人的文化担当和家国情怀——朱振武教授访谈录》，《山东外语教学》2018 年第 4 期。

朱振武、罗丹：《文化自觉与源语旨归的恰当平衡——以白亚仁的译介策略为例》，《山东外语教学》2015 年第 6 期。

朱振武、杨世祥：《文化"走出去"语境下中国文学英译的误读与重构——以莫言小说〈师傅越来越幽默〉的英译为例》，《中国翻译》2015 年第 1 期。

朱振武、朱砂：《从单一走向多维的忠实理念——以葛浩文对萧红作品的改译为中心》，《燕山大学学报》（哲学社会科学版）2021 年第 3 期。

朱志瑜：《翻译研究：规定、描写、伦理》，《中国翻译》2009 年第 3 期。

朱自奋：《葛浩文：作者与译者之间是一种不安、互惠互利的关系》，《文汇读书周报》2014 年 1 月 8 日，第 8 版。

庄绎传：《译海一粟：汉英翻译九百例》，外语教学与研究出版社，2015。

附　录

1. 拓展文化"走出去"的翻译传播机制研究

我国从 2006 年 9 月 13 日颁布《国家"十一五"时期文化发展规划纲要》，提出实施中国文化"走出去"重大工程项目的大政方针以来，至今已有 10 个年头。中国文化"走出去"这一主题具体涉及"中国文化'走出去'"和"讲好中国故事""阐释好中国特色"等相关的内容。而在这些内容之中，翻译是中国文化"走出去"的一个主要手段。值此十周年之际，我们有必要从翻译研究的角度对这一主题进行解读，指出该研究领域存在的问题，并展望其未来的发展走向。

亟须"走出去"的文学地域性

"中国文化'走出去'"是一个宏大的主题，有很大的拓展空间，涵盖"中国文化"研究（即选材研究、文化专门领域研究、文化现象研究）、"走"研究（即译者模式、翻译方式、翻译过程、传播方式、交际手段、宣传策划、传播机制等方式的研究）和"出去"或"走出去"研究（即宣传效果、传播效果、接受效果、提升效果、市场效果、异化和归化效果等结果的研究）。"中国文化'走出去'"与习近平总书记倡导的"讲好中国故事""阐释好中国特色"等思想一脉相承。"中国故事"和"中国特色"属于内容研究，"讲"和"阐释"属于方式研究，两个"好"属于效果研究。当然，效果还要分为整体传播效果（译外效果）和翻译过程中"讲好""阐释好"本身的叙事效果（译内效果）等。

谈"中国文化"，主要是谈中国的地域性。所谓文学的地域性，周作人曾说："我相信强烈的地方趣味也正是世界的文学的一个重大成分。"（丁帆《中国乡土小说史》）美国汉学家、翻译家葛浩文认为，"地域性本身是一个很有意思的主题，而且受到乡土作家的相当重视；他们利用某一地方的特点，如地方方言等，来强调和形容某一个地方的独特性"（《葛浩文文集》）。他还承认，"几乎在所有我们讨论过的作品中，最初吸引读者共鸣的不外是民族主义的主题，但是构成其长久吸引力的却是它们的乡土色彩。"因此，我们可以认为，乡土文学作品本身就是文学地域性的一个强有力的表征，而针对乡土文学的英译实践批评研究，从某种程度上正好对应了民族文化对外传播的国家需求。

文学作品"走出去"的翻译传播机制

中国文化怎样"走"才算"走出去"？把汉语翻译成外语，是最初步的"走出去"。从初步"走出去"到真正"走进去"再到完全"融进去"，是对于"走出去"的不断层次化和深化，既涉及翻译内部问题，也涉及翻译外部问题；既包括语言问题，也包括超语言的问题。至于是不是真正"走出去"了，还要有量化的考察指标，比如典籍翻译的种类、数量、印数、销售数、引用率、引用层次等。虽然市场指标至关重要，但绝非市场决定论，还要看文本类型等因素，以防经典娱乐化。"走出去"的终极目标是"提升中国文化软实力"，至于中国文化软实力是不是得到了有效提升，需要历史地、长期地考察，不必因为暂时的接受效果不佳而下"夭折"的结论。

此外，对于中国文化的相关翻译研究要有针对性。比如，习近平总书记所希望的"用海外读者乐于接受的方式、易于理解的语言，讲述好中国故事，传播好中国声音"，言及的并不都是翻译上的问题，所以还要将翻译学上的传播效果和新闻出版领域、外宣领域的传播效果区别对待或有机结合。"海外读者乐于接受的方式、易于理解的语言"和保持文化个性之间在实践上会有不平衡的地方，不宜一股脑儿将功过都加在翻译的头上而迷失了学理上的思考。

以"乡土语言"的翻译和研究为例，迄今为止，译学界对于"乡土语言"翻译的研究还不够深入。秦毅在《文学作品翻译"走出去"是必然》

一文中说道："莫言在获得诺贝尔文学奖后曾表示，中国本土文学作品的翻译困难主要在于'乡土味'的准确性，而目前国内有关本土文学作品'乡土味'的翻译研究只有寥寥数篇。"汉语"乡土语言"作为中华文化"走出去"的一部分，不管实践上能否行得通，对其的翻译和研究都具有重要的价值，其意义就在于找到深层的规律，让人们通过研究提高理论的认识水平。

传播主体的文化身份研究

作为文化"走出去"一部分的文学翻译对外传播研究，除了特定文本的翻译传播研究外，整体上还具有如下一些表现：或在宏观上存在文化泛论现象，或在微观上聚焦个别文化热词的翻译；系统性讨论较少，而零星讨论又以"二元对立"立场作"正误"判断的居多；部分研究出于对汉语事实难以穷尽或翻译局限性的顾虑，以翻译形式（如"音译""意译""音译+意译"）简单归纳最为常见，有时感性甚至会超越理性，最终与原有文本出现偏离。

我们可以以葛浩文的"连译带改"与翻译批评的关系论述为例，对上述问题进行分析。一提到葛浩文的删节和改写，中国译学界便显得愤愤不平，大多主张维护原文内容和我们自己的文化。但是，我们或许可以试想，中国翻译者对莎士比亚等西方作家的作品也有过那么多的"简写本""简译本""改编本"等翻译版本。毕竟文学的创作与接受需要百花齐放，因此，作为译者的葛浩文也一直在向原文意义求真和对市场务实间进行着各种平衡的努力。

除上述问题以外，研究范围广，但有些领域的研究还比较欠缺，缺乏解释力。比如，研究涉及范围涵盖了文学翻译的多个方面，从译者模式到传播模式，从翻译效果到接受效果，从传播过程到传播手段，从文学翻译到科技翻译，从汉民族文化典籍到少数民族文化典籍，从泛文化翻译研究到专书翻译批评研究，从翻译内部研究到翻译外部研究，从古代典籍翻译研究到现当代文学翻译研究，等等。此外，还比较缺乏有关对翻译主体的研究，即对于帮助中国文化"走出去"的译者群和"中国故事"写作作家群的研究。其中，译者群又包括中国译者群、国外汉学家译者群、旅居海外的华裔译者群、加入中国籍的原籍译者群、中外合作译者群和直接用外语讲述"中国故事"的华裔作家群。他们的经验和行为规律怎样？影响效果如何？他们的文化身份对行为的影响又如何？借用一些中国本土的翻译理论，是否能够给予比较有效和合理的解释？是否也能够给翻译实践以良性的导向？这些都可以成为中国文化相关翻译研究的拓展路径。（载《中国社会科学报》2017 年 11 月 14 日）

2. 做好汉语乡土语言翻译　展现中国真实风土人情

乡土语言的翻译要处理好几对关系。概括起来讲，即静态意义求真对动态语境务实；文学文本性质对文学应用语境；文本意义阐释对译者意志性目的；评价标准的"准不准"对"好不好"；信息传递对风格再现；作者行文的目的对人物角色的目的；作者的目的对翻译的目的等。归根结底，处理这些关系需要研究译者的行为，从意义阐释的"准不准"到语境中的"好不好"，无不涉及人的问题。

中国乡土文学创作史上群星璀璨。20 世纪 20 年代，主要有鲁迅、王鲁彦、许钦文、冯文炳、蹇先艾、潘漠华、台静农；20 世纪 30 年代，主要有丁玲、欧阳山、茅盾、叶紫、谢冰莹、萧军、萧红、萧乾、废名、芦焚、沈从文；20 世纪 50 年代，主要有孙犁、赵树理、房树民、西戎、马峰、韩映山、丛维熙、古华；20 世纪 80 年代，主要有莫应丰、孙健忠、郑义、李锐、张石山、路遥、贾平凹、莫言、汪曾祺、高晓声；20 世纪 90 年代，主要有陈忠实、张炜、阎连科等。可以说，乡土就是中国的底色，因此舒晋瑜在《当代作家评论》（2017 年第 5 期）采访中国现代文学研究会会长、南京大学丁帆教授时，就将题目命名为《关注乡土就是关注中国》。

乡土语言传递风土人情

文学越是本土的和地域的，就越能走向世界。乡土是文化个性的体现，越有个性的文化就越值得传播。"乡土语言"是"乡土文学"的物质外壳，有"乡土文学"之谓，却无"乡土语言"之称，无论如何是交代不过去的。

我将"乡土语言"定义为"一切具有地方特征、口口相传、通俗精练，并流传于民间的语言表达形式"，它在一定程度上反映了当地的风土人情、风俗习惯和文化传统。以往对于乡土语言的翻译，聚焦它能不能翻译和该怎样翻译等技术层面，而今我们需要选取新的角度，分层次地摆道理，才能更加有效地指导翻译和研究。

单纯的乡土语言翻译，追求的是对于原文意义的求真，是静态的；语用环境（比如文学作品）中的乡土语言翻译，追求的是语境的效果务实，是动态的。换句话说，前者追求的是原文意义之真，评价的标准是"准不准"；后者追求的是译文之用，评价的标准是"好不好"。打个比方说，前者就像是旨在求真的考古，从研究角度说属于考古学的范畴，"准不准"也是"真不真"；后者就像是借展出历史文物而赢利的旅游，从研究角度说属于旅游学范畴，"好不好"就是"利益大不大"，也就是利益方的利益是不是达到了最大化。

意义求真不能妨碍语境务实

"准不准"，讲究的是译文与原文之间的距离，原文是客观存在的，翻译时要尽量朝原文靠拢；"好不好"，讲究的是译者怎样使用译文并希望译文达到怎样的语境效果，"希望"是主观的，至于客观上的效果是否如译者所愿，均由读者和市场做主。比如"爱屋及乌"一语的翻译。在静态环境里，翻译努力求真于原文的意义，所以《中华汉英大词典》将其译为"to love a house including the crows frequenting it"，而当它出现在文学作品中时，才可能出现文化配对的产物"Love me，love my dog"等翻译。这类翻译已经超出了意义阐释的范畴，只不过是用异文化中相似的表达，实现了与原文相似的语境效果。

语境是动态的，译者为了实现各种目标，甚至会删改或省略不译。原文是作者写给原文读者看的，作者认为什么样的语言表达会产生理想的语境效果，自然乐而为之。而译文是译者译给译文读者看的，译者行为亦然。译者的选择基于动态语境，如果译者将静态环境中求真于原文意义的做法不假思索地用于动态语境，那么译文的务实效果或不尽如人意，比如增添了译文的厚度而不利于销售、详尽阐释了原文语言表达的意义而使语境中出现偏离主题或喧宾夺主的现象。张璐将"华山再高，顶有过路"译为"No matter how high the mountain is，one can always ascend to its top"，并没有对"华山"的意义进行详尽的阐释，毕竟位于陕西省的"华山"与现场的语境无关，简化为"mountain"，达到了相当的语境效果，而归化为听众熟悉的表达，立刻使语境得到有效互动，使现场交际得以顺利进行。对待"三顾茅庐""卧薪尝胆""负荆请罪"等负载浓厚文化信息的典故，莫不如此，当然专门传递文化信息的翻译除外。

"'烟花三月'怎么翻译?"这是我们常见的问话形式。如果脱离语境,在静态环境中只能求真于原文,要么求真于原文的事实,把阴历的"三月"改为阳历的"四月";要么求真于原文的风格。"烟花三月"来自文学作品,彼得·纽马克将其归为表达型文本,翻译要朝原文靠拢。多数情况下,问话者是基于语境而发问的,但在心底期盼的却是求真于原文意义的译文,这是不合乎情理的。译者作为意志体,会根据动态语境的需求而有帮助利益方(比如旅游管理方)实现利益最大化的主观意愿,因此把"三月"延长至整个"春季"(Spring)或"季节"(Season),也是可以理解的,即把纯文学做成应用文学。当然,此时译者的身份已经发生了改变。

一般情况下,追问怎样翻译,实际追问的是翻译得"准不准",而文学译者讲究的却是"好不好"。也就是说,你看到的是原文的意义,所以希望对原文意义作注经式的解读,而译者是翻译活动中具有意志的人,其把务实社会看得更重,所以才有代换、删改和省略不译等行为。也就是说,翻译虽然是解读意义的,但翻译活动却是复杂的,特别当涉及意志体人的因素时,更是如此。而对于专门解释原文意义的词典来说,如果也追求这样的动态语境效果,就不会有该词条的存在了。所以,发问要有针对性,而答问也要做到有的放矢。

求美层次高于传信[①]

谈乡土语言的翻译,我们在潜意识里将目光聚焦能不能再现原文的乡土风格上。但这样一来,未免把问题简单化、笼统化了,因为"土味"是可以分出不同层级的。比如,有的很土,土到连所在方言区的人们也很少使用,用文字难以表达,只能近似写出,作者使用时显然是有意而为的,是为了风格上的需要。而有的表达是方言区里的"大众语",大家都那么说,并不觉得有什么特别之处,比如莫言作品中山东方言"精湿"中的"精",无非表现的是"彻底、很"的程度,把"精湿"翻译为"completely wet"或"be soaked through",足以做到信息的准确传递。仅从信息传递的角度讲,只要能够正确理解,就能够正确翻译。至于美国汉学家葛浩文所说"贾平

---

① 此副标题是编辑所加,但这一表述容易引起误解,宜改为"求美是更高层次的追求"。

凹的作品里面满是西安方言或是陕西地区山里人的土话，时常把我搞糊涂。方言对译者来说是一个难题；也许这是一个全世界范围内的难题"多不过是理解上的问题。文学作品特别是以情节取胜的文学作品中的乡土语言，既要能写得出来，又要维持一定的阅读面，所以不会太土，这就为翻译的可行性奠定了一定的物质基础。

美国翻译理论家奈达将翻译过程定义为："译者在进行翻译时，要用译语最切近、自然的对应项再现原文的信息，做到内容与形式的统一。在不可兼得的情况下，做到内容第一、形式第二。"其中，"信息"和"风格"（也就是内容与形式）的顺序值得注意。信息是用来交际的，风格是用来装饰的。风格不是屈居第二，而是更高层次、更难达到的追求。比如菜谱"蚂蚁上树"中的"蚂蚁"和"树"是喻体，是风格意义，但如果翻译为"Ants climbing a tree"或"Ants climbing trees"而使理解错位，就影响了最基本信息（肉末和粉丝）的传递，那就不妨直白地译为"Vermicelli with spicy minced pork"。汉语善于修辞，当转为英语时，尤其要顾及信息的交际作用。

乡土语言具有地域性，流行于一定的方言区，但讲话者和听话者只是把它作为信息传递的语言载体。而着意风格的翻译，与使用者（作者和人物角色等）有关。比如，是作者在行文时有意使用的，还是人物角色有意使用的？使用者借地域风格体现自己的文化水平、地域背景、身份地位、语言特色、行话暗语等，翻译时通过附注、同位解释、修饰语限定等各种方法，最终使作者或讲话者的着意之处得到凸显足矣。

乡土语言的翻译要处理好几对关系。概括起来讲，即静态意义求真对动态语境务实；文学文本性质对文学应用语境；文本意义阐释对译者意志性目的；评价标准的"准不准"对"好不好"；信息传递对风格再现；作者行文的目的对人物角色的目的；作者的目的对翻译的目的；还有其他一些关系等。但归根结底处理这些关系是研究译者的行为，从意义阐释的"准不准"到语境中的"好不好"，无不涉及人的问题。因此，不管对于具体的翻译还是研究，借助笔者构建的译者行为批评理论而开展相关的"人本研究"，都有望突破传统思路的桎梏。（载《中国社会科学报》2018年12月11日）

3. 中国故事的域外讲述^①

中国故事的域外讲述方式有多种，比如翻译、目标语创作、电影、戏剧、商业宣传及其他各类跨文化活动。中国故事的域外讲述群体有其得天独厚的优势，他们了解域外目标语市场，会选择更契合本国读者认知语境和审美习惯的表达，更易于实现"用海外读者乐于接受的方式、易于理解的语言""讲好中国故事，传播好中国声音"的目标。域外讲述发生在中国之外的目标语地区，仅翻译和目标语创作而言，讲述中国故事的域外翻译家群体主体为汉学家和华人作家群体，寻找他们的行为规律，可为中华文化"走出去"提供成功的样板。

之所以将翻译和创作放在一起讨论，也因为二者有纠葛之处，呈现为"中间状态"。"翻译"和"写作"本来应该是泾渭分明的两个领域，但因为翻译活动的复杂性、翻译的社会化过程以及译者社会性的张扬，在一定程度上模糊了"翻译"和"写作"之间的界限。"译者"身份下的翻译行为是狭义上的翻译行为，而华人"作家"身份下的译写行为是广义上的翻译行为。华人作家汤亭亭就认为其英语写作是翻译，她说："我觉得自己是在为所有人翻译一个文化。我不但得翻译人们的言谈，而且不得不翻译一个完整的世界，中国的全部，它的神话和历史。"作家毕飞宇认为翻译是"一种特殊的写作"。翻译理论家莫娜·贝克还从学理上论证了"翻译是再叙事"的原理，证明翻译与写作互为关系。

汉学家群体包括讲述中国故事的商人、作家、学者和译者等。商人如马可·波罗（Marco Polo），作家如赛珍珠（Pearl S. Buck）、贾斯汀·希尔（Justin Hill），学者如庄士敦（Reginald Fleming Johnston）、埃德加·斯诺（Edgar Snow）、列文森（Joseph R. Levenson）、马丁·雅克（Martin Jacques）、理雅各（James Legge）、浦安迪（Andrew Plarks）、牟复礼（Frederick Mote）等。有的各种身份交错。译者群体规模最大，主要有戴乃迭（Gladays Yang）、葛浩文（Howard Goldblatt）、夏志清（C. T. Hsia）、马悦然（Goran Malmqvist）、金介甫（Jeffrey C. Kinkley）、蓝诗玲（Julia Lovell）、闵福德

---

① 本部分由周领顺和唐红英合作完成。收录于此，稍微做了补充。

（John Minford）、刘绍铭（Joseph S. M. Lau）、詹纳尔（W. J. F. Jenner）、杜博妮（Bonnie S. McDougall）、威廉·莱尔（William A. Lyell）、克里夫德（William Clifford）、罗鹏（Carlos Rojas）、白睿文（Michael Berry）、宇文所安（Stephen Owen）、白英（Robert Payne）、郝玉清（Anna Holmwood）等。

汉学家群体中的译者群体受到了国内译学界更多的关注。近年来，对汉学家译者的研究集中于葛浩文、蓝诗玲、宇文所安等人，并且均已取得标志性的成果。对于葛浩文的研究尤其突出，标志性成果如孙会军的《葛浩文和他的中国文学译介》、鲍晓英的《莫言小说译介研究》、吕敏宏的《葛浩文小说翻译叙事研究》、张雯和付宁的《葛浩文翻译风格研究》等专著，而刘云虹的《葛浩文翻译研究》论文集，几乎将迄今的有关论文"一网打尽"。当然，研究的集中，与莫言获得诺贝尔文学奖的推动和中华文化传播研究趋热有必然的联系。

方梦之和庄智象认为，"21世纪以来，随着翻译学科的迅速发展，翻译史研究更加深入，对翻译家个案研究持续升温，但集中在少数众所周知的文学翻译名人身上……研究对象扎堆、重叠"；也如朱振武所分析的，"国内相关研究成果显然不成比例，有的汉学家在国内研究界还甚为稀缺，甚至处于阙如状态。好在近几年国内学者正在发力，许多汉学家得到了研究界的重视，相关研究成果也呈现出明显上升势头"。获得关注较少甚或空白的汉学家还有陶建（Eric Abrahamsen）、狄星（Esther Tyldesley）、杜迈克（Michael S. Duke）、雷金庆（Kam Louie）、欣顿（David Hinton）等，比如欣顿翻译出版了13部中国古典诗词集，且继理雅各之后，再次独立翻译孔孟老庄的4部典籍。在当今英语世界，欣顿的典籍翻译不仅翻译量最大，且其翻译占据了当下美国图书市场的显要位置。

华人作家群体可分为华人二代作家和华人获得语作家两类。这里的"华人"取广义，根据《辞海》的解释，华人是"'中国人'的简称，亦指已加入或取得了所在国国籍的中国血统的外国公民"，涵盖面较广。华人二代作家接受所在国主流教育，他们对中国故事的了解主要源自父辈。这类作家主要有刘裔昌（Pardee Lowe）、乔志高（George Kao）、黄玉雪（Jade Snow Wong）、汤亭亭（Maxine Hong Kingston）、赵健秀（Frank Chin）、林露德（Ruthanne Lum McCunn）、李健孙（Gus Lee）、叶祥添（Laurence Yep）、徐忠雄（Shawn Hsu Wong）、谭恩美（Amy Tan）、雷祖威（David

Wong Louie)、伍慧明（Fae Myenne Ng）、任璧莲（Gish Jen）、黄哲伦（David Henry Hwang）、张岚（Lan Samantha Chang）和张纯如（Iris Chang）等。华人获得语作家群体生于中国，但接受的是国外高等教育，他们具有双语文化背景并以外语为"获得语"（acquired language），该群体的代表人物主要有容闳（Yung Wing）、裕德龄（Princess Derling）、林语堂（Lin Yutang）、黎锦扬（Chin Yang Lee）、雷霆超（Louis Hing Chu）、张爱玲（Eileen Chang）、刘若愚（James J. Y. Liu）、毛翔青（Timothy Mo）、郑念（Nien Cheng）、哈金（Ha Jin）、裘小龙（Qiu Xiaolong）、闵安琪（Anchee Min）、严歌苓（Geling Yan）和李翊云（Yiyun Li）等。生于英语国家的华裔，其母语即当地语言英语，但不能称作"获得语"。

相较于华人二代作家，华人获得语作家对中国文化具有更深刻的感知力。他们用外语讲述中国故事，这些故事构成了世界华人文学的一部分。比如29岁移居美国的哈金，英文著作颇丰，获得过"弗兰纳里·奥康纳小说奖"、"海明威基金会/笔会奖"、"古根海姆研究基金"、"美国国家图书奖"、"美国笔会/福克纳奖"和"汤森德小说奖"等，并于2006年获得美国艺术与科学研究院会员称号。再如20世纪80年代末成为美国诗人、翻译家和作家的裘小龙，他于2000年推出首部长篇英文推理小说《红英之死》，成功入围"爱伦·坡推理小说奖"和"白芮推理小说奖"，并获得"世界推理小说大奖（安东尼奖）"，在法国、意大利、日本、瑞典、丹麦、挪威等国翻译并出版。他的小说还入选了美国大学教材，成为美国亚裔文学课程的内容，并被加州大学洛杉矶分校（UCLA）的社会学系作为社会学教材而使用。

关注中国故事的域外讲述，并非忽略中国本土的相关群体，从研究的角度讲，通过对比不同讲述群体的讲述行为，能够更容易发现他们之间的行为规律和各自的优势。比如，以乡土中国跨域文化讲述群体行为研究为课题，就可以将"中国本土译者群体"、"汉学家群体"和"华人获得语作家群体"设置为对比组。中国乡土文化在翻译、译写和传播的过程中，有成功，也有偏离、扭曲和失败，群体行为研究，可以在行为批评视域（如译者行为批评）内进行。行为批评是人本思维，开展人本研究，兼顾文本研究。文本是发现译者、作家等文化讲述者行为规律的物质基础。研究讲述者在文本上留下的行为痕迹，借以寻找文化讲述者行为的共性规律。把翻译和创作等文化讲述活动中人的意志考虑在内，把人本研究和文本研究、静态研究和动态研究、意志研究和行为研究、内部研究和外部研究等多角度相结合，可以更好地挖掘群体行为的共性规律，有关研究可以扬长避短，激活自身文化创造力，创新"乡土中国"文化讲述方式，为展现真实、立体、全面的"乡土中国"文化形象进行必要的理论反思，丰富国际性"文化中国"内涵，提高国家文化软实力。

文学是文化的主要内容。国内文学上的"中国故事"在域外的讲述虽然不算少，但国内部分区域文学"中国故事"译成外语"走出去"的还不多，用力明显不均。比如，随着粤港澳大湾区建设被提升为国家发展战略，不久前提出的"粤港澳大湾区文学"就是很好的设想，聚光获得区域性，有望打造成为国际文学版图中的文化地标。

再就具体的粤港澳大湾区文学论。"粤港澳大湾区"包括广州、佛山、肇庆、深圳、东莞、惠州、珠海、中山、江门、香港和澳门特别行政区城市群，有着特别鲜明的地理优势和经济动力，文化抱团，更有利于与世界沟通。文学也是如此，其文学家群体并不小，比如马朗、徐訏、徐速、叶灵凤、侣伦、昆南、黄思骋、李辉英、林以亮、夏果、曹聚仁、司马长风、张爱玲、姚拓、何紫、倪匡、阮朗、舒巷城、戴天、刘以鬯、金庸、古龙、曾敏之、饶芃子、潘亚暾、陶然、潘耀明、许翼心、傅天虹、亦舒、野曼等人。仅出版的"文丛"就有《梁启超集》《康有为集》《黄遵宪集》《黄药眠集》《钟敬文集》《肖殷集》《黄秋耘集》《梁宗岱集》《刘斯奋集》《黄树森集》《饶芃子集》《黄伟宗集》《黄修己集》《谢望新集》《李钟声集》等15种。但真正经过翻译"走出去"的只有张爱玲的自译和金凯筠（Karen S. Kingsbury）翻译的《倾城之恋》、凌静怡翻译的李碧华的《川岛芳子》；野曼的部分作品被译成了几种文字，亦舒作品只有翻译的片段；翻译数量最为庞大的是金庸的武侠类作品，主要有莫锦屏（Olivia Mok）翻译的《雪山飞狐》、王健育翻译的《射雕英雄传》、郝玉清翻译的《射雕英雄传》、闵福德翻译的《鹿鼎记》；还有冈崎由美的一些日语译文及其翻译的古龙的《多情剑客无情剑》等。我们应该组织包括汉学家在内的专门的译出队伍和研究队伍，使中国故事的域外讲述得到较为均衡的发展，抽绎地域文化翻译规律，持续关注异域接收数据并加以分类研究。

国家组织过"熊猫丛书""大中华文库""中华学术外译项目"等不

少的文化译出工程项目，传播效果还有待历时的考察。比如 2010 年国家社科基金设立的"中华学术外译项目"，旨在促进中外学术交流，推动我国哲学社会科学优秀成果走向世界。该项目主要资助我国哲学社会科学研究的优秀成果以外文形式在国外权威出版机构出版，进入国外主流发行渠道，以增进国外对当代中国和中国传统文化的了解，推动中外学术交流与对话，提高中国哲学社会科学的国际影响力。这一项目实施以来，每年设立 100 多项，但域外的反响并不是十分积极，原因有待考察，项目承担者和翻译者绝大多数是国内高校的教师却是眼见的事实，有没有汉学家把关也未可知，即使其他大型文化工程如进入 21 世纪以来我国推出的"中国图书对外推广计划"（2004）、"中国当代文学百部精品译介工程"（2006）、"中国文化著作翻译出版工程"（2009）、"中国文学海外传播工程"（2010）、"中国当代作品翻译工程"（2013）、"丝路书香出版工程"（2014）等，就极难见到真正域外讲述者的参与，这一现象值得反思。毕竟，他们在目标语市场主动性上占有优势。我们需要及时、主动地向他们推送相关信息，提供咨询服务，甚至是政策倾斜，充分调动他们的积极性，给他们的翻译和创作提供中国能够提供的舞台，实现域外和国内的强强联合。（载《中国社会科学报》2022 年 1 月 7 日）

4. 开拓汉语乡土语言翻译新路径

乡土语言或称"民间语言""民俗语言",笔者将其定义为"一切具有地方特征、口口相传、通俗精练,并流传于民间的语言表达形式,它在一定程度上反映了当地的风土人情、风俗习惯和文化传统,如'嫁鸡随鸡,嫁狗随狗'",涵盖熟语、俚语、俗语和方言,而"熟语"又涵盖成语、惯用语、歇后语、谚语、格言、俗语、警句等,属于民俗语言学的研究范畴,统一具备"土"或"俗"的风格特征。"乡土文学"就是通过各色各样的乡土语言表现的。因此,研究乡土文学的翻译,就需要研究乡土语言的翻译。

通过翻译传达乡土味的难度

汉语乡土语言土味浓郁,具有鲜明的中华文化特色和民族风格。鲁迅说:"现在的文学也一样,有地方色彩的,倒容易成为世界的,即为别国所注意。打出世界上去,即于中国之活动有利。"美国汉学家、翻译家葛浩文坦言:"如果说我的作品在国外有一点点影响,那是因为我的小说有个性,语言上的个性使我的小说中国特色浓郁。"他还说,"几乎在所有我们讨论过的作品中……构成其长久吸引力的却是它们的乡土色彩"。当我们谈及中华文化时,实际谈的是地域性,而乡土语言承载的乡土文学作品,就反映了很强的地域性。

乡土语言的"土"是文化,有个性,能体现文化的内核,而有个性的文化才值得推广;乡土语言是汉语表达的一部分,符合汉语对外传播的需要,也是中华文化"走出去"的一部分。为顺应国家的文化传播和文化传播能力提升的战略需求,有必要专题研究有关翻译策略、翻译手段和翻译路径,努力做到既能维持作品自身文学文化的民族性,又能有效获得良好的国际接受度。近年来,国内一些学者已开始聚焦中国乡土语言的对外翻译和传播,尝试为文化对外传播开辟新疆域。乡土语言最大的风格特征是乡土味。《中国文化报》刊发的《文学作品翻译"走出去"是必然》一文写道:"莫言在获得诺贝尔文学奖后曾表示,中国本土文学作品的翻译困难主要在于'乡土味'的准确性。"葛浩文说道:"中国当代小说乡土味重——翻译成了难点。"可见，通过翻译传达乡土味难度之大是可想而知的。正如汉学家、翻译家沙博理所言，"我们既要翻译文字，也要表达风格"，"不但要让外国人看得懂，而且要让外国人感觉到中国文学的高水平"。

"人本"研究的翻译路径

乡土语言中的典型代表是方言。汉学家、翻译家金介甫陈述道："对于乡土文学的英译，我认为葛浩文在英译莫言和贾平凹小说时就极好地保留了独特的汉语表达方式，而且也没有让译文显得怪异，但方言几乎是无法在译文中再现的。"但如果葛浩文没有对方言进行翻译，那么方言又是什么呢？除了作为方言区的方言是大众语，把方言夹杂于大众语使用时，它整体是被作为风格使用的。风格起着状述语气、情绪等作用，因此仍然是高于翻译"准不准"和"懂不懂"基本层次之上的"好不好"的问题，对于金介甫而言，就是"好上加好"的问题。

乡土语言的"土味"是可以进行层次划分的，而讲话者使用乡土语言会随着使用目的不同而在"土味"的程度上表现出差异性。因此，在进行翻译批评时，要分层次看清语言的"土味"层次和使用者设置的语境，以结果为导向，才能最终实现使用者的目的。根据译者行为批评理论，译者作为能动的人，努力在"求真"于原文意义和"务实"于读者需求之间、在作者和读者之间维持着认知上理想的平衡；讲话者使用乡土语言一般都有对风格追求的故意，因此，通俗化是再现乡土语言风格的一条有效途径，再现乡土语言在语境中的功能，是实现乡土语言使用者（作者和人物角色）的目的所在。

汉学家的乡土语言英译实践表明，"求真为本，务实为用（上）"以及具体化的"文化求真、文学务实（求用）"均为译者的一般性行为原则，表现为译者的一般性行为规律。至于怎样细化，只是翻译实践上和翻译批评实践操作上的问题，译者的行为均可以在译者行为批评理论的框架内得到解读。开展汉语乡土语言英译行为批评研究意义重大，既体现为乡土文学本身和翻译批评的意义，也体现为中国文学对外传播和汉语乡土语言对外传播的意义。通过对成功翻译家译者行为的描写和分析，既可为汉语乡土语言的翻译实践找到内在规律和行为榜样，也可增强翻译批评的科学性和翻译批评实践的全面性、客观性与科学性。借用译者行为批评理论来对汉语乡土语言的英译行为开展批评研究，是目前乡土语言翻译研究中崭新的理论视角。乡土语言的翻译实践和批评实践是世界性难题，"人本"研究的翻译路径将提供一条比较有效的途径。（载《社会科学报》2022 年 1 月 6 日）

5. 葛译乡土语言美籍读者访谈录①

Here are some translations done by Howard Goldblatt though you have no idea of the original texts. Please answer the questions as a native English reader.

Part Ⅰ：

[1]"晦气晦气真晦气，睁眼看到母兔子！"／"Bad omen, bad omen, truly bad omen!" he shouted. "This rabbit's a female!"

Q：Do you think there is a real rabbit?

A：Maybe...but it would depend on the context of the story.

[2]"您这个女婿，也真是邪乎……"／"That son-in-law of yours is one strange tiger...."

Q：Is it an English way of speaking? A real tiger?

A：You could say this in English. If someone is described as a tiger I would think they are strong and fierce.

[3]"小姨子们，吃糖，有你们沙姐夫在，你们就跟着我吃香的喝辣的吧……"／"Little sisters-in-law," he shouted, "have some candy. As long as Sha Yueliang is around, you'll eat sweets and drink spicy drinks along with me..."

Q：What do you think "sweets" and "spicy drinks" are?

A：I would think sweets are candy. I have never had a spicy drink, but I imagine it is a just some kind of drink with spice.

[4]路边说闲话，草窝里有人听。/What you say by the roadside is heard in the grass./Words spoken on the road are heard by snakes in the grass!

Q：Is it an English way of speaking?

A：I think the first one sounds better, but I understand the second one

---

①　本部分是笔者对美籍读者 Julia Benton 的访谈，感谢 Julia Benton 和吴春蓉教授大力协助。更大范围内的读者反应数据，参看许宗瑞《莫言作品的国外读者评论——基于亚马逊网站莫言作品英译本"用户评论"的研究》（《燕山大学学报》（哲学社会科学版）2017 年第 3 期）等。

too. A very poetic way of speaking.

［5］"吃泡屎不要紧，味道不太对"。/Eating a pile of shit is no big deal, except for the taste. Or：I can eat shit, I just don't like the taste.

Q：Guess what to express.

A：Without the context, I don't know if this is literal or not. If it is not literal I would think it's expressing that he is able to do hard or difficult things, but he doesn't enjoy it.

［6］有道是行行出状元/It is said that every profession has its zhuangyuan.

Q：Understand it?

A：No. But I might if there was more context.

［7］您敬他一尺，他敬您十丈。/If you give him one measure of respect, he'll repay you a hundred times over.

Q：Is it an English way of speaking?

A：Yes.

［8］不要担心账单，今天我"出血"/And don't worry about the bill. Today you can bleed me.

Q：Is it an English way of speaking?

A：Yes, but it's not common.

［9］这个章技师，几乎与我是心有灵犀一点通了。/Obviously, Technician Zhang and I were on the same wavelength.

Q：Is it an English way of speaking?

A：Yes.

［10］"吃了人家的嘴软，拿了人家的手短……"/ 'A guest speaks well of one's host, and a receiver of gifts respects the giver.'

Q：Is it an English way of speaking? Or an adage?

A：I have never heard that before. I think it's just a poetic way of speaking.

［11］虽是公鸭嗓，但抑扬顿挫/It may have been more like the squawks of chickens and ducks, but the cadence had a recognizable rhythm

Q："chickens and ducks" are equal to "drakes"?

A：No, just chickens and ducks.

［12］俺说，朱八，你这是睁着眼打呼噜，装鼾（憨）呢! / "Zhu Ba," I

said，"Your eyes are open，yet you pretend to be asleep."

Q：Do you think it has the meaning of "being foolish"?

A：Yes.

Part Ⅱ：Which version（s）in each group do you prefer? Please mark them.

1. 打人不打脸，骂人不揭短

[1] you don't hit a man in the face and you don't try to humiliate him. √

[2] Don't hit a man in the face in a fight and don't expose his shortcomings during a reprimand.

[3] Do not hit someone in the face or reveal another shortcomings

2. 鲜花插在牛粪上！

[1] planting a fresh flower on a pile of cow shit√

[2] like planting a flower in a pile of cow dung

3. 瓜蔓亲戚

[1] a shirt-tail relative，what we call "melon-vine kin" √

[2] a distant relative

[3] Family connections like that are not that important!

4. 是福不是祸，是祸躲不过

[1] If the signs are good，we'll be all right. If not，there's nothing we can do about it.

[2] When your luck is good，it can't be bad；when your luck is bad，you've been had

[3] and you cannot escape bad luck√

[4] take advantage of the good days，for the arrival of bad times is ensured.

5. 瓜熟自落

[1] A melon falls to the ground when it's time√

[2] A melon drops when it's ripe.

6. 癞蛤蟆想吃天鹅肉

[1] like the toad who wants to feast on a swan√

[2] Ugly toad wanting to eat swan meat

[3] being the warty toad that wants to feast on a swan.

7. 螳臂当车，不自量力

［1］ The mantis that tried to stop the oncoming wagon, a tragic overrating of one's abilities. √

［2］ the mantis who thought it could stop a wagon, someone who has overrated his abilities

8. 请神容易送神难

［1］ It's easy to invite a deity into one's life, but hard to get one to leave. √

［2］ It's easy to invite the gods, hard to send them away

［3］ inviting a deity in is one thing. Getting rid of it is quite another!

9. 人过留名，雁过留声

［1］ Wild geese leave behind their cry; men leave behind a name.

［2］ A man leaves behind his good name, a wild goose leaves behind its call.

10. 草鸡

［1］ like a coward√

［2］ turn chicken

［3］ shrink back

［4］ the chickenhearted

11. 不看僧面您看佛面

［1］ If not for the monk, then for the Buddha himself√

［2］ If you won't do it for the monk, then do it for the Buddha

［3］ If not for the sake of the monk, stay for the Buddha

12. 龙生龙，凤生凤，老鼠生来打地洞

［1］ Dragons beget dragons, phoenixes beget phoenixes and a mouse is born only to dig holes√

［2］ A dragon begets a dragon, a phoenix begets a phoenix, and when a rat is born, it digs a hole.

13. 落地的凤凰不如鸡

［1］ the phoenix past its prime is no match for a chicken√

［2］ On the ground a phoenix is worse off than a chicken

［3］a fallen phoenix is not the equal of a common chicken

［4］a phoenix that has fallen to the earth

14. 白刀子进去，红刀子出来

［1］putting a knife in white and taking it out red√

［2］White knife in, red knife out, a terrifying sight. √

［3］The knife goes in white and comes out red!

［4］a knife go in clean and come out red

15. 嫁出去的女儿，泼出去的水

［1］a married daughter is like water splashed on the ground√

［2］A married daughter is like spilled water.

16. 不是一盏省油的灯

［1］not someone you want to provoke√

［2］no economy lantern

［3］She's a handful

17. 好马不吃回头草

［1］a good horse doesn't graze the land behind it. √

［2］A good horse doesn't turn and eat the grass it's trampled on

18. 不是冤家不聚头

［1］Old foes are fated to meet. √

［2］mortal enemies are bound to meet

19. 以小人之心，度君子之腹！

［1］Don't use your narrow-minded view to judge a broad-minded person

［2］to measure the stature of a great man with the yardstick of a petty one√

［3］Measuring the heart of a gentleman through the eyes of a petty man

20. 往日无仇，近日无冤

［1］there is no bad blood between us, never has been√

［2］we've done nothing to harm you, and have no grudge against you

21. 张飞吃豆芽儿——小菜一碟

［1］like the powerful Zhang Fei snacking on bean sprouts, easy as one, two, three.

［2］like giving the Han dynasty heroic figure Zhang Fei a plate of bean sprouts

［3］like the Han dynasty heroic Zhang Fei snacking on bean sprouts, a dish for the powerful figure√

22. 好汉做事好汉当，砍头不过一个碗大的疤。

［1］Any man worthy of the name stands behind his words and deeds√

［2］Any person of worth takes responsibility for his actions.

［3］Any man worthy of the name accepts the consequences of his actions.

23. 天要下雨，娘要嫁人

［1］"You can't stop the sky from hailing or your mother from marrying," which, as everyone knows, was a comment by Mao when Lin Biao was trying to get away. √

［2］You can't stop the rain from falling or your mother from marrying

24. 是亲就有三分向

［1］I must show him some favors, since we are related

［2］we're family√

［3］If you're kin, you're family.

25. 土鳖

［1］Hick turtles

［2］empty-headed turtle√

［3］a country bumpkin

［4］turtle

26. 嫁鸡随鸡，嫁狗随狗

［1］You must go where you are sent. √

［2］Marry a chicken and share the coop, marry a dog and share the kennel.

27. 没有金钢钻，硬要揽瓷器活

［1］their spirit was willing but their flesh was weak√

［2］Without a diamond, one cannot create porcelain beauty.

28. 天无绝人之路

［1］heaven doesn't shut all the doors at once

［2］Heaven never seals off all the exits. √

［3］ Heaven always leaves a door open. √

［4］ there's no such thing as a true dead-end

［5］ Don't give up so easily.

29. 大风刮不了多日，亲人恼不了多时

［1］ Strong winds eventually cease, unhappy families return to peace.

［2］ Strong winds always cease, and families soon return to peace. √

30. 人活一世，草木一秋。

［1］ People survive a generation; plants make it till autumn. √

［2］ People live but a generation, and grass dies each autumn

31. 大人不见小人的怪，宰相肚里跑轮船

［1］ don't be offended by someone as worthless as I

［2］ A true gentleman forgives the trifles of a petty man, and the broad mind of an able minister can accommodate a ferry boat. √

32. 心中无闲事，不怕鬼叫门！

［1］ I've done nothing to be shamed of

［2］ If your heart is pure, not even the devil can scare you √

［3］ If I do nothing bad, I'll not be afraid of the devil knocking at my door. √

6. 全美中文大会字幕中英文对照①

石江山：What about things translated too well like the idiom "water under the bridge", which suggests something very similar to a Chinese idiom, seems to be a perfect translation. What's the problem when we are translating too well? Or, you know, in case of an idiom, it almost untranslatable. What do you do with points like that in the text?

会不会还有过度翻译的问题？比如说习语的翻译。（美国习语，字面意思是"桥下的水"，用来表示"无法改变的过去"）也许这个美国习语和中文里的某个习语意思很接近，看起来像是非常完美的翻译。过度翻译会引起什么样的问题？就习语而言，它们几乎是没有办法翻译的。你们在翻译时是如何处理这类问题的？

林丽君：There is always the concern about maintaining Chinese flavour. How much do you want your readers to know this is a Chinese text, or to show them a little bit of how Chinese think. Sometimes, I think, we succeed; sometimes we think we did terrible job of translating, overtranslating or undertranslating. But I think maybe Howard...

关于保留原文的中国特色，总是有一些顾虑。你在多大程度上希望让你的读者知道这是一篇中国的小说，向他们展示一些中国人的思维方式。有时候我们做得不错，有的时候我们做得不行，比如如何在翻译、过度翻译和不充分翻译之间进行选择。我觉得也许 Howard 那儿会有些例子。

葛浩文：Well, I have been running the more problems than you have, I'm sure. One of my mantras is the writer writes for his readers, as a translator, I translate for my readers that I don't translate for the author, I don't translate for the text, I don't translate for anyone other than my readers. And what does sometimes leads to is moving, sometimes rather, drags a clear way from the written text to produce a meaningful substitute. After all, that's all translation, it

---

① 《让中国文学走进世界的艺术》，https：//m. youku. com/video/id_XMzg1MjU0NTgxMg =. html? sharefrom = iphone&sharekey = ac3a468080157b8cf9ea332810cf7f4d0&source = &ishttps = 1&sharetype = 2&from = singlemessage&isappinstalled = 0。

is a substitute, a meaningful substitute for the text, that I started with, who each, of course, legislates against bilingual texts always because it matters why did you do this and why this doesn't mean that. And we are always trying to replicate what the author meant, intended, eludes to and I always precisely what the author said in that particular way. As for idioms, their problematic in the no. 1 is they don't translate well; and no. 2 is they are always seen by reviewers, incredits and publishers as lazy. Some of you may have seen a review of my translations of two novels by John Updike on *New Yorker*, I was thrilled four pages on *New Yorker* were all about me. Until he said, "his cliches—my, fall flat." So I look which cliche he is talking about, he is talking about, "He is licking his wounds", which is cliche, not great. I was really in trouble, and why I have done that? And I went back to the original, what did Su Tong, the author, what did he write? Why did I say that? He wrote, "他舔舐了他的伤口", He licked his wounds. I know why that came from he read that in some places that is cool. And he didn't know it's cliche, he wrote and I translated it faithfully, and became the target when John Updike criticized it on the *New Yorker*.

我敢肯定，我遇到的这类问题要比你多，我所坚持的原则之一就是作者为他的读者写作，而我作为译者，我为我的读者翻译。我不为作者翻译，也不为文本翻译，我只为我的读者翻译。我的这个原则有的时候会导致译文明显地偏离原文以产生有意义的替代。当然翻译本身就是一种替代，译文是对于原文的有意义的替代，这就一定会违背两种语言之间的对应，会牵扯到你为什么要这样翻译，为什么不那样翻译。我们总是希望去再现作者的意思、作者的意图、作者的暗指，而不是一字一板地去翻译作者在原文中以某种方式说出来的那些话。习语是很大的问题，首先，它们很难翻得好；其次，它们总是被出版社、评论家认为是译者在偷懒。也许在座一些观众读过约翰·厄普代克发表在《纽约客》上的关于我所翻译的两部小说的评论。我起先非常兴奋，《纽约客》上整整四页的内容，都是关于我的，直到厄普代克说："他的陈词滥调——（也就是我的陈词滥调）——完全失败了"，然后我就赶紧去看，他说的到底是什么陈词滥调？他说的是"He licked his wounds."，这的确是陈词滥调，的确不好。我说糟了，我怎么会用这样的陈词滥调呢？我去查原文，想看看作者苏童是怎么写的，我怎么会这样翻译的？他写的是，"他舔舐了他的伤口。"He licked his wounds. 我知道他为什么这样写，他可能在什么地方读到过这种说法，他觉得不错，他不知道这是陈词滥调，他就写了，然后我就很忠实地翻译了，然后约翰·厄普代克决定在《纽约客》上发表评论时，我就成了他批评的对象。

林丽君：I think I have slightly different view regarding idioms. Let me give you an example. In Chinese, we have "一朝被蛇咬，十年怕井绳。" Literally, it means once you are bitten by a snake, you would be afraid of a rope for ten years. For a translator, you can do that, or you can do with English equivalent "Once bitten, twice shy." I would like to have audience's view on that. Do you like English counterpart or do you like slight Chinese flavor "Once you are bitten by a snake, you would be afraid of a rope for ten years." To me, I'm not sure. I am kind of ambivalent about it. Because I feel that by direct translation, you give you English reader a sense of how Chinese mind work

我觉得我对习语有略微不同的观点。我来举个例子，中文中习语"一朝被蛇咬，十年怕井绳"。字面意思就是你一旦被蛇咬一次，你就会在十年间都害怕长得像蛇的绳子。作为译者，你可以这样翻译。或者寻找英文中的等价物，如"一次被咬，下次胆小"。我想听听大家的观点。你们是喜欢英文中对应的习语还是喜欢带有中国特色的字面翻译。我自己也很模棱两可，因为我觉得通过字面直译，英语读者能了解到中国人的思维方式。①

You give your English reader a sense of how the Chinese minds work. In this case, we linked snake with the rope by the shape. So by doing that you can give your reader a sense of how the Chinese language works and how we create image to explain some thoughts. If you just use "once bitten, twice shy", it's of course phrases that understandable and people in English can appreciate. Somehow something is missing there. They lack that Chinese flavor in the translation.

---

① 实际解释了不愿轻易去套用的原因，这与我国译学界主张直接套用的做法是不同的。一方面主张中华文化"走出去"，另一方面又主张套用，这无疑是矛盾的。套用只能方便交际。借翻译展示文化个性，是任何一名跨文化交际者的本能作为。

也许可以让英语读者了解中国人的思维方式。在这个例子中，我们把"蛇"与"绳子"通过形状联系在一起。这样翻译的话，英语读者就可以了解，中国的语言如何通过创造一个意象来表达思想。如果你直接借用英语中对应的习语"once bitten，twice shy"当然会更容易被英语读者理解，但其中会缺失一些东西，也就是在翻译中缺失的中国特色。

7. 乡土语言翻译研究专栏主持人语

专栏主持人：周领顺

（1）专栏："汉语'乡土语言'翻译研究"（《山东外语教学》2016年第5期）

主持人语： 在刊物上以专栏形式专题而集中讨论汉语"乡土语言"翻译研究的，这还是第一次。本期组织了三篇论文，均围绕周领顺国家社科基金重点课题"汉语'乡土语言'英译实践批评研究"的相关内容而展开，属于该课题的研究成果。

周领顺的论文从比较宏观的角度，结合葛浩文英译莫言作品的实例，前瞻性地分析了汉语"乡土语言"的翻译研究，并以课题组自建的莫言10本小说葛浩文翻译语料库，汇报了一些初步的考察发现；黄勤的论文基于前景化理论，具体分析了具有代表性的《离婚》的四个英译本的方言翻译策略，认为应以再现原文方言的前景化功能为前提；汪宝荣的论文结合方言翻译的实际，提出应以"部分再现"为基本原则，而文学方言自创译法和方言特征淡化译法是符合该原则的合理可行的翻译策略。文章观点彼此不尽相同，更有利于问题趋于明晰化。

我国从2006年确立中国文化"走出去"的大政方针以来，研究取得了丰硕成果。在译学界，研究者从译者模式到传播模式，从翻译效果到接受效果，从传播过程到传播手段，从儒家文化到百家争鸣，从文学翻译到科技翻译，从汉民族文化典籍到少数民族文化典籍，从泛文化翻译研究到专书翻译批评研究，从翻译内部研究到翻译外部研究，从古代典籍翻译研究到现当代文学翻译研究等等，全方位，多角度，逐步向纵深展开，而作为国家一级学会的中国英汉语比较研究会发挥着积极的领军作用。

"中国文化'走出去'"是一个宏大的主题，有很大的拓展空间，涵盖："中国文化"研究（即选材研究、文化专门领域研究、文化现象研究）、"走"研究（即译者模式、翻译方式、翻译过程、传播方式、交际手段、宣传策划、传播机制等方式的研究）和"出去"或"走出去"研究（即宣传效果、传播效果、接受效果、提升效果、市场效果、异化和归化效果等结果的研究）。"中国文化'走出去'"与习近平"讲好中国故事"

"阐释好中国特色"等思想一脉相承。"中国故事"和"中国特色"属于内容研究，"讲"和"阐释"属于方式研究，两个"好"属于效果研究。当然，效果还要分为整体传播效果（译外效果）和翻译过程中怎样"讲好""阐释好"本身的叙事效果（译内效果）、译者认为的"讲好""阐释好"效果和实际的市场效果等。比如，译者一般认为"形神兼备"的译文就是好的译文，而所谓"形神兼备"之说，恰恰是懂得双语译者的一厢情愿，因为市场读者是不懂得原文的。刘云山在《怎样讲好中国故事》一文中说："讲好中国故事，重要的是解决好讲什么、怎么讲和怎样讲好的问题。"（人民网，2014年11月8日）

谈"中国文化"，谈的就是中国的地域性。以文学上的地域性为例：周作人认为，"我相信强烈的地方趣味也正是世界的文学的一个重大成分'"（丁帆《中国乡土小说史》，北京大学出版社，2007，第12页）。刘意在《从莫言获奖谈跨文化传播的符号塑造与路径选择》（《中国报业》2012年第10期）一文中指出，译介的作品至少具备两种要素，除了"普世价值"外，就是"地域特色"。乡土文学作品就反映了很强的地域性。美国汉学家、"首席"翻译家葛浩文说道："地域性本身是一个很有意思的主题，而且受到乡土作家的相当重视；他们利用某一地方的特点，如地方方言等，来强调和形容某一个地方的独特性。"（《葛浩文文集：论中国文学》，现代出版社，2014，第43页）他还承认，"几乎在所有我们讨论过的作品中，最初吸引读者共鸣的不外是民族主义的主题，但是构成其长久吸引力的却是它们的乡土色彩。"（同上，第40页）我在2015年获得立项的国家社科基金重点课题"汉语'乡土语言'英译实践批评研究"，就迎合了文化对外传播的国家需求。

在研究方法上，要有针对性。比如，习近平对《人民日报》（海外版）所希望的"用海外读者乐于接受的方式、易于理解的语言，讲述好中国故事，传播好中国声音"，并不都是翻译上的问题，所以还要将翻译学上的传播效果和新闻出版领域、外宣领域传播学上的传播效果区别对待或有机结合，毕竟研究的路径有所不同。"海外读者乐于接受的方式、易于理解的语言"和保持文化个性之间在实践上会有妥协的地方，不宜一股脑将功过都加在翻译的头上而迷失了学理上的思考。

在策略研究上，运用于实践时，可因势利导，但不宜硬性规定。比如方言翻译策略研究，以往还分出了哪好哪不好的对立派别。走极端的规定，既不是理论研究的理想做法，也不是真实的翻译生态。翻译家在形象思维的过程中，各显神通。比如，当译语能够做到词彩对等时，翻译家以对等为上（如葛浩文把口语词的"腚"等化译为口语词的 backside、ass、buttocks、rump 或 arse 等）；当只能通过阐释才能把原文的意思说清楚时，翻译家剑走偏锋（如葛浩文根据语境把"腚"译为 the birth canal、hard 或省略不译），诸如此类。在实践中，只有客观条件是不是允许和翻译目的、译者主观介入的强弱之别，翻译方法五花八门，若"有一款适合你"，便是可以接受的市场状态。

中国文化怎样"走"才算"走出去"？把汉语翻译成外语，不出国门，是最初步的"走出去"，所以在译学界最初表现为"自说自话"式的评价研究。从初步"走出去"到真正"走进去"再到完全"融进去"，是对于"走出去"的不断层次化和深化，既涉及翻译内部问题，也涉及翻外部问题；既涉及语言问题，也涉及超语言的问题。至于是不是真正"走出去"了，要有量化的考察指标，比如典籍翻译的种类、数量、印数、销售数、引用率、引用层次等。但是，虽然市场指标至关重要，但绝非市场决定论，还要看文本类型等因素，以防经典娱乐化。"走出去"的终极目标是"提升中国文化软实力"，至于中国文化软实力是不是得到了有效提升，需要历时的、长期的考察，不必因国家有些文化对外传播的大型工程接受效果暂时不佳而匆下"夭折"的结论。

除了对作品（包括词语）的翻译研究外，还比较缺乏有关"人"的研究，即对于帮助中国文化"走出去"的译者群的研究。

传播中华文化的国内外译者群有这样几类人：中国译者群（如杨宪益、初大告、方重、许君远、孙大雨、叶君健、王佐良、沈苏儒、许渊冲、张培基、丁祖馨、刘士聪、汪榕培、宋德利）、国外汉学家译者群（如霍克斯、理雅各、葛浩文、罗鹏、白亚仁、安德鲁·琼斯、白睿文、辛迪·卡特）、旅居海外的华裔译者群（如王际真、辜鸿铭、林语堂、赵元任、姚克、刘若愚、柳无忌、乔志高、思果、施颖洲、叶嘉莹、叶维廉、余国藩、孙康宜）、加入中国籍的外籍译者群（如爱泼斯坦、陈必娣、西德尼·沙博理、路易·艾黎）、中外合作译者群（如杨宪益和戴乃迭）。还有直接用外语讲述中国故事的华裔作家群（如严歌苓、裘小龙、闵安琪、哈金、李翊云）。他们的经验和行为规律怎样？影响效果如何？他们的文化身份对行为的影响又如何？诸多研究问题，将不断使翻译研究者的思路得到拓展。

汉语"乡土语言"是中国文化的一部分，汉语"乡土语言"的翻译和传播，符合汉语对外传播的国家需求。汉语"乡土语言"作为中国文化"走出去"的一部分，其研究所得，要能有效指导翻译实践，以利中国"乡土语言"宝库为广大国际读者所共享；也要能指导翻译批评实践，以利翻译实践者和翻译理论工作者提高理论认识水平。汉语"乡土语言"英译实践批评研究，是一个庞大的课题，本专栏只做引玉之砖，望有兴趣者不断深化之。

（2）专栏：汉语"乡土语言"英译实践批评研究（《北京第二外国语学院学报》2017 年第 4 期）

主持人语：这是我主持的第三个有关汉语"乡土语言"翻译及其主要理论依据"译者行为批评"的研究专栏。前两个专栏刊发于 2016 年第 5 期的《山东外语教学》和《当代外语研究》杂志，反响良好。

本专栏与我主持的国家社科基金重点项目"汉语'乡土语言'英译实践批评研究"同名，所组织的文章也是该项目的有关研究内容；"译者行为批评"是由我构建的一个本土理论，使用的学者逐渐增多，解释力也逐渐得到彰显。

开展汉语"乡土语言"英译实践批评研究意义重大，而意义又可分为内部和外部两个层次。内部意义包括对于乡土文学本身的意义和对于翻译批评学科的意义；外部意义包括对于中国文学对外传播的意义和对于汉语传播（乡土语言）的意义。

"汉语'乡土语言'英译实践批评研究"是一个比较开放的课题，涉及研究板块、研究路径和研究思路三个方面的内容。

研究板块包括：（1）文本研究；（2）译者研究；（3）应用研究。

"文本研究"是基于文本（包括原文和译文）的研究，涉及语言转换和意义再现等翻译内部的东西，是翻译学视野中的研究对象；"译者研究"是基于译者或者针对译者的研究，包括译者个性、翻译思想及其印证、策略选取、译者之间对比和译者行为的研究等，是社会学视野中的研究对象；"应用研究"既包括具体的翻译实践，也包括翻译评价实践，是在翻译评价模式升华后与实践相结合的研究。在本期专栏中，周领顺和丁雯的《汉语"乡土语言"英译的译者模式——葛浩文与中国译者对比视角》属于"译者研究"板块，任东升和闫莉平的《审美视阈下乡土语言英译探究》属于"文本研究"板块，黄勤和余果的《译者行为批评视域下〈黑白李〉中熟语的三英译本对比分析》属于"译者研究"和"文本研究"相结合的板块。

研究路径包括：（1）纵向考察；（2）横向考察；（3）评价模式升华后的应用。

"纵向考察"即历时研究：将不同时期的葛浩文翻译做对比，专注于异同，借以寻求葛浩文的心路历程和行为痕迹，发现译者的行为规律；"横向考察"即共时研究：将葛浩文与其他人的翻译做对比，借以升华评价模式；"评价模式升华后的应用"，即把升华的评价模式和实践模式，用于评价和改良葛浩文的实践、其他汉学家的实践和中国译者等不同译者的实践，并进一步用于指导未经翻译的大量汉语"乡土语言"语料的翻译。

研究思路包括：（1）从文本研究到行为研究；（2）从行为研究到身体力行（应用）。具体是：从文本到译者，从语言到文化，从语言内部到语言外部，从已有翻译实践到理论的再升华并付诸新的实践，从描写到新的规约等。

"纵向考察"和"横向考察"容易发现译者的意志和意志影响下的行为。译者是有意志的，意志是影响行为的，行为是有痕迹的，痕迹是在文本上呈现的，而行为痕迹也一定是有规律的，这也是"译者行为批评"理论的构建脉络。只有对翻译和译者行为的深层规律进行挖掘，才能真正有效地指导翻译实践和评价实践，并真正促动中华文化的有效传播。目前"横向考察"不足，"纵向考察"阙如，应用研究的效果不能完全令人信服，遑论应用于具体的汉语"乡土语言"语料的翻译实践了。总之，汉语"乡土语言"翻译及其研究大有可为。

后　记

　　我有一个比较清晰的学术规划，主要表现在语言学研究和翻译研究两大领域，本著《汉语乡土语言英译行为批评研究》即规划之果，特此记述，以期对青年才俊有所裨益。

　　在语言学研究领域，我主要研究语义学，具体为框架语义学；在翻译研究领域，我主要研究翻译理论和翻译批评，具体为本人开拓的译者行为研究领域和构建的译者行为批评理论。我获得了英语语言文学专业学士学位、汉语言文字学专业硕士学位以及语言学及应用语言学专业博士学位。早年主要开展的是语言学研究，获得博士学位后，即转入翻译研究领域，将严谨的语言学研究方法用于翻译研究特别是翻译批评。两个研究领域的研究均由高层次的社科基金项目、标志性研究成果以及省部级直至国家级科研奖励做支撑。

　　其一，在语言学研究领域，获江苏省社科基金项目"面向信息处理的框架网络运动域框架语义对比研究"（2008）的资助，标志性成果《汉语移动域框架语义分析》（社会科学文献出版社，2012），获江苏省第十三届"哲学社会科学优秀成果奖"一等奖（2014）和教育部第七届"高等学校科学研究优秀成果奖（人文社会科学）"三等奖（2015）。

　　其二，在翻译研究领域，获教育部人文社科研究规划基金项目"译者行为研究"（2010）、国家社科基金后期资助项目"译者行为评价"（2011）和"译者行为研究"（2021）、江苏省社科基金项目"苏籍翻译家翻译行为共性研究"（2014）和国家社科基金重点项目"汉语'乡土语言'英译实践批评研究"（2015）的资助，标志性成果《译者行为批评：理论框架》（商务印书馆，2014），获江苏省第十四届"哲学社会科学优秀成果奖"一等奖（2016）和教育部第八届"高等学校科学研究优秀成果奖（人文社会科学）"二等奖（2020）等奖项。译者行为研究系列论文还获江苏省第十二届"哲学社会科学优秀成果奖"三等奖（2012）。

我在外语类学术刊物开设了译者行为研究和乡土语言翻译研究专栏，有《当代外语研究》（2016 年第 5 期）、《山东外语教学》（2016 年第 5 期）、《北京第二外国语学院学报》（2017 年第 4 期）、《北京第二外国语学院学报》（2019 年第 2 期）、《语言教育》（2020 年第 1 期）、《山东外语教学》（2020 年第 4 期）、《外语研究》（2022 年第 2 期）、《北京第二外国语学院学报》（2021 年第 3 期和 2022 年第 3 期）。两次全国性的"译者行为研究高层论坛"（北京：2019；曲阜：2021）也相继成功召开，相信译者行为研究和乡土语言翻译研究会受到越来越多的关注。

本著是国家社科基金重点项目的结项成果。这是语言学研究和翻译研究两个领域的交汇之作，更是译者行为批评理论应用于译者行为研究的"试验田"①。我努力做到汉语与外语同行，理论与实践并重，创作与翻译兼顾。

在近年的研究过程中，我应邀在南京大学、武汉大学、同济大学、浙江大学、东北师范大学、华中科技大学、广东外语外贸大学、华中师范大学、华中农业大学、上海外国语大学、外交学院、中央民族大学、中国海洋大学、西安外国语大学、苏州大学、中南财经政法大学、上海师范大学、西安交通大学、上海海事大学、山东大学、大连外国语大学、天津外国语大学、四川外国语大学、四川大学、西南交通大学、东南大学、暨南大学、北京师范大学、北京第二外国语学院、贵州大学、华东政法大学、哈尔滨师范大学、青岛大学、江苏大学、浙江工商大学、浙江师范大学、曲阜师范大学、山东师范大学、上海对外经济贸易大学、江西师范大学、江苏师范大学、河南师范大学、海南大学、复旦大学、解放军外国语学院、南京航空航天大学、江南大学、长安大学等高校就相关专题开展线下或线上讲学活动，每次讲学都让我受益良多，对本著多有助益。

本课题三年准时结项，得到了专家的肯定、同行的支持以及国家社科

---

① 上海外国语大学讲座视频《从我的理论到我的试验田》（讲座人：周领顺）（http：//v. shisu. cn/index. php? controller＝video&action＝index&cid＝hot&id＝5740）。

基金和扬州大学的资助；部分阶段性成果已然见刊；合作者均已在页下标注。本著以我为主，却是整个团队的劳动成果，成员主要有陈静、周怡珂、孙晓星、丁雯、杜玉、高晨等。本著特请有关领域部分中青年专家以荐语的形式代序，希冀勠力同心，向前辈和同行交上更满意的答卷。

　　研究无止境，付梓在日，不免惶恐，诚望同行和读者批评指正。

周领顺

2022 年春

图书在版编目（CIP）数据

汉语乡土语言英译行为批评研究／周领顺等著. --

北京：社会科学文献出版社，2022.7

（文脉流变与文化创新）

ISBN 978-7-5228-0263-3

Ⅰ.①汉…　Ⅱ.①周…　Ⅲ.①汉语-英语-翻译-研

究　Ⅳ.①H315.9

中国版本图书馆 CIP 数据核字（2022）第 103872 号

文脉流变与文化创新
汉语乡土语言英译行为批评研究

著　　者／周领顺　等

出 版 人／王利民
责任编辑／张建中
责任印制／王京美

出　　版／社会科学文献出版社·政法传媒分社（010）59367156
　　　　　　地址：北京市北三环中路甲 29 号院华龙大厦　邮编：100029
　　　　　　网址：www.ssap.com.cn
发　　行／社会科学文献出版社（010）59367028
印　　装／三河市龙林印务有限公司

规　　格／开　本：787mm×1092mm　1/16
　　　　　　印　张：25.5　字　数：416 千字
版　　次／2022 年 7 月第 1 版　2022 年 7 月第 1 次印刷
书　　号／ISBN 978-7-5228-0263-3
定　　价／138.00 元

读者服务电话：4008918866